Dietrich (Hrsg.) · Handbuch Freinet-Pädagogik

Für

Ximena

»Los niños serán los únicos
privilegiados«

(Salvador Allende)

Handbuch Freinet-Pädagogik

Eine praxisbezogene Einführung

Herausgegeben von Ingrid Dietrich

Beltz Verlag · Weinheim und Basel

Über die Herausgeberin:

Ingrid Dietrich, Jg. 1944, Dr. päd. habil., Professorin für Allgemeine Pädagogik und Interkulturelle Erziehung an der Pädagogischen Hochschule Heidelberg.

Die Deutsche Bibliothek – CIP-Einheitsaufnahme

Handbuch Freinet-Pädagogik : eine praxisbezogene Einführung /
hrsg. von Ingrid Dietrich. – Weinheim ; Basel : Beltz, 1995
(Beltz grüne Reihe)
ISBN 3-407-25160-2
NE: Dietrich, Ingrid [Hrsg.]

Lektorat: Peter E. Kalb

Herstellung: Erich Rathgeber, Weinheim
Satz: Satz- und Reprotechnik GmbH, Hemsbach
Druck: Druckhaus »Thomas Müntzer«, Bad Langensalza (Thüringen)
Umschlaggestaltung: Dieter Vollendorf, München
Printed in Germany

ISBN 3-407-25160-2

Inhaltsverzeichnis

Adler steigen keine Treppen 7

Vorwort der Herausgeberin 9

Ingrid Dietrich:
Freinet-Pädagogik heute 13

Hartmut Glänzel:
Das Wort geben 31

Walter Hövel:
Demokratie im Klassenraum. Die Rechte der Kinder und der Klassenrat . 46

Rolf Wagner:
Schule verändern! Freinet-Unterricht in der Grundschule 73

Burkhard Fries:
Eine Freinet-Schule auf dem Land – in den 90ern. *K*ein Beitrag über die Schuldruckerei 82

Ingrid Dietrich:
Freinet-Pädagogik und interkulturelles (Sprach-)Lernen 101

Peter Schütz:
Vielfalt im Mathematik-Unterricht 121

Ernst-August Witte-Löffler:
Mit Freinet-Pädagogik in der Hauptschule arbeiten 147

Dieter und Angelika Hartmann:
Wege zur freien Arbeit an der Schule für Lernbehinderte 156

Ulrike Waterkamp:
»Pädagogische Inselbildung« – Wege zum Projektlernen und zur freien Arbeit in der Gesamtschule 173

Johannes Gehrmann
(mit Beate Fait und Katja Wilken):
Freinet-Pädagogik in der Sekundarstufe I 183

Ingrid Dietrich/Walter Hövel:
Freinet-Pädagogik und Fremdsprachenunterricht 218

Lutz Wendeler:
Die Freinet-Pädagogik, die Naturwissenschaften und die Sekundarstufe II oder von der Kunst, einen Cocktail zu mixen 241

Marie-Claude Flügge-Dutilly:
Freie Arbeit in der ErzieherInnenausbildung 259

Anhang 268

1. Zur Quellenlage 268
2. Schriften von Célestin Freinet 268
3. Schriften von Elise Freinet 271
4. Zeitschriften der französischen Freinet-Bewegung 272
5. Publikationen *der* französischen Freinet-Bewegung (Auswahl) 273
6. Französische Publikationen *über die* Freinet-Pädagogik (Auswahl) . . 274
7. Deutsche Übersetzungen und Bearbeitungen der Schriften von Célestin und Elise Freinet und der französischen Freinet-Bewegung . 274
8. Veröffentlichungen der deutschen Freinet-Bewegung:
   a) Pädagogik-Kooperative Bremen 277
   b) Arbeitskreis Schuldrucker 277
9. Bücher und Aufsätze zur Freinet-Pädagogik in deutscher Sprache (Auswahl)
   a) Bücher 278
   b) Aufsätze in Büchern 279
   c) Aufsätze in Zeitschriften 281
10. Filme zur Freinet-Pädagogik 288
11. Kontaktadressen 292
12. Liste der französischen Abkürzungen 292
13. Grundsatzerklärungen der französischen Freinet-Bewegung in deutscher Übersetzung:
    a) Charta von Pau 293
    b) Manifest von Aix 295
14. Selbstdarstellung der Pädagogik-Kooperative e.V. 298

Glossar 301

Liste der AutorInnen dieses Buchs 307

Adler steigen keine Treppen

Vom methodischen Treppensteigen

Der Pädagoge hatte seine Methoden aufs genaueste ausgearbeitet; er hatte – so sagte er – ganz wissenschaftlich die Treppe gebaut, die zu den verschiedenen Etagen des Wissens führt; mit vielen Versuchen hatte er die Höhe der Stufen ermittelt, um sie der normalen Leistungsfähigkeit kindlicher Beine anzupassen; da und dort hatte er einen Treppenabsatz zum Atemholen eingebaut und an einem bequemen Geländer konnten die Anfänger sich festhalten.

Illustration: Raymond Kuckelkorn

Und wie er fluchte, dieser Pädagoge! Nicht etwa auf die Treppe, die ja offensichtlich mit Klugheit ersonnen und erbaut worden war, sondern auf die Kinder, die kein Gefühl für seine Fürsorge zu haben schienen.

Er fluchte aus folgendem Grund: Solange er dabei stand, um die methodische Nutzung dieser Treppe zu beobachten, wie Stufe um Stufe emporgeschritten wurde, an den Absätzen ausgeruht und sich an dem Geländer festgehalten wurde, da lief alles ganz normal ab. Aber kaum war er für einen Augenblick nicht da: Sofort herrschten Chaos und Katastrophe! Nur diejenigen, die von der Schule schon genügend autoritär geprägt waren, stiegen methodisch Stufe für Stufe, sich am Geländer festhaltend, auf dem Absatz verschnaufend, weiter die Treppe hoch – wie Schäferhunde, die ihr Leben lang darauf dressiert wurden, passiv ihrem Herrn zu gehorchen, und die es aufgegeben haben, ihrem Hunderhythmus zu folgen, der durch Dickichte bricht und Pfade überschreitet.

Die Kinderhorde besann sich auf ihre Instinkte und fand ihre Bedürfnisse wieder: Eines bezwang die Treppe genial auf allen Vieren; ein anderes nahm mit Schwung zwei Stufen auf einmal und ließ die Absätze aus; es gab sogar welche, die versuchten, rückwärts die Treppe hinaufzusteigen und die es darin wirklich zu einer gewissen Meisterschaft brachten. Die meisten aber fanden – und das ist ein nicht zu fassendes Paradoxon – daß die Treppe ihnen zu wenig Abenteuer und Reize bot. Sie rasten um das Haus, kletterten die Regenrinne hoch, stiegen über die Balustraden und erreichten das Dach in einer Rekordzeit, besser und schneller als über die sogenannte methodische Treppe; einmal oben angelangt, rutschten sie das Treppengeländer runter ... um den abenteuerlichen Aufstieg noch einmal zu wagen. Der Pädagoge macht Jagd auf die Personen, die sich weigern, die von ihm für normal gehaltenen Wege zu benutzen. Hat er sich wohl einmal gefragt, ob nicht zufällig seine Wissenschaft von der Treppe eine falsche Wissenschaft sein könnte und ob es nicht schnellere und zuträglichere Wege gäbe, auf denen auch gehüpft und gesprungen werden könnte; ob es nicht, nach dem Bild Victor Hugos, eine Pädagogik für Adler geben könnte, die keine Treppe steigen, um nach oben zu kommen?

In: Célestin Freinet: Pädagogische Texte (Hrsg.: H. Boehncke u. Chr. Hennig, Hamburg 1980, S. 17/18).

Vorwort der Herausgeberin

Freinet-Pädagogik ist in den letzten Jahren von einem »Geheimtip für Insider« zu einer der meistdiskutierten reformpädagogischen Konzeptionen avanciert. LehrerInnen aller Schulstufen, die ihren Unterricht öffnen wollen für die Impulse der SchülerInnen, greifen immer häufiger auf Arbeitsformen und Techniken zurück, die im Rahmen der Freinet-Pädagogik entwickelt wurden. So ist auch der bald hundertste Geburtstag ihres Begründers Célestin Freinet (1896–1966) kein Indiz für Verstaubtheit und Lebensferne dieser Konzeption, sondern seine Ideen zur Umgestaltung des Schulalltags sind erstaunlich aktuell und lebendig geblieben.

Das Interesse an Freinet-Pädagogik ist Teil einer »Renaissance der Reformpädagogik« (Oelkers), die allenthalben zu beobachten ist. In Hochschulseminaren, als Prüfungsthema, als Anregung für die Gestaltung von Lehrproben und als Gegenstand der LehrerInnen-Fortbildung werden reformpädagogische Modelle aus der ersten Hälfte unseres Jahrhunderts herangezogen, um auf Fragen der Veränderung von Schule *heute* eine Antwort zu finden. Offensichtlich ist die Reform von Schule und Unterricht seit fast einem Jahrhundert überfällig, und das Bewußtsein dafür wächst.

Kurioserweise haben viele LehrerInnen, die heute ihren Unterricht »nach Freinet« gestalten, *nicht* das Bewußtsein, einer historischen Konzeption zum Leben zu verhelfen. Im Gegenteil versprechen sich die meisten LehrerInnen, die auf Freinet-Pädagogik zurückgreifen, für ihren Unterricht einen Zuwachs an Aktualität und Lebendigkeit. Freinet-Pädagogik heute kann auch losgelöst von ihrem historischen Entstehungszusammenhang und der Person ihres Gründers praktiziert werden. Dies unterscheidet sie von Waldorf-, Montessori- oder Petersen-Pädagogik. Besonders die beiden ersteren verlangen spezielle Studien und Ausbildungsgänge von LehrerInnen, die sie praktizieren wollen, und legen ihre AnhängerInnen auf die Vorschriften der Begründer(in) fest.

Nicht so die Freinet-Pädagogik. Sie wird zumeist als »Ideen-Steinbruch« betrachtet, aus dem sowohl ganze »Blöcke« als auch Einzel-Elemente entlehnt werden können, um den Unterricht in allen Schulformen – vorwiegend aber in der Grundschule – offener, lebensbezogener, schülerfreundlicher zu gestalten.

Die Freinet-LehrerInnenbewegung in Deutschland, die ca. 1500 AnhängerInnen umfaßt, ist ihrem Selbstverständnis nach kein Traditionsverein, sondern ein Sammelbecken kreativer, reformbereiter LehrerInnen, die die »Unterrichtstechniken« der Freinet-Pädagogik ganz handwerklich als Anleitung verstehen, ihren Unterricht schrittweise zu verändern (vgl. die Selbstdarstellung der Pädagogik-Kooperative von Hartmut Glänzel im Anhang). Zu diesem Zweck schließen sie sich zu regionalen und überregionalen Gruppen zusammen und veranstalten ihre eigene LehrerInnenfortbildung (zur Entstehungsgeschichte der Freinet-Bewegung vgl. den Beitrag von Dietrich: »Freinet-Pädagogik heute« in diesem Band). Wer erleben will, was Freinet-Pädagogik bedeutet, und wer Anregung und Rückhalt für die Veränderung seines eigenen Unterrichts sucht, sollte sich einer solchen regionalen Freinet-Gruppe anschließen – oder eine gründen ... (Kontakt-Adressen sind bei der Pädagogik-Kooperative Bremen zu erfragen – s. Anhang).

Wer sich zunächst theoretisch informieren möchte, ist auf eine etwas desolate Literatur-Lage angewiesen. Die Schriften Célestin Freinets (s. Anhang) sind auf französisch publiziert. Nur wenige auszugsweise Übersetzungen liegen vor von Freinets frühen Leitartikeln und Broschüren, aus denen u. a. seine politische Standortbestimmung hervorgeht. Gut zugänglich sind dagegen die Veröffentlichungen von Hans Jörg; es sind Übersetzungen und Zusammenfassungen ausgewählter Schriften Freinets und seiner Frau Elise in stark persönlich gefärbter Bearbeitung und Kommentierung (vgl. die Auswahl-Bibliographie im Anhang). Fünf Bücher, die das Selbstverständnis der *heutigen* Freinet-Bewegung in Praxisberichten und theoretischen Auseinandersetzungen widerspiegeln, sind vergriffen und werden nicht mehr neu aufgelegt (Vasquez/Oury 1976, Boehncke/Hennig [Hrsg.] 1980 und Dietrich [Hrsg.] 1982). Die vielen nützlichen Informationen, die das immer noch lesenswerte Buch von Roland Laun (1982) enthält, sind z. T. veraltet. So war es an der Zeit, eine neue Publikation vorzulegen, die schon in der Planungsphase in enger Zusammenarbeit mit der bundesdeutschen Freinet-Bewegung erarbeitet wurde. Im vorliegendem Band berichten erfahrene Freinet-LehrerInnen von ihrer Praxis heute. Von der Grundschule bis zum Gymnasium sind alle Schulformen und -stufen vertreten. Da Freinet-Pädagogik hauptsächlich in der Grundschule diskutiert und praktiziert wird, hat diese Schulform mit sechs Beiträgen ein gewisses Übergewicht. Doch werden auch hier allgemeine Gesichtspunkte immer mitbehandelt.

Neben mehr theoretisch ausgerichteten Beiträgen stehen Erfahrungsberichte, die allerdings Praxis nicht »naiv«, sondern vor dem Hintergrund eines spezifischen Selbstverständnisses der Freinet-LehrerInnen darstellen und reflektieren. Die Verbindung von Theorie (d.h. diesem ausgeprägten, aber nicht immer ausdrücklich formulierten pädagogischen Selbstverständnis) und dadurch geprägter Praxis ist jedoch in *allen* Beiträgen realisiert.

Dieses Selbstverständnis ist nirgendwo festgeschrieben oder kodifiziert. Die »Charta der modernen Schule« von 1968, die als Minimalkonsens der Freinet-LehrerInnen in aller Welt gilt (vgl. Anhang), spielt im pädagogischen Alltagsvollzug in etwa die gleiche Rolle wie das Grundgesetz der Bundesrepublik Deutschland oder die Zehn Gebote. Man kennt sie, aber man zitiert sie nicht. Zur Definition des eigenen Selbstverständnisses gehören jedenfalls noch andere Elemente wesentlich dazu: das Leiden an dem entfremdenden Charakter des Lehrens und Lernens im Schulbetrieb von heute; soziale Sensibilität für die Kinder von Benachteiligten, die vom selektiven Charakter unseres Schulsystems besonders betroffen sind; Zuhörenkönnen, Aufgreifen und Fördern der Impulse, die von den Kindern und Jugendlichen selbst kommen; eine gewisse Distanz zum Schulbetrieb, die das Gegenteil von Betriebsblindheit und vorauseilendem Gehorsam darstellt; das lebendige Bewußtsein davon, daß Schule auch ganz anders sein könnte (menschlicher, kinderfreundlicher, anregender); der Mut und die Zivilcourage, sich gegen die eingefahrenen Regeln des Betriebs zu stellen (es müssen noch nicht einmal Lehrpläne und verbindliche Erlasse sein – es kann auch eine Pausenordnung oder eine gewisse Abgebrühtheit des Kollegiums sein, das nichts mehr erschüttern, aber auch nichts mehr hinreißen kann ...); und die Initiative, mit kleinen Veränderungen schon einmal hier und jetzt anzufangen, ohne auf die großen, spektakulären Veränderungen von Schule und Gesellschaft zu warten. Dazu gehören Tatkraft, Phantasie, gewisse Ansprüche an die eigene Lebensqualität auch in der täglichen LehrerInnenarbeit, Augenmaß für das Machbare, praktische Durchsetzungsfähigkeit, gepaart mit einer gewissen List und Nonchalance gegenüber Sanktionen oder auch nur Verhaltenserwartungen der anderen (SchülerInnen, Eltern, KollegInnen, Vorgesetzte), und last but not least der Versuch, die Hierarchie in der Organisation der Schule und beim Lernen selbst abzubauen. (Die betreffenden KollegInnen würden jedoch wahrscheinlich jedes dieser Merkmale für sich selbst zurückweisen, weil sie alle ja nur *versuchen*, Freinet-Pädagogik zu praktizieren. Dieses Bewußtsein von der Höhe des Anspruchs und der Nicht-Abgeschlossenheit des eigenen Weges dorthin drückt sich auch aus im Titel der Zeitschrift der Freinet-Kooperative Bremen: *Fragen & Versuche* – s. Anhang).

Eines dürfte allerdings deutlich geworden sein: Ein fragloses, zufriedenes Einverständnis mit dem Bestehenden (sei es die Schule, sei es die Gesellschaft, sei es unser Umgang mit der Umwelt, mit Unterernährung, Krieg und Kinderelend) dürfte die schlechteste Voraussetzung sein, Freinet-Pädagogik zu praktizieren. Darum wird die Freinet-Bewegung in Deutschland trotz eines momentanen Aufschwungs wohl nie zu einer Massenbewegung werden. Sie verdient jedoch, von einer breiteren pädagogischen Öffentlichkeit mit Interesse zur Kenntnis genommen zu werden, wozu dieses Buch beitragen will.

Für tatkräftige Hilfe bei seinem Zustandekommen möchte ich mich bei den BeiträgerInnen bedanken, die mir z. T. seit mehr als 15 Jahren von nationalen und internationalen Freinet-Treffen her bekannt sind.

Bedanken möchte ich mich ferner bei der Pädagogik-Kooperative e. V. Bremen für ihre Auskünfte, Informationen und Unterstützung in der Planungsphase.

Mein spezieller Dank gilt jedoch den HelferInnen am Ort, besonders Burkhard Fries und Anabel Behnke für die sorgfältige Erstellung des Glossars.

Heidelberg, im März 1995 — Ingrid Dietrich

Ingrid Dietrich

Freinet-Pädagogik heute

Schule befindet sich im Wandel. Was vor 20 Jahren als »äußere Schulreform« mit emanzipatorischem Anspruch begann und langsam im bürokratischen Dschungel erstickte, setzt sich dennoch fort als »Reform von unten«. Veränderungswillige LehrerInnen, die mit ihrer herkömmlichen Rolle unzufrieden sind und nach neuen Wegen zur Gestaltung von Schule und Lernen suchen, greifen als Anregung auf Konzeptionen der Reformpädagogik zurück. Hier wurde schon um die Jahrhundertwende eine tiefgreifende Kritik an der »alten Schule« formuliert, die auch heute noch weitgehend Gültigkeit hat. Im Rahmen dieser internationalen Reformbewegung entstanden Schulmodelle und Konzeptionen, die nicht zuletzt aufgrund neuerer neurobiologischer Erkenntnisse über das menschliche Lernen wieder aktuell werden (vgl. dazu u.a. Winkel 1993, Hellmich/Teigeler 1992, Vester 1975).

Die Freinet-Pädagogik zählt zu diesen Konzeptionen der europäischen Reformpädagogik. Sie wurde in den 20er und 30er Jahren von dem französischen Volksschullehrer *Célestin Freinet* (1896–1966) entwickelt, in enger Zusammenarbeit mit seiner Frau, Kollegin und Mitstreiterin Elise Freinet. Angeregt von den Ideen führender ReformpädagogInnen seiner Zeit (Adolphe Ferrière, Ovide Décroly, John Dewey, Maria Montessori, Helen Parkhurst, Hermann Lietz, Peter Petersen), schuf er in engem Austausch mit gleichgesinnten KollegInnen seine praxisbezogene Konzeption zur Umgestaltung des Schulalltags sowie »Arbeitstechniken« und Lernmittel, deren bekanntestes die Schuldruckerei wurde. Er begründete außerdem eine LehrerInnenbewegung, die heute einige Tausend Mitglieder in Frankreich sowie AnhängerInnen in über 30 europäischen und außereuropäischen Ländern umfaßt.

1. Wer war Célestin Freinet?

Diese Frage aus der historischen Distanz zu beantworten, ist nicht einfach:[1] Volksschullehrer in einem kleinen südfranzösischen Dorf, der gleichzeitig in persönli-

1 Es ist jedoch auch nicht unmöglich, wie sein erster deutscher Biograph Hans Jörg jedem Autor vorwirft, der nicht »Freinet selbst gekannt hat« (vgl. dazu Jörg [Hrsg.] 1985, S. 9 und 1981, S. 172). In Frankreich existiert z.B. eine Vereinigung: »Amis de Freinet et de son mouvement«, in deren Veröffentlichungen sich noch lebende Zeitgenossen, Schüler und jüngere Mitstreiter Freinets be-

cher und brieflicher Verbindung mit international bekannten Pädagogen seiner Zeit stand (Ferrière, Décroly, Petersen); in einer kleinen, armselig ausgestatteten Dorfschule arbeitender Lehrer *und* gleichzeitig Initiator einer internationalen LehrerInnenbewegung; vorwiegend Praktiker, Organisator, Begründer ländlicher Einkaufsgenossenschaften und eines genossenschaftlich geführten Verlagshauses, das die Lehr- und Arbeitsmittel für seine pädagogische Konzeption herstellte und vertrieb, daneben *aber auch* engagierter pädagogischer Schriftsteller und Theoretiker, der sich trotzig gegen die herrschenden wissenschaftlichen Denkmuster seiner Zeit stellte; Gewerkschafter sowie Parteimitglied der KPF, aber zugleich Individualist und »Querdenker«, der sich weigerte, seine Lehrerbewegung »auf Linie« zu bringen; Kriegsteilnehmer im Ersten Weltkrieg, und danach sein Leben lang ein überzeugter Pazifist und Internationalist.

Die schwere Lungenverletzung, die er im Ersten Weltkrieg vor Verdun davontrug, führt übrigens viele seiner Biographen zu der Behauptung, er habe seine Pädagogik der Selbsttätigkeit vorwiegend deshalb entwickelt, um seine angegriffene Gesundheit zu schonen und einen langen Schultag überhaupt durchstehen zu können (vgl. dazu Elise Freinet 1968, S. 17/18; Jörg 1965, S. 151 und Laun 1982, S. 25). Das mag *auch* zutreffen, doch läßt diese Erklärung Freinets eigentliche Motivation außer acht. Denn in seinen ersten Dienstjahren ist er ebenfalls ein glühender Verfechter der »Schule des Volkes« und Verfasser flammender Artikel für die »Revolution (in) der Schule« in der gewerkschaftlichen Lehrerzeitung »Ecole émancipée«. Von seinem abgelegenen Winkel in der Provence aus nimmt er regen Anteil an allen internationalen Kämpfen, eine bessere Schule für die Kinder der Benachteiligten, des Proletariats zu schaffen. Um diesen Prozeß »vor Ort« zu studieren, nimmt er 1925 an einer gewerkschaftlich organisierten Lehrer-Reise in die junge Sowjetunion teil und kehrt tief beeindruckt zurück (vgl. dazu Elise Freinet 1968, S. 46/47 sowie 1989, S. 53–62). Ein Jahr später trat er der KPF bei. Auch die Einrichtung einer gemeinsamen Grundschule für alle Kinder in Deutschland nach dem Ersten Weltkrieg begrüßt er als eine Überwindung der Klassenschranken (vgl. dazu Jörg 1986, S. 29).

Das Bild, das seine Frau Elise mehr als 20 Jahre später in dem Buch »Naissance d'une pédagogie populaire (méthodes freinet)« von dem bescheidenen, isolierten Berufsanfänger in seiner ärmlichen Dorfschule entwirft, beschreibt ihn nur aus einer Perspektive. Denn Freinet war schon damals eingebettet in pädagogische, gewerkschaftliche und politische Diskussionszusammenhänge, die sich anhand seiner frühen Schriften genau bestimmen lassen. »Er weiß schon, welche Art Schule er ablehnt, was die zahlreichen Artikel beweisen, die er 1920 und 1921 in der ›École émancipée‹ … und 1923 und 1924 in der ›Clarté‹ schreibt.« (Barré u.a. 1988, S. 6) Insofern stimmt die »Legende vom Lungenschuß« auch nur zum Teil: »Wenn Freinet sich die Aufgabe stellt, die Grundzüge einer Pädagogik des Volkes

mühen, den historischen Hintergrund der Freinet-Bewegung authentisch aufzuarbeiten. Meine Darstellung beruht auf einem langen Gespräch mit dem Sekretär dieser Vereinigung, Emile Thomas, im Jahre 1992 und auf Veröffentlichungen dieses Freundeskreises um Freinet (z.B. Barré u.a. 1988).

in die Tat umzusetzen, so geschieht das nicht nur deshalb, weil er als schwer Lungenverletzter nicht mehr als ein paar Minuten in der stickigen Atmosphäre einer Klasse mit 35 Schülern sprechen kann; sondern vor allem deshalb, weil er teilnimmt an dem philosophischen und sozialen Kampf um eine sozialistische Neuordnung der Gesellschaft, um die endgültige Befreiung der Arbeiterklasse. In diesen Kämpfen spielten die Volksschullehrer der 20er Jahre eine wichtige Rolle.« (Roycourt 1989, S. 41 – Übersetzung I. D.).

Freinet verkörpert immer *beide* Seiten: die des politischen Kämpfers, der sein Engagement mit dem Ausscheiden aus dem öffentlichen Schuldienst bezahlt (vgl. dazu Elise Freinet 1968, S. 198ff.) und die des passionierten Lehrers, der glaubwürdig vor seinen Anhängern versichert: »Wir sind Pädagogen und keine Politiker« (vgl. dazu Jörg 1981, S. 164) – wohl wissend, daß seine Pädagogik nur deshalb ihre Durchschlagskraft entfaltet, weil er *beides* in seiner Person und seiner Pädagogik integriert.

Und er bleibt sein Leben lang der provençalische Bauernsohn, »dessen Pragmatismus mit Poesie eingefärbt ist und dessen Großherzigkeit verdoppelt wird durch unerschütterliche Zähigkeit« (Barré 1988, S. 3 – Übersetzung I. D.).

Dieser Pragmatismus, der jede Dogmatik vermeidet und von daher auch AnhängerInnen verschiedener politischer Tendenzen integrieren kann, ist kennzeichnend für Freinets pädagogisches und politisches Handeln. Und die Naturverbundenheit des provençalischen Bauernsohns ist die Basis seines pädagogischen Denkens und führt ihn zur Entwicklung seiner »natürlichen Methode«. Analogien zu Wachstums- und Reifungsvorgängen in der Natur bestimmen seine Theoriebildung über kindliche Lernvorgänge. In der fiktiven Gestalt des Bauern Mathieu spielt er den gesunden Menschenverstand gegen lebensferne pädagogische Theoriebildung aus (vgl. dazu »L'Education du travail«, 1947 und »Les dits de Mathieu«, 1959). Die Texte von den Adlern, die keine Treppen steigen, vom Pferd, das nicht trinken will, der Vergleich des Schulbetriebs mit modernen Hühnerzuchtfarmen (auf deutsch zugänglich in: Boehncke/Hennig [Hrsg.] 1980, S. 17, 19, 32ff.) zeigen beispielhaft diese Verbindung von konkretem, lebensbezogenem Denken fernab von abstraktem Theoretisieren auf.

Mit einem gewissen Trotz setzt Freinet seinen theoretischen Ansatz des »natürlichen Denkens« und der »natürlichen Methode«[2] gegen das herrschende wissenschaftliche Denken seiner Zeit. Er will sich absetzen von der Künstlichkeit der Lebensferne und dem Zwangscharakter herkömmlicher schulischer Erziehung. Diese bezeichnet er schlicht als »Krankheit«, für die er – in Analogie zum Begriff des Hospitalismus – den Begriff des »Scolatismus« prägt (Freinet in: Boehncke/Hennig [Hrsg.] 1980, S. 22; vgl. auch seine Broschüre »Les maladies scolaires«, Cannes 1964).

Mit dieser Kritik an der »Pauk- und Buchschule« ordnet er sich ein in den

2 Französische KollegInnen haben bei einer Analyse seiner Texte festgestellt, daß das meistgebrauchte Adjektiv in diesen Texten »natürlich« ist … (vgl. dazu Jean Vial in: Clanché/Testanière [Hrsg.] 1989, S. 11 sowie den Beitrag von Martine Jardiné im gleichen Band.

internationalen Chor der ReformpädagogInnen, die um die Jahrhundertwende in immer neuen Formulierungen die Geistlosigkeit und Lebensferne der »alten Schule« geißeln (vgl. dazu Scheibe 1982, S. 67ff.).

Stich von 1843/44

Freinet selbst zählt allerdings zu der jüngeren Generation der ReformpädagogInnen, die schon auf dem Werk der »großen« Neuerer aufbauen können. Angeregt durch die Ideen führender ReformpädagogInnen (Adolphe Ferrière, Ovide Décroly, John Dewey, Georg Kerschensteiner, Maria Montessori, Helen Parkhurst, Peter Petersen), schuf er in engem Austausch mit gleichgesinnten KollegInnen seine praxisbezogene Konzeption zur Umgestaltung des Schulalltags. Er erprobte Arbeitsformen und Lernmittel, die von den großen Anregern der internationalen Reformpädagogik entwickelt wurden, und baute deren Ideen produktiv in seine Organisation der Arbeit im Klassenzimmer ein. Das Ensemble von »pädagogischen Techniken«, das er aus diesen Anregungen schuf, und ihr sinnvolles Ineinandergreifen stellt seine eigentliche pädagogische Leistung dar. Sein politisches Anliegen war es dabei gleichzeitig, die SchülerInnen über die Institution des Klassenrats zur Mitbestimmung über die gemeinsame Arbeit zu befähigen.

Freinet war ein Organisationstalent, und zwar nicht nur auf pädagogischem Gebiet. Er faßte gleichgesinnte KollegInnen zu einer starken Organisation zusammen. Seine Arbeit im Klassenzimmer selbst bestand ebenfalls im wesentlichen im Organisieren der verschiedenen frei gewählten Aktivitäten der Schüler. Er organisierte aber auch als politisch engagierter Gewerkschafter landwirtschaftliche Produktions- und Einkaufsgenossenschaften für die Kleinbauern seiner Umgebung. Auch seine Schulklasse betrachtete er als »Kooperative«.

Sein politisches Engagement in Partei und Gewerkschaft trug ihm 1932 auf seiner zweiten Stelle in St. Paul-de-Vence einen Schulkampf ein, der sich vordergründig an dem Widerstand der kirchlich-bürgerlichen Reaktion gegen den »freien Text« eines seiner Schüler entzündete. Dieser zwei Jahre andauernde Schulstreit, der in ganz Frankreich mit Anteilnahme verfolgt wurde und in dem neben einer breiten Solidarisierung von Kollegen auch bekannte Größen wie der Pädagoge Adolphe Ferrière und der Schriftsteller Romain Rolland Freinets Partei ergriffen, endete mit seinem Ausscheiden aus dem öffentlichen Schuldienst. 1934 gründete Freinet daraufhin eine Privatschule in der Nähe von Vence, in der er seine pädagogischen Prinzipien verwirklichte. Er praktizierte dort internationale Solidarität, indem er elternlos gewordene jüdische Kinder aus Deutschland und vom spanischen Bürgerkrieg betroffene Kinder aufnahm. Seine Stellungnahmen gegen den Faschismus in Deutschland, Spanien und Italien trugen ihm außerdem auch anderthalb Jahre Aufenthalt in verschiedenen Internierungslagern ein, die seine ohnehin angegriffene Gesundheit stark gefährdeten.

Dennoch entstanden in diesen Jahren des Krieges und des Wiederanfangs zahlreiche wichtige Schriften, die er z.T. im Internierungslager schrieb: *Essai de psychologie sensible* (erschienen 1950), *L'Ecole moderne française* (1945 – mit drei Auflagen in einem Jahr), *L'Education du travail* (1947). Seine Lebensgefährtin Elise Freinet veröffentlichte die Beschreibung dieser bewegten Jahre in *Naissance d'une pédagogie populaire* (1949, Neuauflage 1968).

Ab Mai 1944 setzte er seine organisatorischen Fähigkeiten für die Führung der Résistance im Département Hautes-Alpes ein. 1945 konnte er dann seine Privatschule bei Vence wieder eröffnen und bald darauf den ersten pädagogischen Kongreß der Nachkriegszeit einberufen. Bei dem Wiederaufbau seines Lebenswerks nach den Wirren des Zweiten Weltkrieges versuchte Freinet selbst, den ausgeprägt politischen Charakter seiner Pädagogik zurückzunehmen und in den Hintergrund zu stellen. Die Zeitschrift der Freinet-Bewegung hieß jetzt nur noch »L'Educateur«, die Bewegung selbst legte den kämpferisch-programmatischen Namen »Coopérative de l'Enseignement Laic«[3] (C.E.L.) ab und nannte sich neutral »Institut Coopératif de l'Ecole Moderne (I.C.E.M.)«. Doch die Umgestaltung der »öffentlichen Volksschule«, in der die Herrschenden die Kinder des Volkes in

3 Die Bezeichnung C.E.L. wurde jedoch als Firmenname für das genossenschaftliche Verlagshaus der Freinet-Bewegung beibehalten, das inzwischen nicht mehr existiert. Eine kleine Nachfolge-Organisation (P.E.M.F.-Publications de l'Ecole Moderne Française) verlegt und vertreibt heute die Schriften und Arbeitsmaterialien der französischen Freinet-Bewegung (Adresse s. Anhang).

ihrem Sinne manipulieren, zu einer »Schule des Volkes«, in der die Kinder zum kritischen Erkennen und Durchschauen der (politischen) Wirklichkeit, zur Hochschätzung der manuellen Arbeit gegenüber einseitiger Wertschätzung der intellektuellen Arbeit sowie zum freien schriftlichen und mündlichen Ausdruck zwecks wirksamer Vertretung der eigenen Interessen angeleitet werden, war weiter Freinets vordringliches Anliegen.

Was die *pädagogische Praxis* angeht, so gelang es Freinet hauptsächlich durch drei Elemente, eine eigene, unverwechselbare Konzeption zu entwickeln: die *Druckkerei*, die *Klassenkorrespondenz* und den *Klassenrat*. Um diese Kernpunkte herum, die die Arbeit im Klassenzimmer motivierten, gruppierten sich auf »natürliche« Weise Elemente wie freier Text, Gruppenarbeit, individuelle und kollektive Arbeitspläne, Erkundungen und Projekte, wie sie auch in anderen zeitgenössischen Konzeptionen zu finden waren. Doch erhielten sie durch die Klassendruckerei und den lebendigen, kontinuierlichen Austausch mit einer Korrespondenzklasse einen anderen Stellenwert. Demokratie im Klassenzimmer wurde eingeübt, indem der Klassenrat die Realisierung steuerte.

Druckerei und Klassenkorrespondenz boten Freinet die Möglichkeit, in seiner pädagogischen Arbeit den Bruch mit dem herrschenden Schul- und Gesellschaftssystem zu realisieren, den er in seinen engagierten, politischen Zeitschriftenartikeln immer wieder forderte. Sein Bemühen war es, in der täglichen Praxis eine andere Wirklichkeit vorwegzunehmen und schon ein Stück weit in der Schule zu realisieren, selbst wenn die Gesellschaft noch meilenweit davon entfernt war. Daher auch die berühmte Forderung Freinets: »Plus de manuels!« (»Weg mit den Schulbüchern!«), weil sie den freien, kritischen Blick auf die Wirklichkeit trüben und vorgekautes, portioniertes Häppchen-Wissen im Sinne der Herrschenden verabreichen. An ihre Stelle sollte die spontane, kritische Untersuchung in und außerhalb des Klassenzimmers treten – möglichst unabhängig von der aufspaltenden, zergliedernden Systematik der Schulfächer.

Die *andere* Wirklichkeit, die Freinet in seiner *pädagogischen Praxis* vorwegzunehmen suchte, folgte ihren eigenen Gesetzen. Hier herrschte solidarisches Miteinander statt Konkurrenz und Kampf aller gegen alle um gute Noten; freier Ausdruck auf allen Ebenen (mündlich, schriftlich, künstlerisch) ohne inhaltliche oder formale Beschränkungen – jeder hatte das Recht, sich auszudrücken, gehört zu werden, seine Meinung zur Geltung zu bringen. Die Veröffentlichung der eigenen Gedanken mit Hilfe der Klasendruckerei in Form von Klassenzeitungen und Briefen an die Korrespondenzklasse geriet zu einer spannenden Angelegenheit – dadurch waren Lesen- und Schreibenlernen, Einüben von Orthographie und Grammatik von der spontanen Motivation der Kinder getragen, sich gut lesbar mitzuteilen, und sie blieben nicht nur »von außen« auferlegte schulische Übungen. Die entscheidenden Anregungen für die gemeinsame Arbeit im Klassenzimmer kamen »von unten«, von den Schülern selbst, aus ihrem engeren und weiteren Lebenskreis und nicht aus dem Lehrplan oder vom Lehrer; die eigene kritische Untersuchung der Wirklichkeit (durch Erkundungen, Befragungen, selbst hergestellte Reportagen) rangierte vor »totem« Buchwissen; in »Arbeitsateliers« wurde tatsächlich konkret gearbeitet, etwas hergestellt, produziert – schließlich besaß z.B. die Erstellung einer Klassenzeitung mit Hilfe der kleinen Handdruckerei (bewegliche Bleilettern, Handpresse) eine nicht zu unterschätzende »handwerkliche« Komponente. Die Freinet-Klasse funktionierte als »Kooperative« und regelte ihre inneren Konflikte und Außenkontakte selbst im Klassenrat, in dem der Lehrer nur eine Stimme unter anderen besaß.

Was das *pädagogische Schrifttum* angeht, so hinterließ *Freinet* kein »geschlossenes« Lebenswerk, sondern eher kleinere Gelegenheitsschriften in der Frühzeit, wohl auch größere Abhandlungen, wenn er Zeit dazu in seinem bewegten Leben fand. In ihnen erweist er sich einerseits als der »Praktiker«, dem das geringste Detail in der Organisation des Schulalltags wichtig genug war, um es zu bedenken und anderen dazu Anregungen zu geben, andererseits als der »Empiriker«, der durch das genaue, vorurteilsfreie Beobachten der kindlichen Entwicklung Gesetzmäßigkeiten entdeckte und daraus Konsequenzen für das pädagogische Handeln ableitete; und schließlich als der provençalische Bauernsohn, der vorwiegend auf Metaphern aus der Natur und seiner ländlich-bäuerlichen Umgebung zurückgriff, um seine Vorstellungen von freier kindlicher Entfaltung und einer »organisch« auf dem Entdeckerdrang des Kindes aufbauenden Arbeit im Klassenzimmer darzulegen. Freinets politischer Anspruch[4] führt ihn dabei immer wieder zu einer harten Kritik an der bestehenden pädagogischen Praxis.

Aus der historischen Distanz von fast 70 Jahren zu den Anfängen Freinets und seiner Pädagogik kann heute rückblickend festgestellt werden: Vieles in seinem Werk und seinen Schriften ist zeitgebunden, manches ist überholt oder durch andere politische Entwicklungen widerlegt. Doch Freinets Kritik am öffentlichen Schulsystem hat auch heute – nach dem Zusammenbruch des »real existierenden Sozialismus« – nichts von ihrer Berechtigung verloren. Der selektive Charakter unseres Schulsystems, der Leistungsdruck schon in der Grundschule (weil dort viel zu früh die Entscheidung über den weiteren Lern- und Lebensweg der SchülerInnen gefällt wird), der damit gegebene Anpassungszwang und die kostenneutrale »Durchrationalisierung« des Schulwesens sind Faktoren, die der Verwirklichung *pädagogischer* Grundsätze und Forderungen entgegenstehen. Das menschliche Miteinander von LehrerInnen und SchülerInnen wird überformt von einer Logik des Konkurrenzkampfes, bei dem vor allem die Schwächeren auf der Strecke bleiben: Kinder aus sozial benachteiligten Familien, Arbeiter- und Arbeitslosenkinder, Migranten- und Flüchtlingskinder.

Den Kindern dieser Bevölkerungsschichten jedoch fühlte sich Célestin Freinet besonders verpflichtet, wie seine frühen Schriften beweisen (z.T. auf deutsch zugänglich in: Boehncke/Hennig [Hrsg.] 1980, S. 105–131). Darum lehnte er auch

4 Dieser wird zwar von Hans Jörg geleugnet, zuletzt 1992, S. 95ff. In seinen Kommentaren zu Freinets Werk versucht er ihn und seine Bewegung gegen den Vorwurf des »Radikalismus« und des »politischen Weltverbesserertums« in Schutz zu nehmen (vgl. dazu exemplarisch Jörg [Hrsg.] 1985, S. 177ff.). Wie in Frankreich unter den AnhängerInnen der Freinet-Bewegung differenziert und ohne falsche Berührungsängste versucht wird, Freinets historisch-politischen Standort zu bestimmen, zeigen die Veröffentlichungen von Barré u.a. 1988, Launay und Testanière 1989.

im Prinzip die Gründung von »Freinet-Schulen« ab und sah die Umgestaltung der öffentlichen Pflichtschule mit Hilfe seiner pädagogischen »Techniken« als vordringlich an, weil hier *die* Kinder zu finden sind, die keine teuren Privatschulen mit der jeweils modernsten Alternativschul-Pädagogik besuchen können.

2. Die Entstehung der Freinet-Bewegung in Frankreich

Freinet gelang es, über seine schriftstellerische, gewerkschaftliche und politische Tätigkeit ziemlich rasch eine Lehrerbewegung ins Leben zu rufen, die sich zunächst unter seinem »pädagogischen Wahrzeichen«, der Schuldruckerei, formierte (vgl. dazu Elise Freinet 1968, S. 41 ff.). In Rundbriefen und Verbandsblättchen, dann aber auch auf Kongressen vertieften die beteiligten LehrerInnen ihren Erfahrungsaustausch. Sie diskutierten minutiös über die materiellen Voraussetzungen der Schuldruckerei (welche Presse, welche Drucktypen, Papiersorten, Illustrationstechniken), während sich Freinet daneben von Anfang an bemühte, die Funktion der Schuldruckerei als »Werkzeug der Befreiung des kindlichen Denkens« (Elise Freinet 1968, S. 63) zu betonen. Hierzu ein längeres Zitat aus einem Monats-»Bulletin« an seine AnhängerInnen und MitstreiterInnen aus dem Jahr 1927:

»Der wesentliche Vorteil der Schuldruckerei besteht nicht, wie manche glauben könnten, in der Originalität der manuellen Arbeit, die sie erfordert: das Setzen, das Einfärben, das Abziehen, das Reinigen, das Einräumen der Buchstaben sind Aufgaben, zu denen sich die Kinder stets selbst drängen, die wie eine Gunst verteilt werden müssen; der Vorteil der Schuldruckerei besteht auch nicht in den großen Tugenden, die sie den Kindern auferlegt und auf die wir später zurückkommen: Ordnung, Fleiß und Sorgfalt, Sauberkeit. Der wirklich folgenreiche Beitrag unserer Technik für die Pädagogik besteht darin, daß sie die Möglichkeit eröffnet, unseren Unterricht zu modernisieren, indem wir in der Schule die Kommunikationsmittel zwischen den Individuen benutzen, die uns die moderne Zivilisation zur Verfügung stellt. Wir müssen alles Herkömmliche, Tote aus der schulischen Arbeit von heute verdrängen, wir müssen die Bürger einer neuen Gesellschaft formen.« (in: Elise Freinet 1968, S. 66 – Übersetzung I. D.)

Diese große Perspektive mit den praktischen Erfordernissen der täglichen Arbeit im Klassenzimmer zu verbinden, stellt nach Freinet die eigentliche pädagogische Herausforderung dar.

Deshalb umfassen seine Schriften neben politischen Grundsatzüberlegungen auch minutiöse Anweisungen zur Einrichtung des Klassenzimmers und zur Organisation der Arbeit, denn jedes pädagogische Detail hat für ihn eine politische Bedeutung, kann zur Befreiung oder zur Verdummung der Lernenden beitragen.

Um sich über die konkrete, praktische Verwirklichung dieser »Pédagogie Populaire« auszutauschen, blieb es im Rahmen der französischen Freinet-Bewegung nicht bei handgetippten Rundschreiben und Bulletins. Die C.E.L. (s. o.) gab eine eigene Zeitschrift heraus (*»L'Educateur«*), die auch heute noch erscheint.

(Foto: Dietrich)

Auf der R.I.D.E.F. 1992 im Gespräch: Paul le Bohec, der »Magier der natürlichen Methode« aus Frankreich, Marta Fontana aus Italien, Walter Hövel aus Deutschland, dahinter (stehend) Kaisa Lange aus Finnland und KollegInnen aus verschiedenen Ländern.

Freie Texte aus Freinet-Klassen wurden in der *»Gerbe«* veröffentlicht; die in Freinet-Klassen aufgrund von Erkundungen entstandenen Dokumentationen und Broschüren wurden in einer umfangreichen *»Bibliothèque de Travail«* veröffentlicht. So entwickelte sich die französische Freinet-Bewegung nach tiefen Einschnitten zur Zeit des Zweiten Weltkriegs und nach einer gewissen Stagnation in den 60er Jahren zu einem ernstzunehmenden Faktor in der französischen Schullandschaft.

Die Verwirklichung einer *Pädagogik des Volkes* war das Grundanliegen Freinets, der zu Beginn seiner Laufbahn eine Stelle als Gymnasiallehrer in Nordfrankreich ablehnte und seine kleine einklassige Volksschule in der Provence als Wirkungskreis vorzog (vgl. dazu Jörg [Hrsg.] 1965, S. 154). Die von ihm ins Leben gerufene Lehrerbewegung hat dieses politische Anliegen einer *Pédagogie populaire* nie verleugnet. Sie versteht sich selbst als kritische Gegenbewegung zum etablierten Schulsystem. Sie hat neben wichtigen Grundsatzerklärungen nach dem Tode Freinets – in der Charta von Pau 1968[5] und dem Manifest von Aix 1973[6] – auch sein *Projet d'Education Populaire* wiederaufgenommen und Ende 1978, verbunden mit einer umfassenden Schul- und Kapitalismuskritik, deren pädagogische Grundsätze neu formuliert (vgl. Dietrich [Hrsg.] 1982).

5 In: Beck/Boehncke 1976, S. 219–221.
6 In: Beck/Boehncke 1978, S. 108–111.

3. Die internationale LehrerInnenbewegung

Die internationale LehrerInnenbewegung, die – inspiriert von dem Grundanliegen und der Unterrichtskonzeption Freinets – SympathisantInnen in aller Welt zusammenführt, wurde 1957 gegründet (F.I.M.E.M. – Fédération internationale des Membres de l'Ecole Moderne). In ihr sind LehrerInnen aus allen Teilen der Welt vertreten. Sie veranstaltet alle zwei Jahre ein großes internationales Seminar (R.I.D.E.F. – Rencontre Internationale des Educateurs Freinet),[7] auf dem sich LehrerInnen aus den verschiedensten Ländern in Arbeitskreisen und Ateliers darüber austauschen, wie die Freinet-Pädagogik in der konkreten pädagogischen und politischen Situation der jeweiligen TeilnehmerInnen umzusetzen ist.

Dabei wird oftmals deutlich, daß Freinet-LehrerIn zu sein bedeutet: zu einer demokratischen Minderheit des betreffenden Landes zu gehören, die besonders die Rechte der benachteiligten Kinder und Jugendlichen zu schützen versucht (z.B. in Projekten für Straßenkinder in Brasilien, wo außerdem die große konzeptionelle

7 An dem internationalen Kongreß in Poitiers im Jahre 1992 nahmen z.B. ca. 300 TeilnehmerInnen aus 25 Ländern teil.

Nähe zwischen der Freinet-Pädagogik und der Befreiungspädagogik Paulo Freires betont wird); oder zu denen zu gehören, die aufgrund dieser Parteinahme für die Unterdrückten auf den Listen der Todesschwadrone stehen (wie ein Kollege auf der R.I.D.E.F. in Poitiers 1992 aus Panama berichtete; daraufhin wurde die Absicht aufgegeben, die R.I.D.E.F. 1994 in Panama zu veranstalten).

Es bedeutet aber auch, weniger spektakulär, in täglicher Kleinarbeit die Grundsätze, Methoden, Techniken und Regeln für die Kooperation der Klassengruppe, die Freinet in Anlehnung an die Ideen anderer großer ReformpädagogInnen entworfen hat, den jeweils verschiedenen örtlichen Gegebenheiten anzupassen und einen je eigenen Weg zur Realisierung der Freinet-Pädagogik zu entwickeln. Bei der kollegialen Selbstverwaltungsstruktur, die sich die Freinet-Bewegung gegeben hat, gibt es keine Instanz, die darüber entscheidet, ob diese Praxis nun wirklich den Namen »Freinet-Pädagogik« verdient oder nicht. Es gibt nur die gemeinsame Diskussion in Gruppen von Gleichgesinnten, die kollegiale Ermutigung und Kritik auf selbstorganisierten Fortbildungsveranstaltungen und LehrerInnentreffen.[8]

8 Die Beiträge in diesem Band repräsentieren daher ebenfalls die je eigene Interpretation der Freinet-Pädagogik, die die VerfasserInnen angesichts ihrer jeweils verschiedenen Praxisfelder und -bedingungen entwickelt haben.

4. Die Freinet-Bewegung in Deutschland

Auch in Deutschland hat sich inzwischen ein solider Stamm von ca. 1000 Freinet-LehrerInnen gebildet. Sie sind hervorgegangen aus einem »Arbeitskreis Schuldruckerei«, der von dem Saarbrücker Hochschullehrer Hans Jörg ca. 1963 gegründet wurde (seit 1973 e. V.), und aus den »Pädagogik-Kooperativen«, die im Gefolge der 68er-Bewegung überall im Land entstanden. Diese letzteren entdeckten die Freinet-Pädagogik für sich neu, machten sich deren politisches, schulkritisches Potential zu eigen und entwickelten sie in eigener Praxis weiter.[9]

Die Pädagogik-Kooperative Bremen hat sich dabei trotz der anfänglichen Ablehnung der »Freinis« gegenüber festen Organisationsstrukturen zu einer Art Zentrale entwickelt. Sie wurde als eingetragener Verein konstituiert, der die bundesdeutsche Freinet-Zeitschrift *»Fragen und Versuche«* herausgibt, der einen Materialvertrieb für Druckerpressen, Lernkarteien und andere Freinet-Materialien unterhält, der die Adressenkartei verwaltet sowie die Verbindung zwischen den regionalen und überregionalen Freinet-Gruppen hält.[10]

Diese regionalen Freinet-Gruppen sind offen für Neugierige, InteressentInnen und neue Mitglieder. Sie veranstalten regelmäßige Treffen und eigene Fortbildungsveranstaltungen.

Die *Pädagogik-Kooperative e. V.* zählt zur Zeit ca. 700 Vereinsmitglieder. Hinzu kommen noch einmal ca. 700 engagierte SympatisantInnen (Stand 1994), denn 1400 AbonnentInnen beziehen die Freinet-Zeitschrift »Fragen und Versuche«. Die von Hartmut Glänzel verfaßte Selbstdarstellung der Pädagogik Kooperative e. V. im Anhang gibt einen guten Aufschluß über deren Selbstverständnis und Funktionsweise. Daraus geht hervor, daß sich die Freinet-PädagogInnen trotz einer gewissen Konsolidierung immer noch beträchtlich von einem herkömmlichen LehrerInnenverband unterscheiden.

Als Menschen, die ihre eigene Veränderung und die Veränderung ihrer täglichen Schulpraxis selbst in die Hand genommen haben, warten Freinet-LehrerInnen nicht auf die Ratschläge von ExpertInnen. Ihre Fortbildungen, die regelmäßig in allen Landesteilen stattfinden, verlaufen selbstorganisiert, kollegial und demokratisch. Jede(r), der/die will, kann dazu beitragen – die großen Planungstafeln der Freinet-Treffen, auf denen von einer Organisationsgruppe praktisch nur ein Zeitraster vorgegeben wird, sind schon legendär. (Vgl. dazu Glänzel S. 36/37. Die einwöchigen Freinet-Fortbildungen für verschiedene Schulstufen werden im übrigen inzwischen in mehreren Bundesländern offiziell als Fortbildung anerkannt, und InteressentInnen bekommen dafür Dienstbefreiung.)

9 Dieser Strang der Freinet-Rezeption in Deutschland wird dokumentiert in den Beiträgen der von Beck/Boehncke herausgegebenen »Jahrbüchern für Lehrer« 1975–1980 sowie exemplarisch in dem Themenheft »Freinet-Pädagogik« von päd. extra, H. 3/1978, S. 18–33.

10 Daneben existiert auch der »Arbeitskreis Schuldruckerei« weiter, der jedoch eine andere Struktur und ein anderes Verbandsorgan besitzt. Informationen erhältlich über Peter Treitz, Im Graulheck 24a, 66578 Schiffweiler.

Diese Fortbildungen richten sich explizit an praktizierende LehrerInnen. StudentInnen haben dort nur begrenzt Zutritt (es sei denn, sie wollen dort selbst aktiv werden und mitarbeiten). Sie stellen zu viele abstrakte Fragen, mit deren Beantwortung Freinet-LehrerInnen nur ungern Zeit verlieren. (Beispiel: »Muß nicht *erst* die Gesellschaft verändert werden, ehe das Prinzip des selbstorganisierten Lernens in den Schulen verwirklicht werden kann?«) Auch versprengte HochschullehrerInnen, die ab und an auf den Freinet-Treffen gesichtet werden, werden nicht besonders hofiert. Entweder bieten sie wie andere TeilnehmerInnen etwas an, was dann der kritischen Diskussion der »PraktikerInnen« unterworfen wird, oder sie gliedern sich ein in irgendeine Lerngruppe oder ein Atelier und machen dabei selbst die Erfahrung eines lustvollen, konkurrenzfreien, nicht prestigeorientierten Lernens.

Im übrigen ist die Distanz der Freinet-Pädagogik zu den Institutionen der LehrerInnenausbildung auch historisch begründet. Célestin Freinet begründete seine LehrerInnenbewegung aus Protest gegen die herrschende Schulpraxis. Sein gewerkschaftliches, pädagogisches und politisches Engagement für die Kinder des Landarbeiter- und Industriearbeiterproletariats trug ihm in den 30er Jahren nach langen Kämpfen mit der Schulaufsicht die Entfernung aus dem öffentlichen Schuldienst ein. Vielen seiner KollegInnen und MitkämpferInnen ging es genauso. Diesen Charakter einer Protestbewegung selbstbewußter VolksschullehrerInnen, die die herrschende pädagogische Theorie in Frage stellen, hat die »Pédagogie Freinet« in Frankreich bis heute bewahrt. Entsprechend wurde sie von der universitären Pädagogik ignoriert – bis zum Jahre 1987, in dem das erste überregionale Colloquium zur Freinet-Pädagogik an der Université de Bordeaux stattfand (vgl. dazu Clanché/Testanière [Hrsg.] 1989).

In Deutschland genießt zwar die Freinet-Pädagogik an den Hochschulen freundliche Beachtung – als eine reformpädagogische Konzeption unter anderen, über die man unter den verschiedensten Aspekten dozieren und auch Examensarbeiten schreiben lassen kann (historisch, allgemeindidaktisch, als sonderpädagogische Konzeption für verschiedene Lernbereiche oder als Gegenstand der vergleichenden Pädagogik).

In dieser Form »abgehandelt«, kann jedoch die Freinet-Pädagogik ihren erneuernden Impuls für eine veränderte Schulpraxis nicht entfalten. Der Weg für InteressentInnen, welche die Freinet-Pädagogik in ihrem eigenen Schulalltag verwirklichen wollen, führt nur über die eigene Praxis und über die kontinuierliche Mitarbeit in einer Freinet-Gruppe, die AnfängerInnen Halt und Sicherheit gibt. Hier können die Widersprüche zwischen den Prinzipien und Forderungen der Freinet-Pädagogik und den engen Grenzen der Institution Schule thematisiert und Niederlagen gemeinsam verarbeitet werden (vgl. dazu Hänsel 1985).

Denn machen wir uns nichts vor: Obwohl viele Elemente und »Techniken« der Freinet-Pädagogik inzwischen in der öffentlichen Regelschule geduldet, ja sogar von den Richtlinien offiziell empfohlen werden (vgl. dazu die Grundschul-Richtlinien NRW in ihrer überarbeiteten Version von 1985; vgl. ebenfalls Lütgert 1992, Wittenbruch 1995), stößt ihre Verwirklichung »vor Ort« immer noch auf Schwierigkeiten. Ein Lernen, das nicht durchgängig vom Lehrer/von der Lehrerin gelenkt, kontrolliert und bewertet wird; ein Lernen durch Kommunikation und Kooperation; ein freier Zugriff auf die Lerngegenstände und alles Wissenswerte in und außerhalb der Schule – all dies ist zu ungewöhnlich, als daß es sich reibungslos in das bestehende System einfügen ließe.

Die nachfolgenden Beiträge geben daher jeweils eine Schilderung gelungener Verwirklichung von Freinet-Pädagogik in verschiedenen pädagogischen Arbeitsfeldern; sie verschweigen aber auch nicht die Schwierigkeiten und Begrenzungen, auf die die einzelnen AutorInnen gestoßen sind. Aus allen Beiträgen zusammen geht hoffentlich ein lebendiges Bild von den Möglichkeiten und Grenzen der Freinet-Pädagogik in der Schule von heute hervor. Und daß Freinet-Pädagogik bedeutet: ohne große Worte, mit Geduld, Augenmaß und Zähigkeit diese Grenzen immer ein wenig weiter zu öffnen.

5. Freinet-Pädagogik im Überblick

Zur ersten Information folgt hier ein schematischer Überblick über pädagogische und methodische Grundsätze der Freinet-Pädagogik und die daraus sich ergebenden Unterrichtstechniken.[11] Es wurde dabei versucht, Freinet-Pädagogik mit Grundanliegen der heutigen pädagogischen Diskussion zu verknüpfen und die Terminologie Freinets (die ohnehin von den einzelnen ÜbersetzerInnen verschieden interpretiert wird) in die heutige Diktion zu übertragen.

11 Die hier angeführten Kernbegriffe erscheinen auch im Glossar im Anhang. Dort finden die LeserInnen Hinweise auf die einzelnen Beiträge, in denen die Begriffe dann im Kontext erläutert werden. Jede schematische Darstellung der organisch ineinandergreifenden Elemente der Freinet-Pädagogik bringt im übrigen Verkürzungen und willkürliche Akzentsetzungen mit sich, könnte auch anders gruppiert werden. Vgl. dazu z. B. den anders gestalteten Überblick über grundlegende Prinzipien der Freinet-Pädagogik bei Dietlinde Baillet (in: päd. extra, Heft 2/1983, S. 26–27).

Pädagogische Grundsätze der Freinet-Pädagogik

1. Die SchülerInnen haben das Recht auf ihren eigenen Lernprozeß, ihre eigene Entwicklung und ihre Individualität. Dies gilt besonders auch für ausländische Kinder und Kinder anderer Muttersprache.
2. Die Verschiedenheit der Lernenden ist eine Bereicherung – ihre »Gleichschaltung« ist verderblich.
3. Die Lernenden haben das Recht auf ihren eigenen Lernrhythmus.
4. Das Lernen soll Freude machen und in Erfolgserlebnissen münden.
5. Selektion aufgrund von Konkurrenz und Mißerfolg soll so weit wie möglich abgebaut werden.
6. Nicht Übernahme »fertiger« Ergebnisse, sondern eigenes Experimentieren und »tastendes Versuchen« sind Ziele des Lernprozesses.
7. Nicht Indoktrination durch vorgegebene »Schulbuch-Weisheiten«, sondern eigene kritische Untersuchungen der Wirklichkeit sollen das Denken der SchülerInnen bestimmen.
8. Die SchülerInnen sind InitiatorInnen und OrganisatorInnen ihres eigenen Lernprozesses (mit Hilfe von individuellen Arbeitsplänen, Arbeitsmaterialien zur Selbstkorrektur, freien Texten und individueller Bewertung von Lernfortschritten).
9. Das Lernen der Klassengruppe soll in gemeinsamer Verantwortung kooperativ organisiert werden.
10. Die Selbstregulierung von Konflikten erfolgt im Klassenrat.

Methodische Grundsätze und Techniken der Freinet-Pädagogik

Freier Ausdruck auf allen Ebenen

verbal – freie Texte
bildlich – freie Bilder, Zeichnungen, Collagen
körperlich – Pantomime, Rollenspiel, Tanz, Schattentheater
musikalisch – freies Experimentieren mit Klangkörpern, Lieder selbst erfinden, produktiver Umgang mit Musik aller Art
Diskussionen und Debatten zu selbstgewählten Themen

Produktives Umgehen mit Texten, Medien, Informationen

z. B. freie Texte, Gedichte etc. selbst verfassen
Geschichten erfinden
Rollenspiele entwerfen und vorführen
Dia-Serien herstellen
Videos produzieren
Texte drucken (Entmystifizierung von Gedrucktem aller Art)
Arbeitsmaterialien selbst erstellen

Lernen durch Kommunikation und Kooperation

Klassenrat
Klassenkooperative
Klassenreise zur Korrespondenzklasse
Klassendienste
Wandzeitungen
Morgenkreis
selbstgewählte Arbeitsgruppen

Öffnung des schulischen Lernens auf die reale Umgebung hin – Durchbrechung der Trennung von Schule und Leben

Erkundungen
Untersuchungen
Projekte
Klassenkorrespondenz
Veröffentlichung von Arbeitsergebnissen in Form von:
Klassenzeitung, Klassenkorrespondenz, Anschlagtafeln, Wandzeitungen, Ausstellungen, Reportagen, Vorträgen, Filmen, Ton-Dia-Montagen
Einladung interessanter GesprächspartnerInnen in die Klasse
kritisches Verfolgen der aktuellen Tagesereignisse
Nutzung von Computer, Fax, Telefon als Kommunikations- und Arbeitsmittel

Lernen, das Lernen selbst zu organisieren

freie Arbeit
individuelle und kollektive Arbeitspläne
individualisierte Arbeitsmittel
Arbeitsbibliothek und Dokumentensammlung

Lernen durch »tastendes Versuchen«

anregende Lernumgebung als Voraussetzung für:
entdeckendes Lernen
Experimentieren
»natürliche Methode«

Lernen durch Handeln

Lernen in Ateliers:
etwas herstellen, gestalten, darstellen, dokumentieren etc.
produktiver Umgang mit Technik

interkulturelles Lernen

Akzeptieren von Verschiedenheit
Konfliktfähigkeit
internationale Sensibilität und Solidarität
Aufbrechen der eurozentrischen Perspektive

Lernen ohne Selektion

viele verschiedene Arten von Erfolg ermöglichen
Bewertung am individuellen Lernfortschritt
Respekt vor der Leistung jedes einzelnen

Die »klassischen« Techniken und Arbeitsmittel der Freinet-Pädagogik – allen voran die Druckerei – gewinnen erst durch diese Einbettung in die übergreifende Perspektive der Befreiung des Lernens von überflüssigen Vorschriften und schädlichen Zwängen ihren Sinn. Die freie Entfaltung von Neugier, Arbeitskraft und Lernwillen der Kinder und Jugendlichen im Rahmen der Schule ist das Ziel der Freinet-Pädagogik, zu dem auch kleine Schritte langsam hinführen können.[12] Doch ohne dieses Ziel ergibt der verordnete Einsatz aller Freinet-Techniken zusammen noch keine Freinet-Pädagogik. Die folgenden Praxisberichte werden dieses Paradoxon anschaulich erläutern.

Literatur

Baillet, Dietlinde: Grundlegende Prinzipien der Freinet-Pädagogik, in: päd. extra, Heft 2/1983, S. 26–27.

Barré, Michel u.a.: Célestin Freinet par lui-même. Livre-Cassette, Cannes 1988 (P.E.M.F.).

Boehncke, Heiner/Hennig, Christoph (Hrsg.): Célestin Freinet: Pädagogische Texte. Mit Beispielen aus der praktischen Arbeit nach Freinet, Reinbek bei Hamburg 1980.

Charta der Modernen Schule, in: Beck, Johannes/Boehncke, Heiner (Hrsg.): Jahrbuch für Lehrer 1977, Reinbek bei Hamburg 1976, S. 219–221.

Clanché, Pierre/Testanière, Jacques (Hrsg.): Actualité de la Pédagogie Freinet, Bordeaux 1989 (Presses Universitaires de Bordeaux).

Dietrich, Ingrid (Hrsg.): Politische Ziele der Freinet-Pädagogik, Weinheim und Basel 1982 (Original: Collectif I.C.E.M. – Pédagogie Freinet [Hrsg.]: Perspectives d'éducation populaire, Paris [Maspéro] 1979).

Freinet, Célestin: L'école moderne française, Gap (Editions Ophrys) 1945.

Freinet, Célestin: L'éducation du travail, Neuchâtel/Schweiz (Delachaux et Niestlé) 1947.

Freinet, Célestin: Essai de psychologie sensible appliquée à l'éducation, Gap (Editions de l'Ecole Moderne Française, Cannes) 1950.

12 Vgl. das berühmte Wort Freinets: »Ne vous lâchez pas des mains si vous n'avez pas encore pris pied!« – Lassen Sie die Hände nicht los, ehe Sie Fuß gefaßt haben!

Freinet, Célestin: Les Dits de Mathieu, Neuchâtel (Delachaux et Niestlé) 1959.
Freinet, Célestin: Les maladies scolaires, Cannes (Editions de l'Ecole Moderne Française) 1964.
Freinet, Célestin: Die moderne französische Schule (übersetzt und besorgt von Hans Jörg), Paderborn 1965, 2. Aufl. 1980.
Freinet, Elise: Naissance d'une pédagogie populaire (méthodes freinet), Paris (Maspéro) 1968 (1. Aufl. 1949).
Hänsel, Dagmar: Handlungsspielräume. Portrait einer Freinet-Gruppe, Weinheim und Basel 1985.
Hellmich, Achim/Teigeler, Peter (Hrsg.): Montessori-, Freinet-, Waldorf-Pädagogik. Konzeption und aktuelle Praxis, Weinheim und Basel 1992.
Jardiné, Martine: Pensée naturelle et méthode naturelle, in: Clanché/Testanière (Hrsg.), S. 203–213.
Jörg, Hans: Praxis der Freinet-Pädagogik (Übersetzung und Bearbeitung des Buches von Célestin Freinet: »Les techniques Freinet de l'Ecole Moderne«), Paderborn 1981.
Jörg, Hans: Freinet et les Pédagogues Allemands, in: Amis de Freinet et de son mouvement, N° 45/décembre 1986, S. 25–48.
Jörg, Hans: Meine Begegnung mit Freinet und der Freinet-Pädagogik, in: Hellmich, Achim/ Teigeler, Peter (Hrsg.), Weinheim und Basel 1992, S. 93–113.
Laun, Roland: Freinet – 50 Jahre danach. Dokumente und Berichte aus drei französischen Grundschulklassen, Heidelberg 1982 (bvb-edition meichsner & schmidt).
Launay, Michel: Un aspect des rapports de Freinet et du P.C.F. Le voyage en U.R.S.S. de 1925, in: Clanché/Testanière (Hrsg.), S. 53–62.
Lütgert, Will: Reformpädagogik und Schulalltag heute. Abschlußdiskussion der Reihe »Reformpädagogik konkret«, in: Zs. »Pädagogik«, H. 7–8/1992, S. 67–70.
Manifest von Aix, in: Beck, Johannes/Boehncke, Heiner (Hrsg.): Jahrbuch für Lehrer 1979, Reinbek bei Hamburg 1978, S. 108–111, (zuerst veröffentlicht in: päd. extra, H. 3/1978, S. 32/33 – Übersetzung: Ingrid Dietrich).
Roycourt, Denis: Pour la révolution à l'école. Les premiers articles de Freinet dans L'Ecole Émancipée (1920–1921), in: Clanché/Testanière (Hrsg.), S. 41–52.
Scheibe, Wolfgang: Die reformpädagogische Bewegung 1900–1932. Eine einführende Darstellung, Weinheim und Basel 1969 (8. Aufl. 1982).
Testanière, Jacques: Le P.C.F. et la Pédagogie Freinet (1950–1954), in: Clanché/Testanière (Hrsg.), S. 63–83.
Vester, Frederic: Denken, Lernen, Vergessen, Stuttgart 1975.
Vial, Jean: Quelques réflexions sur la pensée active de Célestin Freinet, in: Clanché/ Testanière (Hrsg.), S. 9–21.
Winkel, Rainer (Hrsg.): Reformpädagogik konkret, Hamburg 1993.
Wittenbruch, Wilhelm (Hrsg.): Das pädagogische Profil der Grundschule, Heinsberg 1995 (3. Aufl.).

Hartmut Glänzel

Das Wort geben

I

Wenn ich die langen Jahre meiner Berührung mit Freinet-Pädagogik Revue passieren lasse, kommt mir immer wieder ein Satz in den Kopf, der so nach und nach für mich zu einem Schlüsselbegriff für Freinet-Pädagogik geworden ist.

Eine meiner ersten Begegnungen mit Freinet-Pädagogik vor vielleicht 15 Jahren war der Film »Den Kindern das Wort geben« von Wolfgang Jung und Barbarah Lindemann.[1] In diesem 160minütigen Film wird gezeigt, wie der elsässische Freinet-Lehrer Maurice Mess innerhalb eines Schuljahres seine Klasse (es handelt sich um eine bisher traditionell geführte 4. Klasse) schrittweise zu einer Freinet-Klasse umgestaltet. Und ich höre noch heute, wie M. Mess seinen Interviewpartnern gegenüber klar und deutlich sagt: »Man muß ihnen das Wort geben!«

»Den Kindern das Wort geben« faszinierte mich von Anfang an über die Maßen, wahrscheinlich indem ich es mit dem Schulunterricht verglich, den ich selbst einst erfahren hatte. Aus dieser Zeit habe ich jedenfalls kaum Erinnerungen daran, daß mir irgendwann einmal »das Wort gegeben wurde«, geschweige denn, daß dieses »das Wort geben« ein Kernprinzip einer meiner LehrerInnen gewesen wäre. In Erinnerung ist mir hauptsächlich das Bild irgendeines/r in der Nähe des Pultes stehenden Lehrers/in, der/die zu mir sagt, daß ich das zu bearbeiten hätte, dieses Buch aufzuschlagen hätte, diese Hausaufgaben zu erledigen hätte, diese Klassenarbeit zu schreiben hätte, daß ich, wenn ich so weitermachen würde, das Klassenziel nicht erreichen würde usw. Für eigene Ideen und Vorstellungen blieb da (zumindest in der Schule) wenig Platz, es sei denn, man wurde »aufmüpfig« den LehrerInnen gegenüber (wofür ich allerdings viel zu brav war) und bekam dafür dann die entsprechende Zurechtweisung.

Diese Tradition setzte sich für mich im großen und ganzen auch noch in der Uni fort. Sicher gab es nicht mehr *den* Lehrer, dem ich auf Gedeih und Verderb ausgeliefert war, aber dort gab es *den* Professor, zu dem man einfach zu gehen hatte, und bei dem war ich denn auch. Bei diesem Professor habe ich schließlich auch mein Examen abgelegt, und es dauerte danach noch Jahre, bis ich mich von dessen Sicht von Mathematik emanzipieren konnte und langsam selbst zu einer eigenen Position durchdrang.

1 Jung/Lindemann 1976. Eine ausführliche Kurzbeschreibung findet man in Beck/Boehncke 1978, Seite 119ff., eine Kurzversion als Video ist unter dem Titel »Die Pädagogik des Célestin Freinet« bei der Pädagogik-Kooperative e.V. Bremen ausleihbar.

So wird mir im Rückblick immer klarer, warum gerade dieses »den Kindern das Wort geben« für mich zu dem Schlüsselbegriff von Freinet-Pädagogik geworden ist.

Weil mir selbst (soweit es schulisches und universitäres Lernen betrifft) viel zu wenig und viel zu spät das Wort gegeben worden ist und ich in Folge davon, als mir das erste Mal qua Amt das Wort übertragen wurde (nämlich als ich das erste Mal vor der Schulklasse stand), auch ziemliche Schwierigkeiten damit hatte, nunmehr selbst das Wort zu ergreifen.

Und daß ich in dieser Situation, wie ja bekanntermaßen sehr viele LehrerInnen, nicht der üblichen Lösung verfallen bin, mit Hinweis auf Rahmenplan, SchulleiterIn, Schulamt, Kollegium etc. möglichst schnell möglichst viel dieser Verantwortung wieder abzugeben, dazu hat sicher in großem Maße meine langjährige Erfahrung mit Freinet-Pädagogik und den dort angelegten Möglichkeiten, sich nach und nach auf die eigene Weise und im eigenen Rhythmus »das Wort nehmen zu können«, beigetragen.

II.

»Den Kindern das Wort geben« scheint wie kein anderes Schlagwort den spezifischen Ansatz der Freinet-Pädagogik im Vergleich zu anderen »alternativen« pädagogischen Ansätzen auf den Punkt zu bringen.

- So bringt etwa die Montessori-Pädagogik das Kind in eine aufgrund langjähriger minutiöser Beobachtung und Forschung entstandene »gestaltete Umgebung«, in der sich das Kind, beobachtet von PädagogInnen, entwickeln kann bzw. in bestimmten Situationen (sog. »sensiblen Phasen«) mit passendem Material in Berührung gebracht wird.
- So betont die Petersen-Pädagogik besonders stark das Prinzip von Helfen und Zusammenarbeit (altersgemischte Klassen) sowie der Begeisterung für einen Sachverhalt, welche die (im positiven Sinne führenden) LehrerInnen entfachen.
- So bringen in der Waldorf-Pädagogik die LehrerInnen aus der in langjähriger Ausbildung gewonnenen Menschenkenntnis heraus die im Kinde innewohnenden Kräfte zu Entfaltung.

Demgegenüber betont Freinet-Pädagogik in besonderem Maße die Selbstverantwortung und Autonomie des Kindes, indem sie sich um Methoden und Unterrichtstechniken bemüht, die Kinder in die Lage versetzen, selbst zu Wort kommen zu können, um den LehrerInnen, der Klasse, den anderen und sich selbst gegenüber die eigenen Interessen, Wünsche etc. zum Ausdruck zu bringen und in Kooperation mit anderen entfalten zu können. Dahinter steht im Grunde die Auffassung, daß immer noch das Kind selbst (bzw. die Gruppe der Betroffenen) der beste Anwalt seiner Interessen ist. Daß es dies allerdings nicht aus dem hohlen Bauch heraus kann, ist den Freinet-PädagogInnen sehr bewußt, und darin unterscheiden sie sich auch deutlich von Laissez-faire-PädagogInnen. Vielmehr geht es in der Freinet-

Pädagogik gerade darum, entsprechende Arrangements (Räume, Material, Strukturen...) zu entwickeln und einzusetzen, die dieses »zu Wort kommen« dem einzelnen Kind allein oder im Kontext der Gesamtgruppe ermöglichen.

III.

In drei Bereichen scheint mir »den Kindern das Wort geben« in besonders starkem Maße in der Freinet-Pädagogik zum Tragen zu kommen.

1. Da ist einmal die Frage der *Organistionsstrukturen* innerhalb einer Freinet-Klasse, die so gestaltet sind, daß ein geeigneter Rahmen geschaffen wird, in dem jedes einzelne Kind zu seinem Recht kommt, aber auch gesichert ist, daß dieses Kind nicht die Gruppe dominiert. Diese Frage der Einrichtung einer (demokratischen) Struktur in der Klasse ist für einen Teil der Freinet-PädagogInnen so wichtig geworden, daß sie sich zeitweilig sogar als Gruppe der institutionellen Pädagogik von den Freinet-PädagogInnen abgespalten haben.[2]
2. Da ist der Bereich des sogenannten *freien Ausdrucks* von den meisten Freinet-PädagogInnen insbesondere in der Form des freien Textes verwirklicht, aber auch als freies Zeichnen, Malen, Theaterspielen, ja selbst als freie Mathematik anzutreffen. Freier Ausdruck meint dabei, daß es innerhalb des Unterrichts einen Freiraum (örtlich, zeitlich, inhaltlich...) gibt, innerhalb dessen das Kind sich völlig frei mit seinen Mitteln, Möglichkeiten und Fähigkeiten ausdrücken kann.
3. Da bevorzugt die Freinet-Pädagogik in besonderem Maße *Unterrichtsmethoden*, die dem Kind die Annäherung an die Sache durch eigenes Experimentieren (»Tastendes Versuchen«) bzw. natürliches Lernen ermöglichen und von Anfang an den Blick und Zugriff aufs Ganze gestatten und nicht erst schrittweise komplizierte Vorarbeiten notwendig machen, bei denen das Kind lange Zeit auf die Führung der Lehrperson angewiesen ist.

   Einige Beispiele sollen verdeutlichen, was ich meine:

Zu 1.

In einer kleinen hessischen Grundschule in der Nähe von Kassel,[3] an der ich vor nicht langer Zeit zu Besuch weilte, konnte ich folgenden Tagesanfang beobachten:

2 In Deutschland wurde diese Abspaltung (zumindest in der Literatur) im wesentlichen nicht thematisiert, vielmehr in der Regel, z.B. in Vasquez/Oury 1976, S. 37ff., direkt unter Freinet-Pädagogik subsumiert. Erste Einblicke in die Institutionelle Pädagogik kann man neben diesem Buch nur noch bei Dutilly 1983 finden. Ansonsten ist man auf französische Literatur angewiesen (siehe z.B. »Fragen und Versuche«, Heft 54, 1990/S. 18).

3 Es handelt sich um die Grundschule in Lohfelden-Vollmarshausen. In dieser Schule ist mir wie in keiner anderen Schule in Deutschland aufgegangen, wie aktuell und tragfähig eine Pädagogik, die sich sehr stark an den ursprünglichen Prinzipien und Methoden der Freinet-Pädagogik orientiert, sein kann. Die Arbeit in dieser Grundschule ist ausführlich dokumentiert bei Garlichs 1990. Obwohl in diesem Buch relativ wenig auf Freinet Bezug genommen wird, möchte ich es denjenigen sehr empfehlen, die einen Eindruck davon bekommen wollen, in welcher Weise so zentrale Freinet-Prinzipien wie Morgenkreis, Wochenplan, Schülervorträge, Klassenkorrespondenz etc. das Leben einer gesamten Schule prägen können.

Noch ehe der Unterricht (es handelt sich um eine 2. Klasse) beginnt, hat sich vor dem Klassenzimmer eine lange Schlange gebildet. Ich sehe, daß sich die SchülerInnen nacheinander in ein kleines Büchlein eintragen, das ihnen von einem Jungen, dem sogenannten Präsidenten, hingehalten wird. Im Klassenzimmer ist es dann auch dieser Junge (und nicht die Lehrerin), der den Tag mit den Worten »Hiermit eröffne ich den Schülerkreis!« beginnt und nach und nach die Kinder, die sich eingetragen haben, zu Wort kommen läßt. Die Regeln, an die sich auch die Lehrerin zu halten hat, sind klar und einfach. Jeder, dem das Wort gegeben wird, darf etwas ihm mitteilenswert Erscheinendes vortragen und danach noch zwei Zusatzfragen zulassen. Kleine Begebenheiten sind es in der Regel, die da gesagt werden. Diese zeigt ihre neuen Schuhe, jener hat seine Oma besucht, dessen Hase hat Junge gekriegt, aber auch: »Ich möchte mich darüber beschweren, daß ...!« Die Lehrerin hat in dieser Zeit keine leitende Funktion, wohl aber schreibt sie alles gewissenhaft auf, um es am Ende der Runde nochmals zu verlesen. Ganz am Schluß hat dann nochmals der Präsident das Wort. Er bestimmt aus den noch nicht gewählten Kindern eine/-n NachfolgerIn für den nächsten Tag und spricht den folgenschweren Satz: »Hiermit schließe ich den Schülerkreis, es beginnt der Lehrerkreis!«, womit nun die Lehrerin die Verantwortung für den weiteren Tag übernimmt. An diesem Ablauf, der in altersgemäßer Form (z.B. hat die 1. Klasse statt des Buches einen Bär, der weitergegeben wird, während in der 4. Klasse auch der Protokollführer ein Schüler ist) in dieser Schule an jedem Tag und in jeder Klasse stattfindet, finde ich im Zusammenhang mit meinem Thema vier Dinge besonders bemerkenswert:

- Die sehr klare Struktur, in der das Wort gegeben wird. Die Einschränkung »eine Begebenheit, zwei Nachfragen« hat sich dabei dort als notwendig erwiesen, um bei der sehr großen Klasse in einem angemessenen Zeitraum (ca. 20 Min.) jedem Kind die Möglichkeit zu geben, sich zu äußern.
- Die Regel, daß es keine bevorzugten Präsidenten gibt, sondern daß dieses demokratische Amt von jedem/jeder wahrgenommen werden kann, und daß es bestimmte Rituale (z.B. Anfangs- und Abschlußsatz) gibt, die es auch ängstlicheren Kindern erleichtert, diese Funktion erfolgreich wahrzunehmen.
- Die klare Trennung zwischen Schüler- und Lehrerkreis. Der Schülerkreis ist der Rahmen, in dem die LehrerInnen keinen Vorrang vor den anderen haben. Das ist die Freiheit, die seiner/ihrer Klasse in jedem Falle täglich einräumt, unabhängig davon, wie stark er/sie sonst das Konzept in der Hand behält.
- Das Mitschreiben und nochmalige Verlesen des Gesagten (hier durch die Lehrerin), d.h. das Ernstnehmen jedweder Schüleräußerung.

Zu 2.
In dem Buch »Les dessins de Patrick«[4] wird davon berichtet, wie die Lehrerin Michèle ihren Kindern den »freien Ausdruck« ermöglicht. Sie gibt jedem Kind einen Block und die Erlaubnis, jederzeit hineinzuzeichnen und zu -schreiben, was immer es will. Sie selbst bemüht sich, zu den entstandenen Werken keinerlei wertende Kommentare abzugeben (weder positiv noch negativ), läßt ihnen aber dadurch ihre ganze Aufmerksamkeit zukommen, daß sie sämtliche entstandenen Werke gewissenhaft sammelt. Hier wird neben dem konsequent demokratischen Ansatz, der mit dem »Wort-Geben« verbunden ist, noch ein zweites Moment deutlich. Nicht, damit sie selbst das Kind hinterher um so besser therapieren oder manipulieren können, lassen Freinet-PädagogInnen es das ausdrücken, was es im Innersten bewegt. Vielmehr geht es zunächst nur um das Zulassen und das (unzensierte) Wertschätzen des Ausdruckes jedes Kindes. Und solches »zu Wort zu kommen« kann schon,

4 Le Bohec/Le Guillou 1980. Die Übersetzung ist unter dem Titel »Patricks Zeichnungen« 1994 bei der Pädagogik-Kooperative e.V. (nur dort erhältlich) herausgekommen. Weitere Ausführungen zum Beitrag des freien Ausdrucks zur inneren Gesundung des Menschen finden sich in Hellmich/Teigeler 1992, S. 141ff. (P. Le Bohec: »Therapeutische Aspekte der Freinet-Pädagogik«).

ohne daß LehrerInnen (oder andere) an den Texten, Zeichnungen etc. herumdeuten, in ganz erheblichem Maße zur inneren Gesundung beitragen. Wie weit dies tragen kann und daß sich dabei in ganz erheblichem Umfang selbsttherapeutische Effekte einstellen (ich betone nochmals: ohne jedwede Analyse!), davon zeugt in eindrucksvoller Weise das oben zitierte Buch.

Auch hier sei nochmals auf den klaren Rahmen hingewiesen. Natürlich mischt sich Michèle auch in die Arbeiten ihrer SchülerInnen ein, aber eben nicht in die auf dem besonderen Block.

Zu 3.
Seit etwa Mitte der 80er Jahre erregt eine neue Methode des Lesenlernens die allgemeine Aufmerksamkeit reformorientierter GrundschullehrerInnen, die Methode »Lesen durch Schreiben« des Schweizers Jürgen Reichen.[5] Dabei geht es im Prinzip darum, daß am Anfang des Lese-Schreib-Lehrganges nicht das langweilige und mühselige Erarbeiten der einzelnen Buchstaben steht, sondern daß die Kinder fast von Anfang an das aufschreiben, was sie zu sagen haben und dabei gewissermaßen nebenbei das Lesen erlernen. Daß diese Methode nun auch bei uns in Deutschland Fuß faßt, hat viel damit zu tun, daß sie sehr schnell von Freinet-Gruppen aufgegriffen und weiterverarbeitet worden ist. Dieses Aufgreifen war natürlich kein Zufall. Handelt es sich beim »Lesen durch Schreiben« doch im Grunde um eine Freinet-PädagogInnen bereits bekannte Vorgehensweise der »Natürlichen Methode beim Lesen und Schreiben«,[6] die ihnen nun noch einmal in neuer Begründung und Ausarbeitung gegenübertrat. Es ist eben nicht nötig, erst gemeinsam die Buchstaben bzw. bestimmte Worte zu lernen, ehe man diese dann schreiben kann. Vielmehr bekommen bei dieser Methode die Kinder von Anfang an mittels einer Bild-Buchstaben-Tabelle das gesamte Alphabet präsentiert. Dabei schreiben sie anfangs natürlich noch nicht orthographisch richtig (darum wird es in späteren Schritten gehen), sondern so wie sie es hören, und das kann anfangs noch sehr rudimentär sein. Aber – und das ist das für Freinet-PädagogInnen Entscheidende – sie können fast von Anfang an alles schreiben, was sie zu sagen haben.

IV
Eine der besonderen Leistungen von Freinet, die ihn meines Erachtens vor allen anderen Reformpädagogen auszeichnet, ist, daß es Freinet nicht nur gelungen ist, reformpädagogische Ansätze in die Staatsschule zu tragen, sondern daß er den Grund gelegt hat für eine permanente Weiterentwicklung dieser Pädagogik, indem er fast von Anfang an sich mit gleichgesinnten LehrerInnen zu einer Lehrerbewegung (C.E.L., Coopérative de L'Enseignement Laic) zusammengeschlossen hat. Diese Bewegung war von vornherein eine Bewegung von LehrerInnen, die ihre Praxis verändern wollten, die sich weiterentwickeln wollten und auf der Suche nach entsprechenden Materialien, Methoden (bzw. deren Entwicklung) etc. waren. Und wenn einzelne Personen aus Wissenschaft und Forschung hier mitmachten, so doch viel weniger als ForscherInnen über Freinet-Pädagogik, sondern vielmehr als ebenfalls an der Praxis und Theorie der Freinet-Pädagogik Interessierte.

5 Siehe z.B. Reichen 1988. Zur Erstinformation verschickt der Heinevetter-Verlag, Hamburg, eine Infobroschüre (Art. 4575) gegen eine geringe Schutzgebühr. Ausführliche Erfahrungsberichte von Freinet-PädagogInnen zum »Lesen durch Schreiben« finden sich in »Fragen und Versuche« Heft 57/1991.

6 Célestin Freinet: La Methode Naturelle, Band I. L'Apprentissage de la Langue, Edition Delachaux et Niestlé, Neuchâtel, Schweiz 1973. Eine leicht gekürzte Übersetzung findet man in Boehncke/Humburg, 1980, S. 32ff.

Insofern unterlag die Freinet-Pädagogik von Anfang an – und das ist im wesentlichen bis heute so geblieben – nicht der Gefahr, daß einige wenige VordenkerInnen das theoretische Grundgerüst entwickelten, dem dann die vielen PraktikerInnen nachzufolgen hätten. Vielmehr ist es immer ein wichtiger Ansatz von Freinet-Pädagogik gewesen, daß Theorie auf der eigenen Praxis gründen soll bzw. im Zusammenhang mit ihr entsteht und daß die Weiterentwicklung der Freinet-Pädagogik deshalb in unmittelbarem Zusammenhang mit der Schule – und zwar am besten von den Betroffenen selbst – betrieben werden soll.

So haben sich nach und nach die in der Freinet-Bewegung organisierten PädagogInnen das Wort für ihre eigenen Belange genommen, indem sie sich auf Kongressen und Lehrertreffen regelmäßig austauschen und gegenseitig weiterbilden, indem sie über selbst herausgegebene pädagogische Zeitschriften, gegenseitige (Unterrichts-)Besuche, (Klassen-)Korrespondenzen und sonstige Kontakte in wechselseitige Kommunikation treten, indem sie selbst Material erstellen und vertreiben.

Heute stellt sich die Situation in etwa folgendermaßen dar, wobei ich mich im wesentlichen auf die in der sogenannten Pädagogik-Kooperative e.V. zusammengeschlossenen Freinet-Gruppierungen beschränken werde, weil ich hier den besten Überblick habe.[7]

Selbstorganisierte Lehrertreffen

Der Schwerpunkt der Lehrerfort- und -weiterbildung innerhalb der Pädagogik-Kooperative findet auch heute noch über selbstorganisierte Lehrertreffen statt. Unabhängig von spezifischen Besonderheiten wie Regional-, Bundes- oder schulstufenspezifische Treffen haben sich hier ganz bestimmte basisdemokratische Strukturen herausgebildet, die besonders geeignet erscheinen, den zusammentreffenden LehrerInnen »das Wort zu geben«. So gibt es in der Regel keine inhaltlichen Vorgaben für derartige Treffen bzw. allenfalls in der Form eines Rahmenthemas. Vielmehr sind prinzipiell alle TeilnehmerInnen dazu aufgefordert, sich selbst mit einem Thema (Workshop, Gesprächsangebot, Infoveranstaltung etc.) einzubringen. Zum Erstaunen fast aller Neulinge klappt dieses immer wieder gut, auch bei Teilnehmerzahlen bis 100 und mehr. Notwendig dazu ist nur die Vorgabe bestimmter Organisationsstrukturen durch die vorbereitende Gruppe, d.h. im wesentlichen eines Zeitrasters, durch das die Arbeit in einmalige Veranstaltungen, durchlaufende

7 Neben der 1976 gegründeten Pädagogik-Kooperative e.V. (Vereinsadresse: Goebenstr. 8, 28209 Bremen) existiert insbesondere im süddeutschen Raum noch die einige Jahre ältere Freinet-Gruppierung der Schuldrucker (AKS, c.o. Peter Treitz, Im Graulheck 24a, 66578 Schiffweiler). Zwischen beiden Gruppen bestand lange Jahre ein gespanntes Verhältnis, das insbesondere in einem unterschiedlichen politischen Selbstverständnis von Freinet-Pädagogik beruhte. Inzwischen ist es zu einer vorsichtigen Annäherung gekommen. Meine Ausführungen basieren (außer auf der allgemein zugänglichen Literatur) insbesondere auf einer mehr als zehnjährigen intensiven Mitarbeit in den Gruppen der Pädagogik-Kooperative. Über Organisationsstrukturen etc. des Arbeitskreises Schuldruckerei kann ich keine Aussagen machen.

Gruppen, Plenen, Abendveranstaltungen etc. gegliedert ist. Die inhaltliche Planung ist dann schon das gemeinsame Problem aller TeilnehmerInnen. Je nach Gesamtgröße wird mit allen gemeinsam oder in Teilgruppen über die Arbeitsthemen gesprochen. Und hier entwickeln (bzw. konkretisieren) sich in vielen Fällen erst durch das gemeinsame Gespräch die Themen, an denen man gemeinsam arbeiten will, so daß auch der Neuling genug Möglichkeiten hat, »zu Wort zu kommen«. Und da die Vorbereitungsgruppe dafür gesorgt hat, daß vielfältiges Arbeitsmaterial (Papier, Pappe, Farben, Werkzeuge, Schreibmaschinen, Computer, Fotoapparate etc.) vorhanden ist, können auch diese spontanen Gruppen in der Regel mit Erfolg arbeiten.

Immer wieder Erstaunen ruft hervor, mit wie wenig Plenumsveranstaltungen gerade die größeren Treffen mit 100 und mehr TeilnehmerInnen auskommen. Aus der Erfahrung heraus, daß in großen Gruppen ohnehin nur die WortführerInnen zu Worte kommen, haben wir versucht, die Kommunikation in anderen Bahnen stattfinden zu lassen. Das kann z. B. eine täglich erscheinende Tagungszeitung sein, das kann auch ein tägliches kurzes Zusammentreffen in festen Untergruppen (sog. Basisgruppen) sein, aus denen heraus dann Fragen, Aufträge, Forderungen etc. direkt an die Organisationsgruppe oder ans Plenum gegeben werden, das kann aber auch das Eingebundensein in eine z. B. vormittags arbeitende thematische Gruppe sein.

Materialerzeugung und Materialvertrieb

Im Unterschied zu den Anfängen der Freinet-Pädagogik ist die Notwendigkeit der eigenen Materialerzeugung – zumindest in Deutschland – heute sicher um einiges geringer geworden. Material für freie Arbeit etc. bietet inzwischen fast jeder renommierte Verlag an, so daß es eher darauf ankommt, aus dem Wust wirklich Gutes herauszufinden. Dennoch gibt es auch heute noch Interesse an bestimmten Freinet-Materialien, die z. B. einem kommerziellen Verlag nicht genügend Profit bringen, die auf dem deutschen Markt nicht (oder noch nicht) erhältlich sind, bei denen es um eine möglichst authentische Herausgabe geht. Hier ist einer der Gründe zu sehen, warum es auch heute noch notwendig ist, auch im Materialbereich auf eigenen Füßen zu stehen. Daneben sieht dieser zur Pädagogik-Kooperative gehörende Vertrieb es in besonderem Maße als seine Aufgabe an, Materialien und Produkte, die in der Arbeit in Freinet-Klassen oder aus der Zusammenarbeit von Freinet-LehrerInnen entstanden sind, herauszugeben sowie Bücher, Broschüren zur Freinet-Pädagogik zu vertreiben, Filme und Ausstellungen zu verleihen, ... Auch dies ist eine wichtige Möglichkeit für die Freinet-PädagogInnen, sich »das Wort zu nehmen« und nicht darauf warten zu müssen, bis irgendein Verlag den Markt für ein bestimmtes Material für reif erachtet.

Die Zeitschrift »Fragen und Versuche«

Seit 1976 gibt es sie nun schon, »Fragen und Versuche«, das Kommunikationsorgan deutscher Freinet-PädagogInnen. Inzwischen auf über 1400 Abonnenten angewachsen, ist diese Zeitschrift von Anfang an bestimmten basisdemokratischen Prinzipien treu geblieben. So gibt es seit Beginn keine feste Redaktion, sondern einen jährlichen Wechsel von Freinet-Gruppe zu Freinet-Gruppe. So hat sich trotz aller kontroverser Diskussionen auch der Grundsatz erhalten, daß eine Redaktion keine Zensur ausüben darf und alles, was AutorInnen schreiben (und ein solcher ist erklärtermaßen jeder Leser und jede Leserin) wichtig genug ist, um veröffentlicht zu werden. So bietet diese Zeitung immer wieder ein sehr bunt schillerndes, wechselndes Bild. Hier finden sich Erfahrungsberichte von AnfängerInnen und Fortgeschrittenen neben Theorieartikeln über das heutige Verständnis von Freinet-Pädagogik, freien Texten von SchülerInnen, Beiträgen über die Gewaltentwicklung in der Schule, Suchanzeigen nach Klassenkorrespondenzen, aber auch Tips, wie man am besten Seifenblasen oder einen Karteikasten herstellen kann …

Informelle Kontakte

Bei all diesen Kommunikationsmöglichkeiten bleibt es nicht aus, daß an Gruppen Teilnehmende, Artikel Schreibende oder Material Erstellende sehr schnell zu vielfältigen informellen Kontakten mit PädagogInnen aus anderen Regionen oder sogar anderen Ländern kommen. So kommt es mit regel- oder unregelmäßigen Briefen (gelegentlich auch in der Form eines Reihumbriefes mit mehreren Beteiligten), gegenseitigen Besuchen, Unterrichtshospitationen etc. zu weiteren Strukturen, die geeignet sind, den Freinet-PädagogInnen das Wort für ihre Belange zu geben.

Daß bei all dieser Basisorientierung und Rückbeziehung auf die vor Ort arbeitenden LehrerInnen gelegentlich ein gewisser Dilletantismus Platz greift, nehmen wir bewußt in Kauf. Schließlich können auch LehrerInnen (wie SchülerInnen) nur dann wirklich zu Wort kommen (und damit langfristig zur Entfaltung ihrer Kräfte), wenn ihnen der Raum eröffnet wird, ohne Zensur genau über die Fragen nachzudenken und mit anderen zu kommunizieren bzw. in den Bereichen Erfahrungen zu sammeln, die für sie jetzt im Augenblick die wesentlichen sind. Wer allerdings schon einmal auf einem der großen internationalen Freinet-Treffen mit ihren 200 bis 300 TeilnehmerInnen gewesen ist und erlebt hat, wie z. B. die Freinet-Lehrerin einer Staatsschule aus Portugal mit der Freinet-Lehrerin einer Freien Freinet-Schule in Dänemark und dem Freinet-Lehrer aus Estland oder auch aus einer Dorfschule im Senegal (mit ihren bis zu 100 Kindern pro Klasse!) in Austausch über Schule und Unterricht tritt – und dies dann mit den üblichen internationalen Kongressen vergleicht, wo Delegierte von Delegierten sich über die Schulsysteme ihrer Länder austauschen – der wird erst ermessen können, was ein solches »das Wort geben« für eine Bedeutung hat.

Auch hier einige Beispiele, die zeigen sollen, wie im konkreten Falle die in den Freinet-Gruppierungen organisierten PädagogInnen sich ihre Freinet-Strukturen zunutze machen, um zu Wort zu kommen.

– Heißluftballon

Es war ziemlich am Anfang meiner Berührung mit Freinet-Pädagogik, als mir die Sache mit dem Heißluftballon[8] unterkam. Mit einem Freund hatte ich erste Startversuche unternommen und danach einen ersten Unterrichtsversuch gestartet. Zufrieden war ich allerdings nicht, da die Ballons nur mit Mühe in die Luft zu bringen waren. Da kam mir das Freinet-Bundestreffen gerade recht. Trotz der wenigen Erfahrung in solchen Gruppen war mir schon klar geworden, daß es dort vornehmlich nicht darum geht, als Profi anderen das Perfekte, Unveränderbare vorzumachen, sondern daß die Arbeitsgruppen viel eher als Experimentierfeld zu betrachten sind, in dem die Gruppen gemeinsam weiterkommen und Lösungen entwickeln können. So bot ich ohne Zögern eine derartige Gruppe an, die dann auch gewaltige experimentelle Fortschritte machte und zu Sylvester unter großem Ah einige Ballons mit ca. 2 m Durchmesser starten konnte. Für mich war das damals so eine Art Durchbruch. Obwohl ich noch Neuling war und letztlich noch kaum wußte, was Freinet-Pädagogik ist, geschweige denn eine Freinet-Praxis vorzuweisen hatte, war ich zu Wort gekommen (und positiv aufgenommen worden). Und dieser Einstieg hat für mich, wenn man so will, seine Folgen bis heute gezeitigt. Denn da es in der Gruppe einige TeilnehmerInnen gab, die unbedingt einen Artikel in der Freinet-Zeitung veröffentlichen wollten, kam ich fast nicht umhin, meine Unterrichtserfahrung[9] beizusteuern. Und dieser erste Artikel in einer pädagogischen Zeitschrift war, vermutlich weil er positiv aufgegriffen wurde (denn überall in Freinet-Kreisen flogen inzwischen die Ballons gen Himmel), mein Einstieg ins Schreiben und Veröffentlichen überhaupt.

– Schattentheater

Wie die Sache angefangen hat, weiß ich nicht. Jedenfalls hatten TeilnehmerInnen eines der ersten bundesweiten Sek-I-Treffen die Utensilien für ein sogenanntes Menschenschattentheater dabei (das ist im einfachsten Falle ein großes weißes Tuch und ein OH-Projektor als Lichtquelle). Und damit wurde auf diesem Treffen wieder und wieder experimentiert, spontane oder vorgeplante Szenen gespielt, ein Theater in Szene gesetzt usw. Seitdem ist mir über mehrere Jahre lang fast kein größeres Freinet-Treffen mehr erinnerlich, auf dem nicht das Schattentheater zum Zuge kam und weiterentwickelt wurde. Und diese Sache kam erst dann zu einer gewissen Beruhigung, als ein Taschenbuch und eine Arbeitskartei zum Schattentheater veröffentlicht wurde.[10]

V

Der Ansatz »das Wort geben« weist aber weit über das bisher Gesagte hinaus. »Das Wort geben« kann der Ansatzpunkt zunächst für jede sich um eine Frage, ein Thema, ein Problem, ein Produkt mühende Gruppe sein. »Das Wort geben« im

8 Diese »Episode« ist ausführlicher in Hellmich/Teigeler 1992 dokumentiert (s. 155ff.).

9 Veröffentlicht in »Fragen und Versuche«, Heft 13/1981 (S. 49ff.) und 14/1981 (S. 21ff.), auch als Sonderdruck unter dem Titel »Heißluftballons statt Atomraketen – Erprobte Bauanleitung für ...« bei der Pädagogik-Kooperative erhältlich.

10 Canacakis/Haehnel/Sauerland/Söll 1986. Kartei Schattenleuchten von Haehnel/Söll, ohne Jahrgang, Pädagogik-Kooperative (nicht über den Buchhandel erhältlich). Inzwischen gibt es bei der Pädagogik-Kooperative noch eine Grundschulkartei von B. Adams-Ray/C. Barthel: »Spielt mit den Schatten!«

Sinne der Freinet-Pädagogik, das würde dann heißen, daß erstmal die Betroffenen selbst in ihrer Sache zu Wort kommen. »Das Wort geben« ist dann das Stichwort einer konsequenten basisdemokratischen Einstellung. Den Betroffenen das Wort geben, das hieße dann eben nicht zur Lösung bestimmter Probleme immer mehr und immer bessere Fachleute heranzuholen, die dann die Sache schon für die anderen lösen werden. Vielmehr heißt das, Methoden und Vorgehensweisen einzusetzen und weiterzuentwickeln, die den Betroffenen die Möglichkeit geben, sich selbst auch von komplizierteren Dingen ein Bild zu machen und dann auch zu Wort zu kommen, d.h. mitbestimmen zu können in der eigenen Sache. Und hier haben wir, glaube ich, innerhalb der Freinet-Pädagogik eine Vielfalt von Strukturen und Methoden (z.B. die in Abschnitt IV erwähnten) ausprobiert und entwickelt.

Freinet-Pädagogik so verstanden ist dann ein allumfassender Ansatz einer wahrhaft demokratischen Gesellschaft und verbündet sich etwa mit dem Ansatz vieler Bürgerinitiativen, mit der Idee eines Büros für direkte Demokratie eines Josef Beuys,[11] mit dem Ansatz der Zukunftswerkstätten von Robert Jungk,[12] mit den basisdemokratischen Vorstellungen der Grünen ...

So besteht z.B. der Ansatz der Jungkschen Zukunftswerkstätten gerade nicht darin, daß die Bearbeitung eines Problemes (etwa die Umgestaltung eines Viertels, einer Schule etc.) von einem Fachgremium vorgenommen wird und – wenn es gut geht – dann den Betroffenen vorgelegt wird. Vielmehr steht an erster Stelle eine Veranstaltung (die sogenannte Zukunftswerkstatt), in der zunächst die Betroffenen ihre Vorstellungen äußern können. Und diese Veranstaltung ist wiederum so aufgebaut, daß auch nicht so Diskussionserfahrene die Möglichkeit haben, zu Wort zu kommen, indem z.B. in bestimmten Arbeitsphasen nur Stichworte gesammelt und bearbeitet werden (so daß Vielredner keinen Startvorteil haben), indem in bestimmten Phasen nur Ideen gesammelt werden und die Diskussion und kritische Würdigung auf eine spätere Phase verschoben wird etc. Dies sind Vorgehensweisen, die eine deutliche Verwandtschaft mit der in Freinet-Gruppen entwickelten und weitverbreiteten Kultur der sogenannten »Schreibgespräche«[13] aufweisen.

So haben Freinet-PädagogInnen als betroffene Menschen (und nicht nur als LehrerInnen) im Rahmen der Friedensbewegung der 80er Jahre mit den Mitteln der Freinet-Pädagogik an der Thematik gearbeitet und auf vielfältige Weise sich in der Öffentlichkeit das »Wort genommen«. Hier wurden Theateraktionen inszeniert, freie Texte geschrieben und veröffentlicht, Friedenslieder entwickelt. Hier wurden Aufrufe entworfen, Demonstrationen besucht bzw. selbst gestaltet. Hier wurde auf Friedenskongressen mitgearbeitet.[14]

11 Siehe z.B. Beuys 1988. Die dort dokumentierte Diskussion von Beuys mit BesucherInnen der Kasseler 5. Dokumenta zeigt an vielen Stellen die Nähe des Beuysschen Ansatzes zur Freinet-Pädagogik.

12 Jungk/Müllert 1981.

13 Ein solches »Schreibgespräch« kann beispielsweise folgendermaßen ablaufen: Die DiskussionsteilnehmerInnen stehen um ein großes Papier, auf dem das gemeinsame Thema notiert ist. Dann schreibt jede(-r) erste Gedanken unmittelbar auf das Papier. Stockt der Gedankenfluß, verläßt man seinen Platz, liest die Beiträge der anderen und beginnt an einer anderen Stelle weiterzuschreiben. So läuft binnen kurzem eine rege, aber stumme Diskussion, bei der jede(-r) mit jedem in Kommunikation treten kann, ohne aber andere zu dominieren oder in ihrem Gedankenfluß zu stören.

14 Über die Friedensaktivitäten deutscher Freinet-LehrerInnen siehe päd-extra 7/8/1982 (S. 25ff.: H. Glänzel, M. Zülch, Heißluftballons statt Atomraketen). Einen noch umfassenderen Eindruck erhält man aus »Fragen und Versuche« Heft 15/1981 (S. 7–65) und 17/1982 (S. 25–43) oder aus dem von

Daß diese Interpretation von Freinet-Pädagogik weder neu noch weit hergeholt ist, zeigt übrigens der Rückgriff auf Freinet selbst. Gerade in seinen frühen Jahren arbeitete Freinet immer auch außerhalb der Schule für eine Veränderung der sozialen Verhältnisse, indem er z.B. in seiner Region die Gründung von Genossenschaften von Bauern und Kleinpächtern unterstützte.[15]

VI

Wenn »das Wort geben« eines der wesentlichen Prinzipien der Freinet-Pädagogik ist, wovon ich überzeugt bin und wofür ich hoffentlich einige Belege in diesem Kapitel habe anführen können, dann läßt sich auch die oft gestellte Frage, ob man denn außerhalb der Grundschule Freinet-Pädagogik betreiben könne, auf neue Weise beantworten. Nicht, ob ich eine Druckerei in der Klasse habe, mit Karteikarten und Wochenplan arbeite und eine Klassenkorrespondenz betreibe, ist dann der entscheidende Punkt – und ich würde sogar so weit gehen zu sagen, daß es durchaus möglich ist, eine Vielzahl derartiger Arbeitsmittel und Methoden einzusetzen, ohne auch nur ansatzweise Freinet-Pädagogik zu betreiben. Vielmehr geht es vorrangig um die Frage, ob ich den mir gesteckten Rahmen im Sinne der mir Anvertrauten weit genug ausreize, ob ich meinen Kindern, meinen Jugendlichen, meinen StudentInnen, meinen KlientInnen oder PatientInnen in genügendem Umfang das Wort für ihre eigenen Belange gebe. Freinet selbst hat da übrigens einen ziemlich hohen Maßstab gesetzt. Obwohl bereits in Auseinandersetzungen mit der örtlichen Administration begriffen, scheute er sich nicht, seine SchülerInnen weiterhin konsequent freie Texte schreiben zulassen, Texte, die schließlich von seinen Gegnern zur Intrige benutzt wurden und die der Schlußstrich wurden in einem »Schulkampf«, in dessen Folge Freinet schließlich den Staatsdienst quittieren mußte.[16]

SchülerInnen der Sekundarstufe I oder II (oder auch StudentInnen) gibt man sicher in der Regel nicht durch die Bereitstellung einer Klappdruckpresse das Wort – und wenn schon, dann müßte es zumindest eine Schreibmaschine oder noch besser ein Computer mit Schreibprogramm[17] sein. Wohl aber kann ich SchülerInnen im Rahmen der mir gegebenen Möglichkeiten inhaltliche und methodische Freiheiten geben, kann mit der Gruppe die Arbeitsstruktur diskutieren und ge-

M. Zulch zusammengestellten Sonderheft der Pädagogik-Kooperative unter dem Titel »Heißluftballons statt Atomraketen – Eine Dokumentation schulischer, kultureller und politischer Friedensaktivitäten« (71 S., Bremen, ohne Jahrg., es handelt sich nicht um den in Anmerkung 9 zitierten Sonderdruck!).

15 Siehe z.B. Laun, 1983, S. 27.

16 Über den Gesamtzusammenhang berichtet Hans Jörg 1979, Seite 190ff. (»Schulkampf in Saint Paul«).

17 Französische Freinet-LehrerInnen scheinen – ganz in der Tradition von Freinet übrigens – in bezug auf die Nutzung moderner Techniken sehr viel unbefangener zu sein als etwa deutsche Freinet-LehrerInnen. Selbst im Anfangsunterricht wird dort wie selbstverständlich der Computer benutzt. Wenn man erlebt, wie sich dort bereits Grundschulklassen Briefe und freie Texte von Klasse zu Klasse faxen, bekommt man einen Eindruck davon, in wie starkem Maße LehrerInnen mit derartigen neuen Kommunikationsmitteln – bei aller berechtigter Skepsis ihnen gegenüber – ihren SchülerInnen das Wort geben können.

meinsam festlegen, kann die mir als LehrerIn gesetzten Rahmenbedingungen[18] und die daraus für die Gruppe und den einzelnen sich ergebenden Grenzen offenlegen, kann bestimmte Entscheidungen an die Gruppe abgeben etc.

- So bin ich in den Anfängen meiner eigenen Freinet-Praxis im Physik-Anfangsunterricht z. B. folgendermaßen vorgegangen:[19] Ich zog zunächst das Curriculum des 7. Schuljahres auf neun leicht faßbare Themen zusammen und ließ die SchülerInnen dann nach entsprechender Diskussion anhand eines Fragebogens über die Reihenfolge und die Schwerpunktbildung dieser Themen abstimmen. Sicher ein zunächst bescheidener Schritt der Schülerbeteiligung, bei dem ich in der Folge auch nicht stehengeblieben bin, aber doch ein erster Schritt für mich, auch in einem fachsystematisch so festgelegten Fach wie Physik, meinen SchülerInnen ein Stück in der inhaltlichen Gestaltung das Wort zu geben.
- So hat etwa G. Schlemminger jede seiner Unterrichtsstunden (Fremdsprache, 55. Min.) in sechs Phasen eingeteilt:[20]
  1. Wie geht's? (3–4 Minuten; Reihum-Wortäußerung)
  2. Infos (Kurzmitteilungen ohne Diskussion)
  3. Plenum (ca. 25 Min.; Vorstellen einer neuen Lektion, Grammatikregeln, Besprechen von Vokabeln, ...)
  4. Gruppenarbeit (ca. 20 Min.; Arbeiten nach eigener Entscheidung gemäß den in der Klasse vorliegenden Möglichkeiten [Korrespondenz, Texte schreiben, Kassetten hören...], Beratungsmöglichkeit durch den Lehrer)
  5. Organisation (Bestimmung der künftigen [Schüler-]LeiterIn)
  6. »Wie war's?« (3–4 Min.; Reihum-Wortäußerung)

  Zugegeben, eine auf den ersten Blick recht starre Einteilung, die aber gegenüber einem traditionellen Unterricht z.B. durch Phase 1., 6. und insbesondere 4. den SchülerInnen Stunde für Stunde klar umgrenzte Räume schafft, in denen sie sich das Wort nehmen können.[21]
- So zeigt Marie-Claude Flügge-Dutilly in ihrem Beitrag (siehe Seite 259–266 in welcher Weise sie ErziehungsschülerInnen im Pädagogik-Unterricht das Wort gibt:
  - Innerhalb eines von der Lehrerin (weit-)gesteckten Rahmens können die Studierenden ihr eigenes Thema wählen.
  - Beim Bearbeiten ihres Themas steht den Studierenden die Wahl der Informationsquellen (Bücher, Filme, Interviews, ...) frei.
  - Sie können sich entscheiden, ob sie allein oder in der Gruppe arbeiten möchten.
  - Sie haben schließlich die Möglichkeit, persönliche Probleme durch und mit ihrem Thema einzubringen. Sie können das den anderen eröffnen oder im Verborgenen belassen, dies bleibt ihre Entscheidung.

18 Daß mit Freinet-Pädagogik untrennbar auch die (politische) Arbeit an der Änderung der einschränkenden Rahmenbedingungen verbunden ist, soll an dieser Stelle nicht diskutiert werden. Sicher ist für diese Arbeit aber nur in Ausnahmefällen die Klasse der geeignete Rahmen. Freinet-LehrerInnen engagieren sich für diese politische Arbeit (wie übrigens Freinet auch) in der Regel in Gewerkschaften oder Parteien. Daß sie aber auch innerhalb der Freinet-Bewegung sich sehr intensiv mit den Rahmenbedingungen von Schule auseinandersetzen, davon zeugt das von einem Kollektiv des I.C.E.M. (d.i. der Verband der französischen Freinet-LehrerInnen) 1979 herausgegebene Buch: »Perspectives d'éducation populaire«, in dem die französische Freinet-Bewegung eine Grundsatzerklärung zu ihren pädagogischen und politischen Zielen vorlegt. Die von Dietrich 1982 herausgegebene Übersetzung ins Deutsche (bei Beltz, Weinheim 1982) ist derzeit leider nur noch als Reprint erhältlich.

19 Weitere Einzelheiten in Glänzel 1983, S. 28ff.

20 Schlemminger 1990.

21 Schlemminger 1989.

VII

Es war mein Anliegen, mit meinem Artikel Freinet-Pädagogik unter einem bestimmten Blickwinkel zu beleuchten, gewissermaßen auf den Punkt zu bringen, wie ich das in Abschnitt II genannt habe. Aber habe ich damit nicht auch gleichzeitig einen Hinweis auf die Verstaubtheit und Irrelevanz dieser inzwischen über 70jährigen Pädagogik gegeben? Anders gesagt, ist »das Wort geben« nicht ein recht naives Programm angesichts einer Kette von Gewalt in Schule und Gesellschaft, hat ein solches Programm nicht dort seine Grenzen, wo einzelne oder Gruppen oder ganze Völker sich ihr Wort mit der Waffe in der Hand nehmen? Dazu möchte ich zweierlei anmerken.

Zum einen sei nochmals betont, daß »das Wort geben« im Sinne der Freinet-Pädagogik ja gerade nicht heißt, daß einer (oder eine Gruppe) sich anderen gegenüber – mit welchen Mitteln auch immer – durchsetzt, sondern daß für »das Wort geben« immer ein Rahmen nötig ist, der die Interessen gegeneinander ausbalanciert, so daß einzelne (die Gruppe) sich zwar äußern, aber die anderen nicht dominieren können – dies ist ja auch schon in verschiedenen Beispielen angeklungen. Zum anderen glaube ich, daß unsere Zeit eher am Zuwenig denn am Zuviel des »Wort-Gebens« krankt. Immer wieder ist doch erschreckend zu sehen, in welch erstaunlichem Maße, man kann schon fast sagen mit welcher Borniertheit und Ignoranz, Politiker über die Menschen der ehemaligen DDR hinweggehen oder mit welchen Vokabeln rechtsgerichtete Jugendliche in bestimmten Fernsehsendungen bedacht werden, um nur zwei fast willkürlich herausgegriffene Beispiele zu nennen. Ins Gespräch kommen, um von den Betroffenen aus deren Mund etwas über ihre Ängste, Fragen, Probleme zu hören, das passiert höchst selten. Und da wundern wir uns darüber, wenn solche Menschen plötzlich losschlagen? In meinem eigenen Erfahrungsbereich – dem der Schule – kann ich jedenfalls oft sehr deutlich einen Zusammenhang zwischen einem nicht zu Wort-Gekommen-Sein und einem späteren Losschlagen beobachten! Könnte nicht in vielen Fällen ein rechtzeitiges »Wort-Geben« (was ja zunächst keine Zustimmung bedeutet!) eine spätere gewalttätige Auseinandersetzung vermeiden?

In diesem Sinne scheint mir Freinet-Pädagogik geradezu ein äußerst aktueller Ansatz, dessen konsequente Praktizierung langfristig gesehen sicher zu einem Stück De-Eskalierung (und damit Befriedung) in unserer Gesellschaft beitragen könnte.[22]

22 Es würde den Rahmen sprengen, an dieser Stelle die derzeitige Diskussion über die Eskalation der Gewalt in unserer Gesellschaft aufzuarbeiten (und die entsprechende Position der Freinet-Pädagogik auszubauen). Daß die von mir nur angerissene Position durchaus in der Öffentlichkeit diskutiert wird, zeigt z.B. der Artikel von Martin Walser im Spiegel 26/1993 (S. 40ff., »Deutsche Sorgen«).

Literatur

Adams-Ray, Beth/Barthel, Christiane: Spielt mit den Schatten! Eine Kartei für Kinder im Kindergarten und in der Grundschule, Pädagogik-Kooperative e.V. Bremen (ohne Jahr).

Beck, Johannes/Boehncke, Heiner (Hrsg.): Jahrbuch für Lehrer 1978. Schulalternativen – Schreiben lernen, Reinbek bei Hamburg 1977.

Beuys, Josef: Jeder Mensch ist ein Künstler. Gespräche auf der Dokumenta 5/1972, Frankfurt a.M. 1988.

Boehncke, Heiner/Humburg, Jürgen: Schreiben kann jeder. Handbuch zur Schreibpraxis für Vorschule, Schule, Universität, Beruf und Freizeit, Reinbek bei Hamburg 1980.

Canacakis, Jorgos/Haehnel, Gerd/Sauerland, Georg/Söll, Florian: Wir spielen mit unseren Schatten. Vorschläge für Familie, Freizeit, Schule und Therapie, Reinbek bei Hamburg 1986.

Dutilly, Marie-Claude: Und sie bewegen sich doch! Lehrer nach dem Ende der pädagogischen Euphorie, Berlin 1977.

Fragen und Versuche: Zeitschrift der Pädagogik-Kooperativen. Pädagogik-Kooperative e.V. (Hrsg.) Goebenstr. 8, 28209 Bremen.

Freinet, Célestin: Vom Schreiben- und Lesenlernen. Die »natürliche« Methode, in Boehncke/Humburg: Schreiben kann jeder, Reinbek bei Hamburg 1980. Teilübersetzung aus: C. Freinet: L'Apprentissage de la Langue. La Methode Naturelle 1, Neuchâtel (Schweiz) 1973.

Freinet, Célestin: Die moderne französische Schule. Übersetzt und besorgt von Hans Jörg, Paderborn 1979.

Garlichs, Ariane: Alltag im offenen Unterricht. Das Beispiel Lohfelden-Vollmarshausen, Frankfurt a.M. 1990 (Hrsg.: Arbeitskreis Grundschule e.V.).

Glänzel, Hartmut: Ich bin mir selbst glaubwürdiger geworden. Kleine Schritte im naturwissenschaftlichen Unterricht, in: päd-extra, Heft 2/1983, S. 28–31.

Glänzel, Hartmut/Zülch, Martin: Heißluftballons statt Atomraketen, in: päd-extra 7/8/1982, S. 25–27.

Haehnel, Gerd/Söll, Florian: Schattenleuchten. Wege zum Menschenschattenspiel. 34 Karten für Menschen von 10 bis 100, Pädagogik-Kooperative e.V. (Hrsg.), Bremen (ohne Jahr).

Heißluftballons statt Atomraketen. Eine Anregung für Schulprojekte und Friedensinitiativen, Pädagogik-Kooperative e.V. (Hrsg.), Bremen (ohne Jahr).

Hellmich, Achim/Teigeler, Peter (Hrsg.): Montessori-, Freinet-, Waldorf-Pädagogik. Konzeption und aktuelle Praxis, Weinheim und Basel 1992.

Jörg, Hans: Célestin Freinet, die Bewegung »Moderne Schule« und das französische Schulwesen heute, in: Célestin Freinet: Die moderne französische Schule, Paderborn 1979.

Jungk, Robert/Müllert, Norbert: Zukunftswerkstätten. Wege zur Wiederbelebung der Demokratie, München 1981.

Laun, Roland: Freinet – 50 Jahre danach. Dokumente und Berichte aus drei französischen Grundschulklassen. Beispiele einer produktiven Pädagogik, Heidelberg 1982.

Le Bohec, Paul/Le Guillou, Michèle: Les dessins de Patrick. Effets thérapeutiques de l'expression libre, Paris (Casterman) 1980; deutsche Übersetzung:

Le Bohec, Paul/Le Guillou, Michèle: Patricks Zeichnungen. Die therapeutische Wirkung des freien Ausdrucks, Bremen 1993.

Politische Ziele der Freinet-Pädagogik. Herausgegeben, übersetzt und kommentiert von Ingrid Dietrich, Weinheim und Basel 1982.

Reichen, Jürgen: Lesen durch Schreiben, Band 1. Theoretische Grundlagen, Zürich 1988.

Schlemminger, Gerald: Nadines erster Text entsteht. Eine Monographie aus einem Fremdsprachenunterricht, in dem die Schüler mit Freinet-Techniken und nach den Elementen der institutionellen Pädagogik arbeiten, in: »Fragen und Versuche« Heft 50/1989, S. 33–41.
Schlemminger, Gerald: Freinet-Techniken und institutionelle Pädagogik im Fremdsprachenunterricht, in: päd-extra und Demokratische Erziehung, Heft 3/1990, S. 28–33.
Vasquez, Aïda/Oury, Fernand u.a.: Vorschläge für die Arbeit im Klassenzimmer – die Freinet-Pädagogik. Alternativen zum gewöhnlichen Schulleben, Reinbek bei Hamburg 1976.
Walser, Martin: Deutsche Sorgen, in: Spiegel, Heft 26/1993, S. 44ff.
Zülch, Martin: Heißluftballons statt Atomraketen. Eine Dokumentation schulischer, kultureller und politischer Friedensaktivitäten, Pädagogik-Kooperative e. V. (Hrsg.), Bremen (ohne Jahr).

Filme

Jung, Wolfgang/Lindemann, Barbarah: Den Kindern das Wort geben – Zur Freinet-Pädagogik in Frankreich, 16 mm Farbtonfilm, Deutsche Film- und Fernsehakademie, Berlin 1977.
Jung, Wolfgang/Lindemann, Barbarah: Die Pädagogik des Célestin Freinet, Video für den SFB, Berlin 1976.

Walter Hövel

Demokratie im Klassenraum

Die Rechte der Kinder und der Klassenrat

Vor Jahren waren Freinet-Pädagoginnen und -Pädagogen oft verlachte oder mißachtete Exoten im (noch) funktionierenden Schulbetrieb in unserem Lande.

Heute hüten sich sogar Ewiggestrige, im Schuldienst allzu unbedacht und offen etwas gegen freies Arbeiten, offene Schule, handlungsorientiertes Lernen oder Lernen mit allen Sinnen zu sagen. Diese Begriffe, die u. a. durch die Praxis jener Freinet»exoten« erprobt wurden, sind unterdessen für »diensttauglich« erklärt worden.

Auch freinettypische Lerntechniken erfreuen sich zunehmender Beliebtheit: das Drucken, freie Texte und freies Schreiben, freier Ausdruck, tastende Versuche, natürliche Methode, Klassenrat, Korrespondenz, die Demokratisierung der Klassenkommunikation und -kooperation durch Arbeitspläne und Arbeitsverträge und last not least die Kooperation von Lehrern und Lehrerinnen.

Aber viele KollegInnen sind mit der Einführung einzelner »Techniken« gescheitert, sie waren für sie nicht praktikabel, oft waren sie falschen Propheten gefolgt, die sich nur etwas angelesen hatten, ohne es selbst zu erproben, oder die alten Krempel (zum Beispiel Üben, Festigen, Wiederholen) nur neu (in beispielsweise Karteienform) verpackten und es »Freiarbeit« nannten.

Begriffe wurden aufgegriffen, wie »Klassenrat« oder »freie Texte«, um sie absichtlich mit einem anderen Inhalt zu besetzen.

Viele KollegInnen rieben sich an äußeren Bedingungen auf, oder aber es veränderte sich kaum etwas. Der Durchbruch zu einer anderen Pädagogik blieb aus.

Freinet-Pädagogik blieb ein Rätsel, das zwar auf Treffen oder Fortbildungen der Freinet-Leute erfahrbar, in Klassen oder Schulen hospitierbar, aber nicht einfach anwendbar war wie eine Gebrauchsanweisung oder begreifbar in einem systematischen Lehrgang.

Dies brachte den »Freinis« zunächst den Ruf der »Unwissenschaftlichkeit« ein. Aber auch dies verändert sich zum Beispiel durch ein universitäres Erwachen, durch die Bereitschaft zu komplexen ganzheitlichen Denkweisen oder etwa durch den Ruf großer Teile des Industriemanagements nach dehierarchisierten Arbeits- und Lernformen.

So leben wir in einer Phase, in der die herkömmliche Lern- und Lehrschule zunehmend in Existenzkrisen gerät und scheitert, während erprobte Alternativen mehr und mehr Anerkennung, Raum und Chance bekommen. So manch eine

Freinet-Klasse ist Vorzeigeklasse, oft sogar Alibi für richtlinienkonforme pädagogische Innovation.

Manchen alten Freini befällt die Sorge, ob wir »noch alles richtig machen«, wenn unsere Arbeit diesen Grad (un)reflektierter öffentlicher oder staatlicher Anerkennung erfährt. Und in der Tat denke ich, daß unsere Arbeiten oft so etwas wie Vitaminspritzen und Kraftinjektionen für den kranken Körper »staatliches Bildungsmonopol« sind, wir helfen ihm beim Überleben.

Doch sollten wir uns nicht täuschen lassen, unsere aktuelle Anerkennung ist keine Stärke, sondern die Schwäche der alten Buch- und Paukschule, und jene Kräfte, die glauben, Kinder lernen nur unter Druck, sind nicht weniger geworden.

Freinetpädagogische Gesinnung wird von wirklich reaktionären Bildungsgeistern nur geduldet, weil sie mit der Errettung ihrer Pädagogik genug beschäftigt sind. Jene »geschickten« Bildungsgeister, die auf die Absorption innovativer Kräfte setzen, erproben uns noch und werden uns fallenlassen, wenn sie sicher sind, genug von uns gelernt zu haben. Es gibt die Gruppe der Resignierten und Ausgebrannten, die uns offen ablehnt. Aber es gibt auch jene »Bildungsgeister«, die wirklich verändern, verbessern, lernen wollen.

Ihnen müssen Freinet-Menschen klarer sagen können, was Freinet-Pädagogik eigentlich ist, in Zusammenarbeit mit ihnen, in der Auseinandersetzung und in der Begegnung mit ihnen können wir selbst lernen.

Die Rechte der Kinder sollen exemplarisch aufzeigen, was diese Pädagogik will, als Versuch, einen ganzheitlichen Zugang anzubieten. Freinet-Pädagogik ist eine symbiotische Pädagogik. Sie funktioniert nur, wenn die Kinder wirklich selbst ihre Rechte formulieren, ... und die LehrerInnen die ihren auch.

Rechte der Kinder und Freinet-Pädagogik

Die UNO hat im Jahre 1959 in einer Erklärung zehn »Rechte der Kinder« verabschiedet, 30 Jahre später eine neue Deklaration, die 54 Artikel umfaßt.

Diese Rechte sind für alle Kinder auf der Welt gemacht. Sie sind eine Spezifizierung der Menschenrechte für den vielleicht rechtlosesten, ungeschütztesten Teil der Menschheit.

Vor allem unter Gewaltherrschaft, in Zwangsstaaten, in Kriegs-, Not-, Hungers-, Seuchen- und Katastrophengebieten leiden Kinder, bedürfen sie des Schutzes, der Einhaltung von Rechten.

Die größte Zahl der betroffenen Länder trägt die Folgen einer patriarchalen Eroberungspolitik, die die reichen Länder über viele Jahrhunderte betrieben. Den Hauptteil dieser historischen und oft auch noch gegenwärtigen Verantwortung tragen europäische Länder.

In unserem Land ist die Einsicht in diese geschichtliche Verantwortung existent. Richtlinien und Lehrpläne aller Schulformen fordern zur Behandlung dieses Aspektes auf. Der Tabu-Bereich beginnt erst dort, wo in Schule herausgearbeitet wird, daß große Weltkonzerne mit Unterstützung der Banken und ihrer Regierungen diese Politik der Ausbeutung der Menschen in Afrika, Asien und Südamerika fortsetzen.

Schule widmet sich zunehmend – ähnlich wie die Kirchen – der Aufgabe aufklärerischer Informationsarbeit und den spendenorientierten Unterstützungsaktionen.

Hierbei wird der historische »Schuld«-Aspekt zunehmend durch den zukunftsorientierten Blick ersetzt. Mehr und mehr wächst die Einsicht, daß diese Welt *eine* Welt ist, daß die Zukunft der anderen Kinder auch die Zukunft unserer Kinder ist.

Im Mittelpunkt stehen hier aber ökologische Aspekte der Entwicklung von Natur, Mensch und Welt. Kinderrechte sind eher ein Nebenprodukt, deren Behandlung zum Beispiel entsteht, wenn Kinder zur Solidaritätsarbeit für Kinder motiviert werden. Hier entstehen Vergleiche, Empörung und Wille zur Hilfe.

Eine *lernzielorientierte* Schule behandelt heute diese Themen im Religions-, Politik-, Sach-, Geographie-, Deutsch-, Sprachen-, Fremdsprachen-, Geschichts-, Kunst- und/oder -Wirtschaftslehreunterricht.

Schulen laufen Gefahr, durch didaktisch stereotype, belehrende Unterrichtsmethoden, in Fächern aufgesplittert und scheinbar verwissenschaftlicht Kinder und Jugendliche mit diesen Themen zu überfüttern.

Natürliches Interesse schlägt um in Desinteresse, gegenüber den Lerninhalten und der gesellschaftlichen Wirklichkeit, ein Desinteresse, das eigentlich der Schule gelten sollte.

Das Steckenbleiben in der Fingerzeigepädagogik, die Unglaubwürdigkeit der Wortepädagogik vor dem für die SchülerInnen erfahrbaren Wirklichkeitshintergrund von der konkurrenz- und selektionsorientierten Schule und der ebenso orientierten Gesellschaft bewirkt eher das Gegenteil des formulierten Lernziels.

Eine *schülerorientierte* Schule behandelt diese Themen heute in Formen des offenen Lernens, fächerübergreifend, projekt- und handlungsorientiert, die Schule verlassend, außerhalb des Klassenraumes lernend. Sie bietet den Kindern das breite Spektrum dieses Themas an. Freinet-LehrerInnen arbeiten wie andere auch in Formen des ganzheitlichen und projektorientierten Arbeitens.

Die UNO-Kinderrechte beziehen sich aber auch auf die Kinder der reichen Welt. Auch sie sind vielen, vielen Verletzungen und Diskriminierungen ausgesetzt.

Einige Stichworte seien aufgezählt, um das erschreckende Ausmaß der möglichen Bedrohungen und ihre Folgen für unsere Kinder zu schildern:

- Prügel, Ohrfeigen und Schläge, körperliche Züchtigung
- Demütigung durch Anschreien, Strafe und Einsperren, Schuldzuweisung
- sexueller Mißbrauch
- Streßangst in und durch Schule
- psychische Verwahrlosung durch die Abwesenheit von Eltern
- unzählige Medienkonsumverbrechen an Kindern
- Kinderalkoholismus

- Drogensucht
- Computerkrankheitssymptome bereits bei Kindern
- Lieblosigkeit
- ungesunde und gesundheitsschädigende Ernährung
- umweltbedingte Allergien und Immunschwächen
- Benachteiligung von Mädchen und jungen Frauen
- Technikfetischismus
- Reizüberflutung
- Benachteiligung behinderter und kranker Kinder
- menschenfeindliche Bauten von Wohnungen bis hin zu Schule, Kunstlicht, giftige Baustoffe etc.
- Gewalt im Kinderalltag, Kinder- und Jugendkriminalität
- Verhaltens-, Wahrnehmungs- und Kommunikationsstörungen
- kinestetische und vestibuläre Schäden
- Lernstörungen, Desinteresse, Zukunftsangst
- Hyperaktivitäten, psychische Störungen
- Vandalismus, Hooliganismus, Rassismus, Neofaschismus
- Sektentum
- noch immer Kinderarbeit und zunehmend wieder Analphabetentum.

Die lernzielorientierte Schule greift einzelne dieser Themen heraus. Drogen, gesunde Ernährung, die Warnung vor Alkohol und Nikotin werden wie andere Themen unterrichtet.

Langsam setzt sich die Erkenntnis durch, daß das Warnen und Aufklären vom Katheder herab nicht vor Sucht schützt oder Kriminalität verhindert.

Ratlosigkeit entsteht in lernzielorientierter Schule. Mehr und mehr bestimmen viele der aufgezählten Stichworte den Alltag dieser Schule selbst, machen herkömmliches Unterrichten immer schwieriger oder gar unmöglich.

Lernzielorientierte Schule geht den Weg der Sozialdifferenzierung in verschiedenen Schulformen, Kursen und Leistungsgruppen, um die »Spitzen« zu retten. Die Kinder selbst werden in diesem System immer rechtloser. Diese Schule kommt nicht auf den Gedanken, mit ihren Schülern die Rechte eben dieser Schüler zu behandeln, sie würde sich sonst selbst in Frage stellen müssen.

Diese Schule braucht Reglement, Pflichten und Einschränkungen, sie überläßt die Behandlung der Grundrechte der entsprechenden Politikunterrichtseinheit, sie beläßt sie im Abstrakten.

Die schülerorientierte Schule kann hier vieles anders leisten. Selbst wenn sie einen themenzentrierten, lehrzielorientierten Ansatz in Projekt- oder Epochenform handlungs- und wissenschaftsorientiert sucht, eröffnet sie den Lernenden viele Möglichkeiten der Mitbestimmung bei Lernformen und -inhalten. Hier können die Lernenden tiefer in Zusammenhänge und Erkenntnisebenen vordringen, hier wird das Lernen in einem hohen Maße affektiv, also auch erfolgreich bleiben.

Über eigene Wege des Lernens – als Interaktion mit Welt – und des Erkennens – als Widerspiegelung und Schaffung von Wirklichkeit – wird sich zwangsläufig das

Selbstbewußtsein und somit das »Rechtsbewußtsein« der Kinder und Jugendlichen entwickeln. Aber der »Orientierung auf SchülerInnen« werden durch die Schule selbst viele Grenzen gesetzt, die die Rechte der Kinder eingrenzen, selbst wenn das Thema die »Rechte der Kinder« ist. Die Lernenden können begründet nicht an die Wahrhaftigkeit der Schule und die Ehrlichkeit der LehrerInnen bezüglich der Rechte von Kindern glauben, wenn zum Beispiel

- die Umsetzung formulierter Rechte in der eigenen Klasse nicht möglich ist;
- die Nichtumsetzbarkeit von Rechten in oder außerhalb von Schule nicht selbst erfahren und erklärt werden darf, sondern in unterrichtlicher Theorie abgewürgt wird;
- die Ergebnisse der Arbeit nur der vergleichenden Leistungskontrolle und -bewertung dienen, nicht aber der Dokumentation, der Veröffentlichung oder der ästhetischen Gestaltung;
- die Weiterverfolgung des Themas nach der Beendigung eines Projekts oder einer Unterrichtseinheit nicht möglich ist;
- Orte, Zeit, Regeln, Institutionen und Vereinbarungen in der Klasse fehlen, durch die formulierte Rechte materialisiert werden können;
- Stundentafel, Lehrerwechsel, 45-Minuten-Rhythmen die Bearbeitung des Themas ständig stören;
- die Einstellung der LehrerInnen eine Mitbestimmung zwar zuläßt, aber kein selbstbestimmtes Lernen, da sie nicht wissen, wie das geht oder dies nicht wollen, da sie offene Formen des Lernens nur als Mittel sehen, ihre Lehrinhalte »moderner« an ihre Klientel zu bringen, weil »alte« Formen des schulischen Lernens nicht (mehr) funktionieren, oder sie die »moderneren« Formen als effektiver erkannt haben;
- die Lernenden handlungsorientiert außerhalb der Schule in Form von (politischen) Aktionen auf Grenzen, auf ihre »Machtlosigkeit« gegenüber der Welt der Erwachsenen gestoßen sind. Projekte gehen oft an die Grenzen des schulisch »Machbaren«, um dann abzubrechen, um wieder im Schulalltag unterzutauchen. Dies hinterläßt bei den Lernenden mit der Zeit Resignation, Lernunlust, Projektfeindlichkeit (Projektwocheneffekt);
- die LehrerInnen nicht in der Lage sind, die Kinder und Jugendlichen durchgängig ernst zu nehmen, sie als kompetente Partner mit einer eigenen kindgemäßen Wahrnehmung und einem eigenen »Rechtsverständnis« zu akzeptieren und ihnen ihre eigene Verantwortlichkeit zuzugestehen;
- die LehrerInnen nicht in der Lage sind, sich selbst auch in der Rolle der LehrerIn ernst zu nehmen und für das eigene Tun verantwortlich mit den Kindern zu kooperieren;
- die LehrerInnen die Lernenden nicht loslassen können und letztendlich doch nur selbst entscheiden wollen, was die Kinder lernen müssen, welche »Rechte sie schon ausüben« können;
- ein solches Thema Ausnahme bleibt und nicht integrativer Bestandteil des gesamten Unterrichts ist.

Freinet-Pädagogik basiert auf der Vorstellung, daß die Kinder Rechte haben

1. Die Freinet-Bewegung formulierte die »Charta der fundamentalen Rechte der Kinder und Jugendlichen« (s. u.), um selbst ein Fundament des eigenen gemeinsamen Handelns als Freinet-LehrerInnen zu haben, um sich eine eigene demokratische Einstellung als »LehrerIn« zu erarbeiten.
   Diese Charta ist allerdings kein Produkt einer pädagogischen Vision, die am Anfang der Arbeit stand, sondern die Zusammenfassung der Erfahrung von Tausenden von LehrerInnen, von vielen, vielen Jahren konkreter Arbeit in unzähligen Freinet-Klassen.
   Sie ist auch Selbstdarstellung der Freinet-LehrerInnen.
2. Die Freinet-Pädagogik gibt den Kindern das Wort. Hierzu entwickelte sie Techniken und Mittel und übernimmt von anderen alle Mittel und Erfahrungen, die es den Kindern möglich machen, sich selbst zu artikulieren, zu organisieren, zu entfalten und zu lernen.
   In der Freinet-Klasse entsteht ein für alle verbindliches Geflecht von Arbeits-, Lern- und Lebensmöglichkeiten. Die LehrerInnen sind Begleiter und Animateure in diesem Prozeß. Die Kinder müssen sich diesen lebenden Organismus »Klassenkooperative« selbst schaffen. Wird diese Demokratie durch die Schule oder LehrerInnen institutionell vorgegeben, so wird aus einem Kanon von Rechten bald ein Katalog von Vorschriften, Verboten und Sanktionen. Aus dem, was Regeln und Werte sein sollten, werden Reglement und Bewertungen.
   Manipuliert der/die LehrerIn die Kinder zu bestimmten Organisationsformen und Regeln, so werden die Kinder diese nicht benutzen. Der/die Freinet-LehrerIn kann die Erfahrungen der Freinet-Pädagogik, die über viele Jahrzehnte zu Werkzeugen einer kooperierenden Klassengemeinschaft gereift sind, nur anbieten. Er/sie darf der Klasse keine Rechte wie ein aufgeklärter Monarch übergeben. Erziehung besteht darin, sagte Freinet, daß der Mensch lernt, seine Fähigkeiten als menschliches Lebewesen selbst zu organisieren.
   Er/sie muß die Macht abgeben.
   Er/sie kann nur den Prozeß der Artikulation von Rechten und deren Umsetzung in Arbeit und Lernen unterstützen.
3. In einer solchen Klassenkooperative sind die Lernenden auch fähig, ihre eigenen Rechte als Kinder oder Jugendliche zu formulieren. Freinet-Pädagogik kann nicht anders, als das Thema »Rechte der Kinder« mit der Selbstartikulation der Betroffenen zu beginnen und diese im Mittelpunkt der Arbeit stehenzulassen.
4. Von hier aus ist es nun möglich, in alle Richtungen des Themas zu arbeiten. Die Lernenden haben das Fundament zur kompetenten Behandlung aller Aspekte der Gesamtthematik.

Charta der fundamentalen Rechte und Bedürfnisse der Kinder und Jugendlichen

1. Die Geburt und die Aufnahme des Kindes in dieser Welt

- Das Kind hat das Recht, kein Produkt des Zufalls zu sein.
- Das Kind hat das Recht, um seiner selbst willen gewollt zu werden und nicht im Interesse irgendeiner Politik.
- Das Kind hat das Recht, um seiner selbst willen gewollt zu werden und nicht allein im Interesse seiner Eltern.
- Das Kind braucht eine Schwangerschaft und eine Geburt ohne traumatische Schädigung.
- Das Kind hat das Recht, angenommen zu werden, so wie es ist – wie auch immer seine körperliche Konstitution sein mag.
- Das Kind hat das Recht, angenommen und geliebt zu werden ohne Rücksicht auf sein Geschlecht.

2. Die Entwicklung des Körpers

- Das Kind hat das Bedürfnis nach einer ausgewogenen Ernährung.
- Das Kind hat das Bedürfnis, nach seinem eigenen Rhythmus zu leben und sich auszuruhen.
- Das Kind hat das Recht, daß die Bedürfnisse seines Körpers berücksichtigt und auch nicht unbewußt mißachtet werden.
- Das Kind hat das Bedürfnis, sich aller Möglichkeiten seines Körpers bewußt zu werden.
- Das Kind hat das Recht, nicht dauernd sauber und untadelig sein zu müssen.

3. Die Achtung vor der Person des Kindes

- Das kleine Kind braucht den Kontakt mit der Mutter oder dem Vater.
- Das Kind braucht den Kontakt mit Erwachsenen beiderlei Geschlechts.
- Das Kind braucht den Kontakt mit Kindern beiderlei Geschlechts.
- Das Kind braucht gefühlsmäßige Geborgenheit.
- Jedes Kind ist einzigartig und hat ein Recht darauf, daß seine Persönlichkeit respektiert wird.
- Das Kind braucht Vertrauen.
- Das Kind hat ein Recht auf Würde.

4. Die volle Entfaltung des Kindes

- Jedes Kind hat das Recht auf die maximale Entfaltung aller in ihm angelegten Möglichkeiten; es hat das Recht auf Genuß und Vergnügen.
- Das Kind hat das Recht auf Selbständigkeit und Verantwortung.
- Das Kind braucht das Erlebnis des Erfolgs.
- Das Kind hat das Recht auf Irrtum.
- Das Kind hat das Bedürfnis, erfinderisch und kreativ zu sein.
- Das Kind hat das Bedürfnis, sich auszudrücken.
- Das Kind hat das Bedürfnis, mit anderen zu kommunizieren.
- Das Kind hat das Bedürfnis nach ästhetischen Empfindungen.

5. Der Zugang zum Wissen

- Das Kind hat das Recht auf wahre und plausible Antworten auf die Fragen, welche es sich stellt.
- Das Kind hat das Recht, sich jedes Wissen anzueignen.
- Das Kind hat das Recht, die sozialen und wirtschaftlichen Phänomene zu verstehen, die es umgeben.
- Das Kind hat das Bedürfnis, sich seiner sozialen Umwelt bewußt zu werden.

6. Die Umwelt

- Das Kind hat das Recht auf ein Minimum an Raum.
- Das Kind hat das Bedürfnis nach lebendigem Kontakt mit der Welt.
- Das Kind hat das Bedürfnis, mit sehr verschiedenen Materialien zu experimentieren.
- Das Kind hat das Recht, auf seine Umwelt Einfluß zu nehmen.

7. Das soziale Verhalten

- Das Kind hat das Recht, weder indoktriniert noch konditioniert zu werden.
- Das Kind hat das Recht, nicht den jeweils wechselnden Moden unterworfen zu sein.
- Das Kind hat das Recht, Kritik zu üben.
- Das Kind hat das Recht, am Berufsleben teilzunehmen, bevor es selbst in die Produktion eingespannt ist.
- Die Kinder haben das Recht, sich demokratisch zu organisieren und für die Respektierung ihrer Rechte und die Verteidigung ihrer Interessen einzutreten.

(In: Dietrich, Ingrid [Hrsg.] 1982, S. 54–56)

Kinder haben ein anderes Verständnis von ihren Rechten

»Kinder haben das Recht, abends genauso lange wie ihre Eltern aufzubleiben«, so formulierte Chotera, ein afghanisches Mädchen, das erste Recht.

Am liebsten wäre ich sofort dazwischengegangen: Ich war zu diesem Zeitpunkt Vater von drei Kindern, 10, 4 und 1 Jahr(e) alt. Wenn sie abends ins Bett gingen, hatten meine Frau und ich zum ersten Mal am Tag Ruhe.

Und da fordert Chotera ausgerechnet als erstes Recht, daß Kinder genauso lange...

Der nächste Gedanke beruhigte mich. Chotera kommt aus einem Kulturkreis, wo es üblich ist, daß die Kinder mit den Erwachsenen aufbleiben. Die Kinder können dies, die Erwachsenen wahrscheinlich auch.

Weiter dachte ich an diesem Morgen nicht, denn das nächste Recht wurde schon formuliert, ich mußte es mitschreiben und schon beschäftigte es mich in seiner Art.

Auch später vertiefte ich den Gedanken nicht sonderlich, da die Umsetzung dieses Rechts nicht in der Klasse stattfindet.

Was ich in diesem Augenblick zu begreifen begann, vielmehr erst ahnte, war, daß Kinder ein vollkommen anderes Verständnis von Rechten haben als wir Erwachsene.

Rechte sind für viele Kinder etwas, das sie schon durften, oder kindgerechter formuliert, das sie schon können, wie wohl in diesem Falle.

Andere Male sind Rechte Hoffnungen, Wünsche, Phantasien, Hilferufe, Erfahrungen, Forderungen, Erkenntnisse oder Rechte, die sie bereits durchgesetzt haben.

Meistens steckt hinter den Formulierungen nicht das, was Erwachsene verstehen, wenn sie das Recht hören.

Einige Beispiele:
»Kinder haben das Recht, Geschwister zu haben.«

Ein ganzer Stammtisch empörte sich lauthals in der Gemeinde über diesen Unsinn, der an der Grundschule an der Wand hing, sie alle hätten genug Kinder, es würde reichen.

Wenn man allerdings Tinos Begründung liest, ist leicht zu verstehen, daß er zunächst etwas anderes meint: Er hat bereits eine kleine Schwester, er will sie wickeln, schmusen und versorgen dürfen. Dies durfte er zunächst nicht. Die kleine Schwester nervte ihn nämlich nur, weil sie immer schrie und ihm die Mutter wegnahm.

Da mehrere Kinder in der Klasse unter kleinen Geschwistern »litten«, gründeten wir einen »Baby-Gesprächskreis«.

Hier beschloß Tino gegenüber der Mutter zu fordern, daß er die Schwester wickeln, schmusen und versorgen dürfe. Er hat es zu Hause durchgesetzt.

Jetzt ist es sein Recht.

Ob er mit der Formulierung des Rechts auch das Recht auf Geschwister meint, ist wohl das Problem von uns Erwachsenen. Ich neige dazu, ihm recht zu geben.

Das Recht, Angst zu haben:

Der Junge hat Angst, Angst alleine zu sein, Angst vor vorbeifahrenden Autos, Angst vor dem Schreiben. Er wird blaß wie eine Wand, ihm verschlägt's die Stimme, ihm wird schlecht, er hat Magenschmerzen.

Er hört Sätze wie »Du mußt aber keine Angst haben«, »Er hat jetzt schon viel weniger Angst«, »Wir wissen auch nicht, warum unser Kind immer so viel Angst hat«.

Sein Hilferuf: »Kinder haben das Recht, Angst zu haben.«

»Kinder haben das Recht, alles zu machen.«

Die Kinderzeichnung auf dem dazugehörigen Plakat zeigte, daß die Erwachseneninterpretation vollkommen daneben liegt.

Das Bild zeigt, wie Marco hoch über einer Stadt in einem Raketenauto sitzt, das über ein Stahlseil fährt. Er darf eben alles machen.

»Kinder haben das Recht, Auto zu fahren.«

Der Junge, der dies sagte, fährt wirklich das Auto seines Onkels auf dem Feldweg seines Dorfes. Er darf eben wirklich Auto fahren.

So hat jedes Kinderrecht seine Geschichte, seine noch ganzheitliche Angebundenheit an die eigene Lebenswirklichkeit.

Diese Erfahrung fand ich wieder in einem Zitat von Reinhard Fatke, wo er Jean Piagets neue Sicht des Kindes beschreibt:

»Das Kind als ein *aktives* Wesen, das sich entwickelt, indem es in eine Auseinandersetzung mit der Welt eintritt, diese Welt strukturiert und dabei sie und sich selbst verändert.

Das Kind als ein *kompetentes* Wesen, das zunehmend über Fähigkeiten zur Weltaneignung verfügt und im Vergleich zum Erwachsenen nicht als mangelhaft, sondern als qualitativ andersartig angesehen werden muß.

Das Kind als ein Interaktionspartner, der nicht ausschließlich nach den Vorstellungen des Erwachsenen geformt, gebildet, sozialisiert wird, sondern seinerseits auch auf den Erwachsenen einwirkt und somit die Prozesse der Sozialisation und Erziehung aktiv mitgestaltet.« (Piaget, Jean hrsg. von Fatke 1993, Einleitung Fatke S. 19/20.)

Kind- und Lernbegriff der Freinet-Pädagogik werden durch diese Definition gut beschrieben.

Eine Unterrichtseinheit zu den Rechten der Kinder

1. Schritt:
Im Morgenkreis fragte ich an diesem Tag die Kinder »Was sind für euch Rechte, welche Rechte habt ihr?« Chotera meldet sich: »Kinder haben das Recht, abends genauso lange wie die Eltern aufzubleiben.«

Ich schrieb den Satz in meine dicke Notizkladde. Patrick meldete sich: »Kinder haben das Recht, nicht angeschrieen zu werden.«

Weitere von den Kindern meiner Klasse formulierte Rechte:

Kinder haben das Recht,	*Musik auf einer guten Anlage zu hören*
Kinder haben das Recht,	*alleine spazieren zu gehen*
Kinder haben das Recht,	*alleine auf die Kirmes zu gehen*
Kinder haben das Recht,	*Fahrrad zu fahren*
Kinder haben das Recht,	*sticken und nähen zu lernen*
Kinder haben das Recht,	*in einem Sportverein zu sein*
Kinder haben das Recht,	*anzuziehen, was sie wollen*
Kinder haben das Recht,	*etwas Neues zu haben*
Kinder haben das Recht,	*schwimmen zu lernen*
Kinder haben das Recht,	*gesunde Zähne zu haben*
Kinder haben das Recht,	*nicht rausgeschmissen zu werden*
Kinder haben das Recht,	*ihre eigene Frisur zu bestimmen*
Kinder haben das Recht,	*jederzeit ihre Meinung zu sagen*
Kinder haben das Recht,	*sich hinzusetzen, wo sie wollen*
Kinder haben das Recht,	*in die Schule zu gehen*
Kinder haben das Recht,	*auf Feste zu gehen*
Kinder haben das Recht,	*alles zu lernen, was sie wollen*
Kinder haben das Recht,	*zur Toilette zu gehen, wann sie wollen*
Kinder haben das Recht,	*mit wem sie wollen zu spielen*
Kinder haben das Recht,	*jederzeit ihre Freunde zu besuchen*
Kinder haben das Recht,	*Angst zu haben*
Kinder haben das Recht,	*nicht ausgelacht zu werden*
Kinder haben das Recht,	*zu arbeiten*
Kinder haben das Recht,	*Deutsch zu lernen*
Kinder haben das Recht,	*mit Freunden Urlaub zu machen*
Kinder haben das Recht,	*zu Hause mit Luftballons zu spielen*
Kinder haben das Recht,	*zu basteln*
Kinder haben das Recht,	*alleine etwas zu kaufen*
Kinder haben das Recht,	*mit ihrer Mutter oder ihrem Vater zu schmusen*
Kinder haben das Recht,	*ihren Eltern einen Streich zu spielen*
Kinder haben das Recht,	*zu schenken*
Kinder haben das Recht,	*zu singen*
Kinder haben das Recht,	*zu tanzen*
Kinder haben das Recht,	*Bäume zu pflanzen*

So folgte ein Satz dem anderen, ich schrieb alle mit. Nach über einer halben Stunde meldete sich Patricia zu Wort: »Ich kann nicht mehr zuhören!« Andere stimmten zu.

2. Schritt:
Alle Kinder, die nicht mehr zuhören konnten, etwa die Hälfte meiner 28, verließen die Morgenkreisecke und begannen, am Wochenplan und in den Arbeitsecken zu arbeiten. Die anderen wollten weitermachen, was sie bis zur ersten großen Pause durchhielten.

3. Schritt:
Nach der Pause einigten wir uns auf folgende Arbeitsweise: Wir machen Plakate, für jedes Recht eins. Jedes fertige Plakat wird im Flur aufgehängt. Wer will, kann zu jedem Recht auch ein Bild malen, das mit auf das Plakat kommt.

4. Schritt:
Alle Kinder »holten sich« bei mir »ein Recht ab«, das heißt, sie suchten sich aus meiner Kladde ein Recht heraus, um es dann auf's Plakat zu bringen. Es mußte also nicht ein Recht sein, das sie selbst gesagt hatten, sondern eins, das sie wirklich als Plakat darstellen wollten. Diese Arbeit machten sie über eine Woche lang. Die Kinder meiner Klasse haben 12 Arbeitsstunden pro Woche, in denen sie am Wochenplan (freie Texte, Mathe, Laufdiktate, Lesen), an individuellen oder Kleingruppen-Projekten und am Gesamt-Projekt der Klasse (in diesem Falle also »die Rechte«) arbeiten. An den Plakaten arbeiteten sie allein oder zu zweit, einige machten nur ein Plakat, andere zwei, drei oder vier

5. Schritt:
Wir hatten grobes Tonpapier in vielen verschiedenen Farben. Die Schrift machten wir verschieden:

- mit weißer Kreide,
- mit bunter Kreide, jedes Wort in einer anderen Farbe oder immer die gleiche Zahl Buchstaben mit einer Farbe oder nur gerandet, innen »hohl« oder zum Beispiel rosa Kreide auf orangem Papier oder den Außenrand der Buchstaben in verschiedenen Formen,
- mit ganz dickem Faserschreiber,
- mit ganz feinen Faserschreibern, große Buchstaben ganz bunt ausgemalt,
- mit 6 cm großen Holzbuchstaben, die mit Faserschreiber umrandet wurden,
- mit Wachsmalstiften,
- mit Wasserfarben ausgemalte Buchstaben,
- mit aufgeklebten Buchstaben, die wir aus Bildern ausgeschnitten hatten (das Bild war also auf den Buchstaben),
- mit Schreibmaschine geschrieben (hätten wir auf dem Kopierer noch vergrößern können),
- mit verschiedenen Druckereien und Stempeleien
  - Freinet-Druckerei,
  - Holzbuchstaben,
  - Flexipress,
  - Schaumgummibuchstaben.

Dazu wurde dann sehr oft ein selbstgemaltes Bild geklebt, in einigen Fällen auch ausgeschnittene Fotos.

6. Schritt:
Als alle Plakate auf dem Flur hingen, sah sich jedes Kind unsere Galerie mit den Kinderrechten an und suchte sich nun *ein* Recht heraus, das für es nun das Wichtigste war.

7. Schritt:
Jedes Kind hat nun sein wichtigstes Recht in einem Text begründet. Diese Begründungen haben wir im Kreis vorgelesen.

8. Schritt:
Auf einem Freinet-Lehrertreffen wurden die Plakate wieder aufgehängt.

Was wir sonst noch hätten tun können

- Wir hätten eine Zeitung machen können, mit der Druckerei, Schreibmaschine, Computer etc.
  Wir hätten sie verkaufen und verschicken können.
- Wir hätten die Plakate im Ort aufhängen können mit Aktionen... mit anderen Kindern.
- Wir hätten ein Buch machen können, zum Beispiel ein Bilderbuch mit Marmorieren, Selbstbinden etc.
- Wir hätten Briefe mit unseren Rechten schreiben können, zum Beispiel an Bundestagsabgeordnete und sie fragen können, warum die UNO-Kinderrechte im Bundestag nicht verabschiedet sind.
- Wir hätten große Bilder zu unseren Rechten malen und eine Kunstausstellung machen können.
- Wir hätten alle Rechte in kleine Theaterstücke umwandeln können, mit Schattenspiel, Schwarzlicht, Tanz, Puppenspiel, Pantomime, Maskenspiel etc. etc.
- Wir hätten unserer Partnerklasse in Brandenburg schreiben und uns über die Rechte austauschen können.
- Wir hätten überlegen können, was konkret in unserer Gemeinde für Kinder verändert werden muß. Dies hätten wir in einem Beschwerdebuch zusammenfassen und es der Gemeinde übergeben können.
- Wir hätten Kontakt zu Kindern in der Dritten Welt, zum Beispiel Brasilien, aufnehmen können.
- Wir hätten einen Videofilm oder eine Fotoserie zu Kinderrechten machen können.
- Wir hätten ein Kinderparlament gründen können.
- Wir hätten eine Kinderrechts-Sinfonie komponieren können.

- Wir hätten unsere Eltern wieder einmal einladen können. Das letzte Mal haben sie wie wir gearbeitet. Jetzt hätten wir über unsere Kinderrechte sprechen können.
- Wir hätten Interviews zu unseren Kinderrechten machen können.
- Wir hätten in der Kirche einen Gottesdienst zu diesem Thema organisieren können.
- Wir hätten ein großes Kinderfest organisieren können mit vielen Kindern, die auch bei uns ihre Probleme haben.
- Wir hätten alte Menschen in die Schule einladen können und uns erzählen lassen, wie das mit den Kinderrechten früher war.
- Wir hätten eine Traumreise in ein Kinderland machen können.
- Wir hätten auch einen Film drehen können.

Die Freinet-Klasse ist ein lebendes Rechtswesen

Um den Umgang der Lernenden in einer Freinet-Klasse mit ihren eigenen Rechten, um den Umgang der Lehrenden mit den Rechten der Lernenden und den eigenen zu verstehen, muß zunächst der Umgang der Freinet-Klasse mit sich selbst verstanden werden. Oder um es anders – als Frage – auszudrücken: »Wie funktioniert die Demokratie in einer Freinet-Klasse?«

Viele LehrerInnen haben die Erfahrung gemacht, daß sie mit dem Versuch der Demokratisierung, »dem Zulassen« freierer Verhaltens- und Arbeitsformen irgendwann stehengeblieben, wenn nicht sogar gescheitert sind, an Systemen (Schule, Elternschaft, Kollegium, Schulaufsicht) und den Reaktionen der Betroffenen (SchülerInnen).

Sie haben mit besten Absichten begonnen, um mit Schmerzen, Ärger und Wut ihre Versuche einzustellen und sich jedem System anzupassen oder sich mit dem zu arrangieren, das um sie herum herrscht.

Resignierend suchen viele nach Schuldigen: das gesellschaftliche System, das verkrustete System Schule, die KollegInnen, die Schulleitung, die SchülerInnen oder eben der Mensch an sich. Es fällt nicht schwer, Bestätigungen für diese Schuldzuweisungen zu finden.

Viele LehrerInnen finden sich damit ab, daß sie in einem System Schule arbeiten, das sie eigentlich als undemokratisch ablehnen; aber sie finden nicht den Weg, es zu verändern. Die einen passen ihr Demokratieverständnis den herrschenden Verhältnissen an, die anderen werden zu Einzelgängern.

Dies führt aber auch zu einem fatalen Vorgang. Die LehrerInnen geben sich selbst die »Schuld« für ihre berufliche »Unfähigkeit«, ihren Unterricht so demokratisiert zu haben, wie sie es sich vorstellten. Hieraus entstehen Verdrängungen, Verbitterungen, Konkurrenzspiele, innere Kündigungen, Burn-outs, Jobmentalität.

Hieraus entsteht eine tiefe Skepsis, Mißtrauen, eine übergroße Vorsicht gegenüber allen, die behaupten, sie könnten den Unterricht demokratischer gestalten.

»Aber das mit den Rechten ist Augenwischerei, aufgesetzt, gar nicht möglich, wo bleiben die Pflichten, ja bei Ihnen klappt das vielleicht, das ist ja vielleicht..., aber ich nicht: Ihr Freinis habt wohl den Stein der Weisen gefunden, ich würde Ihnen ja gerne glauben, aber...«

Für Freinet-PädagogInnen ist es sehr schwer zu erklären, warum »es« in ihren Klassen mal gut, mal weniger gut funktioniert.

Zum einen ist das Umgehen mit einer Klassendemokratie nicht einfach eine Frage der Formulierung in Lehrbüchern oder Vorträgen. Es ist eine in Jahrzehnten zu Erfahrung geronnene Praxis, die sich Freinet-PädagogInnen selber und gegenseitig auf Treffen in Ateliers und Arbeitsgruppen beibringen, wo sie Erfahrungen und eigenes Lernen austauschen und sich gegenseitig mit Mut und neuem Knowhow anstecken.

Diese Demokratie wird erst erfahrbar, wenn sie selbst auf Freinet-Treffen und in der Klasse praktiziert wird.

Zum anderen gibt es Werkzeuge (»outils«) in der Freinet-Pädagogik, die benutzt werden und in sich demokratisches Potential tragen.

Die LehrerInnen unterziehen sich nicht einer »Bewußtseinsveränderung«, um zuerst ein anderes SchülerInnen-LehrerInnen-Verhältnis einzugehen. Vielmehr verändern sich SchülerInnen und LehrerInnen durch den Gebrauch der Werkzeuge, Arbeitstechniken, Arbeitsmaterialien.

Entscheidend für die Veränderung ist der Gebrauch des freien Ausdrucks, der tastenden Versuche und der natürlichen Methode des Lernens. Hier spüren LehrerInnen und SchülerInnen sich selbst und... irgendwann auch ihre Rechte als Menschen. Das verändert auch die LehrerInnen-SchülerInnen-Beziehung.

Das Fehlen dieser Werkzeuge oder Strukturen kann ein entscheidender Grund für die Nichtumsetzbarkeit der eigenen Demokratievorstellungen beim Unterrichten sein.

Die Freinet-Klasse ist jenes feine Geflecht solcher Strukturen: Verträge, Verbindlichkeiten, Absprachen, Sensibilitäten, Zeitrhythmen, Einrichtung des Klassenraumes, Zulassung von Emotionen, Verantwortlichkeiten, Regeln und deren Veränderbarkeit, Selbstregulierung, individuelle und kooperative Arbeiten, verschiedene Lernorte, die alle abhängig sind vom Schlagrhythmus ihres Herzens, dem Klassenrat.

Der Klassenrat gibt der Klasse immer die Struktur, die sie jeweils braucht. Diese Struktur ist immer gekoppelt an das Leben in der Klasse, an die Arbeit der Klasse (wobei der Begriff »Arbeit« wörtlich, als sinnvolle Arbeit zu verstehen ist).

Alles in der Freinet-Klasse dreht sich um die Frage: »Was können wir tun, damit wir die Arbeit, die wir tun wollen, auch tun können?«

Und damit findet die Veränderung der LehrerInnen statt!

Der Klassenrat

Einmal in der Woche ist er fest mit einer Stunde im Stundenplan verankert. Ausfallen (zum Beispiel wegen eines Feiertages) tut er selten, er findet dann in einer anderen Stunde statt. Gegebenenfalls gibt es zwei oder gar drei Sitzungen in der Woche. Die PräsidentIn leitet den Klassenrat.

PräsidentInnen können für eine Sitzung, ein oder zwei Wochen oder einen Monat amtieren. Sie können auf Vorschlag gewählt, von der VorgängerIn bestimmt oder durch die Reihenfolge der Klassenliste bestimmt werden. Diese Regelungen ergeben sich aus der Arbeit der Klasse.

Aufgabe der Präsidentin/des Präsidenten:

- Worterteilung
- Achten auf Einhaltung der Regeln
- Aufrufung der Tagesordnungspunkte
- Abstimmungen durchführen, Beschlußfassung und deren Einhaltung überprüfen.

Aufgabe der LehrerIn

Sie ist Mitglied des Klassenrates (1 Mensch, 1 Stimme), muß sich wie alle anderen zu Wort melden.

Hilfen wie Formulierung eines Antrages oder Unterstützung, z.B. für die PräsidentIn bei der Einhaltung der Regeln, sollen Ausnahmen bleiben, können keine Regel sein.

Die LehrerIn greift nicht ständig mit Wortmeldungen ein. Es heißt abwarten lernen! Für sie sind die Beschlüsse des Klassenrates genauso verbindlich wie für alle anderen.

Grenzsituationen: Sie treten in der Regel selten ein. Aber gerade hiervor fürchten sich viele Klassenratsanfänger.

Einige Beispiele: Im 2. Schuljahr beantragt eine Schülerin, daß jemand zur Strafe etwas schreiben muß, weil er nicht mitarbeiten wollte und andere so penetrant störte, daß sie auch nicht arbeiten konnten. Die Stimmung im Klassenrat läßt befürchten, daß der Antrag durchkommt. Ich melde mich zu Wort und erläutere meine Ansichten über's Schreiben: Schreiben ist etwas Tolles, damit darf niemand bestraft werden und außerdem hätte jeder das Recht zu schreiben, wann, wo und wie sie oder er wolle.

Ich gehe hier nicht hin und verbiete, sondern versuche zu überzeugen. Die Argumentation kommt an, aber die Erwachsenen haben den Kindern keine positiven Lösungsmuster vorgelebt: denn so entsteht Ratlosigkeit.

Ich entscheide mich in dieser Situation dafür, bei der Lösung zu helfen. Ich beantrage, daß S. einen Tag nicht arbeiten darf und andere auch nicht mit ihm arbeiten sollen.

In anderen Situationen hätte mein Verhalten absolut falsch sein können, es wäre z.B. wichtiger gewesen, das Kind durch Erzählen oder szenarische Darstellung erklären zu lassen, was mit ihm los ist, oder es wäre richtiger gewesen, dem Kind einen Freiraum zu gewähren, da es nicht zu einer Lösung fähig war. Oder es hätte der Klasse mehr genutzt, den Prozeß zu durchleben und eine eigene Lösung zu finden.

In einer 9. Klasse, die ich seit einigen Wochen unterrichtete, machten einige Jungs aus ihren freien Texten Sex-and-Crime-Geschichten. Die Mehrheit der Klasse stieß dies ab, aber niemand wagte etwa zu sagen. Ich ließ das Vorlesen der Texte zu, griff aber im Klassenrat die Jungs frontal an und machte sie vor den anderen lächerlich.

Es gelang mir, die Mehrheit der Klasse gegen die Sex-and-Crime-Texte zu mobilisieren. Die Klasse beschloß kein Verbot, aber eine Nichtbilligung. Ich halte dies für ein positives Beispiel eines Mehrheitsbeschlusses. Hier gab es keinen Konsens oder eine Differenzierungsmöglichkeit.

In einer Kölner Schule mit reformpädagogischem Anspruch zeigte ein Kollege mir ein Arbeitsergebnis einer 10. Klasse. Es war das Modell eines Konzentrationslagers. Mit einem undefinierbaren Grinsen zeigte er mir, daß die Schüler die Kamine der Verbrennungsanlage so gebaut hatten, daß echter Rauch herauskam. Ich hätte dies als Lehrer schlicht verboten und dies im Klassenrat erläutert.

In Grenzsituationen ist von Lehrern so etwas wie Verantwortlichkeit für das eigene demokratische Handeln gefragt. Es sollte nicht der Versuch sein, den Kindern ihre Verantwortung zu nehmen. Kinder sind verantwortungsfähig. LehrerInnen auch.

Sitzordnung:

- Sitzkreis am Boden
- Karree hinter Tischen
- Stuhlkreis.

Abstimmung:

- Konsensbeschlüsse
- Mehrheitsbeschlüsse mit zum Beispiel 50% der Anwesenden, oder ⅔-Mehrheit, oder qualifizierter Mehrheit…
- Differenzierte Beschlüsse, z.B. beschließt der Klassenrat mit ⅔ der Stimmen, eine lange Wanderung zu machen. Die Gegenstimmen beantragen, in der Zeit in die Parallelklasse gehen zu können, was sie selbst mit den betroffenen LehrerInnen regeln.

Oder: Die Klasse beschließt: »Wir schreiben Gedichte und spielen sie«; zwei Schüler wollen aber drucken, andere wollen malen. Nun wird überlegt, ob dies integrierbar ist. Die MalerInnen sind bereit, aus Folien Bühnenbilder für Theaterstücke zu machen, die DruckerInnen wollen aber keine Gedichte drucken, sondern eine bereits geschriebene Geschichte. So beschließt dann auch der Klassenrat. Oder: Jemand will gar nichts machen, ohne Begründung. Der Klassenrat läßt dies nicht zu. In anderen begründeten Fällen würden andere Lösungen gesucht. Entscheidend ist, daß der Klassenrat so arbeitet, daß individuelle Bedürfnisse und Kooperation aller nicht zum Gegensatz werden.

Die Tagesordnung

Die PräsidentIn legt die Tagesordnung in Absprache mit dem Klassenrat fest. Die Sammlung der anstehenden Punkte geschieht in verschiedenen Klassen in verschiedener Art. Die einen haben einen Briefkasten, andere einen Platz an der Tafel, eine Wandzeitung, ein Blatt Papier an der Wand und/oder die Punkte werden zu Anfang des Klassenrates gesammelt.

Hier ein Beispiel der Klasse 3b:

1. Wie binden wir unsere Bücher?
2. Wie teuer sollen die Bücher sein?
3. Ruhe in der Klasse (Bine hat ein paar Tage in einer anderen Klasse gearbeitet und will darüber berichten, daß sie ruhiger als wir arbeiteten.)
4. 5-Minuten-Arbeiten von Patrick (Marco beschwert sich, daß Patrick beim Drukken immer nach 5 Minuten mit der Arbeit aufhört.)
5. Eine Frage an Anatol (ein Konflikt)
6. Was macht unser Kooperationsvertrag mit der Parallelklasse?

Ganz wichtig ist, daß ich als Lehrer – vor allem zu Anfang – Themen in den Klassenrat bringe. Einige Beispiele: Ich sehe, wie eine Arbeitsgruppe ein Problem löst. Ich schlage ihnen vor, dies im Klassenrat zu erklären.

Ein Kind beklagt sich über die Lautstärke bei der Arbeit und fordert mich zum Handeln auf. Ich tue dies nicht, sondern bitte es, dies im Klassenrat zu problematisieren.

In der Pause gab es Streit, ich soll »meines Amtes walten«, wieder verweise ich auf den Klassenrat und lasse mich nicht zum Sheriff machen.

Ein Kind macht mir einen Vorschlag zur Verschönerung der Klasse. Auch dies leite ich in das richtige Gremium um.

Fragen aus dem Klassenrat

Was gibt es über unsere Arbeit zu berichten? Was wird allen gezeigt oder erklärt? Wie war die Atmosphäre bei der Arbeit? Was war uns bei der Arbeit besonders wichtig?

Welche Zwischenberichte gibt es von der Arbeit und aus den Gruppen?
Welche Arbeit wird z.Zt. zusätzlich zur Projekt- und Wochenplanarbeit geleistet?
Welche Teile der Arbeit kommen in die Korrespondenz?
Welche Probleme können wir lösen? Aus welchen Fehlern können wir lernen?
In welchem Umfang arbeiten wir am laufenden Wochenplan weiter?
Was macht der/die LehrerIn bei der anstehenden Arbeit?
Was machen wir, wenn jemand die Arbeit nicht machen kann oder will?
Wem werde ich wie und wann besonders helfen?
Wie werden wir die Arbeitsergebnisse wo und wem zeigen?
Wo gehen wir wann hin? Wen oder was holen wir in die Schule?
Was wollen wir alle schaffen? Welche Hilfen brauchen wir?
Zu welcher Arbeit verpflichte ich mich? Worauf achte ich besonders?
Wer ist für was verantwortlich? Wer arbeitet an welchem Thema?
Welche Arbeitsmittel und Techniken benutzen wir? Was brauchen wir noch?
Wie haben wir unsere Arbeit organisiert? Was hat sich bei der Arbeit bewährt?
Was können wir verbessern, was müssen wir ändern? Was haben wir gelernt?
Was haben wir geschafft, was nicht? Bist du mit deiner Arbeit zufrieden?
Wie hat deine Gruppe gearbeitet? Arbeitete die Klasse zusammen?
Wie schätzen wir die Leistung ein? Wer hat nicht gut gearbeitet?
Gab es Streit? War es zu laut? Wem habe ich direkt etwas zu sagen?
Wer oder was hat mich bei der Arbeit gestört? Wer arbeitet mit wem?
Gibt es Probleme zwischen einzelnen oder in Gruppen?
Welche Beschlüsse müssen gefaßt werden? Gibt es neue Regeln?
Wo muß eine Ordnung verändert werden? Müssen wir etwas umbauen?
Sind alle Dienste gemacht worden? Wie sieht unsere Finanzlage aus?
Was haben wir ausgegeben? Was fehlte uns? Welche Arbeitsmittel waren gut?
Was wollen wir als nächstes tun? Was muß noch erledigt werden?
Welche Themenvorschläge gibt es? Wollen alle an dem Thema arbeiten?
Wie teilen wir die Arbeitsgruppen ein? Wo arbeiten wir in und außerhalb der Schule? Wie lange brauchen wir für die Arbeit? Wozu machen wir die Arbeit? Wie geht es mir dabei? War unsere Arbeit sinnvoll?

Der Umgang miteinander

Die wichtigste Regel ist die, daß alle einander direkt ansprechen. Sollte jemand anfangen mit »Die Nina hat…« oder »Der Markus macht immer…«, erklingt ein Chor aller Kinder: »Petze, Petze ging in'n Laden, wollt' für'n Zehner Käse haben, Käse, Käse gab es nicht, (z.B.) Daniel, Daniel ärgert sich.«

Sie sprechen einander in der Regel bei Konflikten oder Fragen direkt und offen an: »Elmasa, du hast…« Ist eine Situation nicht durch Reden zu klären, so wird sie in einem Standbild nachgestellt und untersucht (vgl. dazu Boal 1989).

Die Kinder gehen sehr offen, direkt und behutsam miteinander um. Sie hinterfragen sehr oft ihre Reaktionen und sind so auch in der Lage, ein Gefühl des Alleingelassen- oder Ausgeschlossenwordenseins zu artikulieren. Alle diese Gespräche enden in der Regel mit konkreten Beschlüssen, die auf die Arbeit in der Klasse bezogen sind. Es geht also nicht darum, »Schuldige« oder »Störer« zu finden, auch nicht um »Gesprächstherapie« oder »Harmonisierungsakte«, sondern um konkrete Regeln und Regelungen zur Kooperation und Kommunikation in der Klasse.

Auch die Diskussion selbst hat Regeln wie
- zuhören, nur eine(r) redet
- wenn ich nicht mehr zuhören kann, sage ich es
- keine Außenseiter schaffen
- es gibt keine Fehler
- zum Thema reden
- sollte es zu laut werden, gibt die Dienstverantwortliche ein Gongzeichen.

Verbindlichkeit und Arbeitsverträge

Im Klassenrat wird beschlossen, was, wie, wo, in welcher Zeit gelernt und gearbeitet wird.

Wochenplan- und Projektaufgabenstellungen werden generell und individuell gemeinsam beschlossen. Diese Beschlüsse sind verbindlich, es sei denn, der Klassenrat beschließt Veränderungen.

Hier werden Ziele beschlossen, so daß die Arbeit einen Sinn bekommt und nicht für den Schnellhefter oder die LehrerInnen gearbeitet wird.

Organisation der Arbeit

Vor ein paar Tagen machte ich mit meiner Klasse eine Wanderung zum nahen Zirkus. Ein kleiner Zirkus, ein Familienunternehmen, wo die Vorstellung von fünf Personen gemacht wird. Sie überließen uns unentgeltlich für einen ganzen Morgen ihren Zirkus: Ponys, Manege und den Lassowerfer, der den Kindern einige Seiltricks zeigte. Ein paar Tage später gaben sie eine Vorstellung auf dem Schulhof.

So entstand der Vorschlag »Wir wollen einen Zirkus machen«.

Es ist nun klar, dies wird der Klassenrat behandeln. Jetzt, wo ich dies schreibe, ist diese Sache soweit gediehen, was folgt, ist »Planung«. Diese Planung basiert auf den Erfahrungen der Klasse 3b.

Wir haben so bereits »Mathestationen«, einen »Gedichteabend«, ein »selbstgemachtes Buch«, »Kunstwerkstätten« und ein Projekt »Silbentrennung« beschlossen.

Daher wird der Klassenrat zunächst darüber befinden, ob wir gemeinsam ein solches Projekt durchführen wollen oder nicht. Wenn nicht (fast) alle dafür sind, wird es nicht stattfinden. Findet sich eine breite Mehrheit, wird sich die nächsten Wochen unsere Klasse in einen Zirkus verwandeln.

Als nächstes werden wir überlegen, mit welchem Ziel wir das Projekt durchführen. Ich tippe auf eine öffentliche Veranstaltung in der Gemeinde zur weiteren Finanzierung unserer Klassenfahrt im 4. Schuljahr. Der Gedichteabend brachte uns einen Gewinn von über 400 DM.

Dann werden die Kinder darüber nachdenken, was in das Zirkusprogramm kommen kann: Zaubertricks, Seiltanz hinter der Schattenleinwand, eine Pyramide aus Menschen bauen, Jonglieren, eine Tiernummer mit Verkleidungen, Clownnummern etc. etc.

Sie werden beschließen, in welchen Gruppen sie arbeiten, wann die Präsentation stattfinden soll, welche Eltern mitmachen sollen, wie Plakate und Werbung gemacht wird, wo es stattfinden wird, ob Marco seine Ponys ins Programm einbaut, und Dinge, die keine LehrerIn planen könnte.

So bestimmt der Klassenrat das Lernen in der Klasse.

Es wären noch verschiedene Formen des Arbeitens zu unterscheiden. Es gibt – wie gerade beispielhaft beschrieben – die allgemeine Projekt- oder Epochenarbeit.

Hinzu kommen noch andere Elemente, die alle über den Klassenrat organisiert werden. Ständig findet die Arbeit auf mehreren Ebenen statt.

Wochenplan

Unser Wochenplan besteht zur Zeit aus folgenden Elementen:

- Freier Text (Jedes Kind verpflichtet sich zu einer bestimmten Anzahl freier Texte pro Woche.)
- Mathe-Seiten (Zwei bis drei Seiten werden vom Lehrer vorgegeben, den Rest bestimmen die Kinder.)
- Knips-Diktat (Zweimal in der Woche gibt es einen Morgenerzählkreis, wo die Kinder ihre Erlebnisse erzählen. Von jedem Kind schreibe ich einen Satz mit. Am Ende des Kreises bestimmen die SchülerInnen drei Sätze, die ich auf ein Blatt schreibe. Dies klebe ich unter die Tafel. Die Kinder gehen zur Tafel und »knipsen« in ihr Gedächtnis einen Teil der Sätze, gehen zu ihrem Platz zurück und schreiben auf, was sie behalten haben. Das tun sie so lange, bis alles in ihrem Heft steht.

- Lesen und Verstehen (verschiedener Vorlagen, kurze Texte mit Sinnüberprüfungsfragen.)

Individuelle Arbeit

Neben Wochenplan und Projektarbeit gehen die Kinder weitere Arbeiten an. Hier hilft die Klassenbibliothek, Arbeitsecken (Ateliers), viele Spiele und Karteien, wie das 1 × 1-Spiel oder die Schreib-Los-Kartei etc., etc. und viele eigene Ideen, wie »Wir malen Dinosaurier mit Hilfe des Tageslichtprojektors in Riesengrößen«, »Wir spielen Schlagzeug«, »Wir malen Mandalas« oder »Wir experimentieren mit Salzkristallen«.

Das Repertoire der SchülerInnen ist unerschöpflich, wenn sie – mit viel Geduld der LehrerInnen – erst einmal gelernt haben, selbständig zu arbeiten.

Exkursionen

Einmal in der Woche verlassen wir die Schule für vier Stunden, mit oder ohne Ziel oder Absicht. Wir lernen draußen, Freinet nannte dies »die Spaziergangsklasse«.

Gemeinsamer Unterricht

Er findet selten statt, als Kopfrechen-Training, Traumreise oder kooperative Lyrik. Der übliche Frontalunterricht findet bei uns individuell statt. Über die Arbeit entwickeln die Kinder die Fragen, die sie sich selbst beantworten oder den MitschülerInnen oder LehrerInnen.

Alle diese Arbeitsformen – und noch andere – werden im Klassenrat abgesprochen und beschlossen.

Hier wird selbst entschieden und gelernt!!

Protokoll

Es gibt Freinet-KollegInnen, bei denen im Klassenrat Protokoll geführt wird, ebenso gibt es protokollführende LehrerInnen oder SchülerInnen. Vor einigen Jahren hatte ich eine Klasse, wo immer die/der letzte, also nicht mehr amtierende PräsidentIn mitschrieb.

Meistens handhaben meine Klassen es so, daß wichtige Dinge, zum Beispiel wichtige Regeln oder Arbeitsorganisationen, auf Wandzeitungen oder Plakaten in der Klasse hängend festgehalten werden. Ansonsten sind unsere Köpfe die Protokollbücher, die übrigens nichts vergessen, nur manchmal, und das dann auch absichtlich.

Wochenabschlußkreis

Eine weitere Einrichtung des Klassenrates ist der Wochenabschlußkreis, der in der letzten Unterrichtsstunde der Woche stattfindet. Im ersten Teil können noch nicht behandelte aktuelle Angelegenheiten der Klasse auf der Tagesordnung sein, hier wird auch im Rückblick betrachtet, was in der Woche getan wurde.

Die dienstverantwortliche SchülerIn für den Wochenplan geht den aushängenden Plan durch, wobei hier und da Schüler auch nicht erledigte Aufgaben mit ins Wochenende nehmen. Im zweiten Teil findet eine Rückbesinnung auf die Woche statt, die auch protokollarischen Charakter hat.

Jede zweite Woche sitzen wir im Kreis und jede(r) von uns beantwortet blitzlichtartig die Frage: »Was war diese Woche wichtig für mich?«

Alle (auch LehrerInnen) lernen ihre Erinnerung zu strukturieren, was sicherlich eine wichtige Art des Lernens ist. Andererseits hören auch alle sehr genau, welche Arbeitsformen bei wem wie angekommen sind. Dies schafft Selbst-Erfahrung!

Die Woche dazwischen gestalten wir unsere Wochenauswertung anders. Jede(r) hat ein paar Minuten Zeit, um ein paar Zeilen aufzuschreiben, die anschließend im Kreis vorgelesen werden.

Der Obertitel lautet »Gedanken über Schule«. Hier wid über den Rand der eigenen Arbeit in der Klassenkooperative hinausgeschaut, hier wird das System Schule mit gesehen.

Klassendienste

Ende des Monats werden die Dienste neu eingeteilt, die Umsetzung der alten Dienste besprochen. Grundgedanke ist der, daß jedes Kind der Klasse eine Verantwortlichkeit für die Gesamtheit übernimmt.

Hier die Dienste, die meine 3. Klasse kennt (sie sehen woanders zu einer anderen Zeit anders aus):

- PräsidentIn
- Datum
  (wird jeden Tag an die Tafel geschrieben)
- Wochenplandienst
  (Sorgt dafür, daß der aushängende Wochenplan von allen ausgefüllt wird. Am Ende der Woche kontrollliert die Verantwortliche.)
- Bringen und Holen
- Verteilen
- Milch und Kakao
  (Unser Dienst hat sich ein Namenklammersystem ausgedacht, mit dem jede(r) ihre (seine) Flasche erkennt.)
- Taschen
  (Sorgt dafür, daß die Schultaschen nicht auf dem Fußboden rumfliegen.)
- Tafel

- Fensterbänke und Regale
- Boden und Regale
- Drucken
  (Achtet darauf, daß die Druckerei sortiert und gereinigt verlassen wird.)
- Stühle
  (Zur Unterstützung der Reinigungsfrau werden sie auch bei uns hochgestellt.)
- Bücherei (Verwalten die Klassenbücherei.)
- Müll (Sorgt für die heute übliche Müll-Aufteilung.)
- Waschbecken
  (Vor allem das Drucken läßt das Becken oft schmutzig werden.)
- Ateliers
  (Oder auch Arbeitsecken bedürfen der Pflege.)
- Tische
  (Auch bei uns bleibt manches liegen.)
- Schreibkonferenz
  (Bei zwei SchülerInnen kannst du deine freien Texte vorlesen, besprechen und verbessern.)
- Rechenbüro
  (Bei zwei SchülerInnen kannst du dir Dinge erklären lassen, von denen du – aufgrund der Selbstkontrolle – weißt, daß du sie noch nicht kannst. Du kannst auch zum Lehrer gehen.)
- Garten
  (Wir haben zwischen ein paar Buchenhecken einen Garten, eine SchülerIn ist für einen Monat verantwortlich.)
- Dienstverantwortliche
  (Eine SchülerIn ist dafür verantwortlich, daß Dienste eingehalten werden.)
- Sammlung
  (Wir haben eine Sammlung von Steinen, Vogeleiern, Sand, Muscheln, Dinosauriern etc., die versorgt werden muß.)
- Wände
  (Immer wieder lösen sich die verdammten Klebestreifen von der Wand. Dann muß neu geklebt werden. Es gilt aber auch, Neues aufzuhängen.)
- Finanzen
  (Hier wird die eigene Kasse verwaltet; bei uns in Zusammenarbeit mit einer netten Mutter.)
- Gong
  (Immer wenn es zu laut wird, wird die Gongschale einmal angeschlagen. Wird sie zweimal angeschlagen, darf nur noch geflüstert werden. Bei dreimaligem Anschlagen gilt es, jemandem zuzuhören.)
- Kreisecke
  (Ein Teppichbodenbereich mit Sitzelementen, durch Regale abgeteilt.)
- Wetter
  (Hier werden täglich Temperatur und Niederschlagsmenge abgelesen.)

Lehrer-Eltern-Kinder-Rechte

Früher herrschte in den Schulen wohl alleine das Lehrerrecht. So kam es mir auf jeden Fall als Schüler vor; meine Lehrer entwürdigten, straften und schlugen. Schon damals richteten diese Lehrer wahrscheinlich ihr Verhalten an den Wünschen der betuchten Eltern aus, aber in der Schule herrschten sie!

Dann wurde den Lehrern das Recht der körperlichen Züchtigung entzogen, ohne daß der »Rechtgeber« ihnen erklärte, wie sie nun mit ihren »Opfern« umgehen sollten.

Heute herrscht Elternrecht!

Zumindest, wenn man den Kultusministern Glauben schenken mag, ... und den Grundschullehrern und -lehrerinnen. Sie müssen heute ja den Unterricht so machen, weil die Eltern auf Leistungsdruck und Vorbereitung aufs Gymnasium und später auf das Abitur bestehen.

Zumindest ist dies eines der beliebtesten Innovationskillerargumente an Grund-, Real- und Gesamtschulen und Gymnasien.

Machen wir es uns einmal schwer und überlegen, warum viele Eltern so denken.

Durch zunehmenden Streß wird nicht mehr gelernt, durch mehr Pauken bleibt nicht mehr im Kopf, beim Frontalunterricht geht 20 % des Gesagten maximal in den Kopf eines konzentriert zuhörenden Menschen.

Warum zwingt das Elternrecht sie also zur Nichtveränderung des Unterrichts?

Vielleicht ist das Elternrecht gar nicht so erdrückend? Nein, diese These ist bestimmt falsch, ich habe selbst diese Kraft erfahren. Vor allem, wenn Schulleiter geschickt oder plump mit »Elternrecht« agieren. Vielleicht haben die Eltern doch irgendwo recht. Wagen wir mal folgende These: Das Lernen in der Schule ist »sinnlos«, die Eltern wollen aber einen Sinn darin sehen, darum orientieren sie sich selbst und ihre Kinder auf selektive Leistung, Gymnasium, Abitur, Studium, gesellschaftlichen Aufstieg etc. Sie geben sich also der Illusion hin, Schule würde ihren Kindern die Fähigkeiten zur Schul- und Berufskarriere erlernen lassen.

Wenn man dann allerdings bedenkt, was nach 13 Jahren Schule, also Tag für Tag 5–6 Stunden Unterricht – und das eben 13 Jahre lang – rauskommt? Es ist blamabel!!!

Aber warum glauben Eltern trotzdem an diese Schule?

Weil sie einen Sinn haben muß!

Der Sinn, der allein in den Noten liegt, ist in der Tat sinnlos. Dies kann man mit etwas Geschick und Geduld auch Eltern klarmachen.

Die Alternative? Ja natürlich gibt es die, in der Community-Education, einigen freien Schulen und der Freinet-Pädagogik, also jenem Unterricht aus den Wurzeln der Arbeitsschule.

In der Freinet-Pädagogik gibt es die selbstinitiierte Theatervorstellung, die Korrespondenz, das Verkaufen der Klassenzeitung oder des Geschichtsbuches, den Vortrag vor der eigenen Klasse, die Veröffentlichung!

Hier hat Lernen Sinn, weil es eigene anerkannte Arbeit ist. Hier verlieren Eltern die Lust an der Verfolgung von Pseudozielen. Sie sehen klar, daß eine gute Bildung für ihre Kinder wichtig ist, aber eben nicht auf Kosten ihrer Kinder. Sie beginnen zu begreifen, daß ihre Kinder das Recht auf die Bildung einer eigenen menschenwürdigen Persönlichkeit und Welt haben, daß ihre Kinder Rechte haben.

Die Erfahrung der Freinet-PädagogInnen ist, daß sie ihr Lehrerdasein wieder genießen können, daß sie sich wieder als Menschen mit Rechten fühlen, wenn ihre Kinder mit ihren Kinderrechten leben lernen.

Literatur

Boal, Augusto: Theater der Unterdrückten. Übungen und Spiele für Schauspieler und Nichtschauspieler, Frankfurt a.M. 1989

Dietrich, Ingrid (Hrsg.): Politische Ziele der Freinet-Pädagogik, Weinheim und Basel 1982

Piaget, Jean: Meine Theorie der geistigen Entwicklung, hrsg. und kommentiert von Reinhard Fatke, Frankfurt a.M. 1993

Dieser Beitrag ist eine gekürzte Zusammenfassung des Buchs von Walter Hövel/Birgitt Brand: Die Rechte der Kinder – Freinet-Pädagogik, Bremen 1993 (Selbstverlag der Pädagogik-Kooperative). Dort s. auch umfangreiche Quellensammlung und Literaturangaben.

Redaktionelle Bearbeitung: Ingrid Dietrich.

Zehn Gebote für den Umgang mit Kindern

1. Du sollst Kinder achten wie dich selbst.
2. Du sollst einem Kind nicht vorenthalten, was dir wichtig ist: nützliche Arbeit, Verantwortung, Verfügung über ein Eigentum, über die Einteilung der Zeit, über die Wahl der Freunde.
3. Du sollst ein Kind nichts lehren, woran dir selbst nicht liegt; du sollst es nicht langweilen.
4. Du sollst nichts für ein Kind tun, ohne es zu fragen; auch wenn es weder deine Fürsorge noch deine Frage versteht – es ist gut, wenn du diese Gewohnheit hast.
5. Du sollst nicht wegsehen, es soll dir nicht gleichgültig sein, wenn ein Kind etwas Falsches tut, Unwahrheiten, Torheiten Grausamkeiten begeht.
6. Du sollst eines Kindes Liebe und Vertrauen nicht zurückweisen – so wenig wie seine Trauer, seine Angst, seine Neugier, seine Phantasie.
7. Du sollst ein Kind nicht anders »machen« wollen, als es ist – aber du sollst ihm helfen, anders zu werden, wenn es das will. Du sollst vor allem nicht machen, daß es will.
8. Du sollst, wie du einen Zehnten für die Kirche gibst, in dieser Welt einen zweiten Zehnten für die Kinder geben – die fernen wie die nahen –, die dies brauchen.
9. Du sollst an der Welt arbeiten, so daß du sie ohne Scham den Kindern übergeben kannst.
10. Du sollst nicht Kinder haben, wenn du dir nicht vorzustellen vermagst, daß sie ein würdiges Leben in ihrer Zeit führen können.

Hartmut von Hentig

(in: Bibelarbeit, München 1988)

Rolf Wagner

Schule verändern!

Freinet-Unterricht in der Grundschule

> »Das Kind braucht die seelische und körperliche Begleitung des Erwachsenen in einem sehr hohen Maße. Um dem Kind seine volle Entfaltung zu ermöglichen, muß diese Begleitung folgende Züge aufweisen: 1. Achtung vor dem Kind; 2. Respekt für seine Rechte; 3. Toleranz für seine Gefühle; 4. Bereitschaft, aus seinem Verhalten zu lernen...«
> Alice Miller: Am Anfang war Erziehung, Frankfurt 1980, S. 122

1. Gestörte Kinder – gestörte Schule

Als Grundschullehrer und als Beratungslehrer komme ich immer wieder in Berührung mit Kindern, die mir von Erwachsenen (Eltern oder LehrerInnen) als verhaltensauffällig, verhaltensgestört, lerngestört, sozial gestört, kommunikationsgestört vorgestellt werden. Diese Kinder bekommen in meiner Klasse, im veränderten Unterricht eine neue Chance, Schule positiv zu erleben. Ich frage mich dann, welche Erfahrungen diese Kinder bisher gemacht haben müssen, um solche Widerstände gegen die Institution Schule zu entwickeln, denn auch im offenen Unterricht nach dem Ansatz der Freinet-Pädagogik, den ich seit einigen Jahren in meiner Grundschularbeit praktiziere, bauen sich diese Widerstände nur sehr langsam ab.

Ich gehe davon aus, daß verhaltensauffällige Kinder oder Kinder, die die Leistungen in der Schule verweigern, zu dem Etikett der Verhaltensauffälligkeit kommen, weil sie sich wehren. Sie rebellieren gegen bestimmte Normen des lehrerzentrierten Unterrichts (Frontalunterricht), die sehr oft darin bestehen, daß alle Kinder still auf dem Platz sitzen müssen, daß sie ständig ihre spontanen Reaktionen unterdrücken müssen und mit allen SchülerInnen gemeinsam eine allgemein gestellte Aufgabe an einem bestimmten Platz zu einem bestimmten Zeitpunkt in einer vom Erwachsenen vorgegebenen Weise lösen müssen. Diese Normen führen zu Konflikten mit den an der Schule beteiligten Erwachsenen. Diese Erwachsenen definieren dann das sie störende Verhalten als »Lernstörung«, »Leistungsverweigerung«, »Verhaltensstörung«, »Verhaltensauffälligkeit« oder ähnlich. Ganz selten werden die Störungen als Hilferufe oder als zu rechtfertigender Widerstand der Kinder gegen die Verhaltensregeln des traditionellen Frontalunterrichts wahrgenommen und interpretiert.

Ich glaube, daß die Regelschule, so wie sie sich heute darstellt, sehr wenige Möglichkeiten für ungestörtes kindliches Verhalten und Lernen zuläßt. Die Kinder können nicht durch Erfragen und Erkunden, durch neugieriges Ertasten, Ausprobieren und Umfunktionieren von Gegenständen, durch Gespräche mit anderen Kindern, durch körperliche Bewegung, begleitet von unregelmäßigen Ruhepausen, in der Schule lernen. Die Kinder müssen sich durch die Organisationsform des Lernens in der Regelschule die meiste Zeit unnormal verhalten, d.h. nicht entsprechend ihren eigenen Bedürfnissen, Gefühlen und Problemlagen, sondern entsprechend den Anforderungen der Schule, die durch Richtlinien, Lehrpläne, Erwachsenennormen festgelegt sind. Deshalb interpretiere ich »Verhaltensauffälligkeit« als kindlichen Protest gegen die fremdbestimmten Formen des Lebens in der Schule.

Leider zielt Beratung in der Schule (durch Beratungslehrer, Schulpsychologische Dienste, Erziehungsberatungsstellen usw.) meistens darauf ab, das Verhalten der Kinder teilweise mit übelsten Manipulationen an die Situationen des Unterrichts anzupassen. Diese Art von Beratung schließt die Chance der Veränderung von Schule aus. Schule müßte so verändert werden, daß normales kindliches Verhalten in ihr erst möglich wird.

Wenn Unterricht und Schule den Bedürfnissen der Kinder entsprechen sollen, so müssen ihre äußeren und inneren Bedingungen verändert werden. Mit äußeren Bedingungen meine ich hier: zu große Klassen, zu kleine Klassenräume, zu häufiger Lehrerwechsel, Unterricht im 45-Minuten-Takt, die ungenügende Ausstattung der Schule mit Materialien und finanziellen Mitteln, die Gestaltung der Schulhöfe usw.; mit inneren Bedingungen meine ich: die fragwürdige Ausbildung der LehrerInnen als VerwalterInnen von kindlichen Lernprozessen, Lernen ausschließlich als kognitiver Prozeß u.v.a.m.

Inhaltliche Zielvorstellungen und Definitionen für Unterrichtspraxis und Lernziele sind noch immer orientiert an Traditionen und Wertvorstellungen, die das Lernen der Kinder im Interesse von Konkurrenz und Auslese im Hinblick auf unsere Leistungsgesellschaft akzentuieren. Man kann sogar feststellen, daß sich diese Tendenz in den letzten Jahren wieder verstärkt. Bestimmende Normen sind gute Rechtschreibkenntnisse und umfassende Rechenfertigkeiten, sie sind auch nach wie vor entscheidende Auswahlkriterien beim Übergang in das dreigliedrige System der weiterführenden Schulen.

2. Schule und Arbeiterkinder – ein gestörtes Verhältnis

Für mich ist auffällig, daß gerade Arbeiterkinder, oder bei uns in Oberhausen immer häufiger Kinder von arbeitslosen Vätern, in Konflikt mit der Institution Schule geraten, weil die Normen in der Schule nicht den Normen oder dem Wertsystem der eigenen Erziehung entsprechen.

Ich glaube, daß die Regelschule gerade den Arbeiterkindern durch diese Unterschiedlichkeit von Normen und Werten, die sich ausdrückt in Inhalten, Umgangsformen, aber besonders auch in der Sprache der Lehrbücher und Lehrpersonen, besondere Schwierigkeiten macht, weil sie ihnen eine andere Identität aufzuzwingen versucht.

Freinets Pädagogik entstand als Kritik der bürgerlichen Pädagogik, aus der Erkenntnis heraus, daß sie gerade den Arbeiterkindern die Identität verweigert. Sie hat im Mittelpunkt ihres Interesses die individuelle Entwicklung des Kindes, welche durch *Erfolg* und *Arbeit* gewährleistet ist. Sie achtet die persönliche Identität und Eigenart jedes einzelnen. Sie kommt dem Bedürfnis der Kinder, sich frei auszudrücken und mit anderen Menschen zu kommunizieren, durch eine veränderte Unterrichtsorganisation entgegen. Die Kinder tragen kooperativ Verantwortung für bestimmte Aufgabenbereiche in der Klasse. Die Schule soll als Ort des Lebens erfahren werden, und in der Schule soll eine andere Art der Wissensvermittlung geschehen.

Reformpädagogik und Individualpsychologie als theoretischer Hintergrund

Ich selber habe als Kind Schule sehr negativ erfahren, und als Erwachsener, der anfing in der Schule zu arbeiten, wurde mir immer mehr bewußt, welche negativen Auswirkungen die gängigen Schulstrukturen in unserer Gesellschaft haben können. Schon in meiner Praxis als Schriftsetzer über mehr als 13 Jahre und später in meiner hauptamtlichen pädagogischen Arbeit mit Arbeiterjugendlichen und Fürsorgezöglingen sah ich, wie wenig die Schulpraxis mit den Anforderungen im Berufsleben zu tun hatte. Dort wurden Fähigkeiten verlangt, die die Schule nie vermittelt hatte. Noch deutlicher wurde mir das Dilemma der Schule, als ich nach einer Ausbildung am Alfred-Adler-Institut in Aachen begann, Kurse für Legastheniker zu betreuen. Dort erlebte ich Kinder, die durch den Druck der Schule und ihres Elternhauses so belastet waren, daß sie psychisch erkrankten. Als ich mit meiner Arbeit als Lehrer in der Schule begann, suchte ich nach Wegen, um meinen Unterricht so gestalten zu können, daß normale kindliche Entfaltung in ihm möglich ist.

Die reformpädagogischen Bestrebungen der letzten Jahre, vor allem in der Grundschule, haben verschiedene Formen der Öffnung des Unterrichts mit unterschiedlichen theoretischen Hintergründen erprobt. Ob es sich um das Modell Peter Petersens mit den Jena-Plan-Schulen handelt, die Montessori-Pädagogik oder den Ansatz der Freinet-Pädagogik, alle diese Richtungen versuchen auf ihre Weise, teilweise sehr unterschiedlich und häufig sogar mit entgegengesetzten politischen Zielsetzungen, die Schulen und den in ihnen stattfindenden Unterricht zu verändern. Und eines ist zumindest den drei genannten Richtungen gemeinsam: Im Mittelpunkt ihres pädagogischen Handelns steht das Interesse des Kindes.

Die Freinet-Pädagogik habe ich in der Praxis als eine individualpsychologische Pädagogik im Sinne Alfred Adlers erfahren. Adler wie Freinet gehen von der Überzeugung aus, daß jeder Mensch ein soziales Wesen ist, dessen Tätigkeiten zweck- und zielgerichtet sind, dessen Persönlichkeit eine einzigartige und unteilbare Ganzheit darstellt. Das Gemeinschaftsgefühl, das Minderwertigkeits- und Überlegenheitsgefühl, der Begriff des Lebensstils, das Streben nach Macht und der Begriff der Finalität, d. h. die Zielgerichtetheit des Handelns, Familienkonstellation und Geschwisterreihe sind weitere zentrale Begriffe der Individualpsychologie. Für Therapien im Sinne der Individualpsychologie ist das Ziel der Therapie immer die Hilfe zur Selbsthilfe, zur Selbsterziehung, zur Selbständigkeit, es ist also eine Tätigkeitspsychologie, die die Menschen durch Ermutigung auffordert, eigentätig zu handeln.

3. Veränderte Unterrichtsformen

Seit 1979 bin ich Lehrer. Seit etwa 1981 arbeite ich in der Freinet-Bewegung mit und habe mir über die selbstorganisierten Fortbildungen der Freinet-LehrerInnen die Kompetenz erworben und den Mut geholt, meinen Unterricht zu verändern. Schon in meiner ersten Klasse in Jülich wie auch in meinen Klassen in Oberhausen habe ich als erstes versucht, gemeinsam mit den Kindern die äußeren und inneren Formen des Unterrichts zu verändern. Die auffallendsten Unterschiede zur normalen Schule sind für mich die Ablehnung der Schulbücher als Mittel zur Gleichmachung, das Recht der Kinder, Inhalt, Ort und Sozialform für ihre Arbeit selbst zu bestimmen, d.h. keine starre Fächereinteilung, Abkehr vom Dreiviertelstunden-Rhythmus, der durch das Klingeln festgelegt wird, die Reduzierung des lehrerzentrierten Unterrichts, die Anerkennung der Gleichwertigkeit theoretischer und praktischer Arbeit, die Unterteilung des Klassenraums in Ateliers, d.h. Werkstätten oder Arbeitsecken, das Recht der Kinder auf freien Ausdruck und freie Kommunikation.

3.1 Die Änderung des Stundenplans und die Umgestaltung des Klassenraums

Als erstes veränderten wir den Stundenplan so, daß wir den Unterricht in *fächerübergreifenden Projekten* organisieren konnten. Gleichzeitig gestalteten wir den Klassenraum anders. Wir haben ihn Schritt für Schritt mit verschiedenen Materialien ausgestattet, von der nach vorne auf den Lehrer ausgerichteten Klasse in eine *Lernwerkstatt* verwandelt. In dieser Lernwerkstatt gibt es verschiedene *Arbeitsekken*, so z.B. einen Bereich für Sachunterricht, in dem die Kinder experimentieren können. Weiterhin gibt es eine Sprachecke, in der Schreibmaschinen stehen, Bücher verschiedenster Art in der Klassenbücherei vorzufinden sind, Lesekarten für die langsamer lernenden Schüler, Karteikarten fürs Rechtschreibtraining, Partnerdiktate u.v.a.m.

Es gibt einen größeren *kreativen Bereich*, in dem die Kinder fast alle Materialien vorfinden, die sie für ihre Phantasiearbeit brauchen. Das fängt an mit Ton und Knete über Farben aller Art, Gips und Gipsbinden, Material zur Vervielfältigung von Bildern und Texten (hier sei besonders die Freinet-Druckerei erwähnt), Puppen fürs Puppenspiel, Kassettenrecorder, um Hörspiele aufzunehmen. Der Bereich des Theaterspielens wird noch ergänzt durch die Möglichkeit des Schattentheaters mit dem eigenen Körper: Unter der Decke in der Klasse hängt das Schattentheatertuch als Baldachin, ein paar Klammern werden gelöst, der Tageslichtprojektor aufgestellt und schon kann das Spiel losgehen. Ein weiterer Freiraum für das Spiel ist unsere Kuschelecke, in der die Kinder immer wieder unabhängig von Erwachsenen spielen. Diese Kuschelecke, es sind zwei Schränke, die von der Wand abgerückt wurden und vorne mit einem Vorhang versehen worden sind, bietet gleichzeitig nach dem Einhängen einer Stange eine Bühne fürs Puppentheater.

All diese Utensilien bieten die notwendigen materiellen Voraussetzungen für den freien Ausdruck.

Der *freie Ausdruck der Kinder* ist eines der wichtigsten Prinzipien der Freinet-Pädagogik (vgl. dazu die Beiträge von Hartmut Glänzel und Walter Hövel). Der freie Ausdruck meint jedoch nicht nur das Schreiben von freien Texten für die Klassenzeitung oder für das Geschichtenbuch, sondern Theaterspiel, Malen, Musizieren, Tanzen und viele andere kindliche Ausdrucksformen, die den Kindern meist selbst einfallen.

Es gibt einen *mathematischen Bereich* mit Waagen, Zollstöcken und Meßbändern, Meßbechern, geometrischen Formen und Karteikarten zum Rechnen (vgl. den Beitrag von Peter Schütz).

Auf dem Blumentisch stehen neben den selbstgezogenen Pflanzen natürlich mitgebrachte Blumen, die Pflanzenpresse und Bücher über den Umgang mit Pflanzen. Im Gruppenraum steht ein Herd, auf dem wir immer wieder leckere kleine Mahlzeiten gemeinsam bereiten oder Brot backen.

3.2 Tagesplan, Wochenplan und selbstorganisierte »Freie Arbeit«

Nachdem der Klassenraum so verändert war, habe ich zusammen mit den Kindern versucht, zuerst nach einem Tagesplan und später nach einem Wochenplan von dem ursprünglichen Dreiviertelstunden-Rhythmus fort zu einer offeneren Form zu kommen.

Täglich gibt es eine selbstorganisierte Arbeitszeit (freie Arbeit) von mindestens einer Stunde. Diese freie Arbeit organisieren wir teilweise über einen Wochenplan. Die Kinder entscheiden sich am Wochenanfang, welche Arbeiten sie sich vornehmen möchten, wieviel sie arbeiten möchten und wann sie das tun wollen. Diese Entscheidung halten sie auf einem Wochenplan fest. Sie ist allerdings in Abstimmung mit mir jederzeit wieder veränderbar. Es geht hier darum, daß die Kinder auch Arbeiten und Vorhaben zu Ende führen. Sie lernen dabei, mit anderen Kindern zu arbeiten, sich gegenseitig zu helfen, ihre Arbeitsvorhaben mitzuteilen und gemeinsame Arbeiten abzusprechen.

In dieser freien Arbeit schreiben die Kinder gerne *freie Texte*, das sind Geschichten, Märchen, aber auch häufig die Aufarbeitung von unverdauten Videofilmen oder Konflikten aus dem Elternhaus, die sich dann manchmal in Gruselgeschichten oder anderen Textsorten ausdrücken. Die Kinder schreiben, um ihren Klassenkameraden etwas mitzuteilen oder auch einfach aus Lust am Fabulieren.

All diese Texte finden sich später in der *Klassenzeitung* wieder. Sie werden zur Weiterverarbeitung zuerst auf Rechtschreibfehler untersucht. Dies geschieht entweder zusammen mit den Kindern, oder es ist eine Arbeit, die ich als Hausaufgabe mitnehme. Danach sucht der Autor des Textes sich Mitarbeiter, die daran interessiert sind, diesen Text zu setzen und später mit der kleinen *Freinet-Druckpresse* zu vervielfältigen. Die fertigen Klassenzeitungen werden sehr gerne von den Kindern selbst gelesen, aber auch ganz stolz an alle anderen Klassen der Schule verteilt, Besuchern geschenkt, unserer Partnerklasse geschickt und mit nach Hause genommen.

Manche Kinder arbeiten in der freien Arbeit gern mit von Erwachsenen gefertigtem *Arbeitsmaterial*. Bei diesem Material handelt es sich um reines Übungsmaterial, welches entweder käuflich erworben oder von mir selbst hergestellt wurde. Meistens bietet das Material die Möglichkeit der *Selbstkontrolle*, entweder auf der Rückseite oder auf gesonderten Antwortkarten. Die Inhalte des Übungsmaterials sind vorher in Phasen des lehrerzentrierten Unterrichts behandelt und eingeführt worden. Diese Arbeitsweise dient einerseits der Wiederholung und Festigung, andererseits lernen die Kinder aber auch, ihren Wissensstand besser einzuschätzen. Sie finden Übungsmaterial, das ihnen weiterhilft und ihr Wissen vertieft. Auch in dieser Arbeitsphase bestimmen die Kinder ihr Lerntempo selbst. An allen Tagen helfen Eltern in der freien Arbeit mit. Dadurch haben die Kinder in dieser Zeit viele Helfer, und ich habe praktische, aber schnell auch ideelle Unterstützung meiner Arbeit.

Das *entdeckende Lernen* wird in der freien Arbeit organisiert. Die Kinder arbeiten nach ihren Bedürfnissen, in einem festgelegten Zeitraum mit unterschiedlichen Sachen, an unterschiedlichen Themen, entweder alleine, mit einem Partner oder einer Gruppe. Diese Arbeit findet aber auch in *Erkundungen* außerhalb der Schule statt. Die Selbständigkeit in der freien Arbeit im Rahmen von Projektunterricht und die kooperative Arbeit mit anderen Kindern sind ein weiteres wichtiges Element offenen Unterrichts.

3.3 Die kooperative Organisation der Klasse durch Morgenkreis, Klassenrat und Klassendienste

In der Klasse findet so etwas wie *Selbstverwaltung* in kleinem Rahmen statt. Die Kinder organisieren über den Klassenrat und den Morgenkreis ihre Klassenkooperative, die sich ihre eigenen Regeln gibt, Arbeit verteilt, Aufgaben bespricht und später auch weitgehend den Unterricht in Inhalt und Form festlegt.

Der Morgenkreis findet jeden Tag statt, und zwar zu Unterrichtsbeginn, und häufig findet zum Schluß des Schultages eine Abschlußbesprechung statt, in der die Kinder die Ergebnisse ihrer Arbeit vorstellen.

Im Morgenkreis werden die Arbeiten, die die Kinder sich gemeinsam mit den Erwachsenen vorgenommen haben, besprochen. Jeden Freitag findet ein Klassenrat statt, in dem die Probleme der Arbeit, aber auch die Planung der kommenden

Woche problematisiert werden. Ein sehr wichtiger Bereich des Klassenrats, aber auch jedes Morgenkreises, ist die emotionale Situation der Kinder in der Klasse und in ihrer Gruppe. Indem sie die Möglichkeit haben, Störungen, Schwierigkeiten in der Arbeit und Streit offenzulegen, werden Lösungsstrategien gemeinsam entwikkelt, die ein zielgerichtetes Arbeiten ermöglichen.

Es gibt in der Klasse feste Aufgabenbereiche, wir nennen sie *Klassendienste*. Durch das viele Material in den verschiedenen Arbeitsecken, aber auch durch die Blumen und die Fische in unserem Aquarium ist es notwendig, regelmäßig aufzuräumen und den Kindern Verantwortung für ihre Klasse zu geben. Das sind natürlich Anforderungen, die die meisten Kinder nicht mitbringen, weil sie nicht der Organisation in der Familie entsprechen. Auch das müssen wir zuerst gemeinsam lernen.

3.4 Der lehrerzentrierte Unterricht

Zu diesen hier beschriebenen Ansätzen von offener Arbeit kommen natürlich die Stunden hinzu, in denen die Rechtschreibung geübt wird, im Rechenbuch gearbeitet wird, die Aufsätze und Diktate in höheren Klassen geschrieben werden müssen und der binnendifferenzierte Förderunterricht mit ausgewählten Kindern stattfindet, wenn die anderen Kinder selbständig arbeiten.

3.5 Projektunterricht als Unterrichtsprinzip

Im sachunterrichtlichen Bereich werden Projekte, an einem Thema orientiert, fächerübergreifend, gruppendifferenziert nach Inhalt oder Arbeitsweise, organisiert. So haben wir uns kürzlich mit Handwerksbetrieben in unserem Schulviertel beschäftigt. Dies geschah nicht theoretisch, sondern in praktischer Anschauung in den Handwerksbetrieben selbst, die wir durch intensives Suchen und Nachfragen in unserem Schulviertel erst finden mußten. Die Kinder kannten nur wenige dieser Betriebe, obwohl sie täglich auf ihrem Schulweg an einigen von ihnen vorbeilaufen. Wir haben eine Schreinerei, eine Gärtnerei, einen kleinen Schusterladen und eine Bäckerei besucht. Danach haben wir über eine Woche lang in unserem dadurch sehr eng werdenden – Klassenraum diese vier Handwerksbetriebe in Kleinformat eingerichtet. Die Kinder haben sich Material besorgt und so intensiv, wie ich es selten vorher erlebt habe, ohne großen Streit, den ganzen Tag bis zur Grenze ihrer Leistungsfähigkeit dort übers Rollenspiel und über den Umgang mit Werkzeug und Material gearbeitet. Dabei hatte jedes Kind entsprechend seinem Wunsch und seiner individuellen Leistungsfähigkeit einen wichtigen Platz innerhalb der Gruppe.

3.6 Klassenkorrespondenz

Diese positive Erfahrung haben die Kinder natürlich gleich ihren KollegInnen in der Partnerklasse mitteilen wollen. Seit dem ersten Schuljahr haben wir eine Korrespondenzklasse. In regelmäßigen Abständen schreiben wir gemeinsam Briefe, jedes Kind hat aber auch seinen persönlichen Briefpartner. Da wird für die Partnerklasse gemalt, gebastelt, es werden Fotoromane hergestellt, Diaserien mit Ton untermalt, Kassetten mit unseren Lieblingsliedern besungen u.v.a.m.

3.7 »Vorstellstunde«

Die Ergebnisse der Projektarbeit sowie der Freien Arbeit, aber auch die Ergebnisse individueller Arbeit werden regelmäßig in sogenannten Vorstellstunden der ganzen Klasse zur Kenntnis gebracht. Dies geschieht inzwischen im freien Vortrag durch einzelne Kinder, durch Vorführung eines Experimentes, Führung durch eine Ausstellung oder durch Vorlesen eines Textes.

3.8 Das Gespräch

Das Gespräch ist ein sehr wichtiges Element in der Arbeit mit den Kindern. Neben den Gesprächsformen des Morgenkreises und Klassenrates gibt es selbstverständlich jederzeit Gespräche zwischen den Kindern am Gruppentisch oder über diesen hinaus, aber auch genauso selbstverständlich zwischen den Kindern und mir oder den anderen Erwachsenen im Klassenraum. In den Gesprächskreisen selbst versuche ich, jeden Vorschlag der Kinder, sei er noch so absurd, anzuhören und ernst zu nehmen. So werden die Äußerungen der Kinder und dadurch auch sie selbst als Persönlichkeiten wichtig genommen. Sie erfahren, daß sie etwas beitragen können zu der Arbeit in der Klasse und daß sie einen wichtigen Platz in der Gruppe haben und als Person angenommen werden. Diese Ermutigung ist gerade im Anfangsunterricht sehr wichtig.

Meine Rolle als Lehrer verändert sich im Prozeß der Veränderung des Unterrichts. Zu Beginn der Schulzeit der Kinder bin ich noch der Lehrer und gleichzeitig Vater, Mutter, Leiter und Organisator des Unterrichts, obwohl ich auch da schon versuche, möglichst wenig direktiv zu sein, sondern die Kinder am ganzen Prozeß der Arbeitsorganisation, bei Problemlösungen beteilige oder sie selbst Lösungen finden lasse. Aber ich bin nicht passiv, sondern bestimme die Richtung mit, nehme teil, versuche die Gedanken der Kinder konstruktiv zu lenken. Diese Gespräche im Morgenkreis und die längeren Gespräche im Klassenrat am Ende einer Arbeitswoche sind nicht nur für die Kinder wichtig, sondern auch für mich, denn durch diese Gespräche, in denen die Kinder sich sehr intensiv und emotional mitteilen, lerne ich sie auch immer besser kennen.

4. Die Veränderung meiner Rolle als Lehrer

Ich denke, woran die meisten Erwachsenen kranken, sind Isolation, mangelnde Kommunikation, mangelndes Verständnis und, um bei Alfred Adler zu bleiben, das fehlende Gemeinschaftsgefühl, das mangelnde Miteinder der Menschen.

Mit den Kindern, auf die ich in meinem Unterricht Einfluß habe, möchte ich dieses Gemeinschaftsgefühl fördern, ich möchte im Klassenraum in erster Linie eine Atmosphäre der Gemeinschaft schaffen und erst in zweiter Linie den Kindern den nötigen Lehrstoff beibringen.

Mir ist klar geworden, daß ich als Lehrer scheitern muß, wenn ich nicht die Schwierigkeiten des Kindes und die Verhaltensmuster, mit denen das Kind versucht sie zu bewältigen, verstehe. Es geht mir darum, auch meine eigenen Ziele im Gespräch klar werden zu lassen, damit die Arbeit mit den Kindern zu einer Einheit wird und sich nicht zu einem Gegeneinander entwickelt, wie es oft im traditionellen, undemokratischen, lehrerzentrierten Frontalunterricht der Fall ist. Ich denke darüber hinaus, daß sich in diesen Gesprächen im Morgenkreis bei den Kindern Werte und Einstellungen herausbilden, die sie ihr Leben lang beeinflussen können und ihr Verhalten innerhalb und außerhalb der Schule und in anderen Gruppen bestimmen.

So hat der Morgenkreis neben der Funktion der Organisation von Arbeit auch noch andere Ziele, nämlich daß die Kinder lernen, einander zuzuhören, daß wir lernen, uns selbst und unser Gegenüber (PartnerInnen, FreundInnen, SchülerInnen, LehrerInnen, Eltern) besser zu verstehen und ernst zu nehmen. Dazu gehört, daß wir die Ziele unseres Verhaltens, Adler spricht von Finalität, im Miteinander-Erkennen, daß wir lernen, einander zu helfen, miteinander zu reden, eigene Erfahrungen und Gefühle zu akzeptieren und auszusprechen. Dies gilt nicht nur für die Kinder, sondern genauso für mich als Lehrer.

Literatur

Adler, Alfred: Individualpsychologie in der Schule, Frankfurt a.M. 1973.
Buschbeck, Helene/Ernst, Karin/Rebitzki, Monika: (K)eine Schule wie jede andere: vom Tempelhofer Projekt zu neuen Lernformen, Weinheim und Basel 1982.
Dreikurs, Rudolf: Psychologie im Klassenzimmer, Stuttgart 1975.
Dreikurs, Rudolf: Lehrer und Schüler lösen Diziplinprobleme, Weinheim und Basel 1987 (4. Auflage).
Freinet, Elise: Erziehung ohne Zwang, Stuttgart 1981.
Gordon, Thomas: Lehrer-Schüler-Konferenz, Hamburg 1977.
Oaklander, Violet: Gestalttherapie mit Kindern und Jugendlichen, Stuttgart 1981.
Rumpf, Horst: Belebungsversuche, München 1987.
Rumpf, Horst: Die übergangene Sinnlichkeit, München 1981.
Rumpf, Horst: Unterricht und Identität, München 1976.
Speichert, Horst: Umgang mit der Schule, Hamburg 1978.
Unterrichtsstörungen: Dokumentation, Entzifferung, produktives Gestalten, Friedrich Jahresheft V, Seelze 1987.

Burkhard Fries

Eine Freinet-Schule auf dem Land – in den 90ern

*K*ein Beitrag über die Schuldruckerei

Heute ist bei einem Besuch einer Freinet-Klasse recht schnell zu bemerken, daß zwar durchaus noch viele traditionelle Übereinstimmungen mit der Pädagogik und Praxis Célestin Freinets und seiner Bewegung bestehen, daß sie jedoch einhergehen mit zahlreichen Neuerungen und Veränderungen. Wie also sieht Freinet-Pädagogik heute aus, oder besser: wie kann sie aussehen? – Ein Erfahrungsbericht.

Die Schule von Moussac

Im Frühjahr 1993 hatte ich durch Vermittlung von Frau Dietrich Gelegenheit, im Rahmen meines Studiums ein Praktikum in einer Freinet-Klasse in Frankreich zu absolvieren. Die Schule liegt in Moussac sur Vienne in der Region Poitou-Charente, einer ländlichen Gegend zwischen Poitiers und Bordeaux. Das Dorf hat ca. 200 EinwohnerInnen, die hauptsächlich von der Landwirtschaft und von der Schafzucht leben. Es gibt nur einmal in der Woche eine öffentliche Verbindung in die nächste größere Stadt Poitiers, die etwa 50 km entfernt ist. Außer dem Rathaus, das zusammen mit der Post in einem Gebäude untergebracht ist, gibt es noch zwei Bars in Moussac – nicht einmal eine Bäckerei, geschweige denn ein Lebensmittelgeschäft sind hier mehr zu finden. Dafür gibt es – eine Grundschule.

Das Schulgebäude ist ein typisches, einstöckiges langgezogenes Haus, eingeteilt in einen kleinen Flur und zwei große Räume. Der Schule schließt sich ein Kieshof, eine großflächige Wiese und ein überdachter Raum im Freien an, alles umgeben von einer Steinmauer oder einem Zaun. Unter dieser Überdachung sind eine Tischtennisplatte, eine alte Eisenbahnanlage, ein altes, mit Hilfes eines Vaters von den Kindern repariertes Mofa und Steinblöcke zum Behauen untergebracht. Im Innern finden wir die typische Aufteilung in sog. »Ateliers« in den beiden Klassenräumen: eine (Elektro-)Technik/Bastelecke mit robusten Tischen, Werkzeug, Schrank, Material- und Legokästen und einem Kasten für elektronische Bauteile, ein weiteres Atelier, bestehend aus zwei kleinen Tischen mit je zwei Stühlen, an denen zwei Schachpartien stattfinden können, eine große, schräg angebrachte Wand mit Regalen für Pinsel, Farbtöpfe, und -tuben, an der Papier zum Malen/Zeichnen befestigt werden kann, eine kleine Bibliothek, eine Leseecke, ein Regal mit den Monatsheften »BT« (»Bibliothèque de Travail«) der französischen Freinet-Bewegung, eine Auslage mit ca. zehn verschiedenen Klassenzeitungen der Korrespondenzklassen, neben den zwölf zusammengestellten konventionellen Schultischen freie Tische als jederzeit verfügbare Arbeitsfläche, Pin- und Ausstellungswände etc. Auch die klassischen Lernkarteikarten mit entsprechenden Registern sind fein säuberlich geordnet auf einem eigens dafür vorgesehenem Tisch zu finden. Die beiden Klassenzimmer sind durch einen kleinen Flur getrennt, dem noch ein weiteres Atelier mit Tonband, Kassettenrecordern, Kopfhörern, Mikrophon, Lautsprechern etc. angeschlossen ist.

Die ganze bislang beschriebene Einrichtung macht trotz ihrer Vielfalt einen sehr einfachen Eindruck, manches ist veraltet, an den Innenwänden bröckelt der Putz, Tische und Stühle sind abgenutzt, vieles wurde improvisiert; z.B. sind die Ateliers und Arbeitsecken teilweise nur durch eine aufgestellte Bastmatte voneinander abgetrennt oder ein Regal wurde provisorisch aus Backsteinen und Brettern zusammengestellt.

Die Kinder sind zwar im Prinzip eine große Klasse, im Unterrichtsgeschehen und beim Lernen bilden sich aber dann doch zwei große Gruppen heraus, die sich auch meist auf die beiden Räume aufteilen. Das sind die »Kleinen« im Alter von 5–7 Jahren, zwei Mädchen und drei Jungen, und die »Großen« 8- bis 11jährigen, je fünf Jungen und Mädchen. Diese 15 SchülerInnen werden die meiste Zeit über von zwei Personen betreut, denn neben dem Klassenlehrer und Schulleiter Bernard Collot sind noch zwei Frauen im Rahmen zweier ABM-Stellen beschäftigt, die abwechselnd vor- oder nachmittags den Lehrer unterstützen. Durch diese Mitarbeit bleibt der Lehrer relativ flexibel, ist – neben den beiden Frauen – für die SchülerInnen ständige Ansprechperson und hat, allerdings auch aufgrund der überwiegend selbständigen Arbeitsweise der Kinder, Zeit, sich den Problemen und Anliegen einzelner SchülerInnen zu widmen. Diese legen zu Beginn jeder Woche ihre Arbeits- und Lernschwerpunkte fest und markieren sie in einem Wochenplan. Am Ende eines jeden Schultags wird dann jeweils das Geleistete konkret festgehalten, so daß gegen Ende der Woche geprüft werden kann, ob das Wochenpensum, das sie sich vorgenommen hatten, auch in etwa eingehalten wurde. Eine Notengebung findet nicht statt. Auch steht es den SchülerInnen frei, wann sie in die Schule kommen. Bis auf einen Schüler fangen jedoch alle pünktlich um 9.00 Uhr an. Trotz dieser Freiheiten habe ich eine rege Geschäftigkeit vorgefunden, noch dazu in einem sehr angenehmen Lernklima. Auch das Verhältnis der Kinder zum Lehrer ist sehr entspannt, wenn nicht sogar vertraulich.

Die »großen« SchülerInnen arbeiten allein, zu zweit oder in Kleingruppen, während die »Kleinen« vormittags häufig noch von Collot unterrichtet werden. Die täglich gegen 10.30 Uhr stattfindende traditionelle »réunion«, also Vollversammlung, bildet einen relativ fixen Termin im ansonsten flexiblen Tagesablauf: Während Elodie mit dem Lehrer Wortauf- und -abbau an der Tafel macht, widmet sich Sylvain dem Legokasten, Emilie und Olivier lesen im »Buch der Kleinen«, das freie Texte der 5- bis 7jährigen, vom Lehrer richtig und groß neu aufgeschrieben, enthält. Mathilde sitzt vor einem Lesebuch und schreibt anhand der darin enthaltenen Bilder selbst eine Geschichte. Sebastien konstruiert gerade ein Fahrzeug mit

Propeller, für das er eine alte Wasserflasche aufbohrt. Eléonore und Margot machen das Layout für die nächste Ausgabe der Klassenzeitung. Marc schreibt einen Brief an seinen Brieffreund zunächst auf Konzeptpapier, er wird ihn dann dem Lehrer zum Korrekturlesen vorlegen und anschließend ins reine schreiben. Jean-Noël grübelt über einer Zahlenreihe, die er einer Korrespondenzklasse als mathematisches Rätsel schicken will. Clément recherchiert in den Bücherregalen für einen Beitrag über Sozialwohnungen, er weiß noch nicht, ob er es noch für die Klassenzeitung schafft – sonst wird es eben ein kleines Referat. Loëtitia ist sich im Moment noch unschlüssig, sie steckt gerade eine Karteikarte wieder zurück in den Karteikasten und schaut zunächst ihren Freundinnen beim Layout zu. David und Arnaud machen draußen einen Versuch mit Wasser, das sie in einen Eimer, in dem verschiedene Erd-, Sand- und Kiesschichten aufgeschüttet sind, gießen – dieser Versuch findet im Rahmen eines größeren Projekts mit dem Namen »Warum fließt die Vienne?« statt. Danach fertigen sie Skizzen an, mit denen sie ihr Experiment dokumentieren und der Klasse vorstellen werden.

Soweit also der erste Eindruck, der die Erwartungen, mit denen eine Freinet-Schule im allgemeinen betreten wird, bestätigt: ein reichhaltiges Lernmaterial- und Geräteangebot, das darauf angelegt ist, den Kindern eine abwechslungsreiche Lernumgebung mit vielfältigen Lernmöglichkeiten zu bieten; das von den Kindern auch intensiv genutzt wird. Soweit das klassische Freinet-Milieu.

Medien-Einsatz

Vergeblich jedoch suche ich nach dem »Wahrzeichen« der Freinet-Pädagogik: der Schuldruckerei. Auf meine Frage sagt mir der Lehrer Bernard Collot, daß sie ihre Schuldruckerei und ihre Schriftsätze 1988 an eine Schule im Senegal, mit der sie in Kontakt stehen, geschickt hätten. Keine Schuldruckerei! In einer Freinet-Klasse?

Doch, das ist möglich. Dafür: Neben einem Minitel-Gerät,[1] einem Fernseh-Gerät, zwei Telefonen und einem Kopiergerät: fünf (!) Computer und zwei Drucker. Zwei der Computer sind ausschließlich der Textverarbeitung vorbehalten. Die anderen drei sind für Lernspiele vorgesehen, die von der französischen Freinet-Bewegung »I.C.E.M.« (Institut Coopératif de l'Ecole Moderne) eigens hierfür konzipiert und vertrieben werden. Die Spiele sind für Grammatik, Wortschatz, Schätzen und Rechnen vorgesehen, auch können kleine Übungen in der Computersprache »LOGO« ausprobiert werden.

Es ist unübersehbar: Einen großen Teil der Lernumgebung stellen – und dies scheinbar in krassem Gegensatz zu den konventionellen Lernmitteln – modernste Geräte der Textverarbeitung, -vervielfältigung und der Kommunikation dar. Die Computer haben die Druckerei abgelöst, und zwar radikal. Und sie werden konsequent genutzt.

1 »Minitel« steht in Frankreich für ein Tele-Kommunikationsverbundsystem, das in etwa mit dem hiesigen »BTX« vergleichbar ist, mit dem Unterschied, daß es sich in Frankreich um ein einstufiges, bei uns aber um ein mehrstufiges Nachrichtenübermittlungssystem handelt.

Nutzung der Medien

Die oben beschriebenen Schreibarbeiten finden nicht mehr ohne den Computer statt. Die SchülerInnen tippen eigene Texte, Geschichten, sogar Gedichte entweder mittelbar (vom Entwurf auf dem Papier) oder direkt in den Computer, oder sie schreiben, anhand der Bilder eines Lesebuchs, eine eigene dazu passende Geschichte direkt in die Maschine. Oder das Layout der Klassenzeitung »La fourmilière-hebdo« (etwa zu übersetzen mit: »Der allwöchentliche Ameisenhaufen«): Eléonore und Margot machen diese Tätigkeit selbstverständlich auch am Computer, ebenso werden die Beiträge und Mitteilungen der Kinder für diese Zeitung in den Computer eingegeben und dort nochmals korrigiert.

Diese Arbeit wird selbst schon von den 6jährigen erledigt. Elodie beispielsweise sitzt jeden Montag morgen vor der Tastatur, neben ihr ein Konzeptblatt, auf dem sie zwei, drei kleine Sätze über ihre Erlebnisse vom Wochenende geschrieben hat. Die vom Lehrer korrigierten Sätze tippt sie in den Computer, speichert den kleinen Text selbständig auf ihrer Diskette ab (jeder Schüler und jede Schülerin hat eine eigene) und läßt ihn anschließend ausdrucken. Das geht, im Vergleich zur Druckerei, natürlich wesentlich schneller – und sauberer.

In bezug auf die Herstellung von Texten, besonders für eine Klassenzeitung, erweist sich der Computer hier als eindeutig geeigneteres Instrument. Korrekturen können ohne größere Probleme jederzeit vorgenommen werden, die Zeitung kann regelmäßig und in relativ kurzen Zeitabständen erscheinen, alle können schreiben, was und wieviel sie wollen, und können dabei – und das ist das Entscheidende – sicher sein, daß es auch veröffentlicht wird: Jeder Text erscheint, so der/die Autor/in es wünscht, während früher nur die schönsten Beiträge eine Chance hatten, ausgewählt und veröffentlicht zu werden. Freier Ausdruck, freie Meinungsäußerung! Bei diesem Verfahren werden auch nicht so gelungene Texte berücksichtigt und dadurch entsprechend gewürdigt. Des weiteren spielt die Länge des Beitrags beim Computer im Prinzip keine Rolle, wohingegen bei der Schuldruckerei die zeitlichen und räumlichen Grenzen sehr schnell deutlich werden.

Der so entstandene Text kommt dann in den Aktendeckel »Journal« oder wird direkt dem Brieffreund der Korrespondenzklasse mitgeteilt: per Fax. Die Klasse verfügt seit 1988 über ein Faxgerät, ebenso fünf der zahlreichen Korrespondenzklassen in der Umgebung. Und die Kinder bedienen die Apparate, sei es das Kopiergerät, den Rechner, das Telefon oder das Faxgerät ohne »Scheu«, sehr eigenständig und routiniert, für sie gehören diese Medien einfach schon »dazu«. Sie erwerben die sog. »Computer-literacy«, also die Fähigkeit, mit Computern umgehen zu können, bereits sehr früh, quasi nebenbei.

Die pädagogische Konzeption Bernard Collots und ihre Wurzeln bei Freinet

Diese vielfältigen und modernen Kommunikationsmittel und -wege sind ein wesentlicher Teil der Pädagogik des Klassenlehrers Bernard Collot. Als aktives Mitglied der Freinet-Bewegung I.C.E.M. betont er immer wieder, daß für ihn die beiden wesentlichen Säulen der Freinet-Pädagogik die »Kommunikation« und die »Struktur« sind. Und die Konzeption dieser Pädagogik findet sich recht konkret im sog. »réseau«, also Geflecht, Netzwerk, wieder. Dieses Schlagwort ist das erste Mal in pädagogischem Zusammenhang vor 15 Jahren aufgetaucht und ist seitdem der Mehrzahl der Mitglieder der Freinet-Bewegung ein Begriff. Es steht heute für das, was für Célestin Freinet die »équipe« (etwa: »Mannschaft«) war: ein Zusammenschluß verschiedener Klassen zu einem Korrespondenz-Netzwerk. 1927 hatten sich in dieser Form drei solcher Netzwerke à ca. 15 Klassen gebildet und machten einen wesentlichen Bestandteil der damaligen Reformpädagogik aus, neben den bekannten Maximen wie Kreativität, freier Ausdruck, experimentelles Herantasten und Ausprobieren und der »natürlichen« Lernmethode. Collot dagegen sieht allen diesen Aspekten vorangestellt: die Kommunikation, als essentielle Basis für alle weiteren Handlungen und Ziele.

Die »équipes« weiteten sich innerhalb der Freinet-Bewegung in den 60er Jahren zu immer mehr, dafür auch kleineren, sporadischen Netzwerken aus, wobei die Schulen ihre Partnerschulen mehr nach der geographischen Nähe aussuchten. Gleichwohl erlaubten auch diese Vernetzungen einen »unhierarchischen« Informationsfluß und einen Austausch von Informationen, der nicht vorhersehbar und jederzeit möglich war. Träger dieses Transfers war die Klassenzeitung. Eine bewußte Reflexion über die Arbeit in und mit solchen Geweben fand dann auf einem Kongreß in Lille 1972 statt, wobei eine erste Klärung des Begriffs bestimmt wurde: »réseau« im Sinne von »Werkstatt« oder »Baustelle«, d.h. die Klasse/Schule befand sich in ständiger Bewegung dadurch, daß ein permanenter Informationsfluß untereinander gewährleistet war, wobei die Informationen hier »Botschaften« des natürlichen Mitteilungsbedürfnisses der Kinder waren. Träger dieses Korrespondenz-Konzepts war die »Gerbe«, also ein Heft mit Beiträgen der SchülerInnen, das dadurch zustande kam, daß die Artikel vervielfacht wurden, etwa 20 Exemplare, und an eine verantwortliche Verteilerklasse geschickt wurden, die ihre Artikel und die von anderen Klassen anheftete und wieder zurückschickte. Es entstand sozusagen ein regionaler Reader.

Nach anfänglichem Boom schlief dieser spezifische Teil der Freinet-Pädagogik jedoch wieder ein, bis sich in den 80er Jahren die neuen »réseaux« herausbildeten. Nachdem 1978 erneut drei oder vier Schulen des Départements »Vienne« einen möglichst schnellen, effektiven und großen Informationsaustausch und -fluß vereinbarten und in den jeweiligen Klassen zeitlich viel Raum zur Verfügung stellten, der gewährleistete, daß die Zeitungen auch gelesen und auf die Beiträge in den Heften reagiert werden konnte, waren es sechs Jahre später bereits 15 Schulen, die auf der Grundlage dieser Verabredung miteinander in Korrespondenz standen.

Schnell erwiesen sich die herkömmlichen Methoden, eine Klassenzeitung herzustellen, als nicht mehr wirkungsvoll und als zu unbefriedigend, so daß sich die LehrerInnen der Schuldruckerei und des Limographen als Vervielfältigungsmittel langsam aber sicher entledigten und künftig sich des Fotokopiergeräts zum Nachbilden der Beiträge bedienten. Der erste Schritt in Richtung »réseau-télématique«, also »Bildschirm-Netzwerk«, war getan. 1985 entstanden die Projekte ASCOMEL und TRAFIC, in denen jeweils (ergänzend zur Klassenzeitung) über Bildschirm zunächst zwischen zweien, später zwischen mehreren Klassen über einen Zentralrechner kommuniziert wurde. Bis heute ist die Klasse von Bernard Collot Mitglied eines solchen Tele-Informationsübermittlungs- und Austauschsystems. Neben diesen Projekten haben die SchülerInnen der Klasse die Möglichkeit, per Minitel oder PC ein lokales Telenachrichtenübermittlungssystem anzuwählen. Im Département »Vienne« gibt es mehrere dieser öffentlichen – dem Verbund des Minitelsystems zugehörigen – lokalen Telenetzwerke. Die meisten stehen hier auch den Schulen zur Verfügung. Darüber hinaus können sie – ebenfalls durch Minitel – mit jedem beliebigen Zentralrechner eines Départements in Frankreich in Verbindung treten. Diesen beiden Systemen der »communication horizontale« (Collot) können die Kinder Botschaften, Anzeigen, Nachrichten, Informationen entnehmen, sie können aber auch eine »Teleseite« bzw. einen »Telebrief« selbst gestalten und den Systemen zur Verfügung stellen. Hierbei sollte jedoch klar sein, daß »réseau« nicht ausschließlich auf technischem Informationsfluß beruht. Vielmehr sind diese technischen Errungenschaften ein neues Mittel und Medium unter anderen, Informationstransfer und damit eine interessante Umwelt zu schaffen.

Denn neben dieser Möglichkeit findet die traditionelle Bereicherung der Lernumgebung nach wie vor durch die Einbindung der Umwelt selbst in das Schulleben statt. Beispielsweise bieten sich Eltern zur aktiven Mitarbeit an der Schule an, etwa wenn sie, wie bereits erwähnt, ein Mofa mit den Kindern bis auf die kleinste Schraube zerlegen und wieder zusammenbauen, auf daß es wieder fährt, oder mit den Kindern (samstags!) kleine Theaterstücke einstudieren oder wenn sie Fossilien in die Schule bringen. Oder eine Dorfbewohnerin bringt den Kindern jeden Dienstag morgen das Schachspielen bei und spielt selbst mit ihnen. Oder die Kinder lernen Englisch, zweimal in der Woche einen Vormittag lang, durch eine Engländerin, die auch noch andere Grundschulen besucht und dort ebenfalls Stunden gibt. Oder – und wir sind wieder in der Moderne – ein Computerfachmann aus der Nachbar-Gemeinde bastelt mit den Kindern elektrotechnisch-mechanische Vorrichtungen, die in Verbindung mit Programmen in »LOGO« computergesteuerte Bewegungsabläufe ermöglichen.

Vernetzung der Kommunikation

Nach den Vorstellungen Collots tragen jedoch hauptsächlich die ständig eintreffenden Neuigkeiten von außen zur Bereicherung der Lernumwelt der Kinder bei, sie geben Anstöße, Anregungen, Impulse. Hierbei ist es jedoch erforderlich, daß, um ein Zustandekommen und ein Fortbestehen des »réseaux« zu ermöglichen, die Klasse als Teilsystem bereit sein muß, diese Flut an Informationen auch aufzunehmen. Die Gruppe braucht neben dem Übermittlungssystem eine offene Struktur, um die Informationen, die sich sowohl innerhalb der Klasse ergeben als auch »von außen« kommen, verarbeiten zu können. Dies kann, nach Ansicht Collots, nur durch kleine, in bezug auf die LehrerIn-SchülerInnen-Beziehung, nichthierarchische Strukturen innerhalb der Klasse/Schule gewährleistet werden.

In Anlehnung an die Biologie, von der Collot viele seiner Begriffe wie »Information«, »Struktur« etc. ableitet, stellen diese Nachrichten quasi Reize dar, die vom Kind wahrgenommen werden. Das Kind analysiert sie, bedient sich ihrer, eventuell auch, um weitere Informationen einzuholen, integriert sie in seine Welt, reproduziert sie, kurz: es geht mit ihnen um, arbeitet mit ihnen, benutzt sie, und das bedeutet in der Umwelt leben, sich in einer sich ständig verändernden Umwelt zurechtfinden, sich die Umwelt aneignen, aber auch, sich der Umwelt anpassen – sich in ihr orientieren.

Dabei ist auch das ständige Wechselspiel zwischen Individuum und Gruppe zu berücksichtigen. D.h., Informationsfluß bezieht sich hier zunächst einmal auf die Strukturen innerhalb einer Klasse (u.a. in der täglich abgehaltenen Vollversammlung), darüber hinaus jedoch auch sehr schnell auf Transfer zwischen den Klassen, zwischen den einzelnen SchülerInnen innerhalb einer Klasse, zwischen einzelnen SchülerInnen verschiedener Klassen und zwischen einzelnen SchülerInnen und Klassen. Durch diese weitverbreitete Vernetzung entsteht eine bewußt in Kauf genommene Unübersichtlichkeit; es ist nicht mehr überschaubar, welche Informationen von wo und wann eintreffen und welche Reaktionen sie bei den Kindern hervorrufen. Was jedoch ein wesentliches Prinzip der Freinet-Pädagogik darstellt: nicht definitiv sein, sondern lebendige, uneingeschränkte Strukturen schaffen, dynamisch bleiben! Dazu gehört natürlich Mut, es auszuprobieren, das Wagnis des Experimentierens einzugehen: die Schule als »champ expérimental« (Collot), als Experimentierfeld also. Nicht die Technik, nicht das Werkzeug ist ausschlaggebend, sondern: daß das Experiment ausgeführt wird. Auf die Fähigkeit, mit dem Werkzeug umgehen zu können, kommt es an.

Wobei die Korrespondenz und die Verflechtung durchaus nicht nur auf eine mehr oder weniger größere Region oder gar nur innerhalb des Klassenverbandes beschränkt bleiben muß – im Gegenteil. Die Vernetzung ist nicht mehr von geographischen Gegebenheiten abhängig und kann durchaus globalen Charakter annehmen. Und in dieser Schule nimmt sie internationale Dimensionen an. So tauchen auf der Adressenliste der KorrespondenzpartnerInnen neben zahlreichen französischen Städten auch Anschriften in Deutschland, Portugal, Tunesien, Schweden, Finnland, Italien, Südamerika (Montevideo, Französisch-Guyana), Senegal und Rumänien auf. Wie aber kommen solche Kontakte zustande?

Letztere Kontaktadresse beispielsweise folgendermaßen: Neben den vorgestellten »réseaux« ist Moussac seit 1986 auch Mitglied eines »réseau-vidéo«, als dessen Träger ein sog. »lettre-vidéo« (»Video-Brief«) kursiert: Bespielte Videokassetten werden per Post ausgetauscht. Die vielfältigen Aktivitäten dieses Verbundes werden u.a. in einem Jahrbuch festgehalten und dokumentiert. Nun erschien ein Auszug dieses Jahrbuchs in der Zeitschrift »Le Français dans le Monde« (»Französisch in aller Welt«), die von ausländischen FranzösischlehrerInnen bezogen wird. Der Artikel fiel der Rumänin Emilia (der Name der Lehrerin wird von Bernard Collot ausschließlich mit dem Vornamen angegeben) bei einem Besuch in der damaligen UdSSR auf. Sie interessierte sich für das Projekt der französischen KollegInnen, schrieb sie an und erhielt Antwort – aus Moussac. Bernard Collot schlug ihr einen Klassenzeitungsaustausch vor, der trotz der damals noch in Rumänien bestehenden Zensur auch in die Wege geleitet wurde. Dem Vorhaben kam zugute, daß die Französisch lernenden rumänischen SchülerInnen in etwa auf demselben sprachlichen Niveau waren wie die 5- bis 7jährigen französischen Kinder in Moussac. Diese waren sich ihrer Verantwortung wohl bewußt und waren hochmotiviert, »richtige« Sätze/Texte zu schreiben – sie wollten verstanden werden. Und die RumänInnen bekamen im Gegenzug »original« französische Texte. Der Transfer entwickelte sich und wurde im Interesse beider Seiten fortgesetzt. Durch diesen internationalen Austausch erhielt Moussac ein Vielfaches an Reaktionen, auch vielleicht von einer anderen Intensität als mit den französischen PartnerInnen.

Die Informationen und Neuigkeiten aus Rumänien wurden selbstverständlich von den SchülerInnen in Moussac in die diversen multimedialen Netzwerke »eingespeist« und den KorrespondenzpartnerInnen mitgeteilt. Mit dem Ergebnis, daß es nach Schulbeginn 1989 zu einer Erweiterung dieses internationalen »réseau« kam: Ein Gymnasium in Montevideo (!) und drei Dorfschulen aus der Region suchten ebenfalls Kontakt mit Rumänien und stiegen in das Netzwerk ein.

Während des politischen Umsturzes in Rumänien im Dezember 1989 waren es die Kinder der Dorfschule in Moussac, die diese Geschehnisse besonders sensibel verfolgten. Sie haben es geschafft, sich Informationen anzueignen, die normalerweise den Erwachsenen vorbehalten waren. Sie äußerten ihre Betroffenheit über dieses Thema, fragten, benachrichtigten und thematisierten erneut via Kommunikationsnetz die Ereignisse, so daß sich bald zahlreiche Diskussionen entwickelten und Vorschläge gemacht wurden, wie darauf reagiert werden sollte. Wobei sich die Diskussionen auch auf die LehrerInnen ausweiteten. Anfang 1990 erhielt Moussac die ersten Informationen direkt aus Rumänien, die natürlich sofort wieder verbreitet wurden. Schließlich entwickelte sich – aufgrund der Initiative der SchülerInnen – eine Hilfsaktion in Form von Paketsendungen, für die – wieder einmal – mit Hilfe des Kommunikationsnetzes geworben wurde und die dadurch auch koordiniert wurde.

Ende Januar 1990 erreichten Moussac die ersten – weil nun unzensierten – freien Texte von rumänischen Kindern, die richtiggehend den Charakter von Zeitdokumenten haben.

Freie Texte rumänischer Kinder über die Revolution und den Sturz Çeauçescus.

le 18 janvier 1990.

1 Quand j'ai vu du sang sur les trottoirs, j'ai eu mal.
Ensuite, autour de ces taches de sang on a allumé des bougies. C'était bien triste.

Angèle.

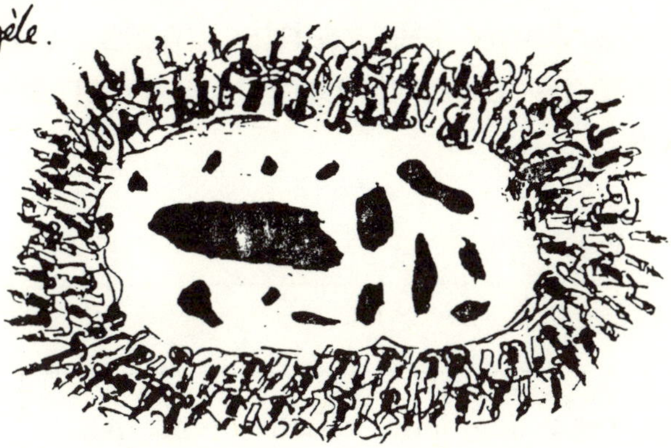

2 Mon correspondant de France m'a téléphoné les jours de la Révolution. Quand j'ai décroché et j'ai entendu parler français, je me suis bloquée. J'avais une petite boule dans l'estomac et les jambes en fromage blanc!
Je ne pouvais rien dire, alors mon père a pris le récepteur et a essayé de sauver le moment!
Pauvre papa!

Dorela

3 J'ai eu très peur les jours de la Révolution. Des enfants ont été fusillés.
Les coups de canon étaient les plus terribles. Ils faisaient beaucoup de bruit.

Florin

4 Nous pensons que vous devez travailler très bien à l'école parce que vous avez à votre disposition tout le nécessaire pour l'étude.

Dans nos salles de classes, il fait encore très froid, nous sommes habillés de nos manteaux pendant toutes les six classes, nous gardons les gants, mais, ça c'est incommode quand on doit prendre des notices.

Liviu

5 Nous avons reçu une jolie affiche avec des voeus pour Noël. Nous vous en remercions.
Dans la même enveloppe, il y avait aussi de très beaux dessins qui accompagnaient des lettres.
Vous étiez au courant avec tout ce qui se passait en Roumanie.
Vos bonnes pensées nous ont aidé.

Florin

Übersetzung (I.D.):

1. Als ich Blut auf den Bürgersteigen gesehen habe, ist mir schlecht geworden. Dann hat man um die Blutflecken herum Kerzen angezündet. Das war ziemlich traurig. Angèle
2. Mein Briefpartner aus Frankreich hat während der Tage der Revolution mit mir telefoniert. Als ich den Hörer abnahm und jemanden Französisch sprechen hörte, war ich ganz perplex. Ich hatte einen Kloß im Hals, und die Beine wurden mir ganz weich. Ich konnte nichts sagen, da hat mein Vater den Hörer genommen und versucht, die Situation zu retten. Dorela
3. Ich hatte große Angst an den Tagen der Revolution. Kinder sind erschossen worden. Die Kanonenschläge waren das Schlimmste. Sie machten großen Krach. Florin
4. Wir denken, daß Ihr in der Schule prima arbeiten könnt, denn Ihr habt alles zur Verfügung, was zum Studieren notwendig ist.
   In unseren Klassenräumen ist es noch sehr kalt, wir haben während der ganzen sechs Stunden unsere Mäntel und Handschuhe an, aber das ist unbequem, wenn man mitschreiben muß. Livin
5. Wir haben ein hübsches Päckchen und Grüße zu Weihnachten bekommen. Wir danken Euch dafür.
   In demselben Umschlag waren auch schöne Zeichnungen, zusammen mit den Briefen.
   Ihr wart gut informiert über alles, was in Rumänien passierte. Eure guten Gedanken haben uns geholfen. Florin

Diese Texte wurden selbstredend sofort in die Klassenzeitung gesetzt und als Teleseite verbreitet. Die Verbreitung der Neuigkeiten durch Moussac (und durch andere, an diesem Netz beteiligte Schulen) nahm so überhand, daß sie langsam unüberschaubar wurde. Plötzlich schalteten sich auch Nicht-Freinet-Klassen in diese Aktivitäten ein und boten ihre Unterstützung an.

Dann der erste Brief von Emilia. Seine Verbreitung und Veröffentlichung durch die Kinder in Moussac war immens: Selbst in LehrerInnenzimmern und Rathäusern wurde der Brief ausgehängt und – gelesen, gelesen, gelesen. Und er rief eine ungeheure Flut von Reaktionen und Antworten hervor, die rumänische Lehrerin wurde von Briefen überschwemmt. Zahlreiche Hilfskonvois, diesmal durchgeführt von den Erwachsenen, parallel zur Paket-Aktion der Kinder, teilweise sogar mit Unterstützung der Gemeinden, waren die Folge. Emilia und ihre rumänischen KollegInnen wurden, trotz der zu diesem Zeitpunkt noch bestehenden politischen Unsicherheiten und Gefahren, nach Frankreich eingeladen. Die Kontakte wurden ausgebaut und bestehen bis heute.

Ökologie in die Schule!

Etwas weniger spektakulär, aber im Prinzip auf dieselbe Art und Weise kam dann mein Praktikum als deutscher Student zustande. Vor der eigentlichen Praktikumszeit stand ich im Brief- bzw. Faxwechsel mit der Klasse, wobei wir Gelegenheit hatten, uns gegenseitig zu »beschnuppern«, uns Fragen zu stellen, uns – zumindest ein bißchen – vorab kennenzulernen. Bis mein Besuch dann konkret wurde.

Einige Tage nach Beginn meines Praktikums machte ich auf der Vollversammlung dann den Vorschlag, draußen auf dem Wiesengelände vor der Schule einen kleinen Teich zu bauen. Nach anfänglicher Skepsis wurde die Idee mit immer mehr Begeisterung aufgenommen und schließlich, nach Klärung der dringlichsten inhaltlichen und organisatorischen Fragen der SchülerInnen, wurde sie in die Tat umgesetzt.

Hier kam dann auch die ganze Tragweite der Konzeption Collots zur Geltung: Zunächst gilt es, sich Informationen zu beschaffen: Wie bauen wir einen Weiher, was benötigen wir, wie soll, wie muß er aussehen. Zur Ergänzung meiner eigenen Kenntnisse wird ein Fax an meinen Vater geschickt mit der Bitte, uns eine Skizze mit dem Querschnitt eines Weihers zurückzufaxen. Die Kinder suchen mit Hilfe des Lehrers im Minitelsystem nach Informationen über die Beschaffung einer Plane, über ihren Preis etc.

Wer schreibt einen Artikel für die Klassenzeitung? Es müssen die Eltern angesprochen werden, ob sie helfen können, das Loch zu graben. Woher bekommen wir den Sand, den Ton und den Kies für die verschiedenen Schichten? Also Aufgabe: Alle Kinder fragen daheim ihre Eltern. Die Partnerschaftsklasse in Locronan in der Bretagne hat doch auch einen Tümpel angelegt, erst letzten Sommer. Wer faxt sie an, ob sie uns Informationen schicken können?

Und wieder: Mit Hilfe der modernen Medien werden die benötigten Auskünfte eingeholt und unter Einbeziehung der Eltern (drei Väter erklären sich bereit, einen Nachmittag lang ein entsprechendes Loch zu graben) wird schließlich das Projekt »Biotop« nach und nach realisiert. Dabei sind die SchülerInnen trotz aller Mithilfe und trotz allen Engagements »von außen« die tragenden Mitwirkenden. Sie kümmern sich um die Informationen, sie rechnen die Größe der Plane und den daraus resultierenden Preis aus, sie organisieren Schubkarren und Eimer, sie fertigen Skizzen an und malen Bilder, sie machen sich in ihrer Bibliothek kundig, welche Pflanzen und Tiere in einem kleinen See leben, sie schreiben Schilder »Betreten verboten«, sie legen die Form der Wasseroberfläche und den Standort fest, sie fragen nach der Quelle für das Wasser des Teiches, sie organisieren Steine für einen Steinhaufen, sie sieben die Erden, sie holen Pflanzen aus einem nahegelegenen (stillen) Wassergraben, sie bepflanzen und gestalten den Grund des Weihers und sie sind es schließlich, die kräftig und voller Eifer beim Bau des Tümpels aktiv sind. Und sie schreiben schließlich Einladungen für die Einweihungsfeier.

Doch mit der Fertigstellung des Weihers ist ein Abschluß des Projekts noch lange nicht erreicht. Im Gegenteil. Jetzt kommen so langsam die neugierigen Anfragen bezüglich »Weiher«, »Ökologie« etc. von den Korrespondenzpartnerklassen, per Brief und per Fax, die natürlich beantwortet werden müssen.

Neben den organisatorischen Sachverhalten lernen die Kinder auch inhaltliche, ökologische und biologische Zusammenhänge und machen im Umgang mit der Erde und dem Wasser unentbehrliche (Primär-) Erfahrungen. Und sie lernen, ein Projekt zwar nicht eigenverantwortlich, aber doch mitverantwortlich gemeinsam anzugehen, zu planen und zu verwirklichen. Dabei arbeiten die Kinder in Kleingruppen, zu zweit oder alleine, nachdem die aufkommenden Probleme und Fragen im Klassenverband diskutiert worden sind. In dieser Vollversammlung werden denn auch alle relevanten Entscheidungen demokratisch getroffen. In der »réunion« macht ein Kind die Gesprächsleitung, alle anderen TeilnehmerInnen melden sich – einschließlich des Lehrers! Dieser meldet sich zwar häufiger und macht ab und an schon auch auf Schwierigkeiten aufmerksam, die sich bei solch größeren Projekten, die einen höheren organisatorischen Aufwand erfordern, zwangsläufig ergeben und die von den Kindern eben noch nicht gesehen werden. Trotzdem wird die Vollversammlung selbständig von den SchülerInnen geleitet.

Darüber hinaus lernen sie neben der Durchführung des Projekts vielerlei Inhalte, die auf den ersten Blick nichts mit dem eigentlichen Projekt zu tun haben, bei denen das Projekt bzw. seine Realisierung jedoch der Anlaß für eine solche Bereicherung der Lernumgebung bzw. für ein »Lernziel« ist.

Beispielsweise wollen sich die Kinder bei meinem Vater für die prompte Umsetzung ihres Anliegens bedanken und ihm einen Brief schreiben. Ich erkläre ihnen, daß mein Vater kein Französisch versteht, daß ich ihnen aber gerne beim Übersetzen helfe und ihnen auch gerne mein Wörterbuch gebe. Beim gemeinsamen Übersetzen der französischen Sätze ins Deutsche merken die SchülerInnen dann, daß nicht Wort für Wort übersetzt werden kann, daß manche Wörter in verschiedenen Sprachen gleich sind (»tennis«), daß in anderen Sprachen auch andere Buchstaben (Umlaute, ß) gibt, daß es Buchstaben gibt, die in Frankreich sehr viel seltener vorkommen als in Deutschland (»k«, hier gibt es nur wenige Seiten im Wörterbuch) und umgekehrt, daß es in beiden Sprachen Lehnwörter gibt (stress, Restaurant) und daß sie eventuell das eine oder andere Wort der Fremdsprache für ihren deutschen Wortschatz brauchen könnten (ich gab während der Praktikumszeit kleine Deutschkurse). Und sie lernen, ein (Fremd-)Wörterbuch zu gebrauchen, also die Reihenfolge des Alphabets einzuhalten; sie bemerken, daß das Alphabet in beiden Sprachen gleich ist, ... Hier gab es noch eine ganze Reihe von Beispielen für Problemstellungen, die sich quasi »am Rande« des Projekts ergeben haben und angegangen wurden.

Wobei Collot ständig betont, daß diese Anregungen und diese Impulse von außen, sei es »Weiher bauen« oder »Aktion Rumänien«, nur möglich waren aufgrund der internen offenen und flexiblen Strukturen der Klasse und eben jener »réseaux télématiques«, die es erlauben, einerseits schnell die Informationen zu suchen, andererseits sie aufzunehmen, wenn sie eintreffen, und mit ihnen umzugehen.

Erstaunlich, wie es diese Methode den SchülerInnen der kleinen Dorfschule ermöglicht, trotz abgeschiedener Lage nicht von der Außenwelt abgeschnitten zu werden. Und dies nicht nur in regionaler/lokaler, sondern eben auch in globaler Hinsicht.

Bernard Collots Engagement für die Aufrechterhaltung der Landschule

Was für Bernard Collot sicherlich zu einem der schwerwiegensten Argumente in seinem Engagement für den Erhalt der Dorf- bzw. Landschulen zählt: Ländliche, kleine Strukturen müssen nicht Provinzialität bedeuten. Im Gegenteil: Die Kinder in Moussac bekommen die politischen Umwälzungen in Rumänien mit und verfolgen diese Geschehnisse im Ausland sehr intensiv. Auch an anderen Beispielen aus seiner Arbeit läßt sich zeigen, daß die schulische Arbeit in Moussac alles andere als »provinziell« ist. Offensichtlich wird diese Landschule dem Anspruch, den sich das I.C.E.M. und sein Begründer Freinet gesetzt haben, nämlich eine Bewegung der »Ecole Moderne« zu sein, vollauf gerecht.

Collot hat somit allen Grund, sich aktiv für die Beibehaltung kleiner ländlicher Strukturen einzusetzen. Und das ist offensichtlich schwer genug: Trotz aller Bemühungen in Frankreich, eine Dezentralisierung und eine Stärkung des ländlichen Raumes zu erwirken, wird die Rolle, die hierbei die Schule spielt und spielen kann, nicht oder zu wenig gesehen: die Schule als Treffpunkt, als ein lebendiger Ort, als kulturelles Zentrum und somit auch als Festigung und Stabilisierung des Dorflebens. Ganz zu schweigen von den pädagogischen Vorzügen einer Dorfschule mit ihren jahrgangsübergreifenden Klassen – was offensichtlich weitgehend (und nicht nur in Frankreich) mehr als Nach- denn als Vorteil angesehen wird.

Gegen solche und ähnliche Unwissenheiten und Vorurteile kämpft Collot fast schon verzweifelt im Rahmen der »Fédération Nationale pour la Défense et la Promotion de l'Ecole Rurale« (in etwa: Nationaler Bund für den Schutz und die Förderung der Landschule). Als aktives Mitglied und Organisator dieses Verbandes veranstaltete er z.B. im April 1993 bereits das zweite Colloquium über die Landschule mit dem Titel »Landschule = Neue Schule«. Das Colloquium war offen für LehrerInnen, LandwirtInnen, GewerkschafterInnen, BürgermeisterInnen, PolitikerInnen, WissenschaftlerInnen, Eltern und viele andere mehr. Ziel und Forderung war es hier u.a., die Stärkung der Landschule als Chance für die Stabilisierung des ländlichen Raumes zu sehen und entsprechende Maßnahmen zu ergreifen, womit gleichzeitig eine Reform der Schule einhergehen sollte.

Sein Einsatz für die Landschule im allgemeinen und auf nationaler und politischer Ebene spiegelt sich dann natürlich auch in der eigenen Schule wider, in der er als Schulleiter fungiert. Eine Chance für die Landschule mit ihren jahrgangsübergreifenden Klassen sieht er natürlich in der Freinet-Pädagogik, und hier im speziellen in der Bildung von Kommunikationsnetzwerken, unter Einbeziehung modernster Medien und Geräte.

Daneben betrachtet er die (Land-) Schule aber auch als Lebensraum. So möchte er z.B. das Gebäude und das umgebende Terrain auch mittwochs (in Frankreich schulfrei) aufschließen und es für die Kinder zugänglich machen. Während der Mittagspause bleibt es sowieso bereits geöffnet, damit ermöglicht er den Kindern, die während dieser Zeit nicht von ihren Eltern abgeholt werden können, einen Aufenthalt im Schulgebäude, als Zeitüberbrückung oder als Arbeitsphase. Die Schule soll jedoch noch mehr zum Lebensraum werden durch die Einrichtung einer kleinen Kantine, die über Mittag von den Eltern betrieben werden soll. Zu diesem Projekt fanden bereits erste Planungs- und Informationsabende statt. Auch die Einbeziehung der Elternarbeit bedeutet eine Unterstützung der Dorfschule.

Doch bei seinem ganzen Einsatz, sei es für den Erhalt der Landschule oder für die Alternative, die die Freinet-Pädagogik darstellt, trifft Bernard Collot freilich immer wieder auf Widerstände oder auf Grenzen. Beispielsweise unterblieb während der Rumänien-Aktion jegliche Unterstützung von seiten des staatlichen Bildungssystems, die jedoch hinsichtlich des Empfangs der rumänischen LehrerInnen nötig gewesen wäre. Offensichtlich wird die Arbeit des I.C.E.M. nur in solchen (unvorhersehbaren) Situationen anerkannt, in jeder anderen Hinsicht sieht Collot keine Möglichkeit, eine Annäherung in Sachen Kooperation zwischen der staatlichen Schulverwaltung und dem I.C.E.M. zu schaffen. Auch den Verantwortlichen in den Rathäusern und in den Gemeinden wirft er indes vor, nicht aus wirklichem Interesse an der Pädagogik und an dem Anliegen der Kinder, sondern nur aus Selbstdarstellung ihre Initiative unterstützt zu haben. Zeigten die Kommunen ansonsten schon wenig Interesse an den Bedürfnissen der Kinder, wurden diese selbst in diesem Fall wenig ernst genommen (beispielsweise kam auf einer Pressekonferenz anläßlich der Rumänien-Aktion niemand auf die Idee, die Kinder einzuladen, geschweige denn zu befragen oder zu informieren – obwohl es ihre Initiative war).

Die Gefahr der Routine

Doch steht Collot nicht nur den staatlichen Institutionen kritisch gegenüber – auch sich selbst, seine Vorstellungen von Pädagogik und sein daraus resultierendes Konzept betrachtet er äußerst anspruchsvoll, und nicht immer fallen seine Selbstreflexionen zufriedenstellend für ihn aus. Dem selbstverständlichen Umgang seiner SchülerInnen mit den Medien und mit dem damit verbundenen Netzwerk etwa sieht Collot zunehmend mit Besorgnis entgegen. Ein Teilkonzept seiner Pädagogik wird zur Routine, der ursprüngliche pädagogische Charakter, nämlich Informationen in die Klasse zu holen, dort mit ihnen umzugehen und sie anschließend wieder zu verbreiten, ist durch die momentan – für Collot – zu (nach-)lässige Behandlung durch die SchülerInnen gefährdet. Zwar treffen ständig Neuigkeiten, sogar aus aller Welt, in Moussac ein, zwar werden sie noch von den Kindern zur Kenntnis genommen, doch werden sie seiner Meinung nach zu wenig oder nicht dem Anlaß entsprechend gewürdigt. Er hat große Sorge, daß die mit den Jahren entwickelte Routine in Gleichgültigkeit umschlägt. Offensichtlich nicht unbegründet: Es würde das Aus für das Konzept der Netzwerke und damit für immerhin einen wesentlichen Teil seiner Pädagogik bedeuten.

Ähnlich problematisch sieht Collot die Einrichtung von Ateliers. Nach ihm müssen Ateliers einen vorübergehenden Charakter haben. Dem nach wie vor bestehenden Atelier für Elektrotechnik samt seiner aufwendigen Ausrüstung steht Collot inzwischen äußerst kritisch gegenüber, da es nicht mehr entsprechend genutzt wird (ähnlich verhält es sich mit anderen Ateliers, etwa dem Ton/Akustik-Atelier). Wohl war es bei den Kindern eine Zeit lang sehr beliebt, mit diesen Bauteilen zu arbeiten; hier wurde die Einrichtung der Werkstatt notwendig und auch größere Anschaffungen als sinnvoll erachtet. Mittlerweile jedoch lassen sich andere Schwerpunkte, andere Interessen innerhalb der Klasse vorfinden. Ateliers müssen eingerichtet werden, wenn Bedarf besteht, wenn die Begeisterung der Kinder eine solche Ecke fordert! Wenn diese nachläßt, müßte die Lehrperson – so Collot – eigentlich so flexibel sein und das Atelier wieder aufgeben und somit Platz schaffen, um ein neues zu installieren. Immer wieder warnt er vor einer Institutionalisierung der Ateliers, vor einem Sich-Festfahren, vor einem gewohnheitsmäßigen Umgang mit ihnen. Die Lehrperson müßte jedoch vor allem den Mut haben, eine Werkstatt, in die viel Zeit, Geduld und Geld investiert wurde, die sich oft bewährt hat und von der viele Kindern immens profitiert haben und die noch – wenn auch vermindert – funktioniert, abzuschaffen. Installieren ja, aber nicht: institutionalisieren.

Kritisches zum »Institut Coopératif de l'Ecole Moderne« (I.C.E.M.)

Diese Art, Selbstkritik zu üben und sein Handeln ständig zu überdenken, ist wohl charakteristisch für ein Mitglied der französischen Freinet-Bewegung, des I.C.E.M.: eine Organisation, die versucht, sich für eine humanere Pädagogik einzusetzen, die mehr die Interessen und Bedürfnisse der Kinder berücksichtigt und ernst nimmt und die auch versucht, ihnen nachzukommen. Obwohl dieser Verband u.a. wegen schwindender Mitgliederzahl seine kämpferischsten Zeiten wohl hinter sich hat. Collot vermißt denn auch eine für ihn seit 15 Jahren fällige, klare Position der Bewegung, sowohl politischer als auch – seit neuestem – pädagogischer (!) Art. Zwar werden nach wie vor weltpolitische Zusammenhänge diskutiert und beispielsweise die Lage in den sog. »Dritte-Welt«-Staaten thematisiert, doch erscheint ihm dies alles zu moderat. Sicher, während des Golfkriegs nahm das I.C.E.M. eine pazifistische Haltung ein, doch sei dies dennoch zu vorsichtig gewesen.

Trotz aller wohl auch berechtigten Selbstkritik sollten jedoch die nicht unwesentlichen Verdienste in den französischen Schulen und im dortigen Schulwesen einmal zur Kenntnis genommen und auch anerkannt werden. Immerhin schaffen es LehrerInnen, sich unverbindlich zusammenzutun, ständig ihre Pädagogik zu reflektieren, ohne Zwang zum Konsens eine Vielfalt an pädagogischen Konzepten zu akzeptieren, sich für ihre pädagogische Überzeugung einzusetzen und für sie so vehement zu werben. Und dies nicht nur auf nationaler, sondern sogar auf internationaler Ebene: Das 20. internationale Treffen der F.I.M.E.M. (Fédération Internationale des Mouvements de l'Ecole Moderne) fand 1993 in der Schweiz statt; eine Woche lang tauschten sich Freinet-PädagogInnen in den Ferien (!) über das Thema »Gewalt und Agression« aus. Wohl nur wenige stellen auf einer solchen Ebene Pädagogik neben Politik, und wohl nur wenige sehen überhaupt eine enge Verknüpfung der beiden Komponenten.

Und wohl nur wenige treten mit einem solchen Einsatz für die Interessen der Kinder ein.

Mein Fazit

Sehr selbstkritisch an alles heranzugehen, etwas zu wagen, zu experimentieren, das verdient meiner Meinung nach große Achtung. Zumal Bernard Collot als Lehrer durch die konsequente und überzeugte Ausübung seines pädagogischen Konzepts ständig in Konflikt mit dem zentralistisch ausgerichteten offiziellen Schulsystem gerät. Und der Umstand, daß ihm dadurch, daß er den Inspektoren des Ministeriums zwar nicht (wie andere Mitglieder des I.C.E.M.) den Zugang zur Klasse verweigert, sich aber dennoch in keinster Weise um eine Benotung durch sie kümmert oder keine ihrer Anweisungen befolgt, so daß er im daraufhin erstellten Bericht nicht gerade löblich erwähnt wird, verdient Respekt. Entstehen ihm doch dadurch immerhin persönliche, nicht zu unterschätzende Nachteile (vor allem in finanzieller Hinsicht), die er aber in Kauf nimmt.

Wichtig erscheint mir auch der Umstand, daß Collot versucht, der Zeit nicht »hinterherzuhinken«, die gesellschaftlichen, politischen und sozialen Veränderungen zu erkennen und auf diese zu reagieren, seine Pädagogik immer wieder neu zu definieren. Ich denke, daß ihm hierbei durchaus eine Synthese von alten Elementen der Freinet-Pädagogik und neuen, innovativen Methoden gelungen ist. Auch war ich sehr beeindruckt von der Atmosphäre innerhalb der Klasse, dem Verhältnis der SchülerInnen zum Lehrer, der ihnen Mitverantwortung zuspricht und zutraut, und von deren Fähigkeit zu selbständiger Organisation und Steuerung der Geschehnisse und des Lernens. Würde Collot diese demokratischen Prinzipien nicht zulassen, würde seine Pädagogik der »réseaux« nicht fruchten. Diese müssen nämlich von den Kindern angenommen werden, um zu funktionieren.

In Sachen Schuldruckerei bin ich nicht einverstanden mit seiner Vorgehensweise, sie gänzlich abzuschaffen. Dies erscheint mir zu radikal, hat doch die Schuldruckerei nach wie vor unverkennbare Vorteile, die auch durch den Computer mitsamt Drucker nicht ersetzt werden können. Das Drucken mit einer Schuldruckerei ist an sich eine anspruchsvolle Kunst und ein echtes Handwerk; als solches bietet es die unterschiedlichsten Gestaltungsmöglichkeiten (Text im Bild...) und Drucktechniken (Kordel-, Linol-, Tapeten-, Kartonritzdruck usw.), nicht zu vergessen die Variationen und Effekte, die sich durch die Verwendung von Farben ergeben können. Auch denke ich hier an die unersetzbare Eignung für den Schriftspracherwerb; und die Kinder können mit dem »Abenteuer Drucken« Primärerfahrungen machen, die ihnen die Maschine nimmt. Ich meine, hier sollten sich die beiden Medien gegenseitig, je nach Anlaß, ergänzen.

»Ergänzen« gilt für mich jedoch auch für hiesige Verhältnisse, nur gerade umgekehrt: Trotz des – im Zuge einer Renaissance der Reformpädagogik – gegenwärtig stattfindenden »Booms«, den die Schuldruckerei hierzulande erfährt, und trotz der wachsenden Bedeutung, die ihr in bezug auf Schriftspracherwerb, Texte schreiben und Orthographie zu Recht zugesprochen wird, sollte nicht (noch länger) gezögert werden, erweiternd hierzu den Computer in den Grundschulen einzuführen.

Geradezu spannend finde ich, wie Collot durch sein praktisches Experimentieren mit elektronischen Medien Erfahrungen macht und auf deren Basis zu Erkenntnissen kommt, die heute immerhin als nicht unwesentlich betrachtet werden. Zwar kann sicherlich die Überbetonung des Kommunikationsaspekts, z.B. zu Lasten des musischen Bereichs, in seinem Ansatz kritisiert werden, dennoch erkennt Collot im Prinzip die Zeichen der Zeit. Sei es im Hinblick auf die wachsende Bedeutung der Nachrichtenübermittlung, sei es bezüglich der Kommunikation, sei es bezüglich der immer lauter werdenden Forderung, daß es heutzutage darauf ankomme, nicht Wissen anzuhäufen, sondern zu wissen, wie Wissen angeeignet, Informationen eingeholt und mit ihnen umgegangen werden kann. Auch denke ich, daß er bei allem Experimentieren mit den Medien auch gewissen Anforderungen, die die sog. »veränderte Kindheit« stellt, durch den Einbezug der »Neuen Medien« in seine pädagogische Konzeption gerecht wird.

Insgesamt gesehen sollte nochmals betont werden, daß diese Schule nur eine von vielen Möglichkeiten darstellt, alternative, freinetpädagogische Ansätze zu verwirklichen. Und daß Freinet-Pädagogik so aussehen kann – aber nicht muß. In dieser Hinsicht war mein Aufenthalt sicherlich eine sehr interessante Erfahrung. Vor allem auch der Umstand, daß Bernard Collot an seiner Schule mit einem selbst entworfenen und durchdachten, in sich schlüssigen Konzept arbeitet, welches er auch jederzeit begründen kann. Und daß er damit schon über Jahre hinweg in einer sehr konsequenten Weise arbeitet.

Ingrid Dietrich

Freinet-Pädagogik und interkulturelles (Sprach-)Lernen

Schule in Deutschland ist zu einem internationalen Begegnungsort geworden. Angesichts weltweiter Migrations- und Flüchtlingsbewegungen, durch die Menschen aus allen Erdteilen zu uns gelangen, gehört auch die rein »deutsche Schule« der Vergangenheit an. Von den Ballungszentren der Großstädte bis hin zum abgelegensten Dorf gibt es kaum noch eine Schulklasse ohne ausländische Kinder. Dies sind z.B.:

- Kinder, die zwar keinen deutschen Paß besitzen, aber weitgehend deutsch sozialisiert aufwachsen (Migrantenkinder der 2. und 3. Generation),
- Kinder, die zu Hause mit anderer Muttersprache und nach anderen Normen erzogen werden (ebenfalls Migrantenkinder),
- Kinder, die einen deutschen Paß besitzen, aber in einer anderen Sprache und Kultur aufgewachsen sind (Aussiedlerkinder),
- Kinder aus gemischtnationalen Ehen,
- Oberschicht-Kinder, deren Eltern im Rahmen internationaler wirtschaftlicher, wissenschaftlicher, militärischer oder sonstiger Kooperation in Deutschland auf Zeit oder auf Dauer leben und arbeiten,
- Flüchtlingskinder und Kinder von Asylbewerbern oder -berechtigten, die noch nicht einmal das verbriefte Recht haben, in Deutschland eine Schule zu besuchen.

Mit dieser neuen internationalen Zusammensetzung der Schülerschaft hat unsere gute alte Schule immer noch – nach 40 Jahren (1955 wurde die erste Anwerbevereinbarung für Gastarbeiter mit Italien geschlossen) – ihre Schwierigkeiten. Die Lehrpläne und Richtlinien tragen auch in ihren jüngst überarbeiteten Versionen (z.B. für die Grundschule in NRW 1985 und für die Grund- und Hauptschule in Baden-Württemberg 1994) kaum der Tatsache Rechnung, daß stellenweise mehr als 25% aller SchülerInnen eine andere Nationalität und/oder Muttersprache besitzen.

Je nach Sprachstand in der *deutschen* Sprache werden diese Kinder als »Nullsprachler« betrachtet (wie perfekt sie bereits ihre *Muttersprache* beherrschen, ist dabei unerheblich!) und in gesonderte Fördermaßnahmen einsortiert – wenn sie Glück haben und wenn diese an der betreffenden Schule existieren. Wenn nicht, werden sie von unwilligen, überforderten Lehrkräften an Sondertische oder in den

Fond der Klasse verbannt und »laufen so mit«: Man tröstet sich mit der ach so wunderbaren, spontanen kindlichen Sprachlernfähigkeit (dazu weiter unten mehr), überläßt diese Kinder sich selbst und zieht im übrigen sein (deutsches) Pensum durch. Sollte diese Vogel-Friß-oder-Stirb-Methode nicht die gewünschten Ergebnisse zeitigen, bleibt immer noch die Einweisung in die Sonderschule für Lernbehinderte, die sich mehr und mehr als Sammelbecken für ausländische Kinder mit nicht geglücktem Sprachlernprozeß in Deutsch erweist (vgl. dazu Kornmann 1991).

1. Rassismus als Anpassungszwang

Wer diese Praxis gutmeinender LehrerInnen mit dem Wort »Rassismus« kennzeichnet, würde wahrscheinlich einen empörten Aufschrei ernten. Subjektiv mögen viele LehrerInnen das Beste für die ausländischen Kinder wollen, und dennoch gilt: Unser Zusammenleben mit Menschen anderer Nationalität, Muttersprache, Haar- und Hautfarbe wird mehr und mehr von einem Rassismus geprägt, der sich vorwiegend in *unbewußten* Haltungen und Einstellungen äußert. Dieser Rassismus wird auf der *bewußten* Ebene zumeist geleugnet bzw. nicht als solcher wahrgenommen. Denn es ist mit unserem Selbstbild als aufgeklärte, humane WeltbürgerInnen unvereinbar, ausländerfeindlich und rassistisch zu sein. Der Diskurs-Forscher Siegfried Jäger aus Duisburg hat in seinem Buch »BrandSätze – Rassismus im Alltag« (1992) anhand einer qualitativen Analyse von Alltagsgesprächen nachgewiesen, wie sehr und auf oft nur halb-bewußte Weise die Individuen in einen Rassismus verstrickt sind, der über den öffentlichen Diskurs der Mehrheitsgesellschaft Eingang in ihre Köpfe findet. Diskurs wird dabei definiert als eine »institutionell verfestigte Redeweise«, die eine breite soziale Verankerung aufweist und über vorgegebene Stereotypen und Schemata die Denk- und Handlungsweisen der Individuen bestimmt (Jäger 1992, S. 16ff.). Durch die Medien und durch öffentliche Meinungsträger wird der Tenor vorgegeben, wie über Themen wie Asylrecht, Aufenthaltsbeschränkung, Kopftuch, Islam etc. gedacht werden soll. Kinder erfahren am Küchentisch, vor dem Fernseher und auf der Straße, wie über Ausländer geredet wird, und bringen diese Einstellung in die Schule mit.

In der Schule verfährt die deutsche Mehrheitsgesellschaft bei der Erziehung der nachwachsenden Generation weiter so, als sei sie unter sich. Hier zeigt sich Ausländerfeindlichkeit im »heimlichen Lehrplan« (vgl. dazu Zinnecker 1975), in den Regeln und Ritualen des Schulalltags. Sie kann sich sowohl im kränkenden Herausstellen des Andersseins der ausländischen SchülerInnen äußern (vgl. dazu Ude-Pestel 1983) als auch im *Nichtbeachten* von Unterschieden. Nach Philomena Essed, einer farbigen Rassimus-Forscherin in den Niederlanden, ist diese »indirekte rassistische Diskriminierung typisch für Gesellschaften, in denen die Weißen als Normgruppe angesehen werden, auf deren Grundlage Einheitsregeln aufgestellt und zur Gesetzmäßigkeit erhoben werden« (Essed 1991, S. 22). Dies führt dann zu der oben geschilderten Praxis: »... keinen Unterschied machen, sich also nicht um die spezifischen Bedürfnisse kümmern, wie man es gemacht hätte, stünden die Interessen der dominierenden weißen Gruppe auf dem Spiel.« (ebd.)

Die exakte Entsprechung dazu findet sich im Ausspruch einer Berliner Lehrerin in einem Modellversuch, der von Auernheimer (1992) zitiert wird: »Wenn die hier unser Schulsystem mitbenutzen wollen, müssen sie sich anpassen ...«

2. Interkulturelle Erziehung

Diesem »deutschen« Selbstverständnis von Unterricht sollen hier einige Thesen gegenübergestellt werden, aus denen hervorgeht, was der Ansatz der interkulturellen Erziehung bedeutet und welche Konsequenzen er für die konkrete Unterrichtsgestaltung mit sich bringen würde. Man muß dabei im Konjunktiv reden, denn interkulturelle Erziehung existiert bisher im wesentlichen als weitverzweigtes Netz von wissenschaftlichen Programmen, deren Realisierung im Schulalltag jedoch weitgehend noch aussteht (für einen ersten Überblick vgl. Auernheimer 1990, Niekrawitz 1990 und Reich/Pörnbacher 1993).

Als erstes bleibt festzuhalten, daß sich der Ansatz der interkulturellen Erziehung an *alle* Kinder richtet. Nicht mehr der »Defizit-Blick« auf die ausländischen Kinder ist entscheidend, der definiert, was diese im Hinblick auf die Kinder der deutschen Mehrheitsgesellschaft (noch) nicht können. Nicht ein – fiktiver – Maßstab deutscher »Normalität« wird an Kinder angelegt, die im Rahmen *anderer* Normen erzogen werden; sondern dieser einheitliche Maßstab selbst wird hinterfragt und sein fiktiver Charakter enthüllt (vgl. dazu Nestvogel 1991). Interkulturelle Erziehung soll gerade die Kinder der Einheimischen, die angeblich so sicher wissen, was »normal« ist und was nicht, dazu befähigen, sich dem »Fremden«, »Nicht-Normalen« vorurteilsfrei zuzuwenden und einen mehrperspektivischen Blick auf die Wirklichkeit zu erlernen.

Das Konzept der interkulturellen Erziehung zielt also *nicht* in erster Linie darauf ab, unterstellte kulturelle oder leistungsmäßige Defizite der *ausländischen* Kinder – gemessen am *deutschen* Maßstab – aufzudecken und zu beheben. Es versteht sich vor allem als Angebot an *deutsche* Kinder, etwas über andere Länder, Kulturen und Lebensweisen der ausländischen Kinder aus erster Hand zu erfahren. Viele dieser Migranten- und Flüchtlingskinder bringen Kenntnisse über andere Länder und Kontinente mit, die *deutsche* Kinder mühsam aus Lehrbüchern erwerben müssen (Geographie, Klima, Vegetation ihrer Herkunftsländer). Ihre mitgebrachten kulturellen Deutungsmuster der Wirklichkeit könnten unsere eurozentrische Weltsicht erweitern (Beispiele: die Kreuzzüge aus arabischer und türkischer Sicht – vgl. dazu Göpfert, in: Borrelli, 1992; die »Entdeckung« Amerikas aus lateinamerikanischer Sicht – vgl. dazu Galeano 1983). Ihre Spiele, Feste und Rituale könnten unseren Schulalltag bereichern, und von ihren Sprachkenntnissen könnten deutsche Kinder profitieren (vgl. dazu die Einführung von »Begegnungssprachen« in den Grundschulen. Diese dürften allerdings nicht nur auf die prestige-trächtigen EG-Sprachen eingeschränkt werden.).

Ein solches Konzept geht davon aus, daß die Deutschen ihre Haltung gegenüber den AusländerInnen ändern und bereit sind, von ihnen zu lernen. Dies bedeutet für die Schule als Ganzes:

a) eine Abkehr vom Ethnozentrismus,
b) ein Kulturrelativismus als theoretische Basis, d.h. die Anerkennung der prinzipiellen Gleichwertigkeit aller Kulturen (vgl. dazu Auernheimer 1990, S. 192), gepaart mit einer universalistischen Ausrichtung auf unhinterfragbare Menschenrechte,
c) interkulturelle Erziehung als Friedenserziehung, als Erziehung zu Empathie, Toleranz, Solidarität und Konfliktfähigkeit vor dem Hintergrund sozialer Gerechtigkeit auch für Minderheiten (vgl. dazu Essinger/Graf 1984, S. 21–30)
d) antirassistische Erziehung (vgl. dazu Essed/Mullard 1991) und
e) eine »Erziehung zur Weltzivilisation und zu humanistischer Erkenntnis und zu humanistischen Verhaltensweisen als höchste Werte der Menschheit, die ihr Überleben sichern« (Essinger S. 17, in: Marburger 1991).

Diese Forderungen decken sich weitgehend mit den Grundhaltungen, aus denen heraus Célestin Freinet seine Pädagogik entwickelte: Parteinahme für die Benachteiligten im nationalen und internationalen Kontext (er selbst nahm in seiner Privatschule in Vence Kinder auf, die durch den spanischen Bürgerkrieg und die Judenverfolgung in Deutschland zu Flüchtlingen geworden waren); Erziehung zur vorurteilsfreien Kommunikation, zur Solidarität und zum Frieden (besonders diese »pazifistische« Beeinflussung der Schüler wurde ihm von der staatlichen Schulaufsicht vorgeworfen – vgl. dazu Elise Freinet 1968, S. 183).

Das dazu notwendige Umdenken müßte auf allen institutionellen Ebenen einsetzen – von der Grundausrichtung der Bildungspolitik über Kultusministerien und Schulaufsicht bis hin zu LehrerInnenaus- und -fortbildung. Die notwendigen Veränderungen lassen sich aus meiner Sicht folgendermaßen zusammenfassen:

3. Thesen zur Veränderung von Schule und Unterricht aus interkultureller Perspektive

These 1:
Die monolinguale und monokulturelle Prägung von Schule und Unterricht (vgl. dazu Gogolin 1994) ist zu überwinden. Die Internationalisierung aller Lebensbereiche durch Einwanderung und EG-Zusammenschluß erfordert einen veränderten Bildungsbegriff und neue Lehrinhalte. Die deutsche Schule hat positiv zu reagieren auf eine Entwicklung zu Multikulturalität, Zwei- und Mehrsprachigkeit, die in vielen Ländern der Erde längst zur Regel geworden ist.

These 2:
Der in der deutschen Schule vorherrschende monokulturelle, bestenfalls noch eurozentrische Blick auf alle Lernbereiche müßte erweitert werden durch eine mehrkulturelle und mehrperspektivische Betrachtungsweise. Dies gilt von der Grundschule bis zur Oberstufe des Gymnasiums.

These 3:
Die Überarbeitung von Richtlinien, Lehrplänen und Schulbüchern unter interkulturellen Gesichtspunkten ist überfällig. Eine sporadische Berücksichtigung interkultureller Aspekte in Randbereichen des Schullebens (bei Schulfesten, im Bereich von Nahrung und Folklore) reicht nicht aus, um dem Lebenshintergrund von Kindern anderer Herkunftskultur und Muttersprache in unseren Klassen gerecht zu werden.

These 4:
Die ausländischen Lehrkräfte dürften ihre Existenz nicht nur im Randbereich des muttersprachlichen Ergänzungsunterrichts fristen, sondern sollten möglichst im Team Teaching als ExpertInnen für Herkunftskulturen und -sprachen im Unterricht *aller* SchülerInnen herangezogen werden. Die ausländischen SchülerInnen sind mit dieser Expertenrolle in der Regel überfordert. Die Integration der ausländischen Lehrkräfte ins deutsche Kollegium kann als Modellfall interkultureller Ausrichtung der Schule gelten.

These 5:
Zwei- und Mehrsprachigkeit, wie sie viele Einwandererkinder mitbringen, sollte als hoher kultureller Wert im Hinblick auf *alle* Herkunftssprachen (und nicht nur unsere dominanten Schulsprachen Englisch und Französisch) in der deutschen Schule geachtet, gepflegt und erhalten werden.

Aufwachsen in verschiedenen sozialen Normen- und Bezugssystemen und Vertrautheit mit verschiedenen kulturellen Sichtweisen der Welt sollte nicht als »Unglück« (vgl. die Rede vom »Identitätskonflikt«), sondern als persönlichkeitsbildend und -bereichernd betrachtet werden (vgl. dazu Auernheimer 1988).

These 6:
Es muß verhindert werden, daß das Schulversagen der Einwandererkinder künstlich produziert wird, bei teilweise überdurchschnittlichen Intelligenzleistungen, zu denen deutsche Kinder oft nicht fähig wären (z.B. Zweitsprachenerwerb binnen kürzester Zeit ohne genügend sachkundige Anleitung durch die deutschen LehrerInnen). Sie dürfen nicht an monokulturellen Maßstäben gemessen werden, an denen sie scheitern müssen. Das Schulversagen der Einwandererkinder aufgrund des mangelnden sprachdidaktischen und methodischen Kenntnisstandes der LehrerInnen im Hinblick auf Deutsch als Zweitsprache müßte ausgeschlossen werden.

These 7:
Ausländische Kinder sind keine *Problemkinder*, auch dann nicht, wenn sie wenig Deutschkenntnisse mitbringen und »noch nicht integriert sind«. In dieser Redeweise, die von deutschen Lehrkräften oft zu hören ist, kommt das *Assimilationskonzept* der deutschen Schule zum Ausdruck, das auf einem Machtgefälle zwischen der deutschen Mehrheitsgesellschaft und den Angehörigen der Minoritätengruppen basiert. Die Majorität erlegt dabei den Minoritäten die eigenen Normen, Verhaltensweisen und Lerninhalte auf und beschneidet ihnen die Chancen zu Partizipation und Selbstdarstellung. Die unterrichtliche Konsequenz aus dem Konzept der interkulturellen Erziehung müßte jedoch in allen Fächern und Lernbereichen die Berücksichtigung der *Verschiedenheit* der Migranten-, Aussiedler- und Flüchtlingskinder sein.

These 8:
Maßnahmen der Binnendifferenzierung, die auf einer positiven Berücksichtigung dieser Verschiedenheit ausländischer SchülerInnen und deren Zweisprachigkeit aufbauen, müßten in multikulturellen Klassen zum selbstverständlichen Handwerkszeug der LehrerInnen gehören (z.B. Etablierung von Dolmetscherdiensten, zweisprachiger Gruppenarbeit und Helfersystemen).

These 9:
Grundlage der Benotung müßte der individuelle Lernfortschritt der Einwandererkinder sein (der binnen kurzer Zeit oft enorm ist) und nicht der klasseninterne Bewertungsmaßstab, der sich am Leistungsstand der deutschen Kinder orientiert.

These 10:
Bei aller Offenheit für verschiedene kulturelle Einflüsse und Prägungen muß die Respektierung der Menschenrechte sowie des Grundrechtes auf freie Entfaltung jedes Individuums (Art. 2, 1 Grundgesetz) als gemeinsame Norm gelten. Erziehung zu gegenseitiger Empathie, Toleranz und Solidarität ist konstituierender Bestandteil eines neuen Allgemeinbildungskonzepts (Klafki 1985, S. 21; S. 45/46). Seine Realisierung erfordert eine entschiedene Ablehnung und Bekämpfung aller impliziten und expliziten Formen von Rassismus in und außerhalb der Schule.

Die Thesen 5 bis 10 stehen dabei in direkter Nähe zur Freinet-Pädagogik und lassen sich mit den in ihrem Rahmen entwickelten Unterrichtstechniken auch praktisch umsetzen. Der freie Ausdruck, der freie Text, Erkundungen im multikulturellen Lebensraum und der Einsatz binnendifferenzierender Arbeitsmaterialien mit Selbstkorrektur – besonders für den Bereich Deutsch als Zweitsprache – sind Elemente der Freinet-Pädagogik, die das interkulturelle Lernen ermöglichen und erfolgreich in Klassen mit hohem Ausländeranteil erprobt wurden (vgl. dazu Dietrich 1984 und 1986 sowie die beiden Video-Produktionen 1983 und 1988).

4. Die Realisierung interkulturellen Lernens in der Grundschule

Die deutsche Grundschule ist der »Empfangssalon« unserer Gesellschaft für *alle* Kinder – gleich welcher Sozialschicht, Herkunft, Nationalität oder Muttersprache. Hier werden Kinder aus unterschiedlichsten Lebenswelten und mit unterschiedlichsten Schicksalen gemeinsam beschult. Hier präsentiert unsere Gesellschaft den ausländischen Kindern ihr humanes, weltoffenes, empfangsbereites und solidarisches Gesicht – oder ihr verschlossenes, abweisendes, monokulturell geprägtes Gesicht mit konkurrenzorientierten, egoistischen Zügen, eventuell noch vom Rassismus verzerrt.

Zugegeben, dieses etwas düstere Bild trifft nicht überall zu. In Ballungszentren, wo die Anzahl der ausländischen SchülerInnen oft die der deutschen überwiegt, läßt sich die Fiktion eines rein deutschen Normalbetriebs ohnehin nicht aufrechterhalten. Dort arbeiten oft engagierte LehrerInnen, die prinzipiell Abschied genommen haben von der Wunschvorstellung eines frontal gesteuerten, einheitlich voranschreitenden Lernprozesses, der trotz unterschiedlicher Voraussetzungen für *alle* SchülerInnen paßt. Oft werden an solchen wahrhaft »internationalen Schulen« Unterrichtsformen erprobt und entwickelt, die der Vielfalt der Ausgangsvoraussetzungen der Kinder gerecht werden. Dazu können sich die LehrerInnen aus dem breiten Reservoir der Freinet-Techniken bedienen bzw. auch andernorts erprobtes individuelles, grundschulgerechtes Arbeitsmaterial mit Selbstkorrektur in ihren Unterricht einbauen (u.a. die Angebote diverser Kleinverlage). Entscheidend ist jedoch das Klima der multikulturellen Aufgeschlossenheit und des selbstverständlichen, wertungsfreien Nebeneinanders verschiedener Kulturen und Sprachen.

In dieser Hinsicht hat die Praxis von Freinet-PädagogInnen viele Anregungen zu bieten. *Claudia Himmelskötter*, Praktikantin an der *Célestin-Freinet-Schule Köln* (einer kleinen Grundschule in einem Innenstadtviertel mit hohem Ausländeranteil) faßt ihre Eindrücke dazu folgendermaßen zusammen:

»Daß die Situation des gemeinsamen Lernens verschiedenster Kinder unterschiedlicher Nationalitäten und Sprachen wichtiges Thema in der Célestin-Freinet-Schule ist, wird schon durch die Ausstattung der Schule von vornherein deutlich. SchülerInnen, LehrerInnen und BesucherInnen werden im Foyer durch das große Plakat ›Wir sind Kinder einer Erde‹ empfangen.

Im Flur sind stets weitere Plakate, Informationen, Fotos, Schülertexte u.v.m. zu finden, die auf interkulturelle Projekte und Aktionen hinweisen bzw. diese dokumentieren. Darüber sind Schülerportraits ausgestellt, die mit den jeweiligen Schülernamen und ihren Sprachen beschriftet sind. Steckbriefe, die die Kinder im Unterricht entwerfen, enthalten neben den üblichen Angaben die Rubrik: ›Meine Sprache/n ist/sind ...‹.

In den Klassen finden sich für die schulische Arbeit vielfältige Materialien, zum Teil in verschiedenen Sprachen, die eine Auseinandersetzung mit verschiedenen Kulturen, Lebensweisen und Sprachen anregen. Auch viele Beschriftungen im Schulgebäude und in den Klassen finden sich in verschiedenen Sprachen. Eine Klasse, die sich den neuen Namen ›Adler-Klasse‹ auswählte, erarbeitete diesen Namen in sämtlichen von den Kindern repräsentierten Sprachen und beschriftete ihre Klassentür entsprechend. Auf diese Anregung folgte die weitere Auseinandersetzung mit Unterschieden und Ähnlichkeiten verschiedener Sprachen, typischer Redewendungen, die wiederum auf verschiedenen kulturellen Verständnissen beruhen. Die LehrerInnen der Célestin-Freinet-Schule besprechen und entwikkeln vielfältige Möglichkeiten, die verschiedenen Sprachen in den Unterricht einzubeziehen, gemeinsam und tauschen neue Ideen und Anregungen ständig aus.

Die Bärenklasse setzt sich zusammen aus 13 Jungen und 9 Mädchen aus dem 1. Schuljahr (6 Kinder), dem 2. Schuljahr (8 Kinder) und dem 3. Schuljahr (8 Kinder). Sie repräsentieren viele verschiedene Sprachen und Kulturen.

Der Korrespondenzklasse stellt sich die ›Bärenklasse‹ folgendermaßen vor:

Die Bärenklasse

Wir sind 22 Kinder in der Bärenklasse.
Sechs Kinder sind im 1. Schuljahr,
acht Kinder sind im 2. Schuljahr,
acht Kinder sind im 3. Schuljahr.

Wir sind dreizehn Jungen und neun Mädchen.

Wir sprechen albanisch, arabisch, deutsch, italienisch, kölsch, kroatisch, portugiesisch, serbisch und türkisch

Schon vor Unterrichtsbeginn ist das Klassenzimmer offen, die Kinder kommen nach und nach und beginnen selbständig mit der Arbeit ihrer Wahl. Dabei orientieren sie sich an ihrem Arbeitsplan für die Woche, der ein Minimum an Aufgaben vorgibt, das von allen Schülern verpflichtend zu erledigen ist. Während dieser sogenannten ›Stillen Arbeit‹ ist es den Kindern freigestellt, allein, mit einem Partner oder in einer Kleingruppe zu arbeiten. Die Kinder helfen sich gegenseitig, so daß sie nicht allein auf den Lehrer fixiert sind. Dem Lehrer fällt eher die Aufgabe zu, Bedingungen für dieses selbständige Arbeiten zu schaffen sowie helfend und beratend zur Seite zu stehen. Die Kinder dürfen sich unterhalten und sich einen Arbeitsplatz frei wählen (z. B. am Computer, in einer Kleingruppe oder im Stuhlkreis) und sich entsprechendes Material dazu holen. Es herrscht eine insgesamt ruhige, angenehme Lernatmosphäre.

Nach der Pause ändert sich in der Regel die Arbeitsform. Der Erzählkreis versammelt alle Kinder in der Klasse. Hier werden Vorhaben geplant, bisherige Arbeiten vorgestellt, besprochen und kritisiert. Alle nehmen Anteil an individuellen Lernfortschritten, die gegebenenfalls durch Urkunden honoriert werden. Anstelle des Erzählkreises findet donnerstags der Geschichtenkreis und freitags die Klassenversammlung statt.

Die Klassenversammlung wird strukturiert durch bestimmte Leitfragen, die jeweils die vergangene Woche und die anwesenden Kinder betreffen. In der Klassenversammlung geht es in der Regel sehr lebhaft zu: Die anstehenden Fragen werden von den Kindern ernsthaft behandelt, jedes Kind vertritt seine Meinungen und Interessen, Konflikte werden ausgetragen und Lösungen für anstehende Probleme gemeinsam erörtert. Auch werden Vorschläge für Vorhaben und Erkundungen der folgenden Woche zusammengetragen. Diese führen die Kinder nach ›draußen‹: An den Rhein, durch das ›Veedel‹, in den Zoo, in verschiedene Handwerksbetriebe, zur Polizeistation, in einen türkischen Laden...

Im Geschichtenkreis laufen die Fäden des freien Schreibens zusammen. Die Kinder versammeln sich, um von ihren Geschichten und aktuellen Themen zu berichten sowie Texte, an denen gerade gearbeitet wird oder die bereits vollendet sind, vorzustellen. Diese werden besprochen, kritisiert und gegebenenfalls nochmals überarbeitet.

Die in der Klasse vertretene intra- und interindividuelle Mehrsprachigkeit wird vom Lehrer im Unterrichtsgeschehen durchweg aufgegriffen. Herr Hoff fordert die Schüler immer wieder auf, im Dialog, bei Fragen oder Unklarheiten usw. die Muttersprache zu benutzen. Dies, um das Verständnis der SchülerInnen zu sichern, alle Kinder mit ihrer Sprache in das Geschehen einzubeziehen und sie in »ihrer« Sprache kennenlernen zu können. Einige Spiele, die immer wieder aufgegriffen werden, bieten besondere Möglichkeiten, verschiedene Sprache einzubeziehen und für alle erlebbar zu machen. So zum Beispiel das ›Streitgespräch‹. Zwei Kinder bekommen ein Konfliktthema gestellt, das sie diskutierend und argumentierend, schimpfend, rechtfertigend und erklärend vor der Gruppe ausspielen können. Während meiner Hospitation in der Bärenklasse wünschte sich ein Geburtstagskind dieses Spiel und begann mit einem deutschsprachigen Freund. Weitere Spiel- bzw. ›Streit‹runden fanden in türkischer, italienischer und portugiesischer Sprache statt. Auch wenn einige ZuhörerInnen/ZuschauerInnen die entsprechende Sprache nicht verstehen, ist es doch für alle ein Erlebnis, die Kinder in ›ihrer‹ Sprache beobachten zu können. Mimik, Gestik, Tonfall, Stimmklang und andere die Sprache begleitende Elemente gewinnen hier besondere Bedeutung. Besonders interessant ist es, daß Kinder anderer Herkunft in ihrer Muttersprache häufig viel lebendiger, stärker, authentischer und sicherer erscheinen. Im Gebrauch der deutschen Sprache teilweise unsicher, ruhig und zurückhaltend, erlebt man die Kinder in ›ihrer‹ (Erst-)Sprache oft von einer anderen Seite, die ihre Persönlichkeit bedeutend ausmacht.« (Himmelskötter 1993, S. 81–85).

Diese Beobachtung der Praktikantin, daß Kinder in der Zweitsprache Deutsch oft unsicher und scheu wirken, trifft übrigens auch auf die »vereinzelten« ausländischen Kinder in deutschen Regelklassen zu – nur daß sie dort meistens nie die Gelegenheit erhalten, sich von ihrer »starken«, muttersprachlichen Seite zu zeigen...

Empathie für ihre schwierige Situation und eine gehörige Portion *Wissen* über den Ablauf kindlicher (Zweit-)Spracherwerbsprozesse würden auf seiten der deutschen Lehrpersonen dazugehören, um diesen Kindern gerecht zu werden. Hier soll darum an einigen Beispielen verdeutlicht werden, welch große Intelligenzleistungen ausländische Kinder erbringen müssen, die das Erlernen der deutschen Sprache »spontan«, allein auf sich gestellt, ohne systematische Berücksichtigung ihrer Lernschwierigkeiten im Unterricht zu bewältigen haben.

5. Frühkindlicher Spracherwerb – Deutsch als Hörsprache

Ein *deutsches* Mittelschicht-Kind hat beim Schuleintritt – nach einer Hochrechnung von Clemens Eggers (1988, S. 15) – ca. 20000 Stunden Umgang mit der deutschen Sprache hinter sich. Das bedeutet eine Einübung in Lautung, Wortschatz, Wortbedeutung, Wortbildung und Satzbau der deutschen Sprache rund um die Uhr (Schlafenszeiten ausgenommen).

Ein in Deutschland geborenes Kinder *türkischer* Eltern z.B. hat ungefähr die gleiche Anzahl Stunden hinter sich, in denen es einem »Sprachbad« ausgesetzt war – nur einem *anderen*. Denn türkische Mütter sprechen noch vorwiegend Türkisch mit ihren Kindern – sie verkörpern das spracherhaltende Moment in der Migrantenfamilie. Auch spanische und griechische Eltern sind sehr auf eine Pflege und Aufrechterhaltung der Muttersprache bei ihren Kindern bedacht. Sie bilden dazu Elternvereine und finanzieren sogar eigene Privatschulen.

Es ist kaum damit zu rechnen, daß ausländische Kinder im Deutschland von heute viele deutsche SpielkameradInnen haben. Auch der Besuch eines deutschen Kindergartens ist für sie nicht selbstverständlich. All dies vorausgesetzt, kommen sie vielleicht insgesamt auf 5500 Stunden Erfahrung mit der deutschen Sprache. Daß sie dann einen beträchtlichen Rückstand beim Erwerb des deutschen Lautsystems, des deutschen Wortschatzes, der Erfahrung mit Wort- und Satzbau haben, ist unmittelbar einleuchtend.

Diesen Rückstand von 14500 Stunden Lern- und Übungszeit im Deutschen müßte ein ausländisches Kind im Schnellverfahren aufholen, um mit den deutschen Kindern mithalten zu können. Doch auch die deutschen Kinder bleiben ja nicht stehen. Sie unterliegen im Gegenteil einer ehrgeizigen und oft wenig kindgemäßen Förderung durch die Eltern. *Deutsche* Eltern tun alles, um ihre Kinder für den schulischen Leistungswettbewerb fit zu machen. *Ausländische* Eltern dagegen können aufgrund ihrer mangelhaften Deutschkenntnisse oft nicht einmal ihren Kindern bei den Hausaufgaben helfen.

Alle Kinder erwerben bis zum Schuleintritt das Deutsche als *Hörsprache*. Dies vollzieht sich auf dem Wege der Laut-Diskriminierung, der Imitation und der ausdrücklichen oder impliziten Verstärkung durch die Bezugspersonen in der Umwelt des Kindes.

Für ausländische Kinder, die das Deutsche als Zweitsprache erwerben, bedeutet das:

a) Ihr Hörapparat ist anders geprägt.
b) Ihre Sprechwerkzeuge müssen sich bei der Hervorbringung ungewohnter Laute umstellen.
c) Sie müssen zum Teil ein neues Begriffssystem mit andersartigen semantischen »Füllungen« übernehmen.

zu a)
Die Verknüpfung von Laut und Bedeutung ist ein Lernprozeß, der an der Mutterbrust beginnt. Er ist in der Regel mit intensiver Liebe und Zuwendung gekoppelt und daher besonders wirkungsvoll. Babys und Kleinkinder erlernen die Sprache, indem sie probeweise Laute hervorbringen und dann durch positive Zuwendung ihrer Bezugspersonen erfahren, daß einige Laute »bedeutungstragender« sind als andere. Wenn sie die betreffenden Lautfolgen ausstoßen, sind positive Wirkungen zu erwarten. Nehmen wir das erste Wort, das jeder kleine Mensch zu sprechen lernt: »Mama« (im Deutschen) – »Anne« (im Türkischen). In anderen Sprachen, die wir nicht kennen, werden wieder andere Lautfolgen mit dieser ersten und wichtigsten Bezugsperson im Leben jedes Menschen verknüpft. Wenn das Kind sie (aufgrund von »trial and error«) gelernt hat, kann es damit jederzeit die mütterliche Zuwendung herbeirufen.

Im Laufe der Zeit differenziert sich dieser Prozeß immer weiter aus. Das Kind wächst in das Laut- und Bedeutungssystem seiner Muttersprache hinein, es lernt, welche Unterschiede zu beachten sind. So benutzt z.B. das Japanische nicht den Unterschied zwischen -l- und -r- (Gras/Glas), das Deutsche läßt wiederum Unterschiede in der Tonhöhe außer acht, die in einigen asiatischen Sprachen bedeutungstragend sind. Andere Sprachen kennen z.B. nicht unseren Unterschied zwischen langen und kurzen Vokalen (Ofen – offen) oder offenem und geschlossenem -e- (Esel – essen). Es werden also in jeder Sprache verschiedene Hör-Raster, verschiedene Reaktionsmuster auf verschiedene Lautketten aufgebaut.

Wichtig ist: Man kann den Kindern diese Unterschiede *nicht abstrakt erklären*. Denn bis zum Schuleintritt (mit ca. 6 Jahren) ist noch bei keinem Kind die Muttersprache so weit gefestigt, daß sie zum bewußten Sprachvergleich herangezogen werden könnte. Unterschiede zum Deutschen können nicht in abstrakten Worten begreiflich gemacht werden. Die Kinder befinden sich noch auf der Stufe des konkreten Sprachhandelns. Sie können noch nicht »aus ihrer Sprache heraustreten«, und auch das Erlernen neuer Begriffe vollzieht sich nur durch konkretes Tun und durch das unmittelbare Handeln in bedeutungsvollen Situationen.

zu b)
Die notwendige Umstellung der Sprechwerkzeuge möchte ich demonstrieren am Fallbeispiel einer kleinen spanischsprechenden Lateinamerikanerin: In ihrer Variante des Spanischen, besonders in der Kindersprache, werden in- und auslautende -s- nur höchst mangelhaft artikuliert, zumeist fallengelassen (e-calera/e-trella/fe-tival) – im Gegensatz zum »spanischen« Spanisch, wo verschiedene scharf artikulierte s-Laute bis hin zum englischen -th- eine große Rolle spielen. Die Kleine soll also lernen, im Deutschen das auslautende -s- zu sprechen. Das geht aber weder, indem man ihr das mit diesen Fachausdrücken erklärt, noch durch Nachsprechen. Denn sie selbst *hört* gar nicht (= nimmt gar nicht bewußt wahr), daß sie das -s- gewohnheitsmäßig fallenläßt. Also geht dies nur im Rückgriff auf bedeutsame Situationen, die ihr wichtig sind. Wie gut deutsches Eis schmeckt, weiß sie schon. Darum kommt immer wieder ihre Bitte: »Compra me un helado.« Ja, aber

nur, wenn sie das deutsche Wort dafür ausspricht. Nun gut. Es kommt nach vielem richtigen Vorsprechen heraus. »Ei«. Ich hole ein Ei und zeige es ihr, frage sie: »¿Es eso que tu quieres?« Wütende Verneinung. Sie muß lernen: »Ei« ohne -s- im Deutschen bedeutet »huevo«: das, was sie haben möchte (helado) bekommt sie nur, wenn sie im Deutschen entgegen ihren Aussprachegewohnheiten ein deutliches scharfes -s- an den auslautenden Vokal anhängt. (Andere Beispiele: Hau/Haus, oder Max und Moritz, die auf einem Bild in ihrem Kinderzimmer zu sehen waren und lange Zeit nur »Ma..« und »Mori..« hießen. Dabei ließ sie die Verschlußlaute -k- und -t- gleich mit fallen, die in ihrer Sprache ohnehin nicht in Kombination mit -s- und nicht am Wortende auftreten).

Kleine DialektsprecherInnen des Deutschen haben ebenfalls in bezug auf das *Hoch*deutsche besondere Höchstleistungen zu vollbringen. Sie müssen z.B. erkennen lernen, daß die heimische Lautfolge »Ha noi« in einem anderen sozialen Kontext »Ach nein« heißt oder auch eine Hauptstadt in Südostasien bezeichnen kann, daß »I wois net« übersetzt werden muß mit »Ich weiß nicht« etc. All dies vollzieht sich auf dem Weg von Versuch und Irrtum und impliziter Regelbildung, wobei ständig Hypothesen angetestet und wieder verworfen werden, wenn die Umwelt in ihren Reaktionen sie nicht bestätigt.

Man kann Kleinkindern keine abstrakten Regeln mitteilen und diese dann durch Übungssätze festigen wie im Fremdsprachenunterricht. Darum vollzieht sich dieser Spracherwerbsprozeß langsamer und mühsamer, mit vielen Umwegen und unzählig vielen notwendigen Wiederholungen – während z.B. Erwachsene im Fremdsprachenunterricht durch ihre kognitive Herangehensweise viele Lernwege abkürzen können.

Dennoch hält sich hartnäckig die Überzeugung, daß Kinder einfacher und schneller eine Fremdsprache erlernen – weil Erwachsene die Mühe nicht sehen, die die Kinder in diesen nur scheinbar von selbst ablaufenden Prozeß investieren müssen. In *einem* Punkt allerdings stimmt dieses landläufige Urteil:

Kinder erwerben viel schneller als Erwachsene eine »waschechte« zweitsprachliche Intonation. Ihre Sprechwerkzeuge sind noch nicht so festgelegt, ihre Hemmungen gegenüber der Hervorbringung ungewohnter Laute und Lautfolgen noch nicht so ausgeprägt. Doch vordergründige Flüssigkeit, angepaßte lokale Färbung, die verhältnismäßig rasche Übernahme gängiger Redewendungen als »Versatzstücke« erzeugen dabei eine »Sprachfassade«, die viele LehrerInnen täuscht. Sie verdeckt viel Unverstandenes oder nur Halb-Verstandenes, überspielt Unklarheiten im semantischen Bereich.

zu c)

Die Schule fordert aber von den Kindern, mit Sprache präzise und unter genauer Kenntnis der Wortbedeutungen umzugehen. Beim Aufbau eines neuen semantischen Systems (d.h. einer neuen Begriffswelt) werden sie jedoch weitgehend alleingelassen. Die Teilnahme am deutschen Unterricht verlangt von Anfang an hochdifferenzierte Unterscheidungsleistungen von den Kindern. Welche Wortfolge bedeutet was? Welche Laute muß ich heraushören, um das Richtige zu verstehen?

Der Schreib- und Leselehrgang z.B. setzt voraus, daß die Kinder zu einer genauen akustischen Analyse jedes einzelnen Wortes in der Lage sind *und* gleichzeitig die semantischen Konzepte beherrschen, die dahinterstehen. Die Veränderung nur einer einzigen kleinen bedeutungstragenden Einheit, eines Phonems, bewirkt eine dramatische Veränderung des Wortsinns: Hose – Rose – Dose... Die Kinder müssen also aus dem zunächst ungegliederten Fluß fremder Laute, der ihr Ohr umspült, die richtigen und wichtigen herausfiltern lernen.

Hierzu werden auch deutschen Kindern in den diversen Fibel-Lehrgängen viele Übungen angeboten, denn diese Fähigkeit ergibt sich nicht von selbst.

Ausländische Kinder jedoch müssen nicht nur die Fähigkeit der akustischen Analyse trainieren. Sie müssen zunächst einmal das Wortmaterial erlernen, an dem sie diese üben sollen... und bei Substantiven auch noch die Artikel dazu!!! Oft kennen sie die Wörter und Begriffskonzepte noch nicht einmal in ihrer Muttersprache, was z.B. auch den Einsatz der Bild-Buchstabentabelle von Jürgen Reichen erschwert (s. den Beitrag von Hartmut Glänzel in diesem Band). Wenn ein Fibellehrgang mit Bildchen arbeitet, denen die Kinder die entsprechenden Anfangsbuchstaben zuordnen sollen, dann wird die Kenntnis der Begriffe vorausgesetzt. Viele deutsche Kinder trainieren diese Aufgabe schon *vor* Schulbeginn anhand von Lernspielen, Memories etc.

Nicht so die Kinder ausländischer Herkunft. Sie müssen die fremden Substantive lernen, sie müssen sie richtig aussprechen können, und sie müssen das verallgemeinerte Begriffskonzept, das dahintersteht, mit dem richtigen interkulturellen Inhalt füllen können.

Beispiel: Zur Einübung des -D- werden Bildchen von einem Dorf (mit Fachwerkhäusern), oder des -K- von einer Kirche abgebildet.

a) Kinder aus anderen Kulturkreisen (z.B. aus Anatolien oder Afrika) müssen jedoch erst einmal lernen, daß deutsche Dörfer **so** aussehen und daß einige zum Beten in so ein großes Haus mit Turm gehen und nicht in die »Cami« (Moschee).
b) Sie müssen die deutsche Benennung für diese semantischen Einheiten/Konzepte/Verallgemeinerungen kennen (auch jedes deutsche Dorf, jede deutsche Kirche sieht anders aus).
c) Sie müssen die Bezeichnung richtig aussprechen können: Do/*rf* /Ki*rch*e enthalten z.B. ungewohnte, für ausländische Zungen schwierige Konsonantenverbindungen.

An diesen Beispielen wird deutlich: Lesen- und Schreibenlernen bedeutet nicht nur, die Kenntnis von Buchstaben zu erwerben. Eine ganze Dimension komplizierter Lernleistungen im Spannungsfeld von optischer und akustischer Wahrnehmung, Feinmotorik, Phonetik, Semantik und Grammatik würde durch diese naive Betrachtungsweise außer acht gelassen. Der Lese- und Schreiblernprozeß setzt die Fähigkeit zu komplizierten, koordinierten Denk- und Handlungsabläufen voraus. Noch schwieriger gestaltet sich dieser Lernprozeß für Kinder mit anderen Hör- und Sprechgewohnheiten, wie wir oben am Beispiel des Deutschen als Hörsprache gesehen haben.

6. Deutsch als Schriftsprache

Beim Erwerb des deutschen Schriftsystems potenzieren sich für die ausländischen Kinder die oben schon angeführten Schwierigkeiten.

Die Zweitsprache Deutsch, die sie nur mangelhaft beherrschen, ist gleichzeitig Unterrichtssprache. Ihre rein deutschsprachig aufgewachsenen MitschülerInnen haben damit keine Probleme. Sie können sich auf das Lesen- und Schreibenlernen in einer Sprache konzentrieren, die sie ohnehin beherrschen. Die zweisprachig aufwachsenden Kinder dagegen müssen diese komplizierte Fähigkeit erwerben an einem Sprachmaterial, das ihnen z.T. noch unbekannt ist. Die LehrerInnen, die sie unterrichten und ihnen dabei die nötigen Hilfen geben sollen, merken oft gar nichts von den Verständnisproblemen oder sind hilflos bei dem Versuch, sie zu beheben. Das liegt z.T. daran, daß sie die Herkunftssprachen dieser Kinder nicht beherrschen. Bei vier bis fünf Nationalitäten in einer Klasse mit z.T. exotischen Herkunftssprachen wäre dies auch schwierig – wobei die meisten Kinder ja auch nicht die betreffende Nationalsprache, sondern einen Dialekt oder Soziolekt sprechen (dieser Ausdruck wurde von Maria Wandruszka [1971] geprägt, um sozial unterschiedliche »Sprachen« zu kennzeichnen.

Dieses Problem existiert auch bei *deutschen* Kindern und wird von den Lehrenden viel zu wenig beachtet. Hierfür ein Beispiel von Edith Slembek: »In einem sozial schwachen Wohngebiet fragt ein Besucher ein Kind auf der Straße: ›Hasch du noch Geschwischder?‹ Das Kind fragt zurück: ›Was?‹ Der Besucher: ›Ob du noch Geschwischder hasch?‹ Das Kind: ›Hä?‹ Ein vorbeikommender Sozialarbeiter fragt: ›Ob du noch Brieder un Schweschdere haschd.‹ Das Kind: ›Jo, drei.‹ Hier war schon für das deutsche Kind der Oberbegriff ›Geschwister‹ nicht verständlich, weil er in seinem Lebensraum nicht vorkam.« (Slembek 1986, S. 24).

Edith Slembek weist in diesem Zusammenhang darauf hin, daß ein sehr großer Teil der Deutschen und der Ausländer nur wenige Varietäten des Deutschen kennen – oft nur den schichtgebundenen Dialekt ihrer Umgebung – und diesen nur als Hör- und Sprechsprache. Der Sprung von dort zum Standarddeutschen und zur Schriftsprache ist enorm und wird in seiner Schwierigkeit oft unterschätzt (S. 24). Nicht wenige Kinder scheitern daran und werden dann als LegasthenikerInnen in die Sonderschule für Lernbehinderte abgeschoben. Und dies unter Verkennung der Tatsache, *was* diese Kinder alles können und leisten.

Die vielen Denkoperationen, akustischen, semantischen und feinmotorischen Übungsprozesse, die Kinder **generell** beim Erwerb der Schriftsprache zu bewältigen haben, sollen hier nicht angeführt werden (vgl. dazu Brügelmann 1983). Aus der Sicht der ausländischen Kinder potenzieren sie sich noch durch unüberschaubare Prinzipien und Regelsysteme für die deutsche Rechtschreibung, zu denen es unzählige Ausnahmen gibt. Hinzu kommt, daß nicht wenige ausländische Kinder im muttersprachlichen Ergänzungsunterricht gleichzeitig ein zweites Schriftsystem erwerben müssen, nämlich das ihrer Muttersprache. Durch die unkoordinierte Vorgehensweise dabei – denn Absprachen zwischen den deutschen und ausländischen Lehrkräften oder gar gemeinsam ausgearbeitete Lehrgänge (vgl. dazu Nehr

u. a. 1988) existieren äußerst selten – sind Lernschwierigkeiten, Hemmungen, Verwechslungen und Interferenzen vorprogrammiert.

Um diesen Erwerb der Schriftsprache für deutsche und ausländische Kinder nicht zu einem Horrortrip, sondern zu einem lustbetonten und weitgehend selbstgesteuerten Vorgang zu machen, greifen nicht wenige Freinet-LehrerInnen auf die Methode von Jürgen Reichen zurück (vgl. dazu Reichen, Brügelmann u. a. in: päd. extra, H. 6/1992, S. 6–19 sowie die Ausgaben von »Fragen & Versuche« Nr. 57 und 67).

Mit dem »Buchstabentor« können die Kinder von Anfang an schriftlich ausdrücken, was sie wollen, und sind nicht an vorgegebene Fibeltexte gebunden. Gefordert und gefördert wird mit dieser Methode außerdem die Fähigkeit zur akustischen Analyse, die ja gerade für den Sprachlernprozeß ausländischer Kinder so wichtig ist (s. o.).

Voraussetzung für den Erfolg dieser Methode ist allerdings, daß die Annäherungsstufen der ausländischen Kinder an orthographische Richtigkeit (viş, froş, slage, katse, feyat, eoijle – s. Abbildung) als kreative Leistungen anerkannt werden. Die Lehrpersonen dürfen diesen schwierigen Prozeß der akustischen Analyse eines

fremden Sprachsystems nicht dadurch hemmen, daß sie die einzelnen Übergangs-Etappen als »Fehler« brandmarken. Sie müssen statt dessen mit Widerständen und Versagensängsten der ausländischen Kinder rechnen und alles tun, um die Hemmschwelle vor dem Schreiben kleinzuhalten (vgl. W. Hövel, in: »Fragen & Versuche« H. 67/1994, S. 7–9).

Sicherlich gehören in einem späteren Stadium des Schreib- und Leselernprozesses auch systematisierte, individualisierte Lernmittel, Lernkarteien sowie Spiele und gemeinsame Sprechhandlungsanlässe dazu, um diesen Prozeß zu festigen. Auch die Arbeit mit der Freinet-Druckerei als ausgezeichnetes Lernmittel, das sowohl den handelnden Umgang mit Schrift als auch den freien Ausdruck und die hilfreiche Zusammenarbeit von Kindern mit unterschiedlicher deutscher Sprachbeherrschung erlaubt, wird auf diesen späteren Stufen ihren Platz haben (vgl. dazu die Video-Produktion »Auf dem Weg zur freien Arbeit«, Duisburg 1988). Dennoch sei nicht verschwiegen, daß viel Zeit, Geduld, Frustrations- und Fehlertoleranz auf seiten der ausländischen SchülerInnen und der deutschen LehrerInnen nötig sind, um diese Barriere des Schriftspracherwerbs in der Zweitsprache Deutsch zu überwinden. Und dies liegt nicht in der »Dummheit« der ausländischen SchülerInnen begründet, sondern in der schwierigen Orthographie des Deutschen sowie im immer noch niedrigen Ausbildungsstand der LehrerInnen in einer so wichtigen Fachdidaktik wie »Deutsch als Zweitsprache«.

Glückt es allerdings, den Kindern die Angst vor dem Schreiben in der Zweitsprache zu nehmen, dann kann ein natürlicher Prozeß des Sich-Ausdrückens in Wort und Bild in Gang kommen, der die Lebenswirklichkeit der Kinder widerspiegelt und oft auch therapeutische Funktion hat (vgl. dazu Dietrich 1981 und 1986). Dies ist ein wichtiger Grundstein zur Bewältigung einer multikulturellen Realität, die durch den sich ausweitenden Rassismus leider auch beängstigende Züge trägt – und das nicht nur für Kinder...

Schluß

Durch die Detail-Analyse des Schreib- und Leselernprozesses aus der Sicht der ausländischen Kinder sollte einmal beispielhaft verdeutlicht werden, was Empathie – d.h. Einfühlung in die Lage der ausländischen Kinder – bedeutet. Es dürfte dabei deutlich geworden sein, daß sie ungleich größere Schwierigkeiten zu bewältigen haben als die deutschen Kinder, und daß es folglich ein Unrecht wäre, sie nach gleichen Maßstäben wie die deutschen Kinder zu bewerten.

In Freinet-Klassen, wo jedes Kind als Individuum ernst genommen und nach seinen eigenen Lernfortschritten bewertet wird, entschärft sich diese Problematik. Die Vielfalt der Aktivitäten, die gleichzeitig ablaufen, die Möglichkeiten zu gegenseitiger Hilfestellung und Kooperation (die hier nicht als »Mogeln« bewertet werden) und das Wertschätzen anderer als nur verbaler Qualitäten setzen einen einheitlichen Leistungsmaßstab außer Kraft.

Doch immer mehr ausländische Kinder schaffen es trotz der Ungerechtigkeit dieses einheitlichen Leistungsmaßstabs, bei dem ihre viel höhere Lernanstrengungen nicht mitbewertet werden, auf weiterführende Schulen zu gelangen. Sie sind nicht mehr nur auf die hinteren Plätze der schulischen Erfolgsskala abonniert. Das spricht für ihre Lernmotivation, Kraft und Durchsetzungsfähigkeit.

Freinet-Pädagogik könnte ihnen dabei helfen: Der freie Ausdruck auf allen Ebenen, der *nicht* an die perfekte Beherrschung der sprachlichen Mittel gebunden ist, die Ermöglichung von Selbstdarstellung über den gewohnten verbalen Rahmen hinaus, die respektvolle Anerkennung der individuellen Eigenart *jedes* Kindes durch die Klassengruppe, das Eröffnen vieler verschiedener Betätigungsfelder und »Erfolgsarten« holen ausländische Kinder aus ihrer Randstellung heraus und machen sie zu gleichberechtigten Mitgliedern einer kooperativen Klassengemeinschaft.

Literatur

Auernheimer, Georg: Der sogenannte Kulturkonflikt, Frankfurt/New York 1988.

Auernheimer, Georg: Einführung in die interkulturelle Erziehung, Darmstadt 1990.

Auernheimer, Georg: Der heimliche Lehrplan der Diskriminierung. Oder: Was macht die Schule gegen den Rassismus? in: päd. extra, H. 1/1992, S. 20–24.

Brügelmann, Hans: Kinder auf dem Weg zur Schrift, Konstanz 1983.

Brügelmann, Hans: Man kann diesen Unterricht guten Gewissens praktizieren. Rechtschreibleistungen Schweizer Grundschulkinder im Unterricht nach Lesen durch Schreiben, in: päd. extra, H. 6/1992, S. 16–19.

Dietrich, Ingrid: Freie Texte helfen Konflikte lösen, in: Zs. »Grundschule«, H. 5/1981, S. 206–209.

Dietrich, Ingrid: Erfahrungsbezogenes Lernen mit ausländischen Kindern in der deutschen Grundschule, in: Wittenbruch, Wilhelm (Hrsg.): Das pädagogische Profil der Grundschule, Heinsberg 1984 (2. Auflage 1989), S. 227–242.

Dietrich, Ingrid: Was und wie türkische Kinder schreiben, in: Valtin, Renate/Naegele, Ingrid (Hrsg.): »Schreiben ist wichtig!« Grundlagen und Beispiele für kommunikatives Schreiben(lernen), Frankfurt a.M. 1986 (Arbeitskreis Grundschule e.V., Bd. 67/68), S. 232–257.

Eggers, Clemens: Darko und Sven – Inge und Ayşe. Gemeinsam lernen – Deutsch als Zweitsprache in der Regelklasse, Heinsberg 1988.

Essed, Philomena/Mullard, Chris: Antirassistische Erziehung. Grundlagen und Überlegungen für eine antirassistische Erziehungstheorie, Felsberg 1991 (migros Verlag).

Essinger, Helmut: Interkulturelle Erziehung in multikulturellen Gesellschaften, in: Marburger, Helga (Hrsg.): Schule in der multikulturellen Gesellschaft. Ziele, Aufgaben und Wege Interkultureller Erziehung, Frankfurt a.M. 1991, S. 3–18.

Essinger, Helmut/Graf, Peter: Interkulturelle Erziehung als Freidenserziehung, in: Essinger, Helmut/Uçar, Ali (Hrsg.): Erziehung in der multikulturellen Gesellschaft. Versuche und Modelle zur Theorie und Praxis einer Interkulturellen Erziehung, Baltmannsweiler 1984, S. 15–34.

Freinet, Elise: Naissance d'une pédagogie populaire – méthodes freinet, Paris 1968 (Maspéro – s. Anhang, Punkt 3).

Galeano, Eduardo: Die offenen Adern Lateinamerikas, Wuppertal 1983.

Göpfert, Hans: Nationalorientierte Erziehung oder interkulturelles Verstehen durch freie Bildung, in: Borrelli, Michele: Zur Didaktik interkultureller Pädagogik, Teil I, Baltmannsweiler 1992, S. 64–81.
Gogolin, Ingrid: Der monolinguale Habitus der multilingualen Schule, Münster/New York 1993.
Himmelskötter, Claudia: Mehrsprachigkeit als didaktische Herausforderung. Ansätze im Rahmen der Freinet-Pädagogik. Unveröffentlichte Examensarbeit im Rahmen der Ersten Staatsprüfung für das Lehramt für Sonderpädagogik, Köln 1993.
Hövel, Walter: Die natürliche Methode und Lesen durch Schreiben, in: »Fragen & Versuche«, H. 67/1994, S. 7–9.
Jäger, Siegfried: BrandSätze. Rassismus im Alltag, Duisburg 1992 (DISS-Studien).
Klafki, Wolfgang: Neue Studien zur Bildungstheorie und Didaktik, Weinheim und Basel 1985.
Kornmann, Reimer: Förderdiagnostik für ausländische Kinder und Jugendliche in der deutschen Schule, Frankfurt a.M. 1991 (Max-Traeger-Stiftung).
Nehr, Monika u.a.: In zwei Sprachen lesen lernen – geht denn das? Erfahrungsbericht über die zweisprachige koordinierte Alphabetisierung, Weinheim und Basel 1988.
Nestvogel, Renate (Hrsg.): Interkulturelles Lernen oder verdeckte Dominanz? Hinterfragung »unseres« Verhältnisses zur »Dritten Welt«, Frankfurt a.M. 1991.
Niekrawitz, Clemens: Interkulturelle Pädagogik im Überblick. Von der Sonderpädagogik für Ausländer zur interkulturellen Pädagogik für alle, Frankfurt a.M. 1992 (2. Auflage).
Reich, Hans H./Pörnbacher, Ulrike (Hrsg.): Interkulturelle Didaktiken. Fächerübergreifende und fächerspezifische Ansätze, Münster/New York 1993.
Reichen, Jürgen: »Lesen durch Schreiben« – mit emanzipatorischem Anspruch. Seit 20 Jahren in der Schweiz erprobt, in der BRD noch zu wenig bekannt, in: päd. extra, H. 6/1992, S. 6–9.
Slembek, Edith: Lehrbuch der Fehleranalyse und Fehlertherapie. Griechisch/italienisch/türkisch - DEUTSCH hören, sprechen, schreiben, Heinsberg 1986.
Steinig, Wolfgang: Voraussetzungen und Möglichkeiten für einen Sprachunterricht mit zweisprachigen Minderheiten, in: Eichheim, Hubert (Hrsg.): Planegger Kreis. Fremdsprachenunterricht – Verstehensunterricht – Wege und Ziele, München 1992 (Goethe-Institut), S. 75–94.
Ude-Pestel, Anneliese: Ahmet – Geschichte einer Kindertherapie, München 1992.
Wandruszka, Mario: Interlinguistik. Umrisse einer neuen Sprachwissenschaft, München 1971.
Zinnecker, Jürgen (Hrsg.): Der heimliche Lehrplan, Weinheim und Basel 1975.

Video-Produktionen

»Tastende Versuche« – Freinet-Pädagogik in der Arbeit mit Ausländerkindern. Video-Film, ca. 30 Min., produziert in Kooperation mit Duisburger Grundschul-Lehrerinnen in türkischen Vorbereitungsklassen, 1983 (vergriffen).
»Auf dem Weg zur freien Arbeit – individualisiertes Lernen in Duisburger Grundschulklassen mit hohem Ausländeranteil«, Video-Film 1988 (erhältlich bei: AVA-Film Schrader, Postfach 1243, 31587 Stolzenau).

Angst vor dem Fremden?

Vorschulkinder lernen Fremdsprachen

Peter erster enger Kindergartenfreund war ein türkischer Junge, und das war etwas Selbstverständliches. Bis mir mein Sohn eines Tages erklärte, Hasan sei nicht mehr sein Freund. Freunde streiten und vertragen sich, dachte ich mir. Ich wollte zunächst abwarten, aber sorgfältig beobachten.

Als Peters vierter Geburtstag bevorstand, holte ich Papier und Bleistift. Zusammen wollten wir die Namen der Kinder aufschreiben, die Peter einladen wollte, und es fiel der Name Hasan. »Ich lade keine türkischen Kinder ein!« Als ich diese abscheulichen Worte vernahm, wußte ich, daß meine Vermutung zutraf. Ich hatte meinen Sohn nicht beeinflußt, keine Suggestivfragen gestellt, bis zuletzt gedacht, man dürfe keine Ausländer-/Inländerproblematik herbeireden, wo sie vielleicht gar nicht existierte. Leider bestand sie doch, und zwar im Kindergarten, denn nirgendwo sonst hätte er so etwas hören können.

»Wer hat das gesagt?« fragte ich Peter. Er nannte mir die Namen zweier Jungen aus völlig entgegengesetzten sozialen Verhältnissen. Der eine stammte aus einer gutbürgerlichen, alteingesessenen Akademikerfamilie, der andere aus zerrütteten Verhältnissen.

Ich brauchte drei Tage, bis ich meinen Schock verarbeitet hatte. Dann erklärte ich Peter, daß es schade sei, wenn andere Kinder so dumme Sachen sagen. Bei jeder Gelegenheit unterstrichen mein Mann und ich, daß bei uns alles international sei, das Essen, die Menschen um uns herum, sogar unsere Vorfahren. Peter begriff schnell, wie bei uns der Hase läuft. Er erneuerte seine Freundschaft zu Hasan und lud ihn auch zu seinem Geburtstag ein.

Im folgenden Jahr erlebte ich etwas, womit ich nicht gerechnet hatte: Der spielerische Umgang mit einer Fremdsprache, die Anfänge ihres Erlernens, sind eng mit den im Kindergarten umlaufenden Ängsten vor »dem Fremden« verzahnt.

»Wenn ich Französisch lerne, dann werde ich ganz anders!« Mit diesen Worten sträubte sich Peters engster Freund Alexander gegen den Vorschlag seiner Mutter, an einem Kinderkursus der Volkshochschule teilzunehmen. »Aber ich komme doch mit«, versuchte ihn seine Mutter zu beruhigen, doch der war in Tränen aufgelöst: »Mama, wenn du Französisch lernst, dann wirst du ganz anders. Du sollst so bleiben, wie du bist.« Alexanders Mutter erfuhr, daß ihr Sohn nicht Französisch lernen wollte, weil einige der anderen Kinder im Kindergarten ihm sagten, Ausländisches sei schlecht.

Wir steuern auf ein vereinigtes Europa zu, und das ist mehrsprachig. In unseren Kindergärten und Schulen spiegelt sich das Europa von morgen. In vielen Kindergärten und Grundschulen scheint man das noch nicht bemerkt zu haben, auch dort nicht, wo den Erziehern eine Vielzahl von Sprachen in den Ohren klingt. Daher ist es begrüßenswert, daß die Volkshochschule Wiesbaden mit dem Angebot eines Französischkurses für Kinder ab drei Jahren einsprang. Dieses Experiment verlief so erfolgreich, daß es inzwischen auch Kurse in Italienisch und Spanisch gibt. Was aber mit Eltern und Kindern geschehen kann, die sich an einem solchen Experiment beteiligen, hätte ich nicht für möglich gehalten.

Schon auf dem Hinweg gab es die erste Konfrontation. In dem vollbesetzten Bus unterhielt der Knirps die Fahrgäste: »Weißt du, ich gehe zum Französisch. Weißt du,

ich will aber kein Französisch lernen,« beginnt der Junge mit seinem lauten hellen Stimmchen. Die Gespräche ringsum verstummen. Schließlich fragt eine alte Dame: »Wie alt bist du denn?« Wer sich bislang nicht umgedreht hatte, tut es jetzt. Es folgen Äußerungen des Unglaubens, der Verwunderung: Ein so kleines Kind! Und muß schon zu einem Sprachkurs, und auch noch gegen seinen Willen! Was müssen das für Rabeneltern sein, die wollen wohl ein Wunderkind dressieren?
Während des Unterrichts lag Peter unter einem Tisch und verweigerte sich. Dabei paßte er allerdings ganz scharf auf, was gesprochen wurde. Und all die fremdsprachigen Worte und Sätze, die während des Kurses nicht über seine Lippen wollten, bekam ich daheim zu hören, in wirrem Kauderwelsch, deutsch und französisch bunt gewürfelt, und alles in perfekter Aussprache. Also gingen wir weiter hin.
Eine sichtbare Veränderung vollzog sich während unseres Urlaubs auf einem französischen Zeltplatz. Peter durfte morgens allein die Baguette holen. Darauf war er stolz, und dafür lernte er gern einen französischen Satz.
Kaum war Peter, inzwischen viereinhalbjährig, seiner Sache sicher, beeinflußte er in seiner Kindergartengruppe Kinder, die ihn zuvor so ganz anders beeinflußt hatten. »Mama, laß mich auch Französisch lernen«, drängelte jetzt sein Freund Sven, der nur Monate zuvor die anderen Kinder seine Angst vor dem Fremden hatten spüren lassen.
Peter sagte eines Abends nach einem internationalen Kinderfest, auf dem er sich stolz mit den Worten »Je m'appelle Pierre« vorgestellt hatte: »Papa, jetzt bin ich ein Fremder.« – »Warum?« – »Weil ich eine fremde Sprache spreche.« – »Dann bin ich auch ein Fremder, denn auch ich spreche Fremdsprachen. Aber weißt du, fremd ist etwas nur, solange du es nicht kennst. Wenn du es kennst, ist es nicht mehr fremd.«
Das vereinigte Europa ist multikulturell und vielsprachig. Wollen wir unseren Kindern eine Chance geben, sich schon im Vorschulalter darauf einzustellen, oder sollen sie dieselben Probleme bekommen wie unser Bundeskanzler: Sprachlos ohne Dolmetscher in einem vereinigten Europa?

Aglaja Beyes-Corleis

In: »Pädagogik« H. 6/1993, S. 59

Peter Schütz

Vielfalt im Mathematik-Unterricht

1. Typisch freinetisch

Wer versucht, sich mittels Hospitationen ein Bild davon zu verschaffen, wie Mathematik-Unterricht nach Freinet aussieht, der kann immer wieder folgende Beobachtungen machen: Bei jedem Freinet-Lehrer sieht der Unterricht anders aus, selbst wenn es sich um die gleiche Klassenstufe und um das gleiche Thema handelt. Andererseits arbeiten andere Lehrkräfte mit den gleichen Methoden wie die Freinet-Pädagogik, ohne sich selbst dieser Bewegung zuzurechnen.

Auch ein Blick in die einschlägige Literatur gibt keine eindeutigen Informationen. Zwar berichtet z. B. Dietlinde Baillet aus der Praxis in der Grundschule und der Sekundarstufe (Baillet 1983). Doch ihre Beispiele scheinen sich nur wenig von dem zu unterscheiden, was z. B. in den einschlägigen Grundschulzeitschriften von LehrerInnen beschrieben wird, die sich selbst nie der Freinet-Bewegung zuordnen würden. Komplett wird die Konfusion, wenn man feststellt, daß sich Mitglieder der Freinet-Bewegung an der Diskussion um die Weiterentwicklung des Mathematikunterrichts beteiligen, ohne in ihren Beiträgen ihre pädagogische »Heimat« zu offenbaren (siehe z. B. »Die Grundschulzeitschrift« Heft 10/1987).

Es stellt sich also die Frage, ob es überhaupt einen eigenen Ansatz der Freinet-Pädagogik für die Gestaltung des Mathematik-Unterrichts gibt. Die Antwort lautet eindeutig: »Ja!« Aber es gibt ihn nicht in der Art, daß es bestimmte Formen oder bestimmte Methoden des Mathematik-Unterrichts gäbe, von denen man sagen könnte, das sei Freinet-Pädagogik. Charakteristisch für sie ist im Gegenteil, daß es eine Vielfalt an Realisierungsmöglichkeiten des Mathematik-Unterrichts gibt. Der Freinet-Lehrer sucht sich aus diesem Spektrum die Techniken heraus, die ihm angesichts seiner momentanen Arbeitsbedingungen möglich und sinnvoll erscheinen. Bei den Techniken handelt es sich aber nicht um fertige Bausteine, sondern – dies ist ein weiteres typisches Merkmal – um *prozeßartige* Konzepte, die einer steten Anpassung und Weiterentwicklung unterworfen sind.

Die Prozeßorientierung hat ihre Ursache in dem spezifischen Theorie-Praxis-Verhältnis, das der Freinet-Pädagogik zugrunde liegt. Ausgangspunkt für den Prozeß ist die Unzufriedenheit mit der momentanen unterrichtlichen Praxis. Die damit verbundene Kritik der Praxis impliziert die Rückbesinnung auf grundsätzliche Anforderungen an Unterricht. Bei ihrer Ausformulierung kommen erste Elemente einer pädagogischen Theorie zum Ausdruck. Auf deren Grundlage sucht man nach

Alternativen. Die Auswahl ist nur möglich unter Rückbezug auf die bisher entwickelten Elemente einer pädagogischen Theorie (und sei sie noch so rudimentär). Die ausgewählte Alternative wird im Unterricht erprobt. In der daran anschließenden Auswertung wird auf der Basis der bis dahin entwickelten Theorieelemente entschieden, was brauchbar und was unbrauchbar ist, und die Praxis entsprechend modifiziert. Spätestens nach einer Konsolidierungsphase tritt man erneut wieder in die kritische Reflexion der momentanen Unterrichtspraxis ein.

Auf diese Weise entsteht ein dialektisch strukturierter Entwicklungsprozeß, in dem zum einen die einzelnen LehrerInnen ihre Praxis und ihre Theorie von Unterricht weiterentwickeln. Diesen Prozeß gibt es zum anderen aber auch auf der Ebene der Freinet-Bewegung insgesamt. Freinet-LehrerInnen tauschen untereinander alternative Realisierungsmöglichkeiten aus, sie berichten über ihre Erfahrungen, sie beraten gemeinsam über Vor- und Nachteile bestimmter Methoden und Materialien, sie versuchen, im Gespräch herauszuarbeiten, auf welche grundsätzlichen Orientierungen es ihnen in ihrem Unterricht ankommt. Auf diese Weise ist in der Freinet-Bewegung ein gemeinsamer Erfahrungsschatz und eine gemeinsame Zielsetzung entstanden, die jeder Lehrperson Orientierungen zur Gestaltung ihres Unterrichts geben kann.

Célestin Freinet, der Begründer dieser Bewegung, hat diesen Weg vorgelebt. Wer seine Schriften einmal in der Chronologie ihrer Entstehung liest, wird feststellen, daß er genau auf diese Weise »seine« Pädagogik ausgearbeitet hat. Das wird außerdem durch die Tatsache belegt, daß er erst ca. 20 Jahre nach seinen ersten Versuchen mit der Druckerei und der Klassenkorrespondenz eine umfassende Beschreibung und Begründung der Ziele und Methoden veröffentlicht hat: »Die moderne französische Schule« (Freinet 1979, Orig. 1944).

Die oben angesprochenen Realisierungsmöglichkeiten werden in der Freinet-Pädagogik »Techniken« genannt. Damit ist der besondere Zusammenhang von bestimmten Arbeitsformen mit den zugehörigen Materialien, Zielen, Begründungen, Methoden, Lehrerverhalten und Schülerverhalten gemeint, der unter einem Begriff, wie z.B. lebendiges Rechnen (»calcul vivant«), Klassenrat oder Klassenkorrespondenz subsumiert wird. (Der Begriff »Techniken« darf also nicht verkürzt werden auf ein Synonym für Methoden.) Es gibt für jede Aufgabe immer mehrere Alternativen, so daß Freinet-LehrerInnen die Pflicht und die Chance haben, eine Technik auszuwählen. Es gibt also in der Freinet-Pädagogik keine dogmatische Festlegung auf bestimmte Techniken. Sie bietet vielmehr ein offenes Konzept an, das an die jeweiligen Arbeitsbedingungen angepaßt werden kann und das veränderungsfähig ist, wenn sich herausstellen sollte, daß die bisherigen Vorschläge so nicht funktionieren.

Der Begriff »Techniken« ist bewußt gewählt, weil er auf die Gefahr hinweist, daß ihr Einsatz noch keine Garantie dafür bietet, daß *Freinet-Pädagogik* praktiziert wird. Techniken können nämlich auch für andere Zwecke mißbraucht werden, und ein solcher Mißbrauch läßt sich niemals ausschließen. Es kommt also darauf an, *in welcher Weise und mit welcher Intention diese Techniken verwendet werden*. Entscheidend ist, ob die LehrerInnen versuchen, die allgemeinen Ziele der Freinet-

Pädagogik in ihrem Unterricht einzulösen und dabei den Rechten und Bedürfnissen der Kinder, wie sie in der Charta aufgeführt sind, Rechnung trägt und den SchülerInnen die Verantwortung für ihren Lern- und Bildungsprozeß zugesteht (vgl. Freinet 1981).

Im folgenden sollen Techniken dargestellt werden, die von der Bewegung der Freinet-PädagogInnen entwickelt, ausgearbeitet und ausgefeilt worden sind. Die Beschreibung erhebt keinen Anspruch auf Vollständigkeit. Es werden vielmehr einige Techniken vorgestellt, die in Deutschland und Frankreich eine besondere Rolle gespielt haben.

Als Techniken sollen vorgestellt werden:

- lebendiges Rechnen
- Mathe-Atelier
- Informatik
- lebendige Mathematik.

Einiges mag den LeserInnen bekannt vorkommen, wie z.B. die Arbeit mit Karteien. Das Besondere an ihrem Einsatz im Rahmen der Freinet-Pädagogik ist jedoch die Weiterentwicklung und der Wandel der Rollen von SchülerInnen und LehrerInnen. Deshalb wird im Anschluß an die Darstellung der Techniken ein eigener Abschnitt diesen Veränderungen gewidmet sein. Da das Ausmaß und die Art des Wandels sehr stark von der Persönlichkeit der Lehrenden geprägt ist, werden sie anhand der Veränderungen erläutert, die der Autor selbst erlebt hat.

Damit die oben beschriebene Verschränkung von Theorie und Praxis deutlich wird, wird auch die Darstellung der Techniken der Freinet-Pädagogik im Mathematik-Unterricht die gesamte Spanne von methodischen Detailproblemen und ihren Lösungsmöglichkeiten bis hin zur theoretischen Grundlegung umfassen. Dabei wird ein einheitliches Raster zugrunde gelegt, um einen Vergleich zu erleichtern und so eine Hilfe für die Auswahl geeigneter Techniken zu geben…

- Wie funktioniert die Technik?
- Wofür ist sie besonders geeignet?
- Welche didaktischen Konsequenzen zieht sie nach sich?
- An welche Bedingungen ist ihr Einsatz geknüpft?
- Welche Folgeprobleme ergeben sich aus dem Einsatz?
- Welche Lösungsmöglichkeiten gibt es dafür?

Die Fragen sollen z.T. sehr detailliert anhand von Beispielen aus der Unterrichtspraxis beantwortet werden. Dazu werden Erfahrungsberichte ausgewertet, die Mitglieder der Freinet-Bewegung veröffentlicht haben. Außerdem fließen Unterrichtserfahrungen des Autors sowie Beobachtungen, die er im Rahmen von Hospitationen machen konnte, in die Darstellung ein.

Bei der Lektüre ist zu berücksichtigen, daß es sich hier nur um eine idealtypische

Darstellung handeln kann, weil es in der Unterrichtspraxis immer irgendwelche Mischformen gibt. Außerdem darf auch nicht vergessen werden, daß der Einsatz niemals statisch ist, sondern einer Entwicklung, einem gemeinsamen Lernprozeß von LehrerInnen und SchülerInnen unterliegt, der auch Rückwirkungen auf die konkrete Erscheinungsform im Unterricht hat. Dies ist vor allem dann zu bedenken, wenn man die hier beschriebenen Phänomene im Rahmen einer Hospitation wiedererkennen will.

2. Lebendiges Rechnen

2.1 Anliegen

Die Technik des lebendigen Rechnens wendet sich gegen die Pauk- und Lernschule, die nach dem didaktischen Modell des Nürnberger Trichters Definitionen, Lösungsverfahren und Rechenfertigkeiten in die SchülerInnen hineinpreßt, ohne den Lebens- und Sinnzusammenhang des Gelernten herzustellen. Dafür, daß diese in den 20er Jahren formulierte Kritik heute immer noch aktuell ist, gibt es zwei Belege.

1. Stella Baruk hat in ihrem Buch »Wie alt ist der Kapitän?« (1989) dokumentiert, daß selbst Mathematik-Studenten nicht davor gefeit sind, einfach schematisch die Zahlen einer Sachaufgabe zusammenzuziehen, ohne sich klarzumachen, welcher Zusammenhang zwischen den Zahlen in der Aufgabenstellung eigentlich ausgedrückt wird.
2. Die Mathematik-Didaktik hat es bis heute nicht geschafft, ein überzeugendes und effektives Konzept zu entwickeln, das dem Schüler hilft, das Lösen von Sachaufgaben zu lernen. Die Freinet-Pädagogik hat dies schon seit vielen Jahren mit der Technik des lebendigen Rechnens getan.

2.2 Didaktisches Prinzip

In Analogie zum Lesenlernen anhand freier Texte werden den SchülerInnen keine Aufgaben mehr vorgesetzt, die sich LehrerInnen oder SchulbuchautorInnen ausgedacht haben. Die SchülerInnen entwickeln aus ihrem eigenen Interesse heraus Aufgaben, um deren Lösung sie sich anschließend bemühen. Dabei nehmen sie keine Rücksicht darauf, ob sie die dafür notwendigen Rechenfertigkeiten schon beherrschen. Wenn nicht, lernen sie es eben, oder sie geben sich mit Näherungslösungen zufrieden. Wie das konkret im Unterricht aussieht, soll folgender Bericht von Maurice Mess, einem Grundschullehrer aus Frankreich, zeigen, der im Film »Den Schülern das Wort geben – Zur Freinet-Pädagogik in Frankreich« (s. Anhang) im Elsässer-Deutsch erzählt:

»Wir hatten ein Problem mit der Heizung, am Morgen haben wir über die Heizung diskutiert: da hat einer gesagt: ›Wir heizen mit Elektrizität‹, ein anderer: ›Wir mit Rohöl‹ und noch ein anderer: ›Wir mit Kohlen‹. Da hatten sie gesagt: ›Wir könnten im Dorf untersuchen, mit was man am meisten heizt.‹ Und dann sind sie in den Straßen herumgegangen und hatten Gruppen gebildet ... Einige haben 40 Häuser gefunden, die mit soundsoviel Rohöl und Elektrizität heizen. Andere sagten: ›Wir haben 50 Häuser mit soundsoviel Rohöl und Elektrizität, das kann man nicht vergleichen!‹ Da hat einer gefragt: ›Wie könnte man das machen, um das vergleichen zu können?‹ ›Da muß man den Prozentsatz einführen, mein Vater hat schon vom Prozentsatz gesprochen.‹ Da haben sie diese Tafel von dem Prozentsatz gemalt. Diese Größe ist das Rohöl mit 60 % an der Spitze, dann kommt die Elektrizität, dann die Kohle und dann das Gas.

Und dann haben sie weitergemacht und gesagt: ›Man könnte auch untersuchen, wer raucht.‹ Dann gingen sie nochmals in die Häuser und haben sie noch einmal gemalt, wer raucht und wer nicht raucht.

Und da hat noch eine andere Gruppe gesagt: ›Wir wollen untersuchen, welche Marken die Autos der Bewohner haben.‹ Da haben sie herausgefunden, daß die Marke Renault 56 % und die Marke Peugeot 27 % der Bewohner fahren. Sehen Sie, da haben sie es drei Mal anders herausgestellt und gezeichnet: drei verschiedene Beispiele für Prozentrechnung.

In derselben Zeit habe ich dann profitiert und ihnen den Winkel zu malen und lesen gelehrt. So haben sie die Prozentzahl und ihre graphische Darstellung gelernt.« (In: Zülch 1978, S. 91).

2.3 Didaktische Implikationen

Der Ansatz des lebendigen Rechnens stellt eine Grundstruktur der Pauk- und Lernschule auf den Kopf. Wissen wird nicht mehr auf Vorrat angelegt, damit es in irgendeinem Zusammenhang irgendwann einmal angewendet werden kann, wobei die Anwendungsmöglichkeiten dann oft in krampfhafter Weise gesucht werden müssen. Wissen wird seines Charakters als Statussymbol entkleidet und auf seine eigentliche Funktion zurückgeführt, nämlich die eines Hilfsmittels zur Lösung von Problemen. Die SchülerInnen formulieren selbst die Probleme, die sie gelöst haben wollen. Anschließend erarbeiten sie sich das Wissen, das sie für die Lösung benötigen.

Gleichzeitig bricht das Konzept des lebendigen Rechnens mit einem bisher kaum hinterfragten Dogma der Mathematik-Didaktik, das besagt, daß die zu lernenden Inhalte linear aufeinander aufbauen. Zwar haben die Mathematik-DidaktikerInnen selbst bereits die Fragwürdigkeit dieses Dogmas erkannt, aber das hat sie nicht davon abgehalten, es mit dem Konzept des »Spiral-Curriculums« zu retten. Natürlich gibt es bestimmte Inhalte, die erst erarbeitet werden können, wenn bestimmte andere Inhalte beherrscht werden. So dürfte es unmöglich sein, ausschließlich mit Kenntnissen der Addition und Subtraktion die Prozentrechnung zu erarbeiten. Aber jede(r), der es gewagt hat, seine SchülerInnen von der Gängelung durch das Schulbuch zu befreien, kann bestätigen, daß der lineare Aufbau des Wissens, den deren AutorInnen als zwingend geboten erachten, von den SchülerInnen ad absurdum geführt wird.

Da die Anlässe für die Auseinandersetzung mit dem Rechnen aus der Erfahrungswelt der Kinder kommen, kommt es zwangsläufig zu einer Verschiebung des unterrichtlichen Geschehens weg vom reinen Rechen-Unterricht hin zum Rechnen mit Größen (Geld, Längen, Gewichte, Flächen, Volumen, Zeit usw.) sowie zur Geometrie (Symmetrie, Spiegelung, Formen usw.).

Wenn ein Schüler oder eine Gruppe von SchülerInnen sich z.B. mit der Frage beschäftigt, wie groß ein Stall für drei Zwergkaninchen sein müßte, damit jedes genügend Platz hat, dann gibt es sicher MitschülerInnen, die sich davon überhaupt nicht ansprechen lassen, weil sie sich für Tiere und Stallbau nicht interessieren. Vielleicht sind aber unter ihnen RadrennfahrerInnen, die wissen wollen, in welcher Zeit sie einen bestimmten Streckenabschnitt gefahren sein müssen, um eine bestimmte Durchschnittsgeschwindigkeit zu erreichen. Lebendiges Rechnen zieht zwangsläufig arbeitsteiligen Unterricht, der thematisch differenziert ist, nach sich. Dadurch, daß jede Gruppe ihre Ergebnisse der Klasse vorstellen muß, ist gewährleistet, daß sich alle SchülerInnen mit dem Gesamtspektrum auseinandersetzen. Außerdem, so eine immer wieder gemachte Beobachtung, lassen sich die SchülerInnen durch das Beispiel ihrer MitschülerInnen anregen, sich mit Themen auseinanderzusetzen, für die sie sich zunächst nicht von selbst interessiert haben.

2.4 Bedingungen

Ohne Erzählkreis, in dem die SchülerInnen von dem berichten, was sie bewegt, geht es nicht. Die Aufgabe der Lehrperson ist es, Impulse für Rechenprobleme sowie implizite Fragen wahrzunehmen, sie dann aufzugreifen und dafür zu sorgen, daß sie so weit diskutiert werden, daß sie bearbeitet werden können. Natürlich kann nicht jede aufgeworfene Frage anschließend bearbeitet werden. Wichtig ist vielmehr, daß die SchülerInnen immer wieder üben, aus einem Sachverhalt des täglichen Lebens heraus mögliche Rechenprobleme zu erkennen und zu formulieren. Wenn die betreffende Frage für bestimmte SchülerInnen wichtig ist, dann werden sie die Zeit finden, sie zu bearbeiten. Wenn sie diese nicht bearbeiten, bedeutet dies, daß sie im Moment wichtigere Fragen haben, an denen sie arbeiten.

Die Rolle der LehrerInnen verändert sich weg von der eines Monopolverwalters von Wissen hin zu der eines Mentors, der seine SchülerInnen bei ihrem Lernprozeß begleitet, der ihnen zur rechten Zeit Wissen vorenthält, damit sie es sich selbst erarbeiten, der ihnen aber im entscheidenden Moment den richtigen Tip gibt.

Eine besondere Anfechtung stellt für die Lehrenden das Zulassen des tastenden Versuchens dar. Es fordert von ihnen absolute Zurückhaltung auch dann, wenn sie sehen, daß sich die SchülerInnen auf Irrwegen befinden. Oberste Maxime ist nämlich nicht mehr das schnelle Erzielen einer richtigen Antwort, sondern das richtige Strukturieren des Problemlösungs- und Arbeitsprozesses. Um zu erkennen, welche Wege falsch sind, muß man sie zunächst gegangen sein. Gut gemeinte Ratschläge eines Besserwissers verhindern die Reflexion über die richtige Strategie, und die SchülerInnen tappen beim nächsten Mal in dieselbe Falle.

In konsequenter Fortführung reicht es nicht aus, wenn mit den betreffenden SchülerInnen erörtert wird, ob ihre Antworten richtig sind oder nicht. Auf jeden

Fall muß mit ihnen auch diskutiert werden, ob ihre Lösungsstrategien richtig oder falsch sind und welche Vorteile bzw. welche Nachteile sie mit sich bringen. Je nach der besonderen Situation ist diese Diskussion begleitend während des Bearbeitungsprozesses oder aber auch bei der Vorstellung der Ergebnisse von der Klasse zu führen.

2.5 Mögliche Probleme

Wie ist gewährleistet, daß immer neue Problemstellungen von den SchülerInnen entdeckt werden, so daß der Prozeß des lebendigen Lernens nicht abbricht?

Wie oben bereits aufgezeigt, spielt der Erzählkreis dabei eine wichtige Rolle. Wenn die SchülerInnen anfangen, sich über eine Erzählung der MitschülerInnen zu unterhalten und Nachfragen zu stellen, dann ist die oben artikulierte Furcht unbegründet.

Ergänzend dazu kann man den SchülerInnen noch dadurch helfen, daß man mit der Klasse nach draußen geht und gemeinsam beobachtet, was dort geschieht. Bei der Auswertung (z.B. der Beobachtung, daß ein Auto sehr schnell gefahren ist) findet sich möglicherweise eine Gruppe zusammen, die eine Meßstrecke einrichten will, um die Geschwindigkeit von Fahrzeugen zu bestimmen.

Auch sollte das Leben in der Klasse systematisch unter diesem Gesichtspunkt ausgewertet werden, z.B. das Ausrechnen des Wechselgeldes beim Einsammeln des Getränkegeldes, Berechnung des Fahrgeldes bei Ausflügen und Wanderungen, Vergleich von Schulwegen u.v.a.m.

Eine andere Quelle, aus der besonders die Freinet-LehrerInnen in Frankreich schöpfen, ist die Klassenkorrespondenz. Die Fragen der Partnerklasse oder einzelner SchülerInnen bieten immer wieder einen natürlichen Anlaß für genaue Recherchen. Der Anlaß ist deshalb natürlich, weil anders als im Unterricht niemand fragt, der es ohnehin viel besser weiß (die Lehrperson), sondern jemand, der es garantiert nicht weiß, wofür sich der Arbeitsaufwand somit auf jeden Fall lohnt.

Decken die von den SchülerInnen entwickelten und bearbeiteten Fragen das Pflichtpensum ab?

Die Erfahrungsberichte von Freinet-LehrerInnen aus Frankreich weisen übereinstimmend darauf hin, daß sicher nicht sämtliche Inhalte der Lehrpläne auf diese Weise erarbeitet werden können, daß es aber wesentlich mehr sind, als sie zunächst angenommen haben. Außerdem ist auffällig, daß die meisten LehrerInnen das eine oder andere Teilgebiet nicht in freier Form bearbeiten lassen, so daß es entweder traditionell unterrichtet oder seine Bearbeitung mit bestimmten Arbeitsmitteln zur Pflicht gemacht wird. Am häufigsten wird dabei die Einübung der Rechenfertigkeit genannt, die dann mit Hilfe von Rechen-Karteien o.ä. erfolgt.

Jean-Pierre Têtu, ein Freinet-Lehrer aus der Normandie, hat einmal beschrieben, was in seinem 4. Schuljahr (das vorletzte Grundschuljahr in Frankreich) auf der Grundlage von Geschichten der Kinder gerechnet worden ist. Hier die Übersetzung seines Berichtes:

»– Die Fensterscheiben bei Agnès. Die Fensterscheiben in der Küche sind jeweils 43 cm lang und 30 cm breit. Die Stärke des Querholzes beträgt 3 cm und der Rahmen ist 6 cm breit. Wir haben 3 Fenster mit je 6 Scheiben.
– Fußbodenfliesen. Papa hat in der Küche, die 3,20 m × 5,40 m groß ist, Fußbodenfliesen (20 cm × 20 cm) ausgelegt. Er hat 18 m^2 gekauft.
– Die Korrespondenten aus Isle-Jourdain aus dem Département Vienne haben uns gefragt, auf welchem Weg sie am besten zu uns nach Cliponville fahren können.
– Andere Korrespondenten haben uns gefragt, ob es bei uns in der Nähe Ebbe und Flut gibt. Wir haben Untersuchungen über die Gezeiten in Fécamp durchgeführt.
– Mehrere Tiergeschichten, die zwar nicht ausgewählt wurden, die ich aber in diesem Zusammenhang nennen muß:
  - Bei unserem Nachbarn gibt es 10 gewöhnliche Hühner, 1 Hahn, 6 Legehennen, 3 graue Hähnchen, 1 weißes Hähnchen, 1 Schaf und 14 Kaninchen.
  - Früher hatte ich 3 Fische (1 roten und 2 graue) und 2 kleine Wasserschildkröten, die grün waren. Dann hatte ich einmal 5 Fische: 1 schwarz-orangen, 1 gelben, 2 orangene und 1 kleinen grauen.
  - Unser Nachbar hat 7 Ochsen und 12 Kühe.
  - Zu Hause haben wir 5 Kaninchen, 1 Angora-Hasen, 2 Wellensittiche, 2 Hunde und 1 Katze.
  - Ich habe 1 Fink, 2 Dompfaffen, 2 Stieglitze, 1 Katze, 1 Ente, 2 Küken, 2 Schweine und 7 Kaninchen.
– In der Küche gibt es 10 Stühle, 3 stehen im kleinen Zimmer, 4 im Büro und 12 im großen Zimmer. 15 sind aus Stroh und 14 aus Plastik.
– Um eine Flasche mit Cidre zu füllen, brauchte ich 2 und eine halbe Schöpfkelle, und für eine große Anderthalb-Liter-Flasche brauchte ich 3 Schöpfkellen und eine halbe.
– Eine Korrespondentin hat Agnès gefragt, ob es weit von der Schule bis zu ihr nach Hause sei. Ich habe ihr den Rat gegeben, die Schritte zu zählen.
– Es war das aufregende Jahr der Fußballmannschaft von St. Etienne. Die Klasse war von Fußball-Sammelalben überschwemmt, in die Photos eingeklebt wurden, die in Sechser-Paketen gekauft werden mußten: Ich habe vorgeschlagen, sich für die Gestehungskosten dieser Dinger zu interessieren (mit dem Ziel im Hinterkopf, deutlich zu machen, welche kommerziellen Interessen hinter all dem stecken).
– Einige Korrespondenten haben uns eine Geschichte von einem Lastwagen geschrieben, die so nicht stimmen konnte. Wir mußten sie überprüfen.
– Unsere Fahrt nach Dijon: Dabei gab es eine Reihe von Problemen, die zu lösen waren.
– Sylvie und ich wollten wissen, wieviel ein Briefumschlag für Luftpost und ein normaler wiegen. Wir haben festgestellt, daß 20 Luftpostumschläge zwischen 44 und 45 Gramm wiegen und 20 normale Umschläge zwischen 67 und 68 Gramm.« (Têtu 1978, S. 61 f.)

Was dabei gerechnet wurde, ist nicht dokumentiert. Es wurden aber viele Themen genannt, die ohnehin in Frankreich in einem 4. Schuljahr durchgenommen werden müssen.

3. Mathe-Atelier

3.1 Anliegen

Das Mathe-Atelier ist eine Werkstatt, in der die SchülerInnen alle Materialien finden, die sie benötigen, um im Bereich Mathematik zu arbeiten. Es ist die Lernumgebung, die für diesen Bereich vorbereitet wird. In Deutschland haben insbesondere die Lernwerkstätten, wie z. B. die an der Gesamthochschule Kassel, an der Weiterentwicklung der Idee der Mathe-Ateliers gearbeitet.

3.2 Didaktisches Prinzip

Das Mathematik-Material ist in einer Ecke des Klassenraumes, in einem Regal oder auf einem Tisch zusammengestellt. Wenn die SchülerInnen bestimmte Materialien für ihre Arbeit benötigen, finden sie diese im Mathe-Atelier. Die Palette des Materials, das möglicherweise vorgehalten und angeboten wird, ist sehr groß. Deshalb kann die folgende Aufzählung nur ganz allgemeine Hinweise geben:

- Arbeitsmaterialien mit Selbstkontrolle für Übungszwecke, wie z. B. Karteien, LÜK-Kästen und Hefte, Rechentrainer, Little-Professor u. ä. Wer hierzu noch weitere Anregungen braucht, sollte die Kataloge zur Freiarbeit im Fach Mathematik durchsehen.
- Didaktisch strukturiertes Lernmaterial wie z. B. Arbeitshefte, Material aus der Montessori-Pädagogik, didaktische Spiele.
- Arbeitsmaterial, wie z. B. Spiegel, Meßgeräte, Bindfaden, Steckwürfel, Legeplättchen, Waage, Gewichte, bei dem keine Aufgabenstellung vorgegeben ist, sondern das von den SchülerInnen dann eingesetzt wird, wenn sie ihre eigenen Fragestellungen bearbeiten wollen.

Die Regeln für die Nutzung der Materialien werden von den SchülerInnen und von der Lehrperson gemeinsam verabredet. Auch hier gibt es wie in anderen Bereichen der Freinet-Pädagogik keine festen Vorgaben, wie die Regeln auszusehen haben. Sie sind nicht statisch, sondern müssen entsprechend den Gegebenheiten fortgeschrieben werden. Für solche Absprachen gibt es aber drei Grundmuster mit jeweils anderen didaktischen Intentionen:

- Alle SchülerInnen haben die Pflicht, im Rahmen ihres Tages- oder Wochenplanes mit einem bestimmten Material zu arbeiten. Zielrichtung einer solchen Nutzung wäre die Absicherung, daß bestimmte Inhalte gelernt werden.
- Alle SchülerInnen haben die Pflicht, eine bestimmte Zeitdauer mit Material aus dem Mathe-Atelier zu arbeiten, können sich aber frei entscheiden, mit welchem. Eine solche Nutzung zielt auf die Ausbildung von individuellen Interessen im Bereich der Mathematik.

– Alle SchülerInnen haben das Recht, das Mathe-Material zu nutzen, wann sie es möchten. Wenn sie z.B. bestimmte Materialien benötigen, um etwas zu erforschen, oder wenn sie ein bestimmtes Material interessiert oder wenn sie einfach nur Spaß am Rechnen von Aufgaben einer Mathe-Kartei haben. Diese Nutzung stellt den Werkstattcharakter des Mathe-Ateliers in den Vordergrund. Es hält alle nötigen Hilfsmittel vor, die man aber nur benutzt, wenn man sie wirklich braucht.

3.3 Didaktische Implikationen

Mit dem Mathe-Atelier wird die materielle Voraussetzung dafür geschaffen, daß die SchülerInnen die Verantwortung für ihr Lernen selbst übernehmen können. Sie erhalten hier die Möglichkeit, sich unmittelbar, ohne Vermittlung der Lehrperson, in adäquater Weise mit den wesentlichen Inhalten des Faches Mathematik auseinanderzusetzen. Aufgabe der Lehrperson ist es dabei, die entsprechende Lernumgebung vorzubereiten und zu gestalten, sowie (als Teil dieser Umgebung) den SchülerInnen auf ihren individuellen Wegen beratend gleichsam in der Rolle eines Mentors zur Verfügung zu stehen.

Das bedeutet nicht, daß die LehrerInnen überhaupt keine Verantwortung mehr für die SchülerInnen und für ihr Lernen im Fach Mathematik hätten. Sie nehmen sie aber nicht als OrganisatorInnen von Lernprozessen wahr, sondern als GestalterInnen der Lernumgebung. Denn durch die Auswahl von Materialien, durch die Art und Weise, wie über die Auswahl entschieden wird, wird das Geschehen im Unterricht gesteuert.

3.4 Bedingungen

Für die Einrichtung eines Mathe-Ateliers reicht es aus, wenn ein Bereich im Klassenzimmer als solcher ausgewiesen wird. Im Idealfall ist dies eine Arbeitsecke mit einer Tischgruppe und zugehörigem Regal, in dem die Materialien untergebracht sind. Ein eigenes Regal oder ein eigener Tisch tut es aber auch. Und wenn der Platz dafür nicht ausreicht oder kein Mobiliar zur Verfügung steht, dann kann auch ein Fensterbrett oder ein Fach im Klassenschrank genutzt werden.

Zur Bereitstellung des Materials gehört, daß die SchülerInnen in den richtigen Gebrauch eingewiesen werden. Damit die SchülerInnen die Materialien wirklich selbständig ohne ständige Hilfe durch die Lehrperson nutzen können, muß die Einweisung folgende Bereiche umfassen:

– Wo finde ich das Material?
– Was gehört alles dazu?
– Wo kann ich damit arbeiten?
– Wie arbeite ich mit dem Material?
– Was muß ich beachten, um Schäden zu verhindern?
– Was muß ich tun, wenn ich einen Fehler feststelle?

- Was muß ich mit dem Material tun, wenn ich die Arbeit für einen kürzeren oder längeren Zeitraum unterbrechen muß?
- Was muß ich mit den Ergebnissen der Arbeit tun?
- Wie werden eventuelle Abfälle oder Verunreinigungen beseitigt?
- Wohin muß das Material nach Abschluß der Arbeiten geräumt werden?
- Wie muß das Material verstaut werden?

Natürlich können nicht alle Fragen bei der ersten Einführung behandelt werden. Viele Regeln werden erst im Laufe des Gebrauchs zu verabreden sein. Wie ausführlich die Einführung sein muß, hängt von der Art des Materials, aber auch von seiner Aufbewahrung im Atelier sowie vom Einführungsprinzip ab. Zur Einführung gibt es nämlich zwei unterschiedliche Möglichkeiten:

1. Die Lehrperson führt in frontaler Weise in den Gebrauch ein. Dazu führt entweder ein Schüler oder sie selbst den Gebrauch demonstrierend vor. Oder alle SchülerInnen erhalten das Material, und alle üben gemeinsam unter ihrer Anleitung den richtigen Gebrauch ein. Dieses Verfahren ist vor allem dann angebracht, wenn die Lehrperson den Überblick behalten will.
2. Die Lehrperson weist einen Schüler oder eine kleine Gruppe von SchülerInnen in den richtigen Gebrauch ein. Diese sind jetzt die »ExpertInnen« für dieses Material und geben ihr Wissen als MultiplikatorInnen an ihre MitschülerInnen weiter. Dieses Verfahren ist vor allem dann angebracht, wenn das Material nicht in Klassenstärke vorhanden ist.

3.5 Mögliche Probleme

Welche Materialien sollen im Mathe-Atelier stehen und wo sind sie erhältlich?

Anders als in anderen reformpädagogischen Ansätzen gibt es in der Freinet-Pädagogik keine verbindliche Liste derjenigen Materialien, die in das Mathe-Atelier einer Freinet-Klasse hineingehören. Eine solche Aufstellung kann es nach dem Selbstverständnis der Freinet-Pädagogik auch nicht geben, weil von Schule zu Schule, ja selbst innerhalb einer Schule von einer Klasse zur anderen die Situation ganz unterschiedlich ist. Deshalb obliegt es der Lehrperson, das offene und lernfähige System des Mathe-Ateliers mit Leben zu füllen und – ggf. in Kooperation mit den SchülerInnen – diejenigen Materialien zu bestimmen, die hineingehören.

Was ist zu tun, wenn Material nicht genutzt wird?

Auf diese Frage gibt es je nach der didaktischen Intention, mit der das betreffende Material bereitgestellt wurde, unterschiedliche Antworten. Hält man die Bearbeitung für notwendig und stehen keine Alternativen zur Verfügung, bleibt nur die

Möglichkeit, es im Rahmen der Tages- bzw. Wochenplanarbeit zum Pflichtpensum zu erklären. Im anderen Fall nimmt man es einfach aus dem Atelier heraus, um Platz für anderes Material zu schaffen, das den momentanen Interessen der SchülerInnen besser entspricht. Oder man versucht, durch entsprechende Impulse die SchülerInnen zu einer Nutzung zu motivieren.

Wie hält man Ordnung?

Oft kann man die Beobachtung machen, daß gerade dann, wenn eine Lehrperson sehr viel Material bereitstellt, die SchülerInnen hilflos vor dieser Auswahl kapitulieren und sich resigniert entweder anderen Ateliers oder den wenigen Dingen im Mathe-Atelier zuwenden, mit denen sie vertraut sind. Weniger Material ist oft mehr, weil es dann erfahrungsgemäß auch intensiver genutzt wird.

Ordnung kann nur gehalten werden, wenn ihre Struktur zuvor eindeutig festgelegt und dann auch Nichteingeweihten sofort transparent gemacht wird. Oder anders formuliert: Wer die Sachen einfach so auf den Tisch oder ins Regal stellt, darf sich nicht wundern, wenn über kurz oder lang nichts mehr an seinem Platz ist. Zur Einrichtung der Ordnung gehört auch die Einweisung der SchülerInnen in das Ordnungssystem.

Wie ein Ordnungssystem aussehen soll, dafür gibt es keine generellen Regeln bis vielleicht auf eine: Die Ordnung sollte zur Persönlichkeit der Lehrperson passen. Nur wer bereit und in der Lage ist, jedem einzelnen Arbeitsmittel seinen genauen Platz zuzuweisen und ständig darauf achten will und kann, daß dies auch eingehalten wird, sollte mit einem entsprechend ausgefeilten Ordnungssystem arbeiten. Und nur wer bereit ist, ein gewisses Chaos und eine gewisse Unordnung auch über längere Zeit hinweg zu ertragen und den SchülerInnen dennoch die Hilfen zu geben, das richtige Material zur richtigen Zeit zu finden, kann auch mehr oder weniger auf Ordnungssysteme verzichten.

Oftmals scheitert das Aufrechterhalten einer eingeführten Ordnung auch daran, daß die SchülerInnen keine Zeit haben, die benutzten Materialien vor Unterrichtsschluß zusammenzuräumen und richtig wegzustellen.

Man kann auch Ordnungsdienste einrichten. Hier ist ebenfalls darauf zu achten, daß sie genügend Zeit haben, innerhalb des Unterrichts ihre Arbeit zu tun.

4. Informatik

In Frankreich hat sich zu Beginn der 80er Jahre eine nationale Arbeitsgruppe für Informatik gebildet, in der vor allem solche Freinet-PädagogInnen mitgearbeitet haben, die vorher im Bereich der Mathematik aktiv waren. Gerade zum damaligen Zeitpunkt, als die Computer nur von SpezialistInnen bedient werden konnten, war diese Arbeit nicht unumstritten. (Das gilt erst recht für die Freinet-Bewegung in Deutschland, die sich dieser Thematik erst wesentlich später stellte.)

4.1 Anliegen

Dieser Gruppe von LehrerInnen ging es darum, den Computer genauso im Unterricht einzusetzen, wie dies »draußen« im Leben geschieht, nämlich als Werkzeug, mit dem das Lösen bestimmter Probleme wesentlich erleichtert oder gar erst möglich wird. Grundlage für einen solchen kreativen Einsatz ist die Einführung der SchülerInnen in die Bedienung sowie die Funktionsweise dieses Gerätes.

Da die Computertechnologie seit diesem Zeitpunkt eine rasante Entwicklung aufweist, ergeben sich naturgemäß auch unterschiedliche Schwerpunkte der Entwicklungsarbeit für den Einsatz im Unterricht, die von dem Ausgangspunkt, nämlich dem Mathematik-Unterricht in der Grundschule, teilweise sehr weit wegführen.

4.2 Entwicklungsschwerpunkte

4.2.1 Anfangsphase

Die Einsatzmöglichkeiten in dieser Phase waren sehr stark durch die technischen Möglichkeiten (oder man sollte vielleicht besser Grenzen sagen) der Geräte der ersten Stunde, wie der legendäre PET von Commodore, der VC 20, der Tandy TRS 80, der ZX 81 von Sinclair oder der Sharp MZ 80, bestimmt, für die es wenig Software gab, so daß selbst mit Hilfe der eingebauten Sprache BASIC programmiert werden mußte. In dieser Phase standen drei Einsatzmöglichkeiten im Vordergrund:

1. Nutzung als Hilfsmittel für Übungszwecke
2. Einsatz zur Textverarbeitung
3. Lösen von Problemen aus dem Mathematik-Unterricht über Programmierung

zu 1: Ein Hauptaufgabengebiet war die Entwicklung eigener Software für Übungszwecke, die den Ansprüchen der Freinet-Pädagogik gerecht wurde. Der Vorteil gegenüber traditionellen Selbstkontrollmitteln bestand in der Möglichkeit zur umfassenden Analyse, warum eine Aufgabe falsch gelöst wurde. Die Lernenden erhielten dann auf dem Bildschirm einen entsprechenden Hinweis. Wenn ein Schüler z.B. bei der Aufgabe 15 – 7 = als Lösung die Zahl 22 eingibt, erhält er die Nachricht, daß er »plus« statt »minus« gerechnet habe. In diesem Sinne wurden die Computer meist als Ergänzung, manchmal auch als Ersatz für Arbeitsmittel mit Selbstkontrolle eingesetzt.

zu 2: Sobald entsprechende Programme (meist Eigenentwicklungen) vorlagen, wurde der Computer ähnlich wie die Schreibmaschine, aber mit den Vorteilen eines Textverarbeitungssystems eingesetzt. Dies hat wie der Bleisatz mit der Freinet-Druckerei den Vorteil, daß Fehler auch nachträglich problemlos korrigiert werden können. In einem späteren Entwicklungsstadium ließ es auch die nachträgliche graphische Gestaltung der Texte (Layout) zu. Genutzt wurden diese Möglichkeiten vor allem für die Reinschrift von freien Texten sowie für die Klassenkorrespondenz.

zu 3: Hier handelt es sich um eine Einsatzmöglichkeit im Unterricht, die es nur in der Freinet-Pädagogik gab. Wenn im Mathematik-Unterricht bestimmte Berechnungsverfahren entwickelt und gelernt worden sind, wurde manchmal die Frage gestellt, ob man dies nicht auch mit dem Computer berechnen könne. So hat Bernard Monthubert zusammen mit seinen SchülerInnen eines 4. Schuljahres ein Programm zur Umwandlung von Dezimalzahlen in römische Zahlen geschrieben (siehe Monthubert 1983).

Nach der Erarbeitung des Prinzips der Umwandlung war die Leitfrage im Unterricht: »Was muß der Computer wissen, damit er es richtig macht?« Die Antworten wurden in Form eines Programm-Ablaufplanes festgehalten:

Programm-Ablaufplan für die Umwandlung von Dezimalzahlen in römische Zahlen

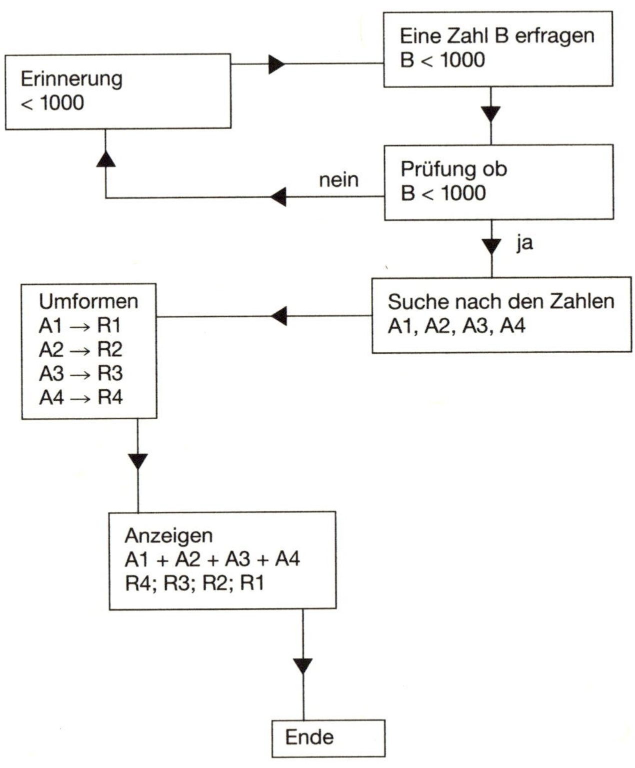

Fundstelle: Monthubert 1983, S. 37

Als Beispiel für den Algorithmus von Umformungen führt Bernard Monthubert (1983, S. 37) die Umwandlung der Werte von A2 (= Zehnerzahlen im Dezimalsystem) in die von R2 (= Zehnerzahlen im »römischen« System) an:

Wenn A2 = 10 dann R2 = X
Wenn A2 = 20 dann R2 = XX
Wenn A2 = 30 dann R2 = XXX
Wenn A2 = 40 dann R2 = XL
Wenn A2 = 50 dann R2 = L
Wenn A2 = 60 dann R2 = LX

Nach der Erstellung dieser einfachen Programmstruktur haben die Kinder auf der Basis von einigen modellhaften Programmzeilen den überwiegenden Teil des Programms selbst eingegeben. Natürlich waren es nur solche Programmteile, die die Kinder auch verstehen konnten. Die anderen Teile, wie z.B. das Zerlegen der eingegebenen Zahl, hat der Lehrer allein programmiert. Monthubert beschreibt die Ziele für diese Unterrichtseinheit so:

»● Erforschung von Zahlensystemen
● Ausarbeiten der Programmstruktur
● Übernahme eines großen Teils der Programmierung (hier Codierung)
● Anschließende Nutzung, die vielfältige Versuche erlaubt, mit denen die Gültigkeit der Gesetze überprüft werden können. Dies scheint mir für einen großen Teil der Schüler, die oft ein sehr gespanntes Verhältnis zur Mathematik haben, wichtig zu sein.« (Monthubert 1983, S. 35)

4.2.2 Ausbauphase

Eine wichtige Aufgabe in dieser Phase war die Suche nach einem Computer, der für die Arbeit gerade auch in der Grundschule geeignet war, sowie nach einer Quelle zur Finanzierung der Anschaffung. In beidem sind die französischen KollegInnen fündig geworden.

Als ideales Gerät kamen von der Firma Thomson die Modelle der T. O.-Serie auf den »Home-Computer«-Markt, die mit einem Lichtgriffel ausgerüstet waren. Mit dessen Hilfe konnten die Kinder schon vor knapp 10 Jahren »spielend« mit Text- und Malprogrammen arbeiten, so wie sie es heute am PC mit der Maus tun.

Neben dem günstigen Einkauf bei Ein- und Verkaufsgenossenschaften für LehrerInnen konnten die Freinet-LehrerInnen umfassend ein Beschaffungsprogramm des französischen Erziehungsministeriums nutzen. Dabei waren sie gegenüber »normalen« Schulen im Vorteil, weil sie nicht darauf angewiesen waren, einen ganzen Satz Geräte für ganze Klassen anzuschaffen. Sie waren in der Lage, diesen Unterricht so zu gestalten, daß die Anschaffung eines einzigen Gerätes für eine Klasse ausreichte.

Eine weitere Aufgabe, der sich die französischen Freinet-LehrerInnen gestellt haben, war die Entwicklung eigener Software. Dabei ging es vor allem auch darum, sie so auszufeilen, daß sie auch von Laien bedient werden konnte und gegen fehlerhafte Bedienung immun (oder im Computer-Jargon: »absturzsicher«) wurde.

Außerdem haben sie die Einsatzmöglichkeiten der Programmiersprache LOGO weiterentwickelt. Diese Sprache ist entwickelt worden, um bei den Kindern ein besseres Verständnis für die Mathematik, für das Programmieren und für das Funktionieren von Computern zu entwickeln. Ein Hauptanwendungsbereich ist das Zeichnen mit Hilfe der Schildkröte.

Am Anfang verfügt man über einen relativ eingeschränkten Vorrat an Befehlen. So wird durch die Befehlsfolge »vorwärts 100, rechts 90, vorwärts 100, rechts 90, vorwärts 100, rechts 90, vorwärts 100, rechts 90« ein Quadrat mit der Kantenlänge 100 Schritte auf den Bildschirm gezeichnet. Diese Abfolge kann man den Computer lernen lassen, nämlich als Prozedur (z.B. unter dem Namen »Quadrat«). Dann braucht man nicht mehr alle Einzelschritte als Befehl einzugeben, sondern nur noch den Namen der Prozedur. Auf diese Weise lassen sich immer komplexere Prozeduren zusammenstellen, die z.B. mit einem einzigen Aufruf ein ganzes Haus mit allen Details zeichnen.

Ein großer Vorteil neben dieser Lernfähigkeit des Programms besteht darin, daß man im Gegensatz zu anderen üblichen Programmiersprachen sofort sehen kann, was ein bestimmter Befehl bewirkt. Die SchülerInnen können ausgiebig experimentieren, weil sie sofort sehen, was ein bestimmter Befehl bewirkt. Damit wird das Programmieren auch SchülernInnen zugänglich, die Probleme mit dem antizipierenden und abstrahierenden Denken haben, eine Fähigkeit, die bei allen anderen Programmiersprachen vorausgesetzt wird.

Außerdem lassen sich die Aktivitäten des Computers in handlungsorientierter Weise erarbeiten. So kann z.B. eine Schülerin die Rolle der Schildkröte übernehmen und genau das tun, was die MitschülerInnen ihr sagen. Diese sehen dann unmittelbar, was sie wirklich gesagt haben.

4.2.3 Expansionsphase

Ein Schwerpunkt der Arbeit lag in der Weiterentwicklung der Software in zwei Richtungen. Zum einen mußte sie für die inzwischen weit verbreiteten IBM-kompatiblen Personalcomputer umgeschrieben werden. Zum anderen wurden neue Programme entwickelt, um die Lücken im Softwareangebot zu füllen. Dabei gibt es keine Beschränkung auf Mathematik mehr, sondern es gibt eine Vielzahl von Programmen auch für den Sprachunterricht.

Besonders prägend für diese Phase war aber die Nutzung weiterer kommunikationstechnischer Medien. So haben die Freinet-LehrerInnen in Frankreich sofort zugegriffen, als vom französischen Erziehungsministerium ein Anschaffungsprogramm für BTX-Geräte (im französischen »minitel«) aufgelegt wurde. Sie haben nämlich sofort eine praktische Anwendungsmöglichkeit für ihre Klassen gesehen.

Die Klassenkorrespondenz, die in Frankreich ein elementarer Eckpfeiler des Freinet-Unterrichts in Grundschulklassen ist, wird jetzt oft über BTX abgewickelt. Inzwischen verfügen viele Schulen auch über Fax-Geräte, die dann auch dafür eingesetzt werden (vgl. dazu den Beitrag von Burkhard Fries in diesem Band).

Von dem Informatik-Sektor wurde außerdem ein sogenannter Server für das BTX-Netz eingerichtet und unterhalten. Über ihn konnten alle Freinet-LehrerInnen miteinander Nachrichten austauschen. Man kann sich einen Server als eine Art elektronisches Anschlagbrett vorstellen, von dem man sich die eingegangenen Informationen zeigen läßt. Wenn man will, kann man selbst auch einen eigenen »Zettel« anheften.

Diese Form der Kommunikation hat für die interne Diskussion innerhalb der französischen Freinet-Bewegung starke Impulse gebracht. Anders als bei den traditionellen Kommunikationsformen ist man nicht mehr auf die Beschränkung verwiesen, daß eine Information zugeschickt wird (wie bei Zeitschriften oder Briefen), daß Absprachen getroffen werden müssen (wie bei Treffen) oder daß man Informationen immer nur paarweise austauschen kann (wie bei Telefonaten). Man kann sich dann informieren, wenn man es möchte, wann man es möchte und wenn man die Zeit dafür hat. Die Informationen stehen allen Interessenten zu gleichen Bedingungen zur Verfügung. Und sie werden nicht gefiltert. Deshalb wird BTX auch von KollegInnen genutzt, die dem Einsatz von Computern im Unterricht sehr skeptisch gegenüberstehen.

4.3 Didaktische Implikationen

Wie oben bereits angedeutet, war diese Form der Auseinandersetzung mit den neuen Technologien innerhalb der Freinet-Bewegung nicht unumstritten. Es gab auch eine Vielzahl von Stimmen, die ausschließlich für eine kritische und Distanz wahrende Auseinandersetzung votierten. Der von dieser Seite wiederholt vorgebrachte Einwand, mit solchen Ansätzen verlasse man den Boden der Freinet-Pädagogik, muß allerdings zurückgewiesen werden.

Die LehrerInnen, die in dieser oder ähnlicher Weise ihre SchülerInnen an einen sinnvollen Gebrauch der neuen Informations- und Kommunikationstechnologien heranführen, versuchen den Leitspruch der Freinet-Pädagogik: *»Pour la vie – par la vie – par le travail«* in konsequenter Weise einzulösen. Sie gehen von der Tatsache aus, daß die Lebenswelt, in die ihre SchülerInnen hineinwachsen, wesentlich durch diese Technologien geprägt wird. Wenn man seine SchülerInnen dieser Entwicklung nicht hilflos ausliefern will, sollte man drei Ziele anstreben:

- Die SchülerInnen sollen die Funktionsweise dieser Technologien verstehen. Dazu gehört neben den technischen Grundlagen (Hardware und Software) auch das Zusammenwirken von Mensch und Maschine sowie die Rückwirkung des Einsatzes auf den Menschen.

- Die SchülerInnen sollen lernen, diese Technologien zu nutzen. Dazu gehört neben der kompetenten Bedienung auch die Entwicklung von Kriterien für den sinnvollen Einsatz. Dabei werden neben den üblichen Kriterien, wie Zeitersparnis, Arbeitserleichterung u.ä., auch die Auswirkungen auf das Zusammenarbeiten und Zusammenleben der betroffenen Menschen in den Blick genommen.
- Im Idealfall erwerben die SchülerInnen so viel Kompetenz, daß sie in der Lage sind, diejenigen zu kontrollieren, die versuchen, sie mit Hilfe solcher Technologien zu beherrschen.

Diese Zielsetzungen muten zunächst utopisch an. Zu ihrer Realisierung ist es aber nicht notwendig, daß derartige Technologien im Unterricht einer Freinet-Klasse einen herausgehobenen Stellenwert erhalten. Es genügt, wenn sie als Hilfsmittel und Werkzeuge eingesetzt werden, so wie es exemplarisch oben beschrieben wurde. Dafür braucht man keinen eigenen Raum mit einem Klassensatz an Computern, keine ausgewiesenen Stunden in der Stundentafel, sondern es reicht aus, wenn in der Klasse ein Gerät steht. Es ist integriert in das Leben der Klasse und wird nur dann benutzt, wenn dieses Hilfsmittel gebraucht wird.

Der Computereinsatz im Unterricht stellt die überkommenen Fachgrenzen in Frage. Er ist nämlich nicht auf den einer Lehrmaschine im Fach Mathematik beschränkt. Er ermöglicht potentiell auch andere Anwendungen, wie z.B. Textverarbeitung, Graphik, Synthesizer oder Kalkulation. Es sind also viele nichtmathematische Anwendungen dabei. Aber auch bei mathematischem Einsatz, wie etwa die Arbeit mit einem Tabellenkalkulationsprogramm, müssen auch nichtmathematische Inhalte behandelt werden, wie z.B. die richtige Rechtschreibung der Beschriftungen oder die übersichtliche Gestaltung der Tabelle.

Außerdem hat die Präsenz eines Computers gerade dann, wenn er umfassend mit all seinen Fähigkeiten als Hilfsmittel eingesetzt wird, einen von Freinet-PädagogInnen gewünschten Nebeneffekt. Er stellt die Legitimation der in den Lehrplänen festgeschriebenen Inhalte und Ziele permanent in Frage. Warum läßt eine Lehrerin ihre SchülerInnen noch über Wochen und Monate Kurven von Funktionen zeichnen, wenn moderne Kalkulationsprogramme oder Taschenrechner dies mit einer Präzision tun, die von SchülerInnen nie erreicht werden kann? Hier wird man sich einsichtigere Legitimationen überlegen und den SchülerInnen vermitteln müssen oder zu einer grundlegenden Revision der Inhalte und Ziele des Mathematik-Unterrichts kommen, die der momentanen und zukünftigen Lebenssituation der SchülerInnen Rechnung trägt.

4.4 Bedingungen

Voraussetzung für den entsprechenden Einsatz im Unterricht ist ein Gerät mit allem Zubehör für die in Aussicht genommenen Anwendungsbereiche. Dazu gehören nicht nur die für den Einsatz notwendigen Peripherie-Geräte wie Drucker, BTX-Modem u.ä., sondern ebenfalls leistungsfähige Software, die auch von Kindern leicht zu bedienen ist. Gerade in diesem Punkt sollte bei Anschaffungen genausowenig gespart werden wie beim Bildschirm (aus ergonomischen Gründen).

Die Lehrperson muß den Computer in »seinen« Anwendungsbereichen kompetent bedienen können. Nur so kann sie ihren SchülerInnen die notwendigen Hilfen geben, wenn sie sich in irgendwelchen Programmverzweigungen verstrickt haben.

Keine Bedingung, aber hilfreich ist es, wenn die Lehrperson zulassen kann, wenn SchülerInnen eigene Anwendungskompetenzen einbringen. Damit werden für die gesamte Klasse (einschließlich der Lehrperson) neue Anwendungsmöglichkeiten erschlossen.

5. Lebendige Mathematik

Der Ansatz der lebendigen Mathematik ist in Frankreich entwickelt worden. Er ist entstanden als Antwort der Freinet-LehrerInnen auf die Weiterentwicklung des Rechen-Unterrichts zum Mathematik-Unterricht.

5.1 Anliegen

Ziel dieses Ansatzes ist es, den Kindern erfahrbar zu machen, was Mathematik eigentlich ist, nämlich ein formales System, das hilft, bestimmte Dimensionen der Wirklichkeit zu durchdringen, zu erkennen und sich verfügbar zu machen. Dabei soll das Prinzip des Lebendigen integriert werden.

5.2 Didaktisches Prinzip

Ausgangspunkt der Arbeit sind die Erzählungen der Kinder. Die darauf folgenden, immer wiederkehrenden Arbeitsschritte sind:

1. Aufschreiben des Erzählten
2. Vergleich der Beschreibungen
3. Suche nach möglichst guten Beschreibungen.

So erzählt z.B. Michel, daß er zum Geburtstag drei Autos bekommen hat. Wenn diese Erzählung ausgewählt worden ist, gehen die SchülerInnen einzeln oder in Gruppen daran, das Erzählte zu notieren. Dabei könnten folgende Zeichnungen entstehen:

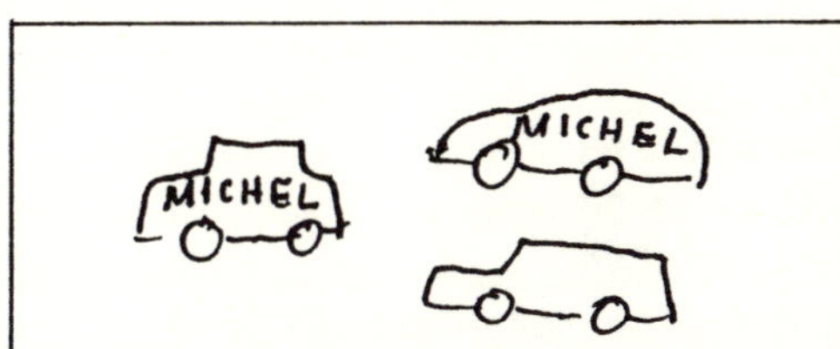

Bei der Diskussion über diese Zeichnungen geht es zunächst einmal darum, die Richtigkeit zu überprüfen. So wird bei der zweiten Zeichnung sicher die Frage erörtert, ob das dritte Auto wirklich Michel gehört oder nicht.

Außerdem wird (meist aufgrund entsprechender Impulse der Lehrperson) die Übertragbarkeit eines bestimmten Beschreibungsmusters analysiert. André hat z.B. 32 Autos. Die Kinder wenden dann die verschiedenen Beschreibungssysteme auf diese Erzählung an. Dabei stellen sie wahrscheinlich fest, daß das System der zweiten Zeichnung sehr arbeitsaufwendig ist. Außerdem hat man generell Probleme, bei großen Mengen die genaue Anzahl festzustellen, wenn die Elemente der Menge nicht gruppiert sind. Diese Feststellung kann der Anlaß für neue Untersuchungen sein.

Auf diese Weise konstruieren sich die SchülerInnen immer wieder neue mathematische Systeme und erarbeiten sich so selbständig die Grundprinzipien von Zahlensystemen. Sie werden also nicht von vornherein in »unser« Zahlensystem, das Dezimalsystem, systematisch eingeführt, sondern erfahren es als eine Möglichkeit neben anderen. Beim Vergleich werden sie allerdings feststellen, daß es ein sehr stark optimiertes System ist. Dadurch, daß die SchülerInnen im Laufe ihrer Schulzeit immer wieder neue Zahlensysteme entwickeln oder kritisch überprüfen, kommen sie zu grundlegenden Einsichten über das Wesen von Zahlensystemen.

Bei der Notierung von Operationen legt der Ansatz der lebendigen Mathematik Wert auf folgende Analyse: Das Zeichen = beschreibt eine Relation (hier die Äquivalenz). Wenn man eine Operation wie z.B. 25 + 38 oder 7 × 8 schriftlich ausdrücken will, würde die Verwendung dieses Zeichens ein falsches Bild übermitteln. Eine Äquivalenz ist etwas anderes als eine Operation. Auch das sonst übliche sogenannte »lang« Rechnen (siehe Beispiel) kann diesen Unterschied nicht aufheben. Deshalb wird für den schriftlichen Ausdruck von Rechenoperationen der Pfeil benutzt. Aus den folgenden Beispielen geht die Notationsweise hervor. Auch für die SchülerInnen hat diese Notationsweise einen Vorteil. Jede(r) kann den eigenen Rechenweg gehen und für Außenstehende nachvollziehbar dokumentieren.

25 + 37 =
25 + 30 = 55
55 +   7 = 62
25 + 37 = 62

Beispiel für »lang« rechnen

Notationsweise der operativen Addition (gilt analog für Subtraktion):

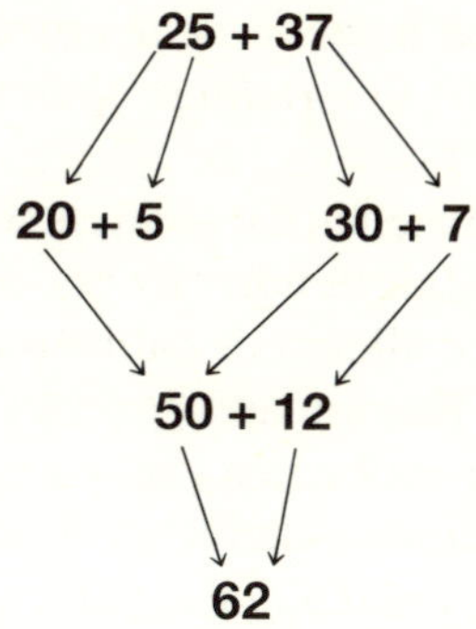

Notationsweise der operativen Multiplikation (gilt analog für Division):

	(alternativer Rechenweg)
12 · 7	**1 · 7 → 7**
1 · 7 → 7	**2 · 7 → 14**
2 · 7 → 14	**3 · 7 → 21**
10 · 7 → 70	**6 · 7 → 42**
12 · 7 → 84	**12 · 7 → 84**

5.3 Didaktische Implikationen

Die SchülerInnen begegnen unmittelbar und von Anfang an dem eigentlichen Wesen von Mathematik. Sie erfahren es als ein System, das von Menschen entwickelt worden ist, und sie können schon als SchülerInnen diese Entwicklung nachvollziehen, indem sie »ihre« Mathematik konstruieren. Diese »persönliche« Mathematik ist aber nicht beliebig, sondern muß sich den Ansprüchen dieser wissenschaftlichen Disziplin stellen. Dabei erleben sie, daß es nicht nur richtig und falsch gibt, sondern auch besser und schlechter, geeigneter und weniger geeignet. Außerdem wird die Dominanz des Dezimalsystems, die ohnehin durch die Computertechnologie fragwürdig geworden ist, relativiert.

5.4 Bedingungen

Dieser Ansatz ist nur möglich, wenn auf Lehrgangsarbeit verzichtet wird.

Die Lehrenden müssen eine umfassende mathematische Kompetenz besitzen. Nur so können sie erkennen, welche mathematischen Strukturen und Themen in einer Schülererzählung angelegt sind.

5.5 Mögliche Probleme

Wenn die SchülerInnen dauernd irgendwelche eigenen Zahlensysteme entwerfen, wann lernen sie dann eigentlich das richtige System?

Die Einsichten in die mathematischen Strukturen sind bei der lebendigen Mathematik viel umfassender und tiefgreifender als bei den sonst üblichen Vorgehensweisen, die diese Strukturen vor allem bei Zahlbereichserweiterungen thematisieren (z.B. die Gültigkeit des Kommutativgesetzes im Bereich der natürlichen Zahlen, der ganzen Zahlen, der rationalen Zahlen usw.). Hier jedoch erfahren die Kinder anhand einer Vielzahl unterschiedlicher Systeme, daß das Kommutativgesetz ein notwendiges Element von Zahlensystemen ist.

Besonders nachhaltig ist die so gewonnene Einsicht in die Strukturen von Stellenwertsystemen. Wenn man Kindern oft genug die Möglichkeit dazu einräumt, erhalten gerade SchülerInnen, die Probleme mit dem abstrakten Denken haben, die notwendigen Hilfen, damit sie z.B. wissen, was bei der Ziffernfolge 234 die 2 bedeutet, sofern es sich um das Dezimalsystem handelt: Es bedeutet 2 Hunderter, und 2 Hunderter sind mehr als die 3, bei der es sich um die Anzahl der Zehner handelt.

Wie lernen die SchülerInnen bei diesem Ansatz rechnen?

Ein Garant für das Rechnen ist das Prinzip der Lebendigkeit. Das Tun der Kinder im Leben wird im Unterricht durch entsprechende mathematische Operationen abgebildet. Und das Ausführen solcher Operationen ist Rechnen. Die Lehrperson muß bei diesem Ansatz allerdings darauf achten, daß die SchülerInnen die dafür notwendige Rechenfertigkeit, oder genauer gesagt, die Fertigkeit zum Ausführen mathematischer Operationen erwerben und erhalten. In Frankreich können die LehrerInnen dafür auf Arbeitshefte zum operativen Rechnen (»cahiers techniques opératoires«) zurückgreifen, in denen die Aufgaben so aufbereitet sind, daß sie mit Hilfe der oben beschriebenen Operationspfeile gelöst werden können.

6. LehrerInnenrolle im Wandel

Angesichts der Vielzahl unterschiedlicher Techniken ist deutlich, daß Mathematik-LehrerInnen eine Auswahl treffen müssen. Bei dieser Entscheidung ist zu berücksichtigen, daß es gerade im Mathematik-Unterricht ein sehr bedeutsames Arbeitsmittel, nämlich das Schulbuch gibt. Es zwingt die LehrerInnen zu einem lehrgangsartigen Vorgehen. Mit meiner Entscheidung für Freinet-Unterricht im Fach Mathematik habe ich das linear aufgebaute didaktische und methodische Gerüst des Schulbuches mehr und mehr aufgegeben.

Das fing damit an, daß ich mir als Ergänzung zu den Übungsaufgaben im Buch Karteien gesucht und teilweise auch erstellt habe, mit denen die SchülerInnen die jeweilige Rechenfertigkeit, die laut Buch gerade »dran« war, üben und selbständig kontrollieren konnten. Die Kinder haben dieses Angebot gern angenommen. Doch es stellte sich sehr schnell heraus, daß ein Teil der SchülerInnen überfordert und ein anderer Teil unterfordert war.

Um den Kindern gerecht werden zu können, habe ich in meinem damaligen zweiten Schuljahr angefangen, auf drei Anspruchsebenen zu arbeiten. Eine Gruppe hat den Zehnerübergang im Bereich bis 20 geübt. Eine zweite Gruppe hat einstellige Zahlen im Bereich bis 100 addiert und subtrahiert, und eine dritte Gruppe tat das gleiche mit gemischten Zehnern.

Bei der daraus resultierenden Einzelbetreuung ist mir aufgefallen, daß die Kinder in den seltensten Fällen genau so rechnen, wie der Schulbuchautor sich das vorgestellt hatte. Außerdem haben viele Verfahrensvorschriften und methodische Hilfen bestimmte Kinder eher verwirrt, anstatt sie in ihrem Lernprozeß zu unterstützen, weil sie an etwas anknüpfen, was zwar im Buch steht, was aber nicht in den Köpfen der Kinder ist.

Die genaue Beobachtung der Kinder, die Gespräche mit ihnen sowie die Auseinandersetzung mit der natürlichen Methode haben entscheidend dazu beigetragen, daß ich meine Vorstellung vom Mathematik-Unterricht grundlegend revidiert habe. Früher dachte ich, daß ich der einzige in der Klasse bin, der weiß, wie es geht. Meine Sorge galt der Frage, wie ich das Wissen so portioniere, daß die Kinder es schlucken, und wie ich es verpacke, damit sie ihren Appetit behalten. Diese Vorstellung von meiner Rolle als dem Inhaber des Wissensmonopols habe ich nach und nach aufgebeben.

Damit negiere ich aber nicht die Tatsache, daß ich mehr und anderes als meine SchülerInnen weiß. Mein Streben ist jetzt aber darauf ausgerichtet, mit den Kindern in ein Fachgespräch einzutreten. Damit dies möglich wird, versuche ich, ihnen Zeit, Raum und Material zu geben, so daß sie sich weitgehend selbständig mathematisches Wissen erarbeiten können. Auf dieser Grundlage treten die SchülerInnen dann miteinander in ein Fachgespräch, in das ich mich möglichst spät und möglichst zurückhaltend einbringe. Vieles von dem, was ich beitragen könnte, kann von MitschülerInnen gesagt werden, wenn ich ihnen die Möglichkeit dazu eröffne.

Besonders fragwürdig ist mir die didaktische Maxime geworden, daß Fehler der Kinder möglichst schnell aufgezeigt und beseitigt werden müssen. Der Erkenntnisfortschritt der Menschheit beruht oft darauf, daß bestimmte »Erkenntnisse« zunächst als wahr angenommen wurden, die sich später als falsch oder unvollständig herausstellten. Die Erfahrung, daß es Irrwege und Irrtümer gibt, macht die Kinder viel sensibler und kritischer gegenüber dem, was ihnen erzählt wird. Und wenn dies in einem Fachgebiet geschieht, das angeblich nur richtig oder falsch kennt, dann wäre dies ein gewichtiger Beitrag des Mathematik-Unterrichts zur politischen Bildung.

Dieser Entwicklungsprozeß wäre nicht möglich gewesen, wenn ich diesen Weg hätte allein gehen müssen. Entscheidenden Einfluß hatte die Kooperation mit anderen Freinet-LehrerInnen. Da war zum einen der Erfahrungsaustausch mit vielen KollegInnen auf den örtlichen, regionalen, nationalen und internationalen Freinet-

Treffen. Er brachte nicht nur Anregungen, was ich noch alles machen könnte. Bereits die Möglichkeit, meine eigenen Erfahrungen jemandem mitteilen zu können, der kritisch- konstruktiv zuhört und mitdenkt, war schon ein großer Gewinn, weil ich gezwungen war, mein Problem auf den Punkt zu bringen und genau zu beschreiben.

Einen weiteren wesentlichen Impuls habe ich durch die Veranstaltungen auf den Freinet-Treffen erhalten. Diese zeichnen sich nämlich gegenüber herkömmlichen Fortbildungsveranstaltungen dadurch aus, daß man nicht über didaktische und methodische Vorgehensweisen redet, sondern versucht, diese selbst zu praktizieren und eigene Erfahrungen damit zu machen. Natürlich geschieht das an Themen, die unseren Vorkenntnissen als LehrerInnen angemessen sind. Die so gewonnenen Erfahrungen sind aber ohne größere Probleme auf das Lernen der Kinder im Unterricht übertragbar (vgl. Schütz 1982).

Besonders nachhaltig war die Erfahrung, die ich im Rahmen der Grundschultreffen zum Thema »Entdeckendes Lernen« gemacht habe. Dort habe ich gelernt, welche umfassende Bedeutung Gefühle für das Lernen generell und damit auch für die Mathematik haben. Als Lehrer war ich gewohnt, alles zu wissen bzw. die Bereiche, in denen ich nichts oder zu wenig wußte, geschickt zu umgehen. Gerade weil ich ein relativ guter Mathematik-Schüler und -Student war, wußte ich früher nicht, wie man sich fühlt, wenn man nichts weiß, wenn man keinen Erfolg hat, wenn man keine Möglichkeit sieht, aus der Klemme herauszukommen. Jetzt weiß ich es.

Deshalb habe ich jetzt Verständnis, wenn SchülerInnen während des Arbeitens miteinander reden. Ich habe erfahren, wie wichtig solche Gespräche sind, weil sie oft gerade das Teil liefern, das zum Puzzle noch fehlt. Inzwischen bin ich auch bereit, wesentlich genauer auf das zu hören, was die Kinder sagen. Denn ich habe am eigenen Leib erfahren, wie verwirrend Erklärungen von »Experten« sein können, wenn sie nur ihr eigenes, fachlich fundiertes System im Hinterkopf haben und nicht bereit sind, sich auf meine Fragen und auf mein eingeschränktes Wissen einzulassen.

Angeregt durch ein Seminar auf dem R.I.D.E.F. 1990 in Finnland, in dem Paul Le Bohec mit den Teilnehmern am Beispiel des Finnischen die natürliche Methode praktizierte, habe ich seine Anregung aufgegriffen, diese Methode auch im Mathematik-Unterricht anzuwenden. Zum Glück waren auch andere Freinet-PädagogInnen in Deutschland von dieser Idee fasziniert, so daß auch andere LehrerInnen versuchten, diese Technik in ihrem Unterricht einzusetzen. Das war die Initialzündung für eine immer noch andauernde Auseinandersetzung über den Mathematik-Unterricht innerhalb der deutschen Freinet-Bewegung.

Sie führte dazu, daß das grundlegende Manuskript von Paul LeBohec (»Verstehen heißt Wiedererfinden«) übersetzt und in Deutschland erstmals als Buch veröffentlicht wurde (Bremen 1994). Im Dokumentationsteil berichten auch deutsche Freinet-LehrerInnen über ihre Erfahrungen mit dieser Technik. Die Diskussion ist nicht auf den internen Kreis der Freinet-PädagogInnen beschränkt geblieben. So hat Herbert Hagstedt im Frühjahr 1994 ein Heft der Zeitschrift »Die

Grundschule« zum Thema »Freie Mathematik« herausgegeben, in dem sich auch andere LehrerInnen artikulieren.

Die systematische Darstellung der natürlichen Methode im Mathematikunterricht nach dem obigen Raster würde den Rahmen dieser Einführung sprengen. Der Leser sei also auf die genannte Literatur und die folgenden Anmerkungen verwiesen:

Ziel der natürlichen Methode ist es, den SchülerInnen die umfassende Möglichkeit zu geben, sich die Mathematik auf der Grundlage ihrer eigenen Interessen durch eigene Forschungen zu erobern. Am Anfang dieses Lernprozesses steht der freie Ausdruck von mathematischen Inhalten, die von den SchülerInnen entweder erzählt oder als freie Texte aufgeschrieben werden. Sie werden gemeinsam von SchülerInnen und LehrerInnen diskutiert und aufgearbeitet, woraus sich neue Fragestellungen, neue Interessen, neue »Forschungsprojekte« und somit neue freie mathematische Texte ergeben.

Die natürliche Methode versteht sich aber nicht als besonderer didaktischer Ansatz für den Mathematikunterricht, sondern als Technik, mit der grundsätzliche pädagogische Ziele eingelöst werden können. Deshalb zielt sie auf eine umfassende Bildung der SchülerInnen, die über die Mathematik hinausgeht, in der aber die Mathematik ein unverzichtbares Element darstellt, weil sie ein Werkzeug ist, mit dem Menschen wesentliche Teile ihrer Welt erkennen und strukturieren können.

Der Erfahrungsaustausch und die Kooperation mit anderen Freinet-LehrerInnen hat mir auch oft Mut gemacht. Wenn jemand von seinen Erfahrungen berichtet hat, habe ich mir oft sagen können: »Das müßte in deiner eigenen Klasse auch möglich sein.« Außerdem war es sehr tröstlich, wenn andere davon berichteten, daß sie die gleichen Probleme wie ich selbst im Unterricht hätten. Ich hatte nämlich schon angefangen, an meinen eigenen Fähigkeiten zu zweifeln. Durch diese Erzählungen ist mir jedoch bewußt geworden, daß es sich nicht um ein persönliches, sondern um ein strukturelles Problem handelt. Gemeinsam haben wir dann Lösungsmöglichkeiten erarbeitet, die ich dann in meinem Unterricht erprobt habe.

Natürlich gibt es noch viele andere Faktoren, in denen sich meine Rolle als Lehrer und – analog dazu – auch die Rolle meiner SchülerInnen geändert hat. Bei allem Auf und Ab war für die Kinder und für mich wichtig, daß die Freude am Mathematik-Unterricht entsprechend der zunehmenden Offenheit immer größer wurde und daß wir miteinander immer wieder Neues entdeckten. Das Fach Mathematik wurde immer beliebter. Und auch die anfänglichen Bedenken der Eltern, ihre Kinder würden nicht genug rechnen lernen, wurden recht bald gegenstandslos.

Literatur

Baillet, Dietlinde: Freinet – praktisch, Weinheim und Basel 1983.
Baruk, Stella: Wie alt ist der Kapitän? Basel 1989.
»Die Grundschulzeitschrift«, Themenheft: »Mathematik am Kind orientiert«, Heft 10/1987.
»Die Grundschulzeitschrift«, Themenheft: »Freie Mathematik«, Heft 75/1994.
Freinet, Célestin: Die moderne französische Schule, hrsg. und übersetzt von Hans Jörg, Paderborn 1979 (2. Aufl.).
Freinet, Célestin: Praxis der Freinet-Pädagogik, hrsg. und übersetzt von Hans Jörg, Paderborn 1981.
Le Bohec, Paul: Verstehen heißt Wiedererfinden. Natürliche Methode und Mathematik, übersetzt von Peter Schütz und bearbeitet von Angela Glänzel, Bremen 1994 (Pädagogik-Kooperative).
Monthubert, Bernard: Les chiffres romains. In: »INFORMATICEM« (= »Bulletin du Secteur Informatique«, hrsg. v. »Institut Coopératif de l'Ecole Moderne«) Heft Nr. 4/1983, S. 35–37 (Übersetzung vom Verf.).
Schütz, Peter: Alternativen zur gegenwärtigen Form der Lehrerweiterbildung. In: Bildung und Erziehung, Heft 3/1982 (35. Jg.), S. 273–286.
Têtu, Jean-Pierre: CM. Des histoires d'enfants à la mathématique à Cliponville. In: »Entre nous«, Bulletin numéro 33, C.R.D.P. Rouen 1978 (Übersetzung vom Verf.).
Zülch, Martin (Bearb.): Lehrer und Schüler verändern die Schule, Heft 19 der Reihe »material« des Fachbereichs Visuelle Kommunikation der Hochschule für bildende Künste Hamburg, 1978.

Ernst-August Witte-Löffler

Mit Freinet in der Hauptschule arbeiten

Freinet-Pädagogik in der täglichen Schulpraxis ist vor allem durch Handeln geprägt.

Aber *Freinets* Pädagogik ist für mich auch eine Sammlung von bestimmten Prinzipien oder Elementen, die als Ganzes eine Pädagogik ausmachen. Deren Anwendung erfolgt nicht dogmatisch, sondern wird von jedem Lehrer oder jeder Lehrerin den jeweiligen Bedingungen angepaßt (die Reihenfolge der Nennungen bedeutet keine Wertung):

Prinzipien und Elemente

1. Kinder wollen lernen, und Schule und LehrerInnen haben die Aufgabe, dies zu unterstützen.
2. Es gibt eine »natürliche Methode« des Lernens. Schule hat in der Vergangenheit durch eine Überbetonung abstrakten Lernens, stupiden Abschreibens und Auswendiglernens die natürliche Methode übergangen und die Kinder in ihrer Entfaltung gehindert.
3. Man muß »den Kindern das Wort geben«, um ihre Interessen zu erkennen und sie daran arbeiten zu lassen.
4. SchülerInnen, die an ihren Interessen orientiert arbeiten, sind auch in der Lage, selbständig den Unterricht und die Schule zu gestalten.
5. Forschen und Entdecken sind Grundlage aller Arbeit.
6. Hilfsmittel dazu sind zunächst die natürliche Umgebung, Karteien, Lexika und weitere Materialien, die Arbeit möglich machen.
7. Eine Schule muß so ausgerüstet sein, daß sie nicht Jahrzehnte hinter der Entwicklung herläuft, sondern moderne Materialien (z.B. Film- und Videogeräte, Abzugsapparate, Computer ...) zur Verfügung hat.
8. Zentrum aller Kommunikation ist der Klassenrat, in dem gemeinsame Arbeiten festgelegt werden, eigene Arbeiten vorgestellt werden, Kritik geübt wird, erzählt wird.
9. Eine spezielle Form der Kommunikation ist der Morgenkreis, in dem Schülerinnen, Schüler und Lehrer ihre Erlebnisse vorstellen können.
10. Gemeinsam festgelegte Arbeiten und individuelle Pläne werden im Wochenplan festgehalten. Der Wochenplan muß mit Bedacht erstellt werden und die dann festgelegte Arbeit innerhalb der Woche auch geleistet werden.

11. Die Arbeiten erfolgen entweder allein, mit einer PartnerIn oder in Arbeitsgruppen. Die Vorstellung der Ergebnisse oder der Zwischenergebnisse erfolgt im Klassenrat.
12. Berichte über Arbeiten können auch in Form von Wandzeitungen, Druckerzeugnissen, Spielszenen, Klassenzeitungen etc. erfolgen.
13. Lehrpläne müssen beachtet werden und verlangen manchmal auch die Behandlung von Stoffgebieten, die von LehrerInnen und SchülerInnen nicht gerne bearbeitet werden. Die notwendigen Lektionen werden in Jahres- und Monatsplänen erfaßt. Als Hilfsmittel stehen Arbeitskarteien, Lernkarteien mit Selbstkontrollmöglichkeiten, Bücher und Lexika zur Verfügung.
14. Zur Übung, zum Erlernen bestimmter Lektionen ist auch durchaus ein Rückgriff auf Vorschläge anderer ReformpädagogInnen sinnvoll – etwa *Montessori* (Arbeitsmaterial mit Selbstkorrektur).
15. Pflichtthemen aus den Bereichen Biologie, Geographie, Geschichte bieten manchmal Anstöße zur Bearbeitung in Projekten.
16. Vorzuziehen ist allen Pflichtformen die »freie Arbeit«, die sich wiederum stark an den Bedürfnissen der Kinder orientiert.
17. Dies sollte auch der »freie Text« als wichtigste schriftliche Ausdrucksform leisten, der nach Beschluß der Klasse auch in der Schuldruckerei gesetzt werden kann.
18. Ein bestimmter Arbeitsrhythmus – 45 Minuten – sollte nicht vorgegeben werden.
19. Um ständigen Wechsel zu vermeiden, sollte die KlassenlehrerIn möglichst viel Unterrichtszeit in der Klasse verbringen.
20. Dies ermöglicht auch, daß Lernen an direkt vermittelten Erfahrungen stattfindet und nicht didaktisch aufbereitet wird.
21. Erfahrungslernen erfolgt auch über die Einbeziehung der Umgebung: Familie, Natur, HandwerkerInnen, Fachleute unterstützen den Unterricht.
22. Der Lehrer oder die Lehrerin ist Helfer, wenn Hilfe nachgefragt wird. Er/sie hat erzieherische Aufgaben, die den Kindern diese Arbeitsform ermöglichen; das bedeutet Ideen zu geben und manchmal Aufgaben zu beschränken, damit die Kinder für sich den richtigen Rahmen finden.

Den Kindern das Wort geben…

Dieser Imperativ ist für mich immer noch einer der Kernpunkte der Freinet-Pädagogik (vgl. dazu den Beitrag von Hartmut Glänzel in diesem Band). Oder anders ausgedrückt, wie mir von einer Kollegin berichtet wurde: Freinet-Pädagogik ist, wenn Kinder ihre eigenen Sachen an die Wand hängen dürfen.

Für mich heißt »den Kindern das Wort geben« zunächst einmal, daß ich im Unterricht erfahren muß, wo denn die Interessen der Kinder liegen. *Freinet* geht davon aus, daß Kinder zunächst einmal sehr interessiert sind an allem, was in der Welt um sie herum passiert.

Haben sie etwas herausgefunden, was ihnen wichtig erscheint, was sie erprobt oder gestaltet haben, dann möchten sie dies auch anderen mitteilen oder zeigen. Durch solche Mitteilungen werden andere animiert, sich selbst auch mit diesen oder anderen Dingen zu beschäftigen. Dies wiederum kann dazu führen, daß Kinder etwas hinterfragen, untersuchen, gestalten.

Für dieses Handeln, das aus sich selbst immer wieder neue Energien schöpft, hat *Freinet* sich sehr einfache Rahmenbedingungen einfallen lassen oder von anderen KollegInnen angenommen. Zunächst einmal hat er einen Morgenkreis eingeführt, in dem die Kinder aus ihrem Leben und von ihren Fragen berichten. In diesem Rahmen können Probleme angesprochen und erörtert werden und die anderen können teilhaben am Leben ihrer MitschülerInnen. Aus den eigenen Fragen und den Fragen anderer entstehen Ideen zu Forschungen auf verschiedenen Gebieten. Forschungen müssen aufgeschrieben und dokumentiert werden; Arbeitswege müssen erklärt werden, um auch anderen die Möglichkeit zu geben, die Arbeiten zu verstehen. Dazu dient der Vortrag im Morgenkreis oder im Klassenrat. Darüber hinaus gibt es Darstellungsmöglichkeiten: so z.B. Wandzeitungen, Bücher, Bilder, Filme … Grenzen setzt *Freinet* der Phantasie sicher nie – auch nicht der der SchülerInnen. Für ihn ist sicher, daß die Kinder, wenn man sie nur läßt, sehr viel zum Unterricht beitragen, daß sie den Unterricht mit Inhalten füllen werden, die weit über das hinausgehen, was eine normale Schule sonst leisten kann. Daß die SchülerInnen sich in der Realität oft ganz anders verhalten, ist für mich ein Argument für die Änderung des eigenen Unterrichts, nicht dagegen.

Zum Beispiel Montag: Morgenkreis und Wochenplan

Schon der erste Tag der Woche – der gefürchtete Montag – läßt sich durchaus anders gestalten. Wir beginnen die Woche mit einem Morgenkreis, in dem die Kinder sitzen, wenn ich das Klassenzimmer betrete. Es ist nicht leise, wenn ich komme; die Kinder sprechen miteinander, und dies hat eine nicht zu unterschätzende Bedeutung für den ganzen Vormittag. Nach einer gemeinsamen Begrüßung und meist einem Lied übernimmt eine/r der SchülerInnen die Leitung des Gesprächs. An der Tafel haben sich alle SchülerInnen eingetragen, die an diesem Morgen etwas sagen möchten. Je nach Temperament und eigener Begeisterung über das Erlebte wird ein unterschiedlich langer Bericht gegeben. Dazu werden von den SchülerInnen Fragen gestellt, wenn sie von der Leitung aufgerufen werden. Bei manchen SchülerInnen haben wir uns inzwischen auf eine Begrenzung der Redezeit verständigen müssen, da sie sonst ohne Ende erzählen würden. Es gibt allerdings auch einige SchülerInnen, die können dermaßen spannend und witzig erzählen, daß es jedem einfach Spaß macht zuzuhören.

Anschließend wird über die Pläne für die kommende Woche gesprochen. Dabei werden sowohl die Ideen der Kinder als auch meine Vorschläge und die Erfordernisse der Jahresplanung berücksichtigt. Dies soll an einigen Beispielen erläutert werden.

- Der Schulgarten ist eine ständige Einrichtung, der überwiegend von meiner Klasse betrieben wird. Hier bestimmen vor allem natürliche Begebenheiten die erforderlichen Aktivitäten. So werden kurz vor den Herbstferien sechs SchülerInnen eingeteilt, die den Kompost auf den Beeten verteilen und den Gemüsegarten umgraben.
- In der 6. Klasse gibt es einen Vorlesewettbewerb, an dem meine Klasse teilnehmen will. Hierzu sind Kinder- und Jugendbücher auszuwählen, der Besuch der Stadtbücherei und der Wettbewerb selber einzuplanen. Dies erstreckt sich im Rahmen der Jahresplanung über mehrere Wochen, hat aber auch Auswirkungen auf die Wochenplanung.
- Die Planung eines Theaterstücks mit entsprechenden Proben und die Gestaltung eines Abends für die Eltern beanspruchen sowohl langfristig (Jahresplanung) als auch kurzfristig (Wochenplan) Zeit, die wir entsprechend einteilen müssen.
- In der Woche ist vorgesehen, Herbstfrüchte zu sammeln und zu bestimmen. Dieses Thema wird vor allem durch den Lehrplan Biologie bestimmt. Der Lerngang muß eingeplant werden, die Zeit für die Bestimmung der Früchte und die Darstellung der Ergebnisse berücksichtigt werden.

Eine weitere feste Größe ist die freie Arbeit, die zur Zeit in zwei Nachmittagsstunden stattfindet. In diesen beiden Stunden können die Kinder arbeiten, was sie wollen. Die Betonung liegt dabei allerdings auf dem Wort »Arbeit«. Auch für diesen Bereich erstellen die Kinder einen Plan, der im Wochenplan berücksichtigt wird. Darüber hinaus enthält der Wochenplan noch bestimmte Pflichtaufgaben, die von mir gesetzt werden. Darunter fallen etwa Mathematikaufgaben oder Übungen in Rechtschreibung, die Herstellung von freien Texten und die Arbeit an Karteien (dazu weiter unten mehr).

Jedes Kind stellt seinen eigenen Wochenplan auf. Dieser Plan ist abhängig von den Fähigkeiten der Kinder, von bestimmten Problemen einzelner Kinder, von individuellen Befindlichkeiten. Bis zur großen Pause arbeiten die Kinder sowohl an der Planung als auch an den durch den Plan geforderten Arbeiten. Gleichzeitig werden in dieser Zeit von mir die Pläne der vorangegangenen Woche kontrolliert. Dabei zeigt sich, daß nicht alle Kinder in der Lage oder bereit sind, die Vielzahl der Aufgaben zu erfüllen. Manchmal haben sie einfach keine Lust gehabt, die Tante war zu Besuch oder Schule macht ihnen keinen Spaß. Vor allem kann ich sehen, mit welchem Kind ich mich in einem bestimmten Bereich mehr beschäftigen muß. So kommt es immer wieder einmal vor, daß ein Kind die Mathematikaufgaben aus dem Lösungsbuch abgeschrieben hat. Bei der Kontrolle des Wochenplans fällt mir das durch Nachfragen meistens auf. Wir können dann gemeinsam überlegen, ob das Kind keine Lust hatte oder ob es wegen mathematischer Probleme versucht hat, sich um den schwierigen Weg des Versuchens, des Irrtums und der Frustration zu drücken. Je nach Ergebnis des Gesprächs muß dann die Arbeit nachgeliefert oder erneut versucht werden. Manchmal ist mit diesem Gespräch das Problem allerdings auch gelöst und erledigt.

In dieser Unterrichtsphase muß es in der Klasse möglichst leise sein, damit ich mich auf die einzelnen Kinder konzentrieren kann. Dies ist nicht immer so, gelingt aber nach längerer Anlaufzeit in jeder Klasse immer besser.

Es ist allerdings auch für die Kinder nicht immer leicht, sich ständig unter Kontrolle zu halten, wenn sie gerade mit einem interessanten Versuch oder einem Partnerdiktat beschäftigt sind. Man muß sich das etwa so vorstellen: Wir haben die Tische in einem Kreis stehen, mein Arbeitsplatz befindet sich ebenfalls in diesem Tischkreis. Vorne an der Wand stehen zwei weitere Tische, an der Vorderwand hängt der Wochenplan. Um diesen Wochenplan stehen meist zwei bis vier Kinder, die ihre Arbeiten eintragen wollen. Links neben mir sitzen Jan und Viktor und bearbeiten ein Thema aus der Geographie mit Atlas, Buch und Lexikon. Sie müssen sich dabei unterhalten, und Jan kann nicht flüstern (ich wüßte gern, wie ich ihm das beibringen kann). Daneben schreiben Dora und Eva ein Partnerdiktat. Sie benutzen zwar ein »Flüsterrohr«, aber ohne einen Laut kann man nicht reden. Maria und Inge arbeiten an Karteikarten zur Rechtschreibung. Leider kann Inge auch nur nach intensiven Ermahnungen leise sprechen. Manchmal entfährt ihr einfach ein kleiner Schrei, wenn sie einen Fehler gemacht hat oder wenn sie keinen Fehler gemacht hat. Katharina und Jasmin sind mit der Herstellung von Plakaten für die Schulfete beschäftigt. Das muß diskutiert werden, die beiden Nachbarinnen werden beteiligt. Matthias und Oskar sitzen vorn neben der Tafel und hören über Kopfhörer eine Geschichte in Englisch und lesen im Buch mit. Elena und Willi lösen Mathematikaufgaben aus dem Buch, Gottfried läuft wieder einmal durch die Klasse und schaut, was die anderen machen. Er hat gerade eine Geschichte geschrieben und braucht jetzt einfach etwas Bewegung. Draußen im Flur vor dem Klassenzimmer sitzen Waldemar, Werner und Nazan und halten eine Schreibkonferenz über ihre freien Texte ab.

Beim Schreiben dieses Textes merke ich, wie mich das ganz kribbelig macht, was alles in der Klasse gleichzeitig passiert, während ich vorne sitze und mit einem Schüler seinen Plan der Vorwoche kontrolliere. Dennoch gibt es eigentlich fast keine Disziplinprobleme – abgesehen von gelegentlichen Ermahnungen zu mehr Ruhe, weil machmal der Eifer die Kinder vergessen läßt, daß andere gerade eine stille Arbeit machen und sich konzentrieren müssen. Auch wenn es durch mich Vorgaben für den Wochenplan gibt, so kann sich doch jedes Kind den Teil heraussuchen, der ihm gerade angenehm ist, der seiner Verfassung entspricht. Auffällig ist, daß vor allem die Montage ihren Schrecken als schwierige Arbeitstage nach dem Wochenende verloren haben.

Durch die Planung von Montag zu Montag muß ich mir zwar am Wochenende zunächst eine Wochenplanung machen. Die Schülerhefte aber muß ich nicht am Sonntag kontrollieren: Dies kann ich im Unterricht und bei Bedarf in der Woche zu Hause erledigen. Gleichzeitig haben die Kinder, wenn sie in der Woche ihre Arbeiten – aus welchen Gründen auch immer – nicht fertiggestellt haben, die Möglichkeit, am Wochenende den Rest zu bearbeiten.

Die verbleibenden beiden Stunden nach der großen Pause werden meist als »normale« Unterrichtsstunden gehalten: frontal und nicht immer glücklich für alle Beteiligten. In diesen Stunden arbeiten wir mit dem Englischbuch oder ich unterrichte Erdkunde, Biologie oder Geschichte. In diesen Stunden wird auf jeden Fall dem Lehrplan Rechnung getragen.

Freie Arbeit

Am Nachmittag sind zwei Unterrichtsstunden vorgesehen, die laut Stundenplan Deutsch und Förderkurse wären. Diese beiden Stunden sind ausschließlich für freie Arbeit reserviert. Der Begriff »freie Arbeit« ist heute in aller Munde, aber oft ist die Praxis wenig frei. Ich unterscheide bewußt zwischen »freiem Üben« und freier Arbeit. Freies Üben ist bei mir in den Wochenplan integriert. In der freien Arbeit sind die Kinder dann wirklich frei, sich auszusuchen, was sie an Arbeit machen wollen.

Manche arbeiten an den Aufgaben ihres Wochenplans weiter und sind dafür zum Ende der Woche meist mit ihrem Plan fertig, haben dann Zeit für Spiele, Träume etc. Andere suchen sich ein Thema, an dem sie über mehrere Wochen arbeiten. So haben zwei Schüler einen Heißluftballon gebaut. Der Start war ein Ereignis für die ganze Klasse. Andere wieder gehen in den Werkraum, wo auch schon einmal Boxen für die Stereo-Anlage hergestellt wurden. Zur Verfügung steht aber auch der Computer-Raum. Hier werden kleine Programm eingegeben, Texte getippt, Spiele gespielt, Vokabeln gelernt ... Auch der Vorraum kann genutzt werden, etwa für »Tausendsassa«, ein Spiel der Pädagogik-Kooperative, das, da sehr anregend, unter Umständen auch in Englisch, von den Kindern sehr gern gespielt wird.

Wenn ich eine Klasse länger unterrichte, verschwindet der Unterschied zwischen freier Arbeit und Wochenplanarbeit allmählich.

Ein Wochenplan

Im Wochenplan halte ich mich zunächst immer noch an die Einteilungen nach Fächern. Dies ist in meiner eigenen Unsicherheit begründet, erlaubt aber auch den Kindern eine Strukturierung, die durchaus hilfreich sein kann.

Woche vom .... bis ....

Name	D	M	E	S	FA
Werner					
Viktor					

Deutsch (D)

In Deutsch gibt es zunächst einmal gewisse Standards, die als Pflichtaufgaben zu erfüllen sind. Dazu gehören etwa ein freier Text, ein Übungsdiktat, eine Karteikarte aus der Rechtschreibkartei o.ä. Dies ist auch unabhängig vom Leistungsstand der Klasse oder einzelner SchülerInnen. Möglich sind auch Arbeiten mit Übungskästen/-karten zur Selbstkontrolle, Arbeiten an bestimmten Rechtschreibproblemen oder auch Grammatik. In meiner Klasse sind viele Kinder ausländischer Eltern oder von Aussiedlern; dies zwingt mich zu einem stark differenzierenden Unterricht. Eingeführt ist inzwischen auch die »Schreibkonferenz«, die drei bis fünf Kinder dann abhalten, wenn ihre Texte fertig sind. Durch Aufschreiben ihres Namens an der Tafel zeigen sie ihre Bereitschaft zur Konferenz an. Diese Konferenzen finden vor dem Klassenzimmer statt. Die Kinder lesen sich ihre Texte vor und korrigieren sie. Dabei werden vor allem inhaltliche Fragen diskutiert; es wird aber auch auf formale Aspekte (z.B. Wortwiederholungen u.a.) geachtet. Nach der Konferenz entscheiden die Kinder selbst, ob sie ihre Geschichte der ganzen Klasse vorlesen, den Text aushängen oder ihn auf dem Computer schreiben und ausdrucken wollen. Eine Druckerei verwende ich in der 6. Klasse nicht mehr, da die Texte dafür inzwischen zu lang sind.

Manche Stunden unterrichte ich weiterhin frontal als »Kurs«. Dabei kann es sich um Lesestücke, Gedichte oder Grammatik handeln. Den Stundenbedarf innerhalb der Woche gebe ich am Montag an, damit die Kinder die für die Wochenplanarbeit zur Verfügung stehenden Stunden abschätzen können.

Mathematik (M)

Mathematikunterricht besteht vor allem aus Arbeit im und am Buch. Manchmal halte ich auch Stunden, in denen ein bestimmtes Thema oder Problem im Klassengespräch erörtert oder erklärt wird. Meist werden aber die Fragen der Kinder im Gespräch während der Wochenplanarbeit geklärt.

Mathematik war für mich der Einstieg in freiere Arbeitsformen. Auch wenn das Buch eine Struktur vorgibt, kann man doch sehr schnell auf individuelle Formen kommen, indem man die Kinder einfach in dem Tempo arbeiten läßt, das ihnen entspricht. Zur Kontrolle liegt das Lösungsbuch aus, das sonst vom Lehrer immer unter Verschluß gehalten wird. Auch wenn dies anfänglich einige SchülerInnen dazu verführt, sich die Ergebnisse aus dem Buch zu holen, hat sich das in den meisten Fällen sehr schnell gelegt. Die Kinder erfahren im Gespräch mit mir, daß das Ergebnis nicht so wichtig ist wie der Weg zu diesem Ergebnis. Meistens genügt ein Hinweis zur Verhaltensänderung. Die Kinder sind dann bereit, wesentlich mehr zu arbeiten und rechtfertigen jedes Vertrauen in ihre Arbeitsweise.

Englisch (E)

Englischunterricht ist für mich zunächst einmal Unterricht mit dem Buch. Auch hier gilt, daß ich vor allem nicht den Mut habe, als nicht studierter »Engländer« eine eigene Didaktik zu entwickeln, auch wenn es dazu sehr gute Vorschläge gibt. Nach *Freinet* gäbe es für mich die Möglichkeit der »natürlichen Methode«, die eigentlich heißen müßte: Fahrt ein halbes Jahr nach England, schickt die Kinder jeweils in eine Familie, und dann werden sie besser Englisch können als HauptschülerInnen das jemals sonst lernen werden. Leider geht das so nicht; also muß ich Kompromisse schließen. Mit Hilfe von Anregungen anderer KollegInnen versuche ich, von meinen fünf Wochenstunden eine bis zwei anders zu gestalten. Dabei arbeiten wir mit freien Texten, mit Bildergeschichten und einer Vielzahl englischer Kinderbücher und Comics.

Es gibt inzwischen viele Sachbücher mit Bastelanleitungen, Versuchen, Märchen mit Bildern und kurzen Texten. Auch die Verlage geben viele Texte heraus, die gut zu verwenden sind. Einige dieser Texte habe ich auf Kassette aufgenommen, so daß die Kinder diese Bücher lesen und hören können, was vielen sehr viel Spaß macht. Selbstverständlich ist, daß jedes Kind mit der ersten Englischstunde ein Lexikon Deutsch/Englisch erhält und bis zum Abschluß der Schule täglich greifbar haben soll. Grundzüge der Lautschrift werden immer wieder einmal bei konkreten Vokabeln angesprochen.

Sachfächer (S)

Unterricht in Sachfächern ist für mich wiederum ein Kompromiß zwischen den Interessen der Kinder, meinen Interessen und den Anforderungen des Lehrplans. Wenn es möglich ist, unterrichte ich die Fächer Biologie, Geschichte, Erdkunde. Dabei fasse ich die einzelnen Bereiche in Epochen zusammen, so daß ich z.B. dieses Jahr fünf Wochenstunden für ein Fach zur Verfügung habe. Manche Themen interessieren die Kinder mehr, andere sind so abstrakt, daß ich gezwungen bin, diese Themen frontal zu behandeln.

Ob ein Thema eingehender bearbeitet wird, hängt sehr stark von den Kindern ab. Es gab schon Bereiche, zu denen ich eigentlich keine große Lust hatte, die aber von den Kindern mit großer Begeisterung aufgenommen wurden. Da ist es dann meine Aufgabe, deren Ideen weiterzuführen. Es kommt aber leider auch vor, daß mich ein Thema sehr interessiert und es bei den Kindern durchfällt. Da versuche ich dann, das von mir verlangte Pensum möglichst kurz zu »unterrichten«. Wenn allerdings die Kinder an einer Arbeit Interesse haben, dann gibt es oft auch positive Überraschungen. So war kürzlich die Pflanzenbestimmung als Thema vorgegeben. Nach unserem Besuch in der Natur haben wir den ganzen folgenden Tag mit der Bestimmung von Pflanzen und deren Nutzanwendung verbracht. Auch für zufällig ins Klassenzimmer kommende BesucherInnen war es verblüffend, mit welcher Intensität sich die Kinder über fünf Schulstunden mit einem Thema beschäftigt haben.

Freie Arbeit (FA)

Die Planung für die freie Arbeit soll bei der Wochenplanung berücksichtigt werden. Mir ist dabei wichtig, daß die Kinder eine Arbeit, die sie sich vorgenommen haben, auch beenden. Welche Arbeit sie sich dabei aussuchen, das ist ihnen überlassen. Mir geht es dabei vor allem um die Einteilung der Arbeit und um die Ernsthaftigkeit, mit der diese betrieben wird.

Dabei gibt es ein weites Spektrum der möglichen Arbeiten, das an dieser Stelle nicht umfassend beschrieben werden kann. Sicher gibt es einige Arbeiten, die immer wieder vorkommen: so die Arbeit am Computer, die Herstellung eines Buches mit Gedichten oder freien Texten, Wochenplanarbeit, Gartenarbeit. Dazu kommen dann auch immer einmal Überraschungen, wie die Herstellung der Boxen für die Stereoanlage, das »Benner-Rößle« (eine Fasnets-Figur aus Rottweil), der Bau eines Heißluftballons, der auch tatsächlich flog, Bilder und selbst erfundene Spiele. Ich führe zu ungenau Buch, um hier alle Ideen aufführen zu können. Festzustellen ist für mich, daß die Kinder wirklich arbeiten, und, zur Beruhigung des Lehrers, dabei auch etwas lernen.

Dieter Hartmann und Angelika Hartmann

Wege zur freien Arbeit an der Schule für Lernbehinderte

1. Mein Zugang zur freien Arbeit

Vorausschicken möchte ich, daß freie Arbeit nicht als Modeerscheinung der letzten Jahre angesehen werden kann, sondern wesentlicher Bestandteil reformpädagogischer Bemühungen zu Beginn unseres Jahrhunderts ist.

Was ich versuchen möchte zu vermitteln, ist folgendes: daß freie Arbeit in weit größerem Maße eine Sache der Einstellungen und Beziehungen zu den SchülerInnen ist als die von Techniken und Methoden der Erziehung.

Schon zu Beginn meiner Tätigkeit als Lehrer an der Sonderschule (1973) habe ich versucht, einen eher schülerorientierten als fachbetonten Unterricht zu praktizieren.

Das hieß und heißt für mich:

1. Ausgehen von den Erfahrungen, Interessen und Bedürfnissen der SchülerInnen.
2. den SchülerInnen Eigenaktivität zu ermöglichen; Selbständigkeit und Selbstverantwortung zu fördern, zu Kooperation statt zu *Konkurrenz* zu ermutigen und hinzuführen, eine Gleichschrittpädagogik im 45-Minuten-Takt zu vermeiden. Der Reformpädagoge Ludwig Gurlitt drückte dies schon 1909 wie folgt aus: »Unsere Erziehung, die so tyrannisch über jeden Schritt der Jugend wacht und von Stunde zu Stunde die Ziele und Aufgaben und dazu die Mittel vorschreibt, zerstört durch ihren pedantischen Betrieb die elementaren Naturkräfte, die nach eigener freier Entfaltung drängen.« (Gurlitt, L. in: Dietrich, Th. [Hrsg.] 1982, S. 42)
3. eine Atmosphäre zu schaffen, in der die SchülerInnen angenommen und ernstgenommen werden, in der Zeit zur Selbstentfaltung gegeben wird. D.h. zum Beispiel, Kindern aufmerksam und einfühlsam zuzuhören, die Probleme herauszuhören, die hinter ihren oftmals ungeschickten Formulierungen stehen, sie als Fragende und Suchende ernstzunehmen, sich nicht »über sie« zu stellen.
4. ausgehend von der Beobachtung der SchülerInnen sowie der Wahrnehmung der häuslichen Umgebung darüber nachzudenken, wie ich auf einzelne Kinder eingehen kann. Das bedeutet, die Sozialisationsbedingungen der Betroffenen nicht nur im Hinterkopf zu haben, sondern sie auch häufiger wieder sinnlich zu erfahren (Hausbesuche/Gespräche/außerschulische Veranstaltungen).

5. nicht die Defizite der Kinder in den Mittelpunkt zu stellen, um darauf mit Förderprogrammen zu reagieren, sondern von der Kompetenz der Kinder auszugehen und eine ganzheitliche Betrachtung vorzuziehen (keine Defektorientiertheit). Ein ermutigender Versuch, Ansprechpartner für jugendliche SonderschülerInnen in Form von verläßlichen Bezugs- und Vertrauenspersonen zu finden, ist von Gotthilf Gerhard Hiller beschrieben worden. Seine Intention wird aus den folgenden Worten deutlich: »Unsere Schüler brauchen die Nähe von lebenserfahrenen Menschen, die bereit und fähig sind, ihnen mit praktischer Sympathie und Solidarität zu helfen, negative Erlebnisse zu verarbeiten und belastende Erfahrungen und Situationen durchzustehen.« (Hiller 1989, S. 18)
6. *»Aufrichten statt Unterrichten«* – das heißt zunächst einmal, mit den SchülerInnen ins Gespräch zu kommen und im Gespräch zu bleiben, dann selbst nachzuempfinden, selbst durch Betroffenheit zu lernen, was das im einzelnen bedeutet:
   - sich auf neue Erfahrungen einzulassen,
   - eigene Lernwege zuzulassen,
   - eine entsprechende Atmosphäre zu schaffen, durch die Druck genommen wird,
   - behinderte Menschen zu unseren LehrerInnen zu machen (Geduld, Empathie).

In diesem Zusammenhang bereitet es der Lehrperson oft arge Bauchschmerzen, mit dem scheinbaren Nichtstun der SchülerInnen umzugehen, da die Leistungsorientierung und die Vorstellung, daß Lernen nur in vorausgeplanten Schritten erfolgen kann, tief in uns steckt.

2. Eigene Praxis

Mit der eben skizzierten Grundeinstellung kam ich vor gut zehn Jahren zur Freinet-Bewegung. Im Zusammensein mit LehrerInnen verschiedener Schulformen bekam ich Anregungen, verschiedene Arbeitsecken (frz.: ateliers) einzurichten und verschiedene Techniken einzuführen. Mir scheint dies *ein* Weg zu sein, den oben angeführten Zielvorstellungen näherzukommen.

In der Praxis sieht das dann so aus, wie es folgende Skizze zeigt:

a) Tische
b) Materialien, Deutsch/Kunst – Abzugsgerät
c) Fotolabor/Klassenschrank
d) Druckereien
e) Küchenecke
f) Bücherei
g) Buchbinden/Marmorieren
h) Materialien für das Rechnen
i) Radiorecorder/Plattenspieler
j) Tageslichtprojektor
k) Leine (für Schattenspiele)

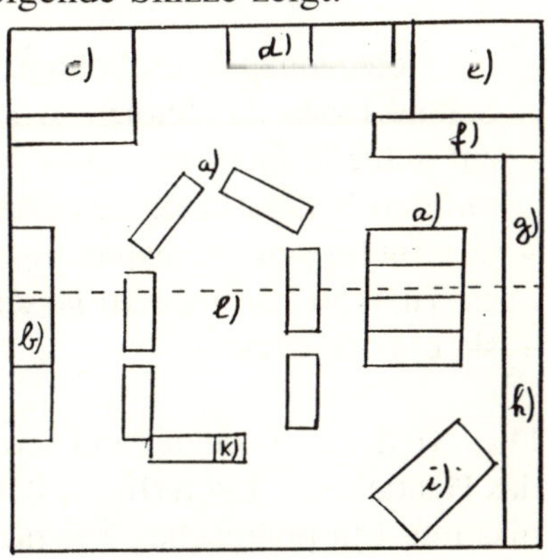

Der Unterricht beginnt normalerweise mit einem Kreisgespräch. Ein wichtiger Aspekt dabei ist für mich ein positiver Unterrichtsbeginn (z. B. etwas Positives vom gestrigen Unterricht herauspicken, über angenehme Schulangelegenheiten sprechen, wie Klassenfrühstück, Klassenfahrt, Aktivitäten in der Küchenecke, gerade laufendes Projekt, Ausstellungen).

Ansonsten gliedert sich das Gespräch in etwa wie folgt:

- aktuelle Sachen/Erlebnisse/Besonderheiten
- organisatorische Angelegenheiten
- Tagesablauf
  - eigene Vorhaben
  - Schülerwünsche
  - Reihenfolge.

Dies ist natürlich nicht als rigider Rahmen anzusehen, ebenso wie die Einrichtung des Klassenraumes ständig auf die aktuelle Situation bezogenen Veränderungen unterworfen ist.

Zum Unterricht:
Das ist so eine Mischung, in der verschiedene Formen auftauchen, durchaus auch Frontalunterricht. Dazu kommt dann die Arbeit mit Karteien und sonstigen Lehrmitteln (möglichst mit Selbstkontrolle!). Vielfach werden aktuelle Probleme aufgegriffen und diskutiert.

Verschiedene Freinet-Techniken, wie Drucken, Buchbinden, Textgestaltung u. a., spielen eine große Rolle. Ihren Einsatz habe ich in dem Arbeitsbericht »Wann machen wir freie Arbeit?« beschrieben (Hrsg. Pädagogik-Kooperative, Bremen 1985).

Da ich einen Großteil der Stunden in der eigenen Klasse habe, ist es mir möglich, so etwas wie einen lebensnahen, ganzheitlichen Unterricht zu versuchen. Er kommt dem nahe, was Berthold Otto als *»Natürlichen Unterricht«* bezeichnet. Heinrich Scharrelmann fand dafür m. E. den treffendsten Ausdruck: *»Gelegenheitsunterricht«*, was wohl soviel bedeutet wie:

- die Gelegenheit beim Schopf fassen,
- SchülerInnen da abholen, wo sie sind,
- auf aktuelle Interessen eingehen,
- mit den SchülerInnen das Gespräch suchen,
- ihre Interessen aufzuspüren,
- sie zu Wort kommen zu lassen,
- sie ernstzunehmen.

Dies wiederum bedeutet und setzt voraus eine bestimmte Flexibilität, sowohl was das Handeln der LehrerInnen betrifft als auch Flexibilität in der Unterrichtsorganisation. Ein praktisches Beispiel dazu:

- Gespräch über Klassenausflüge
- Problem: Finanzierung
- Vorschlag: etwas herstellen und verkaufen
- Idee: Buchbindegeräte bauen und zum Verkauf anbieten
- Durchführung: Bau von 20 Geräten
- »Nebenprodukt«: Erstellen einer Broschüre.

Weitere praktische Tätigkeiten

Vor allem während der morgendlichen Kreisgespräche, aber auch in Einzelgesprächen, erzählten einige SchülerInnen von ihren Hobbys. Ich ermutigte jeweils dazu, die entsprechenden Materialien mit in die Schule zu bringen und sie vorzustellen. So beschäftigte sich ein Junge z.B. mit Brandmalerei und machte andere SchülerInnen mit dieser Technik vertraut. Eine Schülerin brachte ihren Webrahmen mit, ein anderer Schüler zeigte uns das Zinngießen. Weiterhin beschäftigten sich einige SchülerInnen mit Laubsägearbeiten, Tonarbeiten und physikalischen Experimenten.

Zu diesen und den zuvor beschriebenen Tätigkeiten ein Zitat: »Es ist also keine verlorene Zeit, wenn man es einem Kind selbst überläßt, sich an die Arbeit und die innere Disziplin zu gewöhnen. Auf moralischem besitzt man wie auf geistigem Gebiet nur das wirklich, was man selbst erobert hat. Damit aber das Kind das Arbeitsbedürfnis und die Gewohnheit der Anstrengung erwirbt, muß man seine Interessen und die Gesetze seiner Tätigkeit berücksichtigen und ihm nicht von Anfang an Handlungsweisen auferlegen, die den unseren nur allzu sehr ähneln.« (Jean Piaget)

Klassentagebuch

Im Laufe des 4. Schuljahres – damals übernahm ich die Klasse – schrieb ich täglich mit wenigen Zeilen und jeweils mit Datum auf, was so in der Schule passierte. Fotos, Arbeitsblätter, Zeichnungen der SchülerInnen u.a. wurden dazugeklebt, und so entstand unser »Klassentagebuch«, das auch heute noch recht gern durchgeblättert wird.

Im 5. Schuljahr übernahmen die Schreibaufgaben zwei SchülerInnen, die sich wöchentlich abwechselten. Das Verfassen dieser kleinen Berichte sollte neben anderen Maßnahmen dazu dienen, diese SchülerInnen auf den Hauptschulübergang vorzubereiten. Zur Zeit (6. Schuljahr) sind alle SchülerInnen der Klasse in wöchentlichem Wechsel in diese Arbeit eingebunden.

Die einzelnen Seiten werden in Sichthüllen gegeben und in Ordnern abgelegt, die in der Schule aufbewahrt werden und somit allen SchülerInnen zur Verfügung stehen.

Beispiel:
DO 10. 9. 81
Alle SchülerInnen bekamen einen Briefumschlag und sollten einen Text zusammenstellen. Anschließend lasen alle SchülerInnen ein Stück aus dem Lesebuch vor (Schreibschrift). Dann machten wir weiter mit den LÜK-Heften 3/4. Nach der Pause malten wir unsere Gesichter aus (TLP/Plaka).

In der 4. Stunde sprachen wir über das Wachstum der Tulpe. Wir wollen in der nächsten Woche Blumentöpfe anmalen und Tulpenzwiebeln setzen.

Vorbereitungen

Zu Beginn eines neuen Schuljahres erstelle ich eine Jahresplanung, die sehr grob gehalten ist und somit einen weiten Spielraum läßt, um auf Bedürfnisse, Anregungen und Wünsche der SchülerInnen einzugehen. Jeweils am Wochenende überlege ich mir dann mögliche Schwerpunkte/Materialien für die kommende Woche.

Die eigentliche Vorbereitung, die dann eingehalten wird, wenn von der Klasse keine anderen Anregungen, Vorschläge und Wünsche vorgebracht werden, erfolgt jeweils am Vortag. Auch hierzu ein Beispiel:

Rechnen

1. Schriftliche Addition/Subtraktion ohne und mit Überschreiten von Zehnern und Hundertern im Zahlenraum bis 1000
2. Winkelformen
3. Teilen
4. Rechteck und Quadrat
5. Zehnereinmaleins
6. Zahlenraumerweiterung bis 10000
7. Kreis
8. Schriftliche Multiplikation/Division
9. Einfache Brüche
10. Rundsäule
11. Uhrzeit/Woche, Monat/Jahr, Gewichte/Messen

Zu Beginn des 7. Schuljahres wurde mit der Arbeit nach einem Wochenplan begonnen (vgl. Anlage).

Physik

1. Temperatur und Thermometer
2. Magnet und Kompaß
3. Stromkreis
4. Wasser in verbundenen Gefäßen
5. Eigenschaften des Lichtes

WOCHENPLAN

für ______________________________ 5. WOCHE

FACH	WAS?	WOMIT? WIE?	KONTR.
DE	Text f.Klassenzeitung Diktat "WETTER" Ein Lied aussuchen und abschreiben	Eigene Ideen oder Erlebnisse Mappe "Schreib los" / Themen vom großen Bogen an der Wand Braunes Heft	Liste Arbeit
MA	Zahlenraum 100 000 1*6 und 1*7 (Wiederhol	Arbeitsblatt / Buch S.52)Stöpselspiel / LÜK / Abzüge	mündlich
SK	1 Land aus dem Lese=heft E 1	Leseheft E 1	mündlich/ Arbeitsblatt
M	Eine Arbeit zum Thema "SPIEGELUNGEN"		gemeinsame Beurteilung

TAGEBUCH FÜR DIESE WOCHE : Friedhelm

Andere Arbeiten :

Biologie
1. Der menschliche Körper
2. Garten und Wald im Herbst
3. Tiere im Winter
4. Säugetiere/Vögel
5. Wachsen der Pflanzen

Sachkunde/Geschichte
1. Themenkreis *Familie*
2. Themenkreis *Wohnung*
3. Themenkreis *Haushalt*
4. Themenkreis *Verkehrsmittel*

Bewertungen

Da ich 20 Wochenstunden in der eigenen Klasse unterrichte, die SchülerInnen nun schon mehr als zwei Jahre kenne und z.T. auch nur 14 SchülerInnen zu betreuen habe, ist es mir möglich, den Leistungsstand zu überblicken, auch ohne daß Klassenarbeiten geschrieben werden. Schon im 2. Halbjahr des 5. Schuljahres habe ich nur noch zwei Arbeiten schreiben lassen, in diesem Schuljahr verzichte ich völlig darauf. Ein Grund ist, daß bei fast allen Arbeiten immer die gleichen SchülerInnen Erfolgserlebnisse haben – und andere ständige Mißerfolgserlebnisse hinnehmen müssen. Weiterhin ist die Gesamtproblematik der Leistungsbeurteilung hinlänglich bekannt.

Schließlich sind mir keine Vorschriften bekannt, die Klassenarbeiten an Schulen für »Lernbehinderte« zwingend anordnen. Leistungsstand und individuelle Leistungsfortschritte, die ich auf besonderen Vordrucken festhalte, dienen nicht der Etikettierung und Aussonderung, sondern zeigen mir lediglich an, wo gegebenenfalls noch Hilfen erforderlich sind. Habe ich dann das Gefühl, daß eine SchülerIn oder eine SchülerInnengruppe einen Bereich verstanden hat, kann ein Test geschrieben werden, der nach der Auswertung besprochen wird, aber keine Benotung erfährt. Zwar muß ich zweimal im Jahr eine Beurteilung in Form von Zensuren erteilen – mir ist bisher jedoch nicht aufgefallen, daß die SchülerInnen Angst vor den Zeugnissen hatten.

3. Unterrichtsziele

Vielfach werden Unterrichtsziele in relativ abstrakter Form an den Beginn einer Abhandlung gestellt. Hier soll ein anderer Weg gegangen werden: Nach der Beschreibung von verschiedenen Arbeitsmöglichkeiten, nach einem praxisnah gehaltenem Bericht, der vielleicht auch einiges von der Atmosphäre in der Klasse widerspiegelt, soll nun zum Schluß festgehalten werden, was erreicht werden soll.

Es soll damit auch dem eventuell entstandenen Eindruck entgegengewirkt werden, daß es sich bei den einzelnen Techniken um Selbstzweck handele. Alle Arbeitsmittel und Unterrichtstechniken erhalten erst dann einen Sinn und sind von andauerndem Interesse für die SchülerInnen, wenn das Kind die Möglichkeit hat, seine Gedanken, Gefühle und Erfahrungen frei auszudrücken, und zwar dann, wenn es die innere Bereitschaft dazu hat.

Selbstbestimmung/Selbständigkeit

Indem die SchülerInnen mehr und mehr selbst entscheiden können, welche Tätigkeiten sie in welcher Form durchführen wollen (Eigeninteresse), werden sie zunehmend von LehrerInnen unabhängig. Diese legen zwar ihre Rolle nicht ab, sind aber nun viel eher in der Lage, helfend und beratend zur Seite zu stehen. Sie begnügen sich damit, ein anregendes Lernmilieu zu schaffen und entsprechende Arbeitsmaterialien und Techniken zu entwickeln und bereitzustellen, welche der Selbstverwirklichung eines jeden Kindes dienen.

Freude am Unterricht

SchülerInnen der Sonderschule haben durchweg eine negative Schullaufbahn hinter sich. Diese Mißerfolgserlebnisse, sowie ein – um es mal vorsichtig auszudrükken – häufig dem schulischen Lernen nicht adäquates Anregungsmilieu haben bewirkt, daß ein Großteil der SchülerInnen den schulischen Anforderungen eher ablehnend gegenübersteht, keine Lust hat, zum Lernen gezwungen wird, sich auflehnt, »Verhaltensauffälligkeiten« zeigt.

Durch Erfolgserlebnisse in handwerklichen Techniken, durch zunehmend selbstbestimmtes Arbeiten, durch Feststellung individueller Fortschritte entsteht eine Atmosphäre, die den Großteil der SchülerInnen gern zur Schule gehen läßt.

Kooperation/Verantwortlichkeit

Der überwiegende Teil der beschriebenen Unterrichtstechniken läßt sich leichter durchführen, wenn die SchülerInnen zusammenarbeiten. Hier wird Zusammenarbeit also in der Praxis als sinnvoll empfunden. Bei lehrgangsmäßig durchgeführten Unterrichtsinhalten (z.B. Rechtschreiben) kommt Zusammenarbeit dadurch zum Tragen, daß schwächeren SchülerInnen von leistungsstärkeren SchülerInnen geholfen wird. Verantwortlichkeit muß nicht ständig von der Lehrperson gefordert werden, sondern entsteht bei gemeinsamer Arbeit, deren Ergebnis auch gemeinsam beurteilt wird.

Anerkennung/Aufwertung/Selbstbewußtsein

Ein gedruckter Text wirkt auf den Betrachter »schöner« und auch »offizieller« als ein geschriebener. Die Herstellung von Fotogrammen, Postkarten, marmorierten Papieren, selbstgeschöpftem Papier u.a. bringt Ergebnisse, auf die die SchülerInnen mit Recht stolz sein können.

Besonders wenn diese Dinge verkauft werden können, so bedeutet dies eine Aufwertung der SchülerInnenarbeiten, die normalerweise kaum zu erreichen ist.

Erlernen kultureller Grundtechniken und pädagogische Grundhaltung

Dies geschieht – wo eben möglich – in sinnvollen, für die SchülerInnen einsichtigen Zusammenhängen.

Die Notwendigkeit, neben den beschriebenen Techniken sich auch an den im offiziellen Lehrplan vorgesehenen Themen zu orientieren, ergibt sich einmal daraus, gegebenenfalls SchülerInnen zur Normalschule zurückzuüberweisen (dies geschah in meiner Klasse nach dem 5. Schuljahr bei zwei Schülern).

Schon seit Beginn meiner Unterrichtstätigkeit und ohne etwas von der Freinet-Pädagogik gehört zu haben, versuchte ich, diese Unterrichtsziele zu verwirklichen. Und ich habe eine ganze Reihe von KollegInnen kennengelernt, die dies ebenso versuchten. Jahrelang habe ich festgestellt und bedauert, daß es von der Idee zur praktischen Durchführung ein weiter Weg ist.

Durch Teilnahme an verschiedenen Freinet-Treffen habe ich nicht nur viele Anregungen bekommen – und Mut zum Weitermachen –, sondern auch viele Materialien und Techniken kennengelernt, die es mir ermöglichen, meinen Zielen näher zu kommen. Allerdings sollte sich der Einsatz dieser Materialien und Techniken den oben angeführten Zielen unterordnen und nicht zum Selbstzweck werden.

Grundlage meines Unterrichts ist eine Einstellung zu den SchülerInnen, die beinhaltet, daß ich

- jede einzelne SchülerIn ernst nehme, sie als Persönlichkeit akzeptiere und sie nicht zum »Lernobjekt« degradiere (sollte eigentlich selbstverständlich sein, aber…)
- Selbstbestimmung, Verantwortlichkeit, Eigeninitiative einen höheren Stellenwert zubillige als Sekundärtugenden wie Ordnung, Fleiß, Pünktlichkeit und als LehrerIn bereit bin, wann immer es möglich ist, in den Hintergrund zu treten.

Für mich ist es von entschieden größerer Bedeutung und höherem Stellenwert, welche Einstellung eine Lehrperson ihren SchülerInnen gegenüber hat – auch wenn sie »traditionell« unterrichtet – als wenn sie in einer unverbindlichen Materialschlacht Freinet-Techniken anwendet, ohne auf diese Ziele hinzuarbeiten.

Es war und ist auch heute noch bei einigen SchülerInnen sehr wichtig, die Gleichung »Freie Arbeit – Nichtstun« zu durchbrechen. Weiterhin habe ich es bei etlichen SchülerInnen noch nicht geschafft, daß sie sich an ihre Planung halten, d.h. daß sie sich mit einer Sache länger beschäftigen. Stärker noch als bisher sollten »Lernorte außerhalb des Klassenzimmers« aufgesucht werden. Noch nicht zufrieden bin ich mit der Behandlung von Arbeitsmitteln, z.B. Laborgeräten, Buchbindeeinrichtungen usw. Auch der allzu großzügige und sorglose Umgang mit Verbrauchsmaterialien (u.a. Lackfarben) ließ mich unruhig werden und führte auch schon zu Beschwerden der Putzfrauen. Zwar führe ich inzwischen stärkere Kontrollen durch – nachdem ich aber feststellen mußte, daß auch KollegInnen auf

Fortbildungstagungen mit Arbeitsmitteln nicht gerade zimperlich umgehen, kann ich den SchülerInnen doch einiges nachsehen.

Die größte Schwierigkeit des gesamten Schullebens besteht für mich darin, einerseits das soziale Umfeld der SchülerInnen recht gut zu kennen, die daraus entstehenden Probleme und Schwierigkeiten aufzunehmen und gleichzeitig eine Haltung einzunehmen, die man als »konsequent« bezeichnen kann – wobei ich eine gewisse Konsequenz für durchaus erstrebenswert halte.

Wenn dann jedoch z.B. eine Entschuldigung kommt, aus der hervorgeht, daß ein Schüler nicht zur Schule kommen konnte, weil er keine Schuhe hatte, wenn ich weiß, unter welchen Umständen SchülerInnen Hausaufgaben machen sollen, wenn ich sehe, in welchem Umfeld manche SchülerInnen aufwachsen, dann merke ich, wie weit das enge Problemfeld Schule von ihnen entfernt ist, wie es nur noch sehr wenig Bedeutung für sie hat, weil andere Probleme wichtiger sind oder wichtiger erscheinen; häufig werde ich dann »weich« – die konsequente Haltung ist nicht mehr da. Wo soll die Grenze gezogen werden zwischen Verständnis, Einfühlsamkeit, Mitgefühl und Anforderung, Konsequenz und drohender Verhärtung?

4. Verschiedene Auffassungen über die freie Arbeit

Freie Arbeit oder »Freiarbeit« sind inzwischen inflationäre Begriffe geworden, die als scheinbares Allheilmittel für einen »anderen Unterricht« propagiert werden, einen Unterricht in Richtung auf mehr Offenheit, mehr Selbsttätigkeit.

Das zeigt sich in der Flut von Materialien, die in den letzten Jahren auf den Markt geworfen worden sind. Freie Arbeit erschöpft sich vielfach vorwiegend im Austeilen und Bearbeiten von Arbeitsblättern – Rolf Wagner nannte dies treffend *»Die Welt im DIN-A4-Format«*. Aber auch mit dem Einsatz von Karteien und sonstigen Materialien wird sicherlich nicht automatisch ein reformpädagogischer Anspruch eingelöst. Durch »Materialschlachten« (einschließlich des Einsatzes einer Druckerei!) können SchülerInnen ebenso eingeengt werden wie im Frontalunterricht, wenn diese Materialien in einer Weise eingesetzt werden, in der sie nicht Mittel zum Zweck sind, sondern zum Selbstzweck werden.

Wenn nicht die oben angeführten Ziele angestrebt werden, verkommt der durchaus gutgemeinte Einsatz von diversen *»Freiarbeitsmaterialien«* zu einer reinen Methode.

Dabei wäre festzuhalten, daß zwar die Methode nicht unbedeutend für den schulischen Alltag ist und daß es sich als durchaus sinnvoll erweist, ein gewisses methodisches Repertoire zu haben; weitaus wichtiger und grundlegender erscheint es mir zu sein, jegliche Methode in Verbindung mit den genannten allgemeinen Zielvorstellungen zu sehen. Und bei dieser Wertung hat m.E. auch der so viel geschmähte *Frontalunterricht* durchaus seinen Stellenwert. In beispielhafter Weise hat dies Walter Kempowski an seinem Lehrer Jonas beschrieben (Kempowski, W. in: Kluge [Hrsg.] 1983, S. 361f.):

Jonas

Herr Jonas macht es sich nicht leicht. Einen Lodenumhang besitzt er, mit dem wedelt er zur Schule. Heute werde ich mal ganz großartig unterrichten, denkt er, und er schreitet ernst dahin. Zuerst werde ich es so machen, und dann so, denkt er. Das werden wir schon kriegen. Aber wenn er sich dann der Schule nähert und den hirnzerstörenden Lärm hört und dann in der Klasse von seinen Kindern umringt wird, die ihm ihre neuen Schuhe zeigen oder ihm erzählen, daß der Großvater gestorben ist, dann ist die ganze Planung zum Teufel.
Herr Hagedorn, ja, der weiß, wie man so was macht: »Kinder, einfädeln«, auch der hört sich lächelnd an, was die Kinder ihm erzählen, holt dann aber die Geige hervor zur rechten Zeit und spielt ein »Liedel« auf der »Fiedel«, wie er sagt, und dann »hat« er die Kinder – wie er seiner Frau das immer erzählt: »Ich hab' die Kinder immer schon nach fünf Minuten« –, spielt lächelnd auf der Geige: »Kuckuck, Kuckuck, ruft's aus dem Wald« zum Beispiel, ein Lied, das die Kinder gerne singen, oder »Das Wandern ist des Müllers Lust«, je nachdem. Und während er spielt, denkt er an die Architektur seiner Stunde, die er heute wieder mit Leben erfüllen wird, so wie das nur einer kann an dieser Schule: Hagedorn.

Nicht so Herr Jonas. »Ich will das heute so und so machen«, hat er eben noch gedacht, und nun hört er die Kinder erzählen, jeder hat was erlebt, und jeder will es loswerden!
Er hört ihnen zu, denn oft ist es ganz interessant, was die Kinder zu berichten wissen, und *wie* sie es berichten, und wenn es zu lange dauert, denkt er an schöne Dinge, die ihn oft erfüllen: Ein Sommerabend auf dem Land, in der Laube saß man und genoß den Frieden ...
Wenn das Berichten endlich abebbt – es ist manchmal schwer zu stoppen –, dann fängt er plötzlich an zu sprechen, und er hört sich selber zu. Geschichten erzählt er, die an einem Sommerabend beginnen, auf dem Lande, Geschichten, von denen er eben noch nichts gewußt hat, und keine Ahnung hat er, wo sie einmal enden werden. Von einem Jungen handeln sie meistens, dem Schlimmes zustößt, und die Kinder kauen an ihren Tornisterriemen und hören zu. Und während Herr Hagedorn nebenan schon längst beim Kulminationspunkt seiner freien Architektur angekommen ist, zwischendurch ein Liedel auf der Fiedel spielt, auch mal eine Stecknadel fallen läßt, wenn es zu laut ist: »Mal sehen, ob wir die hören?«, ein alter Trick, der immer funktioniert, dann sitzen die Jungen bei Herrn Jonas immer noch und lauschen.
Wenn Herr Jonas dann fertig ist mit seiner Geschichte – die ihm manchmal gar nicht glückt –, dann sagt er: »So, und nun kommt das Lernen.«
Dann sagt er ihnen das, was er ihnen eigentlich kunstvoll beibringen wollte, und die Kinder verstehen das auch ohne Methode.

Mir ist im Laufe meines Lehrerdaseins immer deutlicher geworden, daß mehr als jedes methodische Geschick das zwischenmenschliche Verhältnis, das Nachdenken über die Situation der SchülerInnen – in individueller und gesellschaftlicher Hinsicht – die intensive Beobachtung der SchülerInnen, die Versuche, daraus Schlußfolgerungen zu ziehen und die Beobachtung von grundlegenden Zielvorstellungen entscheidend sind. Hierin bestärken mich die nachfolgend dargestellten Erfahrungen meiner Frau und Kollegin, die ebenfalls auf der Suche nach freieren Unterrichtsformen ist.

Dieter Hartmann

Der schrittweise Aufbau freier Arbeit

Vor sechs Jahren wechselte ich in den Unterstufenbereich unserer Schule und unterrichte seitdem in den Klassen 3, 4 und 5.

Lehrplanmäßig heißt das, in der 3. Klasse wird noch einmal grundlegend mit dem Lesen und Schreiben begonnen. Das Rechnen in den Zahlbereichen 10 und 20 steht im Vordergrund.

SonderschülerInnen benötigen häufig erst die Fertigstellung des Fundamentes, dessen Bau eigentlich bei Schuleintritt weitgehend abgeschlossen sein sollte. So muß freie Arbeit an unserer Schulform auch offen sein für Elemente, deren Zusammenhang mit dem Erlernen von Lesen, Schreiben und Rechnen auf den ersten Blick nicht deutlich wird.

Damals begann ich also, nach anderen Möglichkeiten zu suchen, Freiräume zum Lernen zuzulassen. Gespräche mit Grundschul-Freinet-PädagogInnen zeigten mir, daß ich viele ihrer Anregungen zur Freien Arbeit nicht umsetzen konnte, da sie häufig zu sehr am Erwerb der Kulturtechniken orientiert waren. An dieser Stelle muß ich meine SchülerInnen erwähnen, die es mir ermöglichten, meine Sichtweise von freier Arbeit zu öffnen. Oft waren es, vor allem während des 3. und 4. Schuljahres, nicht die zahlreichen fachspezifischen Freiarbeitmaterialien, die die SchülerInnen interessierten. Sie hatten andere Bedürfnisse und wählten dementsprechend auch nicht die ihnen zugedachten Lernmaterialien aus.

Gefragt waren Rollenspiele. So wurde mit verschiedenen Materialien (unserem Rechengeld, den Schreibmaschinen, Telefonen und einem Raumteiler) eine Bank organisiert. Gerechnet wurde nicht, jedoch die Serviceleistungen hervorragend nachgespielt. Nach einem Büchereibesuch imitierten die SchülerInnen eine gewisse Zeit die Buchausleihe. Dazu erstellten sie sich Karteikarten mit Namen, die sie sich abstempelten. Nachdem wir Styropordrucke gefertigt hatten, beschäftigten sie sich damit, Ausweise mit Hilfe der Druckerei und der Styroporstempel zu erstellen. Beliebt war auch das Spiel mit den Kasperfiguren. Ideen für neue Spiele, die sich häufig aus Unterrichtsanlässen entwickelten, hatten die Kinder eigentlich immer. Meine Aufgabe bestand darin, zuzulassen, zu beobachten und bei zu lauten Aktionen oder Streitigkeiten zu intervenieren. Es war oft erstaunlich, wie die Mädchen und Jungen sich in ihre Rolle einlebten und die Kommunikation miteinander naturgetreu nachgestalteten.

Betrachtet man die Lebens- und Wohnverhältnisse der meisten unserer SchülerInnen, so sind Gruppenaktivitäten dieser Art in den Wohnungen kaum möglich.

Einen weiteren Bedarf zeigten die SchülerInnen bei Brett- und Kartenspielen. Anfangs wurde ich hier stark eingespannt, da den SchülerInnen, bis auf die Kinder, die regelmäßig Hort- und Heimgruppen besuchten, diese Spiele weitgehend unbekannt waren. Viele SchülerInnen waren kaum in der Lage, Regeln einzuhalten oder dauerhaft bei einem Spiel zu bleiben. Zunehmend gelang es ihnen, selbständig in kleinen Gruppen zu spielen. Besonderen Anklang fand in der Gruppe ein Dominospiel mit ca. 1800 Steinen. Es faszinierte die SchülerInnen immer wieder, Steinformationen aufzustellen und erst auf Kommando in Bewegung zu setzen. Sie schafften sich Strukturen der Zusammenarbeit, wie z. B. Raumaufteilung, Einplanung von Zwischenräumen, Ruhe im Umfeld. Die Arbeit der beteiligten SchülerInnen war sehr konzentriert und forderte intensiv ihre feinmotorische Geschicklichkeit.

Da der Klassenraum nur wenig Möglichkeiten bietet, auch bewegungsintensivere Tätigkeiten durchzuführen, ermöglichte ich in den Freiarbeitsphasen interessierten SchülerInnen, auf dem Schulhof vor unserem Klassenraum für eine begrenzte Zeit Ball zu spielen. In der Klasse waren die Hula-Hupp-Reifen beliebt. Immer wieder baten die SchülerInnen auch darum, eine Zeitlang tanzen zu dürfen.

Aber auch andere Aktivitäten, die über das Spiel hinausführten, konnten zunehmend beobachtet werden. Steffi, eine gute »Leserin«, liest aus einem Märchenbuch vor. Leila sitzt neben ihr und hört gespannt zu. Auch sie kann lesen, jedoch noch nicht fließend. Es gibt Kinder, die Wörter drucken, z. B. die Namen der Freunde im Großformat, andere malen, pausen durch, basteln. Einige Kinder sitzen über Rechenblättern. Sven und Mesut wollen auf die Regelschule wechseln. Sie nutzen jede freie Minute, gemeinsam zu arbeiten. In der Klasse befindliche Lernspiele werden stärker genutzt. Dort schreibt ein Kind eine Geschichte zu Ende. Ein anderes liest im Mückiheft oder löst ein Rätsel. Zwei Kinder versuchen an der Miniorgel eine Melodie zu spielen. Auch Materialien, die sich noch vom Sachunterricht in der Klasse befinden, regen zur Weiterbeschäftigung an. Trotz der Vielfalt herrscht eine relative Ruhe. So finde ich Zeit zu zahlreichen Gesprächen, Anstößen, Ideen, ermöglicht durch diese offene Struktur.

Die Entwicklung der Kinder ist klar zu erkennen. Gefördert durch den Freiraum und die Atmosphäre in der Klasse, gelingt es den SchülerInnen, sich zunehmend selbst zu organisieren, Vorschläge und Anregungen einzubringen, Ideen selbständiger umzusetzen. *Es scheint so, als hätten zunächst elementare Bedürfnisse nach Spiel, Bewegung, Kommunikation befriedigt werden müssen.*

Genauer betrachtet haben die Kinder grundlegende Dinge in den Freiarbeitsphasen erlernt, wie beispielsweise: sich einordnen in eine Gruppe, Raumorientierung, Ausdauer, Einhalten von Spielregeln, sich mitteilen, Bedürfnisse äußern, angepaßtes Sprech- und Bewegungsverhalten... Bei einer häufigen Durchführung dieser scheinbaren Spielstunden zeichnen sich deutliche Änderungen im Wahlverhalten der SchülerInnen ab. Sie spielen weiterhin gerne, widmen sich jedoch auch ohne Auflage der Lehrperson intensiv schulischen Themen. Ich habe in den letzten Jahren gelernt, mich sensibler auf die Belange der SchülerInnen einzustellen, Räume zu eröffnen, Ideen der Kinder stärker zuzulassen. Dazu bedarf es einer ruhigen, warmen, friedlichen und offenen Atmosphäre in der Gruppe, deren Schaffung im Mittelpunkt des Unterrichtsgeschehens stehen sollte.

Wir müssen heute bei unseren SchülerInnen im besonderen Maße davon ausgehen, daß viele Voraussetzungen, die schulisches Lernen erst ermöglichen, nicht zur Verfügung stehen. *Freie Arbeit heißt für mich deshalb, Kinder ihre Bedürfnisse artikulieren zu lassen und ihnen auch den Raum für diese elementaren Lernerfahrungen zu geben.*

Angelika Hartmann

5. Rahmenbedingungen

Vorstellungen von Unterrichtsformen wie freie Arbeit und Wochenplan sind zum nicht geringen Teil von KollegInnen entwickelt worden, die an Sonderschulen arbeiten. Eine ganze Reihe von Examensarbeiten angehender SonderschullehrerInnen beschäftigen sich mit Formen des Offenen Unterrichts.

Dies gab noch vor Jahren – trotz der gesellschaftlichen Abseitsstellungen der Sonderschulen – Anlaß zur Hoffnung. Es herrschte so etwas wie Aufbruchstimmung. Ermuntert durch erste Erfolge bei der Durchführung freier Unterrichtsformen, ermutigt durch Gespräche mit Gleichgesinnten, getragen von teilweise überschwenglichem pädagogischem Optimismus nahmen viele LehrerInnen eine weit über den Durchschnitt gehende Arbeitsbelastung auf sich, reduzierten teilweise ihr Unterrichtsdeputat, um ihrem Anspruch gerecht zu werden. Dennoch betonte man den Spaß an der Schule. Seit einigen Jahren scheint diesbezüglich eine Wende eingetreten zu sein, scheinen resignative Momente zuzunehmen. Die Ursache dürfte zum größten Teil wohl darin liegen, daß sich die Arbeitsplatzsituation zunehmend schwieriger gestaltet durch:

- steigende Klassenfrequenzen
- Strukturwandel an Sonderschulen
- steigendes Durchschnittsalter
- psychische Belastungen.

Nur auf einige dieser Faktoren will ich näher eingehen:

Den *Strukturwandel an Sonderschulen* haben die KollegInnen, die schon etwas länger im Dienst sind, in den vergangenen Jahren tagtäglich selbst erfahren müssen. Wir müssen feststellen, daß die SchülerInnen, die in unsere Klassen aufgenommen werden, immer schwieriger und zum großen Teil mehrfachbehindert sind. Im LB-Bereich habe ich die Beobachtung gemacht, daß vor allem Verhaltensstörungen, aber auch Sprachbehinderungen in gravierendem Ausmaße zunehmen. Erschwerend kommt hinzu, daß wir es dadurch mit ganz verschiedenen Lerngruppen zu tun haben, die sich gegenseitig das Leben schwermachen. Wenn schon GymnasiallehrerInnen über zunehmende Konzentrationsmängel klagen und nach entsprechenden Programmen fragen, um wieviel stärker schlägt sich dann dieses Problem im Sonderschulbereich nieder!

Schon 1980 schrieb Jochen Korte, Schulleiter an einer LB-Schule: »*Ein* schwieriges Kind in der Klasse kann nicht nur verkraftet, sondern sogar integriert werden. Zwei schwierige Kinder können verkraftet werden. Drei verhaltensauffällige Kinder können mit Mühe und pädagogischen Tricks gebändigt werden. Aber vier und mehr schwierige Kinder machen Unterricht und Lehrer kaputt.«

Und weiter: »Die Diskrepanz zwischen großer Unterrichtsvorbereitung und wirklichem Unterricht ist häufig tragikomisch. Und auch die Seminarleiter, die doch den Blick ihrer Seminaristen für die Praxis schärfen sollten, legen viel zu großen Wert auf Maximalkonzepte. Auch sie lassen die Junglehrer an Wünschenswertem tüfteln, anstatt konkret und handfest Hilfe im Umgang mit unseren Schülern zu geben. Wer ein wenig Erfahrung in unserer Schulart hat, der weiß, daß in der Spalte erwartetes Schülerverhalten ehrlicherweise Notizen wie diese erscheinen müßten: Schüler werden unruhig, gähnen, kippeln mit den Stühlen, werfen mit Kreide oder schubsen den Nachbarn vom Stuhl. Nur, wer wird denn sein Kunstwerk von Unterrichtsvorbereitung mit derartigen Bemerkungen verunzieren?« (Korte 1980, S. 28; S. 62)

Die Situation hat sich nicht gebessert. Im Gegenteil: Die Anzahl der schwierigen SchülerInnen hat sich ganz wesentlich erhöht! Mit anderen Worten: Es befinden sich in nahezu jeder Sonderschulklasse LB mehr als vier extrem auffällige oder mehrfachbehinderte Kinder – ohne daß die Klassenfrequenzrichtwerte entsprechend herabgesetzt worden wären. Gerade freiere Formen des Unterrichts werden durch diese Entwicklung stark beeinträchtigt oder gar unmöglich gemacht.

Angesichts dieser Lage wachsen die *psychischen Belastungen* der LehrerInnen. Schaut man sich die entsprechende Fachliteratur an und gewinnt man Einblick in die aktuelle Lebenssituation unserer SchülerInnen, so wird deutlich, welche erschreckenden Sozialisationsbedingungen in vielen Fällen anzutreffen sind. Es sind ja nicht vorwiegend Lern- und Leistungsprobleme, die das Leben unserer Kinder bestimmen. Bei den oft erbärmlichen soziokulturellen Bedingungen werden schulische Probleme sehr relativiert. Verhaltensauffälligkeiten und Lernstörungen haben bekanntlich verschiedene Ursachen. Und hier sind in erster Linie die sozioökonomischen Bedingungen zu nennen, die in vielen Familien zu schier unlösbaren Problemen führen. Die Auswirkungen sind uns bekannt, vielleicht schweben uns auch Lösungsstrategien vor. Die allerdings liegen im gesamtgesellschaftlichen Bereich. Was können wir als LehrerInnen also an der Gesamtsituation von Familien ändern? So gut wie nichts!

Dieses bedrückende Gefühl, den Auswirkungen gegenüberzustehen, die Ursachen aber nicht beeinflussen zu können, bereitet vor allem gesellschaftspolitisch engagierten KollegInnen regelrecht schlaflose Nächte. Das daraus resultierende Gefühl von Ohnmacht und Wut bleibt nicht in den Kleidern hängen, wie man so schön sagt.

Auch die ländläufig bekannten Streßfaktoren, wie erhöhte Sprecharbeit bei teilweise hohem Umgebungsgeräuschpegel, relativ vieles Stehen, hohe Anzahl von Sozialkontakten, ständige Reaktionsbereitschaft u.a., müssen in diesem Zusammenhang erwähnt werden.

Vor einiger Zeit habe ich einen eindrucksvollen Bericht gelesen, der sich mit der psychischen Situation von Pflegepersonal auf Krebsstationen befaßt. Parallelen drängen sich auf zu den psychischen Belastungen, denen LehrerInnen an Sonderschulen unterworfen sind, die sich mit der familiären Situation ihrer SchülerInnen näher auseinandersetzen.

Ohne in Resignation zu verfallen, müssen wir als SonderschullehrerInnen folgende Wahrheit aushalten: »Eine realitätsnahe Schule wird zwar keine Anstrengung unterlassen, ihren Schülern ein Angebot zu machen, das geeignet ist, künftiges Leid zu mindern und die Selbstachtung und den Lebensmut ihrer Klientel zu fördern. Aber sie wird dennoch nicht länger dem Irrglauben anhängen, die Schule könne Entscheidendes am Lebensweg ihrer Schüler ändern. Durch die Schule wird man nicht von Armut befreit und die Schule befähigt ihre Schüler auch nicht dazu, ihres eigenen Glückes Schmied zu werden: Das harte Lebensschicksal der Mehrzahl unserer Schüler ist durch unterrichtliche Bemühungen nicht entscheidend zu mildern. Ausnahmefälle bestätigen auch hier die Regel« (Hiller 1989, S. 19).

Dieter Hartmann

Literatur

Baillet, Dietlinde: Freinet – praktisch. Beispiele und Berichte aus Grundschule und Sekundarstufe, Weinheim und Basel 1983.

Boehncke, Heiner/Henning, Christoph (Hrsg.): Célestin Freinet: Pädagogische Texte. Mit Beispielen aus der praktischen Arbeit nach Freinet, Reinbek bei Hamburg 1980.

Dietrich, Ingrid (Hrsg.): Politische Ziele der Freinet-Pädagogik, Weinheim und Basel 1982.

Dietrich, Theo (Hrsg.): Die pädagogische Bewegung »Vom Kinde aus«, Bad Heilbrunn 1973.

Hartmann, Dieter: Wann machen wir freie Arbeit? Praxisanregungen aus der Sonderschule, Pädagogik-Kooperative Bremen 1985.

Hiller, Gotthilf Gerhard: Ausbruch aus dem Bildungskeller. Pädagogische Provokationen, Langenau-Ulm 1989.

Kempowski, Walter: Lehrer Jonas, in: Kluge, M. (Hrsg.): Schulgeschichten, München 1983.

Korte, Jochen: Alltag in der Sonderschule, Weinheim und Basel 1980.

Laun, Roland: Freinet – 50 Jahre danach, Heidelberg 1983.

Rödler, Klaus: Vergessene Alternativschulen, Weinheim und München 1987.

Scheibe, Wolfgang: Die reformpädagogische Bewegung 1900–1932, Weinheim und Basel 1984 (1. Auflage 1969).

Ulrike Waterkamp

»Pädagogische Inselbildung« – Wege zum Projektlernen und zur freien Arbeit in der Gesamtschule

Das Wort »Insel« lädt zum Träumen ein, es erweckt vielleicht Assoziationen an die Südsee, blauen Himmel, endlose weiße Sandstrände. Wer seine Gedanken nicht ganz so weit schweifen läßt, denkt etwas bescheidener an Nord- oder Ostsee, aber auch hier ist der Begriff der Insel eher mit Ferien, allenfalls noch mit Klassenfahrt oder Ausflug, nicht jedoch mit dem täglichen Geschehen einer ganz normalen Gesamtschule im westlichen Ruhrgebiet verbunden.

Dennoch scheint mir die gewählte Metapher tauglich, um die Beschreibung eines kleinen, internen Schulversuches, eines »tastenden Versuchens« (vgl. Freinet, C. in: Boehncke/Hennig [Hrsg.] 1980, S. 53ff.) für das Lernen innerhalb eines Großsystems zu begleiten. Dies um so mehr, da das Bild von der Insel mit dem sich in ihm ausdrückenden Gegensatz von festem, abgegrenzten Untergrund und der umgebenden endlosen Wasserfläche die für Freinet-Pädagogik wesentliche Spannung von strenger Form und offener Ausgestaltung treffend erfaßt. In diesem Verständnis meint »Insel« gerade nicht die Flucht aus der Realität, sondern das Heraustreten aus dem Alltäglichen, um eine Plattform zu schaffen, die besser als bloße Worte zeigt, daß es auch anders geht als bisher jeden Tag praktiziert.

Durch Kooperation Freiräume schaffen

Wir, zunächst fünf, später sechs LehrerInnen[1] mit viel, zum Teil sogar sehr viel Gesamtschulerfahrung, haben uns 1986, ein Jahr vor dem Beginn unseres Unterrichts in einem neuen 5. Schuljahr, mit dem festen Willen zusammengeschlossen, die Endlosigkeit des Redens darüber, wie man Lernen besser gestalten könnte, zu verlassen, um den festen Boden wirklich anderen pädagogischen Handelns unter die Füße zu gewinnen. Unsere Vorstellung, was ganz allgemein nicht mehr so sein sollte wie bisher, ergab sich aus den gemeinsam erlebten und erlittenen Problemen mit dem gesamtschulspezifischen Lernprozeß, dem unserer Meinung nach vor lauter äußerer Betriebsamkeit die Konzentration darauf, was einzelne SchülerInnen tatsächlich lernen, aus dem Blickfeld geraten war. Diese Gemeinsamkeit in der

1 Die in diesem Aufsatz dargestellte Konzeption ist aus der gemeinsamen Arbeit mit meinen KollegInnen der Ingeborg-Drewitz-Gesamtschule Gladbeck: Gisela Howest, Fred Heindrihof, Wilfried Mohr, Conrad Neumann und Rainer Schöneweiß erwachsen.

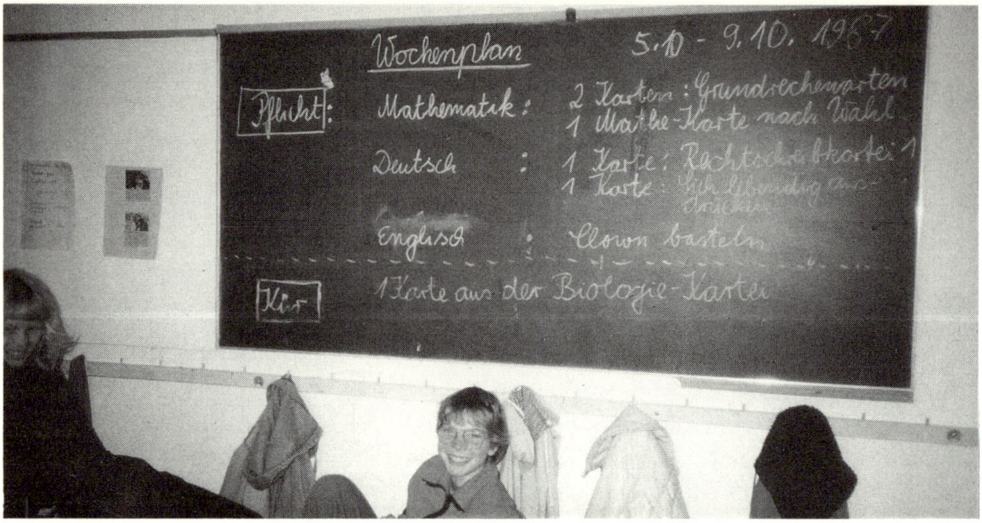

Kritik machte es uns leicht, eine übereinstimmende allgemeine Ausrichtung für die geplante schulische Innovation zu finden: Wir wollten die Fachaufsplitterung des Lernens so weit wie möglich aufheben, Schulleben als kontinuierlichen Bestandteil des Schulalltags betonen (Klassenfeste, Theaterspielen, Klassenraumgestaltung) und damit soziales Lernen für alle am Lernprozeß Beteiligten im täglichen Umgang erfahrbar machen. Als es im nächsten Schritt darum ging, aus der Abgrenzung zu einer eigenen, positiven Umsetzung zu kommen, wurde deutlich, daß unsere Vorstellungen darüber, was denn nun konkret, von montags bis freitags anders werden solle, keineswegs einheitlich waren; ganz im Gegenteil, in unseren Köpfen bewegte sich mit deutlich unterschiedlicher Akzentuierung so ziemlich alles, was es an traditioneller Didaktik, reformpädagogischen und hier insbesondere »freinetischen« Ansätzen, mehr lernpsychologischen, ästhetischen oder interkulturellen Unterrichtskonzepten so gab (und prallte manchmal gar nicht so sanft aufeinander).

Da wir, wie alle im Lehrberuf stehenden Menschen, das Reden sehr liebten, war es gut, daß wir von vornherein den Beschluß der Aufnahme gemeinsamer Unterrichtstätigkeit mit dem Beginn des folgenden Schuljahres gesetzt hatten, denn dieser zwang uns trotz aller Gedankenspiele immer wieder auf den Boden der Realität zurück.

Das Fundament für die von uns angestrebte Kooperation bildete ein für Gesamtschulverhältnisse sehr konzentrierter, »inselartiger« Lehrereinsatz, der beinhaltete, daß wir sechs den gesamten Unterricht in zwei Parallelklassen übernahmen und dementsprechend auch bereit waren, fachfremd Unterricht zu erteilen.

Das Wissen darüber, in welchem fachlichen Zusammenhang und mit welchen KollegInnen wir im folgenden Schuljahr unterrichten würden, und die Übereinstimmung, die zur Verfügung stehende Zeit für konkrete Unterrichtsvorbereitung zu nutzen, gab unseren Diskussionen die nötige Struktur, die sich schließlich als »materialisierter Konsens« in Form eines Stunden- und Unterrichtsplanes niederschlug.

Schülerplan[2] Klasse: 5 Gesamtschule					
Stunde	**Montag**	**Dienstag**	**Mittwoch**	**Donnerstag**	**Freitag**
1.	Klassenstunde	Englisch	Musik	Englisch	Englisch
2.	Übungsstunde	Deutsch	Musik	Deutsch	Mathematik
3.	Mathematik	Übungsstunde	Deutsch	Mathematik	Technik
4.	Englisch	Religion	Mathematik	Religion	Technik
5.	Mittagsfreizeit	Erdkunde	Mittagsfreizeit		
6.	Deutsch	Biologie	Englisch	Übungsstunde	Politik
7.	Kunst		Sport	Erdkunde	Klassenstunde
8.	Kunst		Sport	Biologie	
9./10.				Arbeitsgemeinschaft	

Die Schulwoche als Einheit planen

Aus der Gegenüberstellung von Schülerplan und Unterrichtsplan wird die Reibung zwischen unseren pädagogischen Wunschvorstellungen und den organisatorischen Vorgaben durch das Schulsystem deutlich. Der Unterrichtsplan zeigt, wie wir versuchten, uns vom Raster der Fachstunden zu lösen, um zu umfassenderen Elementen des Lernens und schließlich zur Schulwoche als Einheit zu gelangen.

Ein so gestalteter Plan ist offen dafür, den Wochenablauf den aktuellen Erfordernissen des Lernprozesses anzupassen: Es ist sowohl möglich, den gesamten Unterricht als Lehrgangsunterricht zu erteilen (siehe Schülerplan), als auch kleinere, mehr fachlich orientierte Projekte oder bei Zusammenfassung aller Projektstunden sehr umfangreiche Lernvorhaben durchzuführen. Ein so gestalteter Plan übt aber auch den gegen das Versinken in falsche Routine nötigen Druck aus, denn ist zum Beispiel freitags die letzte Stunde als etwas Besonderes fest installiert, kann man nicht einfach zum Tagesgeschäft des Fachunterrichts übergehen.

Eine ganz entscheidende Wirkung des Unterrichtsplans lag darin, daß wir durch ihn einen anderen Blick für die Unterrichtsvorbereitung gewannen: unsere Zusammenschau der Curricula für die Unterrichtsfächer konzentrierte sich viel klarer darauf, wo in den Lehrplänen bereits Möglichkeiten für fächerübergreifenden Unterricht angelegt sind.

Der Unterrichtsplan sicherte, daß verschiedene Zugänge zum Lernen, unterschiedliche Qualitäten des Lernens in den Lernrhythmus einer Schulwoche inte-

2 Dieser Plan entspricht den 1987 in Nordrhein-Westfalen gültigen Vorgaben für das 5. Schuljahr an Gesamtschulen. Lediglich die 2. Politikstunde wurde als Klassenstunde genutzt. Dies geschah rotierend auch aus dem Deputat anderer Fächer.

Unterrichtsplan Klasse: 5 Gesamtschule					
Stunde	**Montag**	**Dienstag**	**Mittwoch**	**Donnerstag**	**Freitag**
1.	*Wocheneingangsstunde*	Englisch	*Projekt Ästhetik*	Englisch	Englisch
2.	*FREIARBEIT*	Deutsch		Deutsch	Mathematik
3.	Mathematik	*FREIARBEIT*		Mathematik	*Projekt*
4.	Englisch	Religion	Mathematik	Religion	*GL/*
5.	Mittagsfreizeit	*Projekt*	Mittagsfreizeit		
6.	*Projekt*	*GL/NW*	Englisch	*FREIARBEIT*	*NW*
7.	*Ästhetik*		Sport	*Projekt GL/NW*	*Wochenausgangsstunde*
8.			Sport		*(Veröffentlichung)*
9./10.				Arbeitsgemeinschaft	

(GL/NW=Gesellschaftslehre/Naturwissenschaften)

griert wurden: So zeichneten sich die Wocheneingangs- und -ausgangsstunden durch eine besondere Atmosphäre und einen sehr starken Bezug zur Interaktion der Klasse aus; die Lehrgangsstunden (der Fachunterricht) waren der Sachstruktur, die Freiarbeit den Interessen der SchülerInnen verpflichtet; der Projektunterricht stellte die gemeinsame Tätigkeit der gesamten Lerngruppe in den Vordergrund. Diese Elemente bekamen, einmal in die Welt gesetzt, ein Eigenleben, eine eigene Dynamik, stellten uns vor neue Aufgaben und erwiesen sich damit als Motor von Entwicklungen, an die wir in der Planungsphase nicht gedacht hatten.[3]

Beginn und Ende der Woche besonders gestalten

Mit den Wocheneingangs- und -ausgangsstunden hatten wir, ohne uns voll darüber bewußt zu sein, beginnend mit dem 5. Schuljahr die Ebene der Metakommunikation fest im Stundenplan verankert und so eine Insel der Selbstreflexion für alle Beteiligten geschaffen. Was als Begriff vielleicht recht hochgestochen klingt, ist in seiner praktischen Funktion sehr bedeutsam, denn LehrerInnen und SchülerInnen

3 Die folgende Darstellung gibt die deutlich innovativen Elemente dieses Unterrichtsplanes wieder. Erfahrungen mit dem durch das insgesamt andere Arbeiten auch veränderten »normalen« Fachunterricht, der Klassenraumgestaltung, der Gruppentischsitzordnung, der Gestaltung der Mittagsfreizeit und den gegenseitigen Hospitationen, die integraler Bestandteil unseres Konzeptes waren, können in diesem Rahmen nicht beschrieben werden.

üben sich darin, aus dem unmittelbaren Lernprozeß herauszutreten und am Montag planend voraus-, am Freitag resümierend zurückzuschauen (auf die Schulwoche, bei gegebenem Anlaß auf größere Zeiträume: das Projekt, die Klassenfahrt, das Schuljahr). Das Nachdenken über den individuellen Lernfortschritt wie auch über das Verhalten der Klasse ingesamt geschieht so nicht nur aus aktuellen Konfliktlagen heraus und somit als von den Lehrenden verordnet, sondern wird als Aufgabe aller regelmäßig gepflegt (»Klassenrat«).

Im 5. und 6. Schuljahr begannen die Montagsstunden mit einer offenen Gesprächsrunde, es folgte die kommentierte Rückgabe der Arbeitsergebnisse des letzten Wochenplans, woran sich die Planung der folgenden Woche, die jeweils in einem Protokollbuch festgehalten wurde, anschloß.

Der Bogen zum Freitag wurde durch das Ziehen von Kärtchen mit Gestaltungsaufträgen an einzelne SchülerInnen oder Gruppen für die Wochenausgangsfeier gespannt (z.B. »Gruppenspiel der Woche«, »Nachrichten der Woche«, »Versuch der Woche«, »Joker«), denn die Vorbereitungen dieser Vorführungen bildeten die Grundlage für gemeinsame Aktivitäten im »Kürprogramm« der Übungsstunden oder in der Mittagsfreizeit. Die Kinder, die Karten gezogen hatten, trafen sich freitags in der Mittagspause, einigten sich auf eine Abfolge ihrer Beiträge und schrieben das Programm an die Tafel. Die Darbietungen am Freitag boten gleichzeitig die Möglichkeit für SchülerInnen, sich in mehr spielerischen Situationen im

Programm einer Wochenausgangsstunde		**6. Schuljahr**
1.	Mir gefiel... Mir gefiel nicht... Ich rege an...	In dieser Woche (Besprechung von Problemen)
2.	Gruppenspiel der Woche (Nazife)	Personenraten (Eine Schülerin beschreibt die Eigenarten eines Mitschülers/einer Mitschülerin. Die anderen raten, wer gemeint ist.)
3.	Sketch der Woche (Marc)	»Beim Frisör« (Ein Schüler frisiert und barbiert einen Mitschüler mit entsprechenden Kommentaren.)
4.	Nachrichten der Woche (Maik)	»Steigt Schalke 04 ab?« (Die neuesten Entwicklungen in der Fußball-Bundesliga.)
5.	Versuch der Woche (Tanja)	»Eine Münze geht baden« (Wasser als Anzeiger für Luftzusammensetzung.)
6.	Lied der Woche (Sandra, Diana, Bianca)	»Hava Nagilah« (Begleitung mit selbstgebauten Rhythmusinstrumenten.)

Auftreten vor einer größeren Gruppe zu üben und Formen ästhetischer Präsentation (vom schlichten Rahmen aus Pappe, der das Fernsehgerät für den Nachrichtensprecher simulierte, bis zur Leinwand für Schattentheaterspiele) kennenzulernen.

Der in den ersten drei Schuljahren stark von feierlicher Atmosphäre getragene Erlebnischarakter dieser Stunden erfuhr mit der Entwicklung der Kinder manche Veränderung und in bestimmten Phasen durchaus auch Ablehnung, dennoch profitierten wir alle von der früh geübten Kultur der Präsentation, sei es bei späteren fachlichen Referaten oder bei der Gestaltung von Klassenfeiern.

Vom Wochenplan zur freien Arbeit: Eigenständigkeit aufbauen

Dieses Element des Unterrichts spricht in besonderem Maße das Problem der Freiheit an, die wir LehrerInnen unseren SchülerInnen theoretisch immer so gerne gewähren, mit der wir aber praktisch so große Schwierigkeiten haben. In der Überschrift ist bereits angedeutet, daß wir versuchten, in einer sinnvollen Progression mehr Selbständigkeit bei SchülerInnen zu erreichen, indem wir Inseln größerer Freiheit im Unterrichtsalltag schafften, die aufgrund ihrer Überschaubarkeit sinnvoll genutzt werden konnten.

Zu Beginn des 5. Schuljahres boten wir den SchülerInnen eine durch verschiedene Lernkarteien unterstützte Wochenplanarbeit an. Die im Schülerplan als Übungsstunden (im Unterrichtsplan als Freiarbeit) ausgewiesenen Stunden sollten einerseits im Rahmen von sogenannten »Pflichtaufgaben« gewährleisten, daß die geforderten, grundlegenden Kulturtechniken individuell geübt wurden, zum anderen sollten sie mit »Küraufgaben« Anreize schaffen, um auf bisher unbekannte Lerngegenstände neugierig zu machen oder einfach Zeit für andere interessante Beschäftigungen zu bieten.

Die Strukturierung des Wochenplans mit einem auf jeden Fall zu leistenden Pflicht- und einem offenen Kürangebot hat sich als Orientierungsrahmen beim Übergang zu freieren Formen des Lernens sehr bewährt. Im Lernen nach einem Wochenplan üben die SchülerInnen für selbständiges Lernen grundlegende Verhaltensweisen (Wahrung einer Arbeitsatmosphäre, sorgfältiger Umgang mit Material, Nutzung der zur Verfügung stehenden Zeit usw.) ein und treten, da sie ihren Lernplan über eine Woche eigenständig gestalten, aus dem engsten Kreis einer unmittelbaren Kontrolle heraus. Obwohl die Wochenplanarbeit in dem hier beschriebenen Sinne eine wichtige Grundlage für selbständiges Lernen schafft, sind die SchülerInnen aufgrund der vorgegebenen Aufgaben, die in Form von Lernkarteien zu bearbeiten sind, nur wenig am Inhalt der Lernprozesse beteiligt.

Zu Beginn des 7. Schuljahres drückte sich dieses Problem zunächst in einer großen Lernunlust in den ehemals beliebten Übungsstunden aus und wurde schließlich auch von den SchülerInnen dezidiert als mangelnde Mitsprache an der

Themengestaltung eingeklagt, so daß wir nach einer längeren Phase der Diskussion und des Ausprobierens zu einer Umgestaltung der Übungsstunden kamen: Für die bisherigen »Pflicht-« und »Küranteile« wurden eigene Stunden ausgewiesen, wobei die »Kürstunden« unter dem Titel »Etwas Neues lernen« den SchülerInnen den eingeforderten Rahmen für ihre eigenen Interessen, für das, womit sie sich auch außerhalb von Schule beschäftigen oder womit sie sich immer schon einmal beschäftigen wollten, zur Verfügung stellten.

»Etwas Neues lernen« trägt im Gegensatz zur Wochenplanarbeit deutliche Züge der freie Arbeit im Sinne Freinets: Den SchülerInnen ist freigestellt, was sie und mit wem (alleine oder in kleinen Gruppen) sie lernen. Durch die Verpflichtung, die Ergebnisse der individuellen Erarbeitungsphase der gesamten Lerngruppe so vorzustellen, daß auch alle anderen »etwas Neues lernen« können, gewinnt diese Art des Lernens eine immer wieder neu auszuschöpfende pädagogische Qualität: Die Präsentation ist zunächst eine immanente Lernerfolgskontrolle, denn ich kann ja nur einem anderen etwas erklären, wenn ich es selber verstanden habe. Da durch eigene Erfahrung sehr schnell deutlich wird, daß das abgelesene Referat die Zuhörer nicht erreicht, fordert die Präsentation dazu auf, den freien Vortrag zu üben und ihn durch eine klare inhaltliche Gliederung sowie Tafelbilder, Folienskizzen, Modelle, kleine Sketche, Tonbandmitschnitte usw. für das Publikum angenehm zu machen.

Nach unserer Erfahrung ist gerade dieses Element des Unterrichts besonders für die Gesamtschule geeignet: Die sonst so viel beschworene Differenzierung ergibt sich hier aus dem Lernprozeß selbst, da es sowohl für leistungsstarke (durch anspruchsvolle Themenwahl und völlig freien Vortrag) als auch für leistungsschwache SchülerInnen (durch allmähliche Ablösung von der schriftlichen Vorlage) immer etwas zu verbessern gibt.

Für uns LehrerInnen stellte sich in den Freiarbeitsphasen sehr deutlich die Aufgabe der Beratung: Wir beobachteten die SchülerInnen genau in ihrem Lernverhalten, zeigten Schritte für die Weiterentwicklung auf, organisierten Bibliotheksbesuche und lenkten das Augenmerk auf neue Formen der Präsentation.

Präsentation »Ewas Neues lernen« **7. Schuljahr**

Thema: »Die Taube«
Initiiert wurde die Bearbeitung des Themas von Ludger, einem sehr stillen und sprechscheuen Schüler, der verständlicherweise stolz darauf ist, selbst unter dem Dach Brieftauben zu halten und mit seinem Vater zusammen dem örtlichen Brieftaubenzuchtverein anzugehören. Sebastian und Christian schlossen sich aus Interesse am Thema, aber auch aufgrund ihrer Sympathie zu ihrem sehr verläßlichen und freundlichen Mitschüler an.
Ludger begann die Präsentation mit dem biologischen Aspekt des Themas: Er erläuterte unter anderem den Skelettaufbau der Taube, wobei er seine Ausführungen durch die Projektion eines auf Folie gemalten Aufrisses eines Flügels unterstützte. Gegen Ende seines Vortrages zog er zum großen Erstaunen aller aus einem gut verborgen gehaltenen Körbchen eine Brieftaube heraus und ließ sie aus dem geöffneten Klassenzimmer davonfliegen. Hieran entspann sich wie von selbst eine lebhafte Diskussion über den Orientierungssinn der Tauben. Sebastian folgte dann mit einem historischen Exkurs, wobei er die Zuhörenden besonders mit der »Taubenhaltung im alten Ägypten« faszinierte. Christian stellte anschließend die Praxis der Reisevereinigungen (Taubentransport, Zeitnehmen bei Wettflügen usw.) dar. Zum Schluß verteilten die drei noch ein »Tauben-Quiz«, das sie zur Sicherung ihrer Vorträge entworfen hatten. Unter den richtigen Beantwortungen des Quiz wurde in der folgenden Wochenausgangsstunde ein kleiner Preis ausgelost.

Projektunterricht: gemeinsames Handeln ermöglichen

Während der Planungsphase entfalteten wir gerade bezüglich des Projektunterrichts die hochtrabendsten Ideen, denn am liebsten hätten wir den gesamten Unterricht projektartig gestaltet. Der schulische Alltag zeigte uns jedoch sehr schnell, daß diese Vorstellung zu hoch gegriffen war: projektorientiertes Lernen verlangt sehr viele für uns LehrerInnen ungewohnte, weil im üblichen Fachunterricht nicht geforderte Kompetenzen (um nur einige zu nennen: Terminabsprachen, Vermittlung sinnvoller Interviewtechniken, Regieführung bei einem Theaterspiel). Das Gelingen eines Projektes hängt ganz entscheidend von unserem Können ab, wir werden auf unsere tatsächlichen Fähigkeiten (und Unfähigkeiten) zurückgeworfen.

Der Beginn unserer Projektarbeit war dadurch gekennzeichnet, daß viele Einzelaktivitäten unkoordiniert nebeneinander herliefen, für die SchülerInnen der einheitsstiftende Projektgedanke zu wenig deutlich wurde und wir LehrerInnen trotz hohen Arbeitseinsatzes mit dem Verlauf des Lernprozesses nicht zufrieden waren. Mit Hilfe gemeinsamer Gespräche über die auf unterschiedlichen Ebenen gemachten Fehler gelang es uns, die mit Projekten in besonderem Maße verbundene Spannung zwischen Wunsch und Wirklichkeit zu bearbeiten und zu einer realistischeren Grundhaltung zu kommen.

Wir einigten uns darauf, unsere Kraft ökonomischer und konzentrierter einzusetzen und in jedem Schulhalbjahr nur ein (alle Projektstunden umfassendes) Großprojekt und etwa zwei bis drei Kleinprojekte (fächerübergreifend) durchzuführen. Eine selbstinitiierte Fortbildung verdeutlichte uns, daß es nötig ist, ein Projekt von einem klaren Bild des Endproduktes her (Feier, Ausstellung, Klassenfahrt) zu planen und von daher sowohl die Arbeitsanteile der LehrerInnen als auch die der SchülerInnen gemäß den vorhandenen Fähigkeiten konkret zu bestimmen. Wir gewannen einen Blick für die Phasierung von Projekten (Initiative, Skizze, Plan, Durchführung, Veröffentlichung, Reflexion). Durch diese klarere Einteilung gelang es, SchülerInnen umfassender an der Mitwirkung zu beteiligen, was mit der Einführung von Planungshilfen (»Mein Projektplan«), die eine regelmäßige Kontrolle zwischen gestecktem Ziel und geleisteter Arbeit ermöglichten, noch unterstützt wurde (vgl. Frey 1990, S. 104ff.).

Weihnachtsprojekt **5. Schuljahr**

Leitthema:
»Wir bereiten uns und alten Menschen zu Weihnachten eine Freude«

Veröffentlichungsform:
Weihnachtsfeier mit Eltern und Großeltern in der Schule;
Gestaltung einer Weihnachtsfeier in einem Altenheim (in der Nähe der Schule)

Zeitrahmen:
alle Projektstunden ab Mitte November

Tätigkeiten:
- Basteln eines »Adventskalenders zum Nachdenken« (in der 1. Stunde wurde eine Weile über das für den betreffenden Tag aufgeschriebene Problem gesprochen)
- Einüben eines weihnachtlichen Theaterstückes: »Die Erde ferngesehen«
- Weihnachtsgedichte-Moritat (Gedichtvortrag mit Vorzeigen selbstgemalter Bilder)
- Lichter-Tanz und Troika-Tanz
- verschiedene Weihnachtsbasteleien (Klassenschmuck, Weihnachtsmobiles als Geschenke für Senioren, Tischdekoration für die Feiern)
- persönlicher Brief an einen alten Menschen
- »Weihnachtszeitung« (gleichzeitig Programmheft der Weihnachtsfeiern)
- Einüben deutscher und englischer Weihnachtslieder

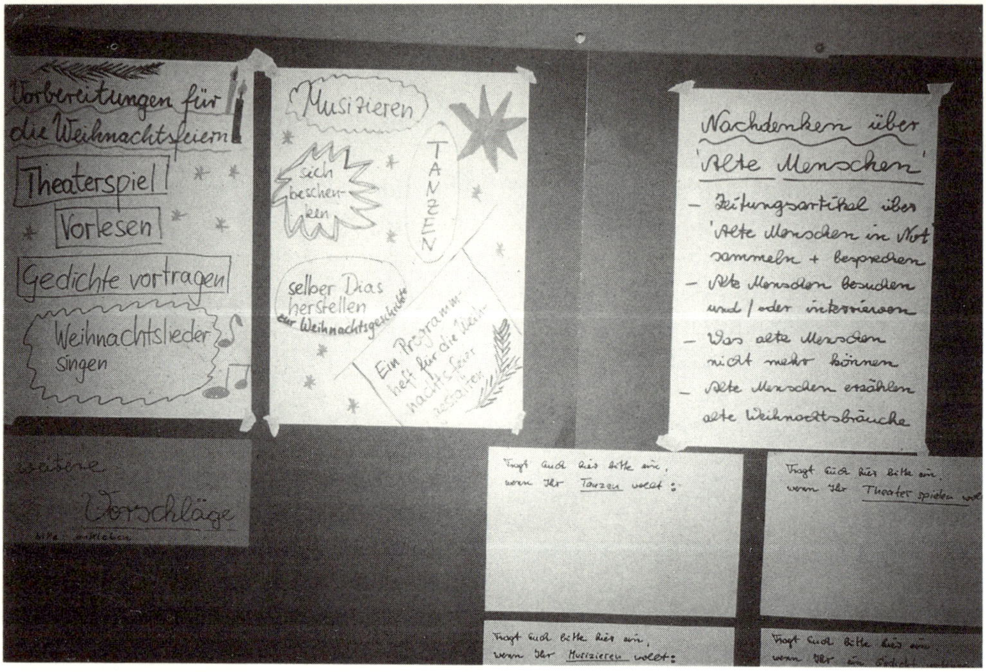

Bei allen Schwierigkeiten im einzelnen liegt die Leistung des Projektunterrichts darin, daß für einen längeren Zeitraum ein von einer Klasse getragenes gemeinsames Vorhaben im Mittelpunkt steht, das eine aufgabenorientierte Infrastruktur schafft. Projektunterricht macht es möglich, Fachstunden, Übungsstunden, Mittagsfreizeit, gegebenenfalls auch Arbeitsstunden inhaltlich zu »verzahnen«. Damit bietet der Projektunterricht eine wichtige Chance für das Zusammenfügen von Lernformen, die von den SchülerInnen im normalen Gesamtschulalltag lediglich disparat wahrgenommen werden.

Der vorliegende Bericht hat hoffentlich gezeigt, daß es mit ein wenig Entdeckungsgeist auch in einem eigentlich starren System Wege zu einem anderen Lernen gibt. Wir haben in den letzten Jahren viel über das Lernen gelernt. Wir haben viel Neues ausprobiert und dabei unsere SchülerInnen besser und von einer besseren Seite kennengelernt. Wir haben alle persönliche Fortschritte gemacht. Und für mehr Freude am Lernen lohnt sich die Suche nach einer geeigneten Insel auf jeden Fall…

Literatur

Boehncke, Heiner/Hennig, Christoph (Hrsg.): Célestin Freinet: Pädagogische Texte. Mit Beispielen aus Grundschule und Sekundarstufe, Reinbek bei Hamburg 1980.

Frey, Karl: Die Projektmethode, Weinheim und Basel 1990 (3. erweiterte Auflage).

Johannes Gehrmann
(mit Beate Fait und Katja Wilken)

Freinet-Pädagogik in der Sekundarstufe I

Unter Freinet-PädagogInnen ist man sich nicht einig, ob sich die Freinet-Pädagogik unter den gegebenen Bedingungen in der Sekundarstufe überhaupt sinnvoll praktizieren läßt. Erfahrungsgemäß kommt es zwischen der Grundschule und der Sekundarstufe zu einem Bruch. Was in den ersten Klassen oft wie von selbst läuft, wird nach Verlassen der Grundschule nur unter großem Einsatz und mit viel Mühe erreicht. Tugenden wie selbständiges Lernen oder gemeinsames Arbeiten scheinen in eine unerreichbare Ferne gerückt zu sein.

Diese Tatsache liegt weniger an der Freinet-Pädagogik, die nur für die Grundschule geschaffen ist, als vielmehr an der Struktur der Sekundarstufe. Während die Grundschule in der Regel Raum für einen ganzheitlichen Unterricht läßt und sich nur wenige Bezugspersonen um die Lerngruppe kümmern, verändert sich die Situation in der Sekundarstufe. Die LehrerInnen verstehen ihre Aufgabe eher »instrumentalisiert«, d.h. sie vermitteln Wissen, den »Stoff«. Die Konzentration auf das Vermitteln von Wissen bedingt einen Unterricht, bei dem die LehrerInnen im Zentrum stehen und den SchülerInnen nur wenig Raum für eigene Lerninitiativen gelassen wird. Ein übermäßiges Eingehen auf die SchülerInnen als Personen mit eigenem Willen und eigener Entscheidungsfähigkeit und, daraus resultierend, auch eigenen Konflikten muten sie sich nicht zu. Dazu werden Fachleute wie SozialarbeiterInnen, PsychlogInnen usw. verlangt.

Auch die äußeren Bedingungen verändern sich in der Sekundarstufe. Die Anzahl der »Bezugspersonen« steigt, und sie wechseln alle 45 Minuten. Für jede steht der eigene Unterricht im Mittelpunkt, jede verlangt äußerstes Interesse und Konzentration. Oft genug weiß sie nichts von dem, was gerade vorher abgelaufen ist oder nach ihrer Stunde ablaufen wird. Wie können in diesem System die SchülerInnen zu ihrem Rhythmus finden? (Lassen wir einmal außer acht, daß das unter diesen Umständen auch den LehrerInnen unmöglich ist.)

Die Organisation der Sekundarstufe setzt einem ganzheitlichen, schülerInnenzentrierten Unterricht erst einmal enge Grenzen. Um sie zu erweitern, müssen die hindernden Momente dieser Organisationform überwunden werden. Daß dies möglich ist, zeigt der erfolgreiche Unterricht zahlreicher »Freinet-PädagogInnen«, die in der Sekundarstufe unterrichten (z.B. Baillet 1983, Koitka 1989).

Bevor wir auf die Möglichkeiten, aber auch die Schwierigkeiten einer solchen Arbeit eingehen, berichten einleitend Beate Fait und Katja Wilken über ihre Erfahrungen als SchülerInnen einer Ganztagsschule mit einem Unterricht, der sich an der Freinet-Pädagogik orientierte, und über den Stellenwert der Freinet-Pädagogik in ihrem Studium.

Beate Fait, Katja Wilken

Erfahrungen mit der Freinet-Pädagogik

Im August 1981.

Heute ist der erste Tag an der weiterführenden Schule. Wie sieht meine neue Klasse wohl aus? Was passiert mit mir hier? Den ganzen Tag in der Schule zu sein, mit so vielen unbekannten Kindern.

Beim Grübeln über diesen Bericht ist uns beiden der 1. Schultag auf der IGS (integrierte Gesamtschule) eingefallen. Wir sitzen im Stuhlkreis und werfen uns gegenseitig einen Luftballon zu, um unsere Namen kennenzulernen. Das war unsere erste Begegnung mit einer neuen Lern- und Unterrichtsform.

Wenn wir nach Erinnerungen an unsere Schulzeit gefragt werden, fallen uns spontan die gleichen Erlebnisse und Eindrücke ein. Wir hatten uns während unserer Schulzeit nie mit den theoretischen Aspekten dieser Lernform auseinandergesetzt oder beschäftigt, sondern wir haben sie einfach erfahren und sind in die Praxis hineingewachsen. So gehörte die Gestaltung unseres Klassenzimmers genauso dazu wie die Arbeit mit der Druckerpresse. Die Gestaltung des Klassenzimmers lag in unseren Händen. Die dazu gesammelten Möbel, wie z.B. unser Sofa, den Bücherschrank, die Materialkiste haben wir selbst gebaut oder wieder hergerichtet. Von allen gemeinsam wurde die Verantwortung für diese Dinge getragen. So sorgten wir abwechslend für die Grünpflanzen, das Aquarium und das PUKI-Haus (selbstgebautes Haus zur Beobachtung von Insekten und Kleintieren).

In der Materialkiste wurden das von uns erarbeitete oder beschaffte Material bzw. die Klassenzeitungen gesammelt. Ein alter Kleiderschrank diente uns zur Aufbewahrung der »wertvolleren« Dinge, wie z.B. unserer Druckerpresse, die wir durch Sammelaktionen und den Verkauf von selbstgetöpferten Dingen finanziert hatten.

Alles zusammen machte die Klasse zu unserem eigenen Raum, in dem wir uns wohlfühlen konnten. Die Zeit, die wir nicht im Stuhlkreis verbrachten, saßen wir an 4er- oder 6er-Tischen. Durch diese Form der Sitzordnung war Gruppenarbeit besser möglich. Unterrichtseinheiten wurden nicht mehr frontal vom Lehrer bestimmt, sondern kleinere Teilbereiche wurden, je nach Interesse, von mehreren SchülerInnen gemeinsam erarbeitet, die Ergebnisse wurden der Klasse vorgestellt und hinterher in einer Klassenzeitung für alle zusammengefaßt. So schrieb ein Teil der Klasse zum Thema Mittelalter ein eigenes ausgedachtes Theaterstück, welches die Beziehung von Bauern zur Obrigkeit als Thema hatte. Vom Manuskript über die Kostüme bis zum Bühnenbild machten wir alles selbst. Das Stück wurde anläßlich eines Schulfestes aufgeführt.

Wenn wir zu unserem Thema keine Materialien in der Schulbücherei oder zu Hause finden konnten, wandten wir uns an Hannes, unseren Klassenlehrer. Auf diese Weise entstanden nicht nur unterrichtsbezogene Texte, sondern auch viele Geschichten über Dinge, die uns bewegten.

Bis wir wirklich in der Lage waren, in Gruppen zu arbeiten, brauchten wir viel Zeit, um uns zusammenzuraufen. Eine wichtige Rolle in diesem Prozeß spielte die Sozialpädagogin unserer Schule, Margret. Sie half uns mit gruppendynamischen Spielen und Vertrauensübungen, besser miteinander umzugehen. Trotzdem hatten wir natürlich auch weiterhin Konflikte, über die wir dann jedoch reden konnten. Heute kennen wir den Sinn und die Absicht dieser Übungen, doch gab es auch Zeiten, in denen wir »absolut keinen Bock auf Psycho-Spiele« hatten. Ebenso meckerten wir über den Stuhlkreis, die lästigen Arbeitspläne und hielten uns auch manches Mal »viel zu erwachsen« dafür. Unsere Revolten verliefen jedoch meist ergebnislos im Sand.

Inzwischen haben wir nicht mehr das Gefühl, daß Hannes und Margret uns nur ärgern wollten, sondern daß wir auch sehr davon profitieren konnten. Die so erworbene Fähigkeit, selbständig zu arbeiten, kam uns vor allen Dingen in der Oberstufe zugute. Referate waren uns nichts Neues mehr, und wir waren es gewohnt, vor der Klasse zu sprechen.

Der Unterschied zur Mittelstufe war, daß es LehrerInnen gab, die meinten, für uns entscheiden zu müssen. Das zeigte sich z.B. in der Vorbereitung der Studienfahrt in der 12. Klasse. Während wir mit Hannes unsere Fahrten fast ausschließlich alleine planten, wurde uns jetzt mehr oder weniger vorgegeben, wie wir unsere Studienfahrt verbringen sollten. Je älter wir wurden, desto mehr bemerkten wir die Steine, die Hannes und damit auch uns von FachlehrerInnen und Schulleitung in den Weg gelegt wurden. Ohne die Unterstützung einiger Eltern wäre dieses Projekt wahrscheinlich gescheitert. Als wir dann aber, entgegen anderen Vermutungen, in der Oberstufe Erfolg hatten, interessierten sich plötzlich doch viele LehrerInnen unserer Schule für Freinet-Pädagogik und ihre Umsetzung im Unterricht. Immer wieder wurden wir gebeten, unsere Erfahrungen darzustellen.

Persönliche Erinnerungen und Gedanken von Beate:

Erst nachdem ich mehrfach nach meinen Erfahrungen als Schülerin mit der Freinet-Pädagogik gefragt worden bin, habe ich angefangen, genauer darüber nachzudenken und mich zu fragen, inwiefern meine so erfahrene Schulzeit Einfluß auf meine Entwicklung und mein außerschulisches Leben hatte.

Insgesamt ziehe ich aus meiner Schulzeit ein sehr positives Resümee.

Meine Entscheidung, selbst Lehrerin zu werden, wurde sicherlich auch von meinen LehrerInnen und meiner Schule geprägt. Die Zwischenprüfung in den Fächern Biologie und Englisch liegt gerade hinter mir, und ich bereite mich darauf vor, meine ersten Erfahrungen als Lehrerin in England zu machen. Von Anfang an hatte ich nur geringe Schwierigkeiten, mich im Studium zurechtzufinden. Die

Grundlagen zum Erarbeiten von Hausarbeiten und Referaten hatte ich bereits während meiner Schulzeit gelegt, und auch das freie Sprechen vor einer großen Gruppe war mir nicht unbekannt. Natürlich bekomme ich immer noch ein mulmiges Gefühl dabei.

Nur leider steht die pädagogische Ausbildung hier eher im Hintergrund. Es gibt kaum Seminare, die wirklich auf die Ausbildung pädagogischer Fähigkeiten hinzielen. Während meiner bisherigen Studienzeit gab es nur ein Seminar, welches mit dem Thema »Freie Arbeit« betitelt war. Doch auch hier bekam ich nur unzureichende Informationen und Hilfen, wie ich selbst anders unterrichten kann, also weg vom frontalen Unterricht. Daher ist es für mich auch nicht verwunderlich, dieses Thema betreffend, bei KommilitonInnen auf Unwissenheit zu stoßen. Während meines Allgemeinen Praktikums an einer Hauptschule mit Orientierungsstufe wurde gerade eine Innovation beschlossen: das Einsetzen von freier Arbeit und freiem Unterricht. Bis zu diesem Zeitpunkt war für den größten Teil des Kollegiums diese Art von Unterricht weitgehend unbekannt. Auf einer Gesamtkonferenz wurde diese Methode vorgestellt. In Gruppen sollte das Kollegium dieses Thema erarbeiten und anschließend vorstellen. Für mich nicht viel Neues, ich konnte meiner Gruppe viel darüber erzählen. Daraufhin wurde ich gebeten, in der folgenden Auswertung zu berichten. Viele waren erstaunt, daß wir schon vor zehn Jahren mit dieser Methode gelernt hatten. Ich wurde gefragt, ob ich eine meiner nächsten Stunden nicht auf Freinet-Basis planen und unterrichten könnte. Da merkte ich erst, welche Schwierigkeiten ich hatte, meine persönlichen Erfahrungen so umzusetzen, daß ich sie nun in der Rolle als Lehrerin an die SchülerInnen weitergeben konnte. Sich nicht nur an Lehrbücher zu halten und andere Materialien zu verwenden, hatte ich mir schon vorgenommen und auch praktiziert, doch wie nun Freinet-Pädagogik umsetzen? Doch zumindest waren die ersten Schritte in die richtige Richtung in meinem Kopf schon gemacht.

Ich bin sicher daß meine Erfahrungen mich für andere Lehrmethoden offener gemacht haben. Meine Bereitschaft, mich auf neue und unbekannte Dinge einzulassen, ist groß. So habe ich das Latinum, welches ich für mein Studium brauche, auf unkonventionelle Weise nachgeholt. Ich nahm an einem Intensivkurs teil, der mit Singen und Tanzen, Lernkonzerten und Entspannungsphasen innerhalb von sechs Wochen zur bestandenen Prüfung führte. Viele der anderen StudentInnen dort hatten während ihres Studiums oder auch zuvor bereits Berührungen mit alternativen Lehr- und Lernformen.

Für mich ergaben sich so ganz neue Perspektiven des Lebens und Lernens. Ich denke, daß auch an Universitäten über streßfreiere Lernmethoden nachgedacht werden könnte. Lernen soll ein Miteinander sein und nicht wie in den meisten Fällen ein Gegeneinander. Lernen in einer positiven Atmosphäre und in einer angenehmen Umgebung ist viel effektiver und vor allem streßfreier. Diese Erfahrung habe ich gemacht. Auf diese Art des Miteinanders kann man auch voneinander lernen, und damit meine ich nicht nur das reine Fachwissen. Denn auch die Fähigkeit des gemeinsamen Lernens und Arbeitens muß gelernt werden. Kooperation und Rücksichtnahme sind wichtig, gerade für die soziale Entwicklung innerhalb einer Gruppe. Ich selbst hatte in der 5. Klasse große Schwierigkeiten mit meinen MitschülerInnen. Ich fühlte mich von ihnen nicht angenommen und »gehörte nicht dazu«. Der Höhepunkt dieser Phase war erreicht, als die Klasse, nach der Gründung einer »Anti-Beate-Partei«, in drei Gruppen geteilt war; die einen, die gegen mich waren, die anderen, die für mich waren, und diejenigen, denen es egal war. Ich wollte die Schule und die Klasse verlassen. Doch durch die Hilfe von Margrets Spielen und Hannes' unterschwelligen Ermutigungen löste ich das Problem selbst. Während einer Unterrichtsstunde ergab sich wieder eine heiße Diskussion, in der ich ziemlich niedergemacht wurde. Hannes gab mir den Raum und die Möglichkeit, mich zu wehren und mich durchzusetzen. Ich beendete das Problem abrupt, indem ich aufstand und Dirk, mit dem ich an einem Gruppentisch saß, eine Ohrfeige gab. Darauf folgende Gespräche mit der Klasse ließen uns dann doch noch zu einer Gruppe werden.

Ich denke, daß all das nicht nur für meine Persönlichkeitsentwicklung positiv war, sondern auch für die der anderen. Für mich kann ich rückblickend sagen, daß meine sozialen Ambitionen, mein Selbstvertrauen und die Fähigkeit, auf andere zuzugehen, während meiner Schulzeit gestärkt wurden.

Ganz idealistisch nehme ich mir vor, später selbst einmal Offenen Unterricht zu machen, um anderen Kindern die gleiche Möglichkeit eines angenehmen und positiven Erlebens ihrer Schulzeit zu geben. Während meiner Praktika habe ich gesehen, daß die Schulverdrossenheit und das Gewaltpotential innerhalb einer Schulklasse sehr groß geworden sind. Vielleicht ist Offener Unterricht eine Möglichkeit, diesen Entwicklungen ein wenig entgegenzuwirken. Ich hoffe, daß mein Idealismus, konfrontiert mit der Praxis, sich nicht bald aus Enttäuschung im Sande verlieren wird. Schlimm fände ich die Aussicht, daß dann auch ich in einen mehr oder weniger frontalen Unterricht zurückfalle, daß mir der Mehraufwand an Arbeit und auch eventuelle Mißerfolge die Lust vergällen.

Doch zumindest bleibt mir noch das Wissen, daß Unterricht nicht so laufen muß, wie er immer noch in den meisten Klassenräumen abläuft. Nämlich, daß die LehrerIn an der Tafel steht und alle SchülerInnen auf den Impuls von vorn warten, ohne selbst aktiv zu werden und vielleicht einige Dinge zu hinterfragen…

Persönliche Erinnerungen und Gedanken von Katja:

Wenn ich beschreibe, wie sich mein Leben und meine Persönlichkeit entwickelt haben, kann ich nur schwer sagen, wie wichtig dabei die Schule und meine Erfahrung mit der Freinet-Pädagogik waren. Schließlich gibt es ja noch viele weitere Institutionen und Menschen, die für mich während dieser Zeit ebenso wichtig waren. Zumindest glaube ich jedoch, daß die Schulzeit eine gute Voraussetzung war, und vieles von dem, was ich dort erfahren habe, kommt mir nun zugute. Sowohl im Studium als auch bei meiner Arbeit in der Jugendbewegung und in der Politik.

Mir ist in der Schule Zeit gelassen worden, Dinge auszuprobieren. Ich hatte die

Möglichkeit, vor Gruppen (zunächst vor der Klasse) zu reden. Dadurch, daß der Vortrag vor der Klasse immer wieder vorkam, fällt es mir heute nicht mehr so schwer, vor Gruppen zu stehen und etwas zu erzählen. Früher wäre dies für mich, glaube ich, nicht möglich gewesen. In unseren Klassenzeitungen hatte ich die Möglichkeit, eigene Texte zu veröffentlichen. Durch die freien Texte bekam ich Spaß am Schreiben und die Fähigkeit, mich auf diese Weise mitzuteilen. Ich erinnere mich noch, daß ich es nach einem Lehrerwechsel in der 8. Klasse schade fand, im Unterricht keine Geschichten mehr zu schreiben. Es gehörte für uns immer schon dazu, Vorhaben selbständig zu planen und zu organisieren. So wurde uns die Angst genommen, Verantwortung zu übernehmen.

Ich denke oft darüber nach, ob ich mich anders verhalten würde und ob ich in einigen Bereichen genauso engagiert wäre, hätte ich eine andere Schule besucht. Vielleicht würde ich auch etwas anderes studieren als Sonderpädagogik. Aber ich bin mir da nicht sicher, schließlich machen dies auch Menschen, die eine andere Schulzeit erlebt haben. Ich glaube aber, daß ich durch die Schule in meinen Interessen gestärkt und gefördert wurde. Jedoch sehe ich hier nicht nur den Unterricht, sondern auch die Zeit in der SchülerInnenvertretung und die Arbeit an der Schulzeitung.

In meinem Studium profitiere ich von dem Erlernen des selbständigen Arbeitens. Es ist nichts Neues, Referate zu halten und mir die Informationen selbst aus der Bibliothek zu holen. Gerade in der Oberstufe und zu Beginn des Studiums war dies besonders hilfreich.

In den Seminaren wird nur selten über alternative Unterrichtsformen gesprochen. Es gibt auch vereinzelte Seminare, in denen Gruppenarbeit praktiziert wird. Meist klingt es dann so, als seien es völlig neue Ideen, schülerorientiert zu arbeiten. Die ReformpädagogInnen werden eigentlich nie in diesem Zusammenhang erwähnt. Für viele Studierende ist es das erste Mal, daß sie von diesen Theorien hören. Daher sind diese Einführungsseminare wirklich wünschenswert. Da ich aber bereits selbst so gelernt habe, finde ich sie nicht ausreichend. Ausnahmen sind nur sehr wenige Veranstaltungen, in denen z.B. Unterrichtsmaterialien für die freie Arbeit vorgestellt und selbst erarbeitet werden.

Da ich Lernbehindertenpädagogik studiere, wäre es für mich wichtig zu erfahren, ob ich ähnlich arbeiten kann und welche Bedingungen ich schaffen muß, um diesen Kindern das selbständige Arbeiten zu ermöglichen. All das vermisse ich in der bisherigen Ausbildung jedoch.

In den meisten Veranstaltungen – vor allem in den Praktika – wird die freie Arbeit eher als »nette Idee, aber nicht praktikabel« abgetan, wenn wir StudentInnen etwas vorschlagen, was nicht den »bewährten« Methoden entspricht.

»Wir haben in der Schule leider nicht genug Zeit, individuell zu lernen. Schließlich müssen wir bis zur 10. Klasse den Unterrichtsstoff schaffen.« So oder ähnlich klingen die Zitate, die ich in letzter Zeit gesammelt habe.

In Gesprächen mit FreundInnen, die von ihrer Gymnasialzeit begeistert sind und für sich nicht die Notwendigkeit für eine andere Unterrichtsform sehen, bin ich zu dem Schluß gekommen, daß es vor allem für leistungsschwächere Kinder wichtig ist, intensiver auf sie einzugehen. Andere SchülerInnen können sich wahrscheinlich eher selbst helfen. Daher finde ich es wichtig, bei der Diskussion um Schule und Unterricht immer von den Schwächsten auszugehen. Dies ist auch ein Grund für mich gewesen, Lernbehindertenpädagogik zu studieren. Gerade bei den relativ offenen Richtlinien für die Lernbehindertenschule erhoffe ich mir viele Möglichkeiten, alternativ zu unterrichten. Da wird uns in der Universität jedoch entgegengehalten: »Unsere SchülerInnen sind für so etwas nicht selbständig genug.«

Unter solchen Bedingungen halte ich es für sehr schwer, in Zukunft eine »offene Schule« zu haben. Wenn ich mit KommilitonInnen spreche, höre ich öfter: »Dann gehen die Kinder doch über Tische und Bänke.« Wenn diese Vorurteile selbst bei den zukünftigen LehrerInnen vorhanden sind, wird sich in den Schulen nicht viel ändern.

Trotzdem habe ich mir für meine spätere Arbeit vorgenommen, ähnlichen Unterricht zu machen, wie ich ihn selbst erlebt habe. Ich hoffe jedoch, daß bis zum Ende meines Studiums die Integration Behinderter selbstverständlicher geworden ist. Denn ich möchte später in einer »Schule für alle« arbeiten.

Dabei möchte ich meinen Schwerpunkt in die Umwelterziehung legen. Auch wenn mir dafür bereits der »Praxisschock« angekündigt wurde…

Eine veränderte Unterrichtsgestaltung in der Sekundarstufe

Die LehrerInnen der Sonderschule, der Hauptschule und der Gesamtschule versuchen am häufigsten, den traditionellen Unterricht zu verändern. B. Fait und K. Wilken befürchten nicht zu Unrecht, daß sich ihrem Idealismus einige Widerstände entgegenstemmen werden. Es ist nicht einfach, allgemeine Wünsche und Vorstellungen in die Praxis umzusetzen. Zwischen erklärten Zielen und praktiziertem Unterricht besteht oft ein Widerspruch, wie ein Widerspruch zwischen den Präambeln der Schulgesetze und der schulischen Realität besteht. Oder zwischen den Zielen und Inhalten der Lehrpläne und dem Umsetzbaren.

Dietlinde Baillet (1983b) hat vier Prinzipien einer Pädagogik im Sinne Freinets – *freie Entfaltung der Persönlichkeit, kritische Auseinandersetzung mit der Umwelt, Selbstverantwortlichkeit, Kooperation und gegenseitige Verantwortlichkeit* – formuliert und ihnen verschiedene Methoden und Techniken zugeordnet. Welche von diesen Methoden und Techniken lassen sich in die Sekundarstufe übernehmen? Das wird im einzelnen sicher von den LehrerInnen abhängen, die mit diesen Methoden und Techniken arbeiten.

Aber auch die »Institution Schule« spielt eine wichtige Rolle bei dem Versuch, den Unterricht zu verändern.

B. Fait und K. Wilken berichten nicht nur von ihren positiven Erfahrungen mit einem veränderten Unterricht, sondern auch von den Schwierigkeiten, die eine Veränderung mit sich bringt. Diese Schwierigkeiten ergeben sich auf verschiedenen Ebenen. Drei Aspekte der Arbeit in der Schule sollen kurz genannt werden:

1. Ein *kommunikativ-kooperativer Aspekt* betrifft sowohl die Arbeit der KollegInnen miteinander als auch das Arbeiten in der Lerngruppe. Eine wesentliche Voraussetzung für eine erfolgreiche Arbeit ist das »pädagogische« Klima einer Schule. Denn ein Arbeiten im Sinne der Freinet-Pädagogik verändert den Unterricht. Und ein veränderter Unterricht kann bei KollegInnen Unbehagen oder Ängste und Abwehr hervorrufen. Das gleiche gilt für die Lerngruppe, die sich unter Umständen von den neuen Ansprüchen erst einmal überfordert fühlt und mit Unruhe und Ablehnung reagiert.
2. Ein *organisatorischer Aspekt*, der die Organisation der Sekundarstufe und ihres Unterrichts betrifft, aber auch für die Verändernden die Frage beinhaltet: Wie setze ich meine Vorstellungen um? Es ist nicht zufällig, daß sich B. Fait und K. Wilken überwiegend an Ereignisse aus dem 5. und 6. Jahrgang erinnern. In diesen Jahrgängen war die Anzahl der Fachstunden geringer, es unterrichteten weniger LehrerInnen in der Klasse, und das mit einem höheren Stundenanteil, und der Unterricht verlief weitgehend ungeteilt. Dadurch war es möglich, ohne großen Organisationsaufwand bei Bedarf Stunden zusammenzufassen, kleine Projekte durchzuführen, mehrere Stunden hintereinander für freiere Arbeiten zu blocken und auch einzeln, in Gruppen oder als ganze Klasse kleinere oder größere Erkundungen durchzuführen. Ab der 7. Klasse schrumpfte der gemeinsame Unterricht. Daher blieben als gemeinsame Projekte in der Erinnerung nur die Klassenfahrten übrig, die mit zunehmenden Alter von den SchülerInnen immer selbständiger geplant und organisiert wurden.
3. Ein *didaktischer Aspekt*, der das eigentliche Geschehen in der Lerngruppe umfaßt, z.B.: Was passiert im Unterricht, insbesondere im Fachunterricht, was wird gelernt und wie wird es gelernt, was ist davon durch Lehrpläne o.a. verbindlich festgelegt, welche Lerninhalte können die SchülerInnen frei wählen, etc.

Die einzelnen Aspekte lassen sich nicht immer klar voneinander trennen. Sie überschneiden sich, bedingen sich teilweise gegenseitig. Aber sie helfen, das Unterrichtsgeschehen klarer gliedern und beeinflussen zu können und die Faktoren zu bestimmen, die den Prozeß der Veränderung positiv oder negativ beeinflussen.

Um diesen Prozeß näher betrachten zu können, gehen wir am besten in eine Klasse, in eine der 7. Klassen einer Berliner Gesamtschule, die gerade bei ihrem wöchentlichen Stuhlkreis ist. Hier versuchen wir zu beobachten, wie sich die Klasse organisiert und wie sich die Organisation auf die Persönlichkeiten der SchülerInnen und ihr Lernen auswirkt.

1. Die Organisation der Klasse

Wir betreten die Klasse und setzen uns leise in den Kreis, in dem 24 SchülerInnen und eine Lehrerin debattieren. An der Tafel stehen 11 Punkte, die offensichtlich heute verhandelt werden sollen. Eine Schülerin ruft gerade den Punkt 4, »E.« auf. Sie bittet zwei Schülerinnen zu erzählen, warum sie diesen Punkt auf die Tagesordnung gesetzt haben. Die beiden beschweren sich, daß E. die Schreibmaschine geholt hat, ohne um Erlaubnis zu fragen. Ein Schüler meldet sich und nimmt zu diesem Problem Stellung. Ebenso einige andere. E. selbst macht ein recht unbeteiligtes Gesicht und gibt erst dann ein kurzes Statement ab, als er direkt dazu aufgefordert wird. Er wird von den beiden Schülerinnen, die für die Schreibmaschine verantwortlich sind, gebeten, das nächste Mal zu fragen. Damit scheint für die Schülerinnen das Problem erledigt zu sein. Den Abschluß dieses Punktes bildet ein kurzer Verfahrensvorschlag der Lehrerin, der E. zur Besserung veranlassen soll. Dann geht ein Schüler nach der obligatorischen Frage: »Hat noch jemand was dazu zu sagen?« zum nächsten Punkt »Ämter« über. J. holt sich ein mit Klarsichtfolie überzogenes Plakat von der Wand, auf dem verschiedene Klassenämter stehen, löscht einen Teil der alten Namen und fragt nach neuen InteressentInnen. Diese schreibt er hinter die gewünschten Ämter. Als niemand den »Kehrdienst« übernehmen will, sieht er auf einer Liste nach, die er ebenfalls führt, und sagt, daß Dd. und E. mal wieder dran sind. Und so werden alle an der Tafel stehenden Punkte der Reihe nach »abgearbeitet«. Es fällt uns auf, daß an diesem Tag der eigentliche Unterricht überhaupt nicht erwähnt wird.

Im Stuhlkreis leitet eine kleine Gruppe von SchülerInnen das Gespräch, auch die Lehrerin meldet sich, wenn sie etwas sagen will. Über die Verfahrensvorschläge wird abgestimmt. Eine Schülerin schreibt ein Protokoll, das in das »Klassentagebuch« eingetragen wird. Zu Beginn einer jeden Sitzung wird das letzte Protokoll vorgelesen. Das Protokoll dieser Sitzung kann nach zwei Tagen von allen nachgelesen werden:

Protokoll vom 12. 1. 94

Zuerst las Dd. aus dem schwarzen Buch vor. (Das schwarze Buch ist ein Kalender, in den die Themen, Anregungen Beschwerden eingetragen werden, die im nächsten Stuhlkreis behandelt werden sollen. Die im Protokoll ausgeschriebenen Namen habe ich abgekürzt. – J. G.)

Themen:
1. Milchflaschen
2. Kehrdienst
3. Elternabend
4. E.
5. Ämter
6. Schrankschlüssel
7. Folie
8. Bücherkarten
9. Schwarzes Buch
10. Waffen
11. Zettel

Milchflaschen
Fr. K: Milchflaschen sollten zurückgebracht werden (in die Cafeteria – J. G.). Eine Gruppe von Kindern kann Kakao oder Milch holen und wieder wegbringen.
Ni: Nicht immer sind die Mülltonnen voll mit Milchflaschen.
St: Man kann die Flaschen doch mitnehmen und am nächsten Tag abgeben.
Fr. K: Ich sage das auf dem Elternabend, o.k.?
T: Ich würde sagen, daß ein Milchdienst das macht.
Ni: Aber das Kind muß sagen, wieviel Milch es haben will.
Fr. K: Die Milchflaschen, die noch rumstehen, müssen noch weg.

Das Thema endet, da B. und J. Milch holen und wieder zurückgeben.

Kehrdienst
Sv: J. hat den einen Tag nicht gefegt.
D: Bei Kunst nehmen wir zwei Kinder, die an einem Tag saubermachen.
Fr. K: Das ist nicht gut. dann muß ich immer fragen: wer? wann? wo?

Elternabend
St: Der Elternabend ist am 18. 1. 94, Di.

E.
M: E. geht einfach an die Schreibmaschine.
T: M. hat es erlaubt.
St: Soll E. die Schreibmaschine wieder hinstellen und fragen. Und noch was, es ist kein Platz auf dem Tisch wegen der Druckmaschine.
Fr. K: Ich schlage vor, wenn die Schreibmaschine kaputt geht, muß E. sie reparieren, wenn er nicht gefragt hat.

Ämter
J: Wer will Tafeldienst sein?
S., D.
Wer will Kehrdienst sein?
Dd., E.

Schrankschlüssel
Me: Es nervt mich einfach, wenn mich jeder fragt, ob er den Schlüssel haben kann.
Fr. K: Ich würde sagen, daß ihr es mit Herrn G. regelt.

Folie
S: Es nervt mich auch. Jeder will in der Stunde Folien. Wir möchten unser Thema auch fertig haben.
Fr. K: Stellt doch einen Karton mit Folien hin, und dann können sich die Kinder immer welche herausnehmen.
S. und So: Gut!!!

Bücherkarten
N: Ich finde Bücherkarten doof!
St: Ich auch.
Me: Ihr könnt es ja machen wie früher.

Das Thema wurde beendet, daß der Bücherdienst es wie früher macht.

Schwarzes Buch
Ni: Wir brauchen ein neues schwarzes Buch.
B. Ich bringe ein neues mit.

Zettel
S: Die Unterschrift von J. fehlt.
J: Das ist Unsinn.
Fr. K: Trotzdem abgeben.

M.

Ende

Klassenrat: M., So., St., Dd.

Der – auch von B. Fait und K. Wilken erwähnte – Stuhlkreis ist keine Erfindung der Freinet-Pädagogik. Er stellt im Gegensatz zur frontal auf die Lehrperson ausgerichteten »Sitzordnung« eine Sitzform dar, die eher als die autoritäre Ausrichtung auf eine Lehrperson demokratische Umgangsformen in der Gruppe institutionalisiert. Die Stunde, in die wir kurz hineingesehen haben, ist eine »Tutorenstunde« (Berliner Gesamtschuljargon). Sie ist noch im 7. Jahrgang fester Bestandteil des Stundenplans. Es sind die KlassenlehrerInnen, die diese Stunde für ihre Arbeit mit der Klasse zur Verfügung haben. Im Zuge der Stundenkürzungen sind aber auch in diesem Bereich Stunden gestrichen worden, so daß die Diskussion dieser Inhalte teilweise in der Zeit des Fachunterrichts erfolgen muß.

Ist ein solcher Aufwand zu rechtfertigen? Es fällt kostbare Zeit des Fachunterrichts aus, und ein Teil der Zeit geht auf Kosten der Lehrperson. Die Begründung und die Rechtfertigung für diesen Aufwand liegen in ihrer Bedeutung für das soziale Lernen in der Gruppe.

In jeder Klasse, jedem Kurs, jeder Lerngruppe entsteht ein vielfältiges Geflecht von Beziehungen und Kommunikationsformen, das die Arbeit und das Lernen in dieser Gruppe beeinflußt oder sogar erst die Voraussetzung dafür schafft. Die SchülerInnen nur als WissensempfängerInnen zu sehen, verkürzt das Geschehen im Klassenraum um die soziale Komponente. Prinzipien wie Selbständigkeit, Kooperation, Verantwortlichkeit gehören zum Bereich des »sozialen Lernens« und können nicht einfach als in der Lerngruppe vorhanden vorausgesetzt werden. Diese »Tugenden«, vielleicht besser umschrieben mit dem Wort soziale Fähigkeiten, sind im Menschen angelegt. Sie werden aber im Laufe seiner Entwicklung u.a. durch Erziehung vielfach unterdrückt oder verkümmern. Das Lernen oder Wiedererlernen dieser Fähigkeiten muß wie das Üben eines beliebigen Wissensstoffes im Unterricht berücksichtigt werden. Stehen die SchülerInnen als Personen im Mittelpunkt des Unterrichts, müssen wir die Organisation der Klasse auch danach ausrichten, d.h. wir müssen das Lernen von Selbständigkeit, Kooperation und Verantwortung »institutionalisieren«. Das geschieht auf der Ebene des sozialen Gefüges und auf der Ebene des individuellen und des gemeinsamen Lernens (vgl. Baillet 1983).

Auf der »politischen« Ebene, d.h. in dem bewußt organisierten sozialen Bereich, bildet die Klasse oder die Lerngruppe den *Klassenrat* und die *Klassenversammlung*. Ich gehe in der folgenden Beschreibung von der Klasse als einer traditionellen Einheit unserer Schule aus. (Die Wichtigkeit von festen Bezugsgruppen wird gerade in der letzten Zeit im Zusammenhang mit der »Gewaltdiskussion« immer wieder betont.) »Institutionen« wie Klassenrat oder Klassenversammlung lassen sich auch als *»Kursrat«* o.ä. verwirklichen. Allerdings scheint mir wichtig zu sein, daß sich die Gruppe nicht als eine Lerngruppe in dem Sinne versteht, daß sie sich ausschließlich zur Aufnahme von Wissen zusammenfindet und die Rolle der Gruppe im Lernprozeß außer acht läßt.

1.1 Klassenrat und Klassenversammlung

Die regelmäßige Versammlung der Klasse »gibt den SchülerInnen das Wort«. Meist wird sie im Stuhlkreis durchgeführt. Den Vorsitz übernimmt der Klassenrat, der aus mehreren SchülerInnen besteht. Die Klasse (oder Lerngruppe) wählt ihn nach einem Verfahren, das gemeinsam beschlossen wird und garantiert, daß jede Schülerin und jeder Schüler im Verlauf eines Schuljahres (mindestens) einmal in ihm vertreten ist. Die in der Schulverfassung vorgesehenen KlassensprecherInnen können in den Klassenrat integriert werden oder der Klassenrat übernimmt deren Funktion mit.

Der Klassenrat leitet die Klassenversammlung. Er sollte die Möglichkeit haben, sich auf jede Klassenversammlung vorzubereiten. Hilfreich ist es, wenn in einem Klassentagebuch die Beschlüsse und Ergebnisse von Diskussionen der Klassenversammlung vom Klassenrat festgehalten werden. In der Klassenversammlung werden alle Themen erörtert, die die SchülerInnen und auch die LehrerInnen für erörterungswürdig halten. Zu den Aufgaben der Klassenversammlung gehört das Sprechen über die aktuellen Neuigkeiten der Klasse, Veranstaltungen, Unternehmungen, das Sprechen über oder das Schlichten von Streitigkeiten, aber auch das Planen und Vorstellen der Unterrichtsarbeit.

Am günstigsten ist es, für die Klassenversammlungen einen Termin am Anfang der Woche festzulegen, der die Woche einleitet und einen, der am Ende die Woche abschließt.

In der oben skizzierten Klassenversammlung behandelte kein Beitrag die Arbeit der SchülerInnen im (Fach-)Unterricht. Das muß nicht so sein, aber in der Veränderung des Unterrichts wird die Beachtung des sozialen Rahmens am Anfang von besonderer Wichtigkeit sein. Dennoch ist eine solche Trennung künstlich und sollte nach Möglichkeit aufgehoben werden.

In diesem Zusammenhang ist auch der Vorschlag zu sehen, die Woche gemeinsam zu beginnen und gemeinsam zu beenden. An den Wochenanfang gehört dann auch die Planung des Unterrichts und an den Schluß die Vorstellung der Arbeitsergebnisse (wie eine solche Vorstellrunde aussehen kann, s. u.). Die Einrichtung des gemeinsamen Wochenanfangs und -endes läßt sich relativ einfach organisieren, wenn die KlassenlehrerInnen mehrere Fächer in der Klasse unterrichten oder mehrere KollegInnen sich absprechen und koordinieren. (In der Sekundarstufe II kann ein »Kursrat« von den TutorInnen in ihrem Leistungskurs eingerichtet werden).

2. Die Arbeit in der Klasse oder Lerngruppe

Die SchülerInnen arbeiten in der Klasse für sich, gemäß ihren Ansprüchen und gemäß ihren Interessen. Dann aber auch für die Klasse oder für die Gruppe, in der sich ihr schulisches Leben abspielt. Die Arbeit wird zwischen den Polen Individuum und Lerngruppe als sozialer Einheit organisiert, mit den oben erwähnten

Kategorien ausgedrückt: zwischen der Entfaltung der Persönlichkeit und der Verantwortlichkeit für die Gruppe.

2.1 Die Einrichtung des Klassenraums und die Klassenämter

Damit die SchülerInnen ihre Arbeit selbst organisieren können, muß der Klassenraum dafür eingerichtet sein. In verschiedenen *Arbeitsecken* (Ateliers) finden die SchülerInnen für ihre Arbeiten notwendiges Material, z.B. Papier, Bücher, Karteien, Geräte oder Werkzeuge. Dort können sie auch ihre Arbeiten verrichten, z.B. in der Schreibecke, in der Leseecke usw.

Um diese zeitweise sehr weitgehend individualisierte Arbeit zu koordinieren – die Lehrperson ist in ihrer traditionellen Rolle damit überfordert – übernehmen die SchülerInnen verschiedene *Ämter*, die den reibungslosen Ablauf der Arbeiten organisieren helfen. Die Arbeit für diese Ämter ist genauso wichtig wie die thematische Arbeit an den einzelnen Unterrichtsinhalten (»soziales Lernen«).

Wenn z.B. die Klassenbücherei oder eine Kartei geordnet werden muß, können das die InhaberInnen der Ämter in dem Fachunterricht tun, in dem diese Mittel gebraucht werden. Und wenn E. die Schreibmaschine braucht, muß er die Verantwortlichen fragen, weil nur eine Schreibmaschine vorhanden ist und nur einer nach dem anderen schreiben kann. Die Umstellung auf freiere Arbeitsformen kann am Anfang mit einer größeren Unruhe verbunden sein. Die SchülerInnen sitzen nicht mehr die ganze Stunde über auf ihren Plätzen, einige verlassen sogar den Klassenraum, um irgendwelche Dinge zu regeln, sie verhandeln miteinander, manchmal auch in gehobener Lautstärke, und die LehrerIn hat nicht mehr die alleinige Kontrolle über das Geschehen. LehrerInnen und SchülerInnen müssen gemeinsam lernen, mit der neuen Situation umzugehen.

Ni. kommt während der Stunde zu S. und So., die für die Schreibmaterialien (Blätter, Matritzen, Folien, Folienstifte) zuständig sind. Die beiden arbeiten und wollen nicht gestört werden. Es kommt zu einem Konflikt, weil Ni. darauf besteht, sofort die Folie zu bekommen, weil er sie jetzt beschriften will. Die Mädchen rufen den Lehrer und beschweren sich. Der schlägt vor, Ni. jetzt die Folie zu geben, dann aber eine Regelung zu treffen, die den beiden erlaubt, ungestört arbeiten zu können. Ni. erhält daraufhin die Folie und die Mädchen beratschlagen kurz, dann bitten sie um Aufmerksamkeit in der Klasse und sagen an, daß in Zukunft nur noch am Anfang der Stunde die Materialien verteilt werden. Jeder soll sich, bevor er mit seiner Arbeit beginnt, überlegen, was er dafür braucht. In der nächsten Klassenversammlung wird diese Regelung noch einmal kurz diskutiert und dann im Protokoll festgehalten.

In diesem Fall wurde der Lehrer gebeten, einzugreifen. Das wird am Anfang öfters der Fall sein. Später beginnen die SchülerInnen, diese Dinge selbst zu regeln. Ein Teil der Punkte, die im oben abgedruckten Protokoll der Klassenversammlung erscheinen, sind von den SchülerInnen selbständig auf die Tagesordnung gesetzt worden, z.B. die dort nur sehr verkürzt wiedergegebene Diskussion um die Bücherkarten (die Regelung betraf die Organisation der Klassenbücherei).

Für die Arbeit in der Klasse sollten alle SchülerInnen irgendwann ein Amt übernehmen. Einige Ämter werden ohnehin regelmäßig in größeren oder kleineren Zeitabständen gewechselt wie die »Ordnungsämter« (Aufräumen, Tafelwischen usw.), »Verteilerämter«, aber auch Ämter wie KlassensprecherInnen, Schrankamt, Pflanzenamt, Verwalten der Arbeitsecken usw. Manche Ämter werden von SchülerInnen betreut, denen gerade dieses Amt besonders gefällt, wie z.B. die Betreuung der Pflanzen oder der Arbeitsecken. So unbedeutend diese Aufgaben vielleicht erscheinen, können sie doch eine wichtige Funktion innerhalb der Klasse haben. Hier wird Kooperation praktiziert, Verantwortung übernommen und Selbständigkeit gelernt, wenn diese Ämter nicht als Hilfsdienste zur Entlastung der LehrerInnen im »straff geführten« Unterricht benutzt werden. Dann dienen sie eher zur Einübung von Sekundärtugenden wie Disziplin, Ordnung und Gehorsam.

Für uns LehrerInnen ist es nicht immer ganz einfach, den SchülerInnen einen Teil der Klassenorganisation zu überlassen, denn wir geben ein Stück Herrschaft ab. Es kann durchaus zu Konflikten zwischen LehrerInnen und SchülerInnen kommen, weil jeder Gruppe andere Lösungswege vorschweben. Das Gefühl, nicht mehr alles im Griff zu haben, löst Ängste aus, überhaupt dann, wenn man noch keine Erfahrungen mit freieren Arbeitsformen hat.

Auf der anderen Seite ist es sehr entlastend, wenn die Selbständigkeit der SchülerInnen wächst und sie viele Dinge selbst regeln. Freie Arbeitsformen, bei denen alles in der gewohnten Weise über die LehrerInnen läuft, überfordern diese.

In einem Unterricht, in dem die SchülerInnen selbständig arbeiten, bleibt Zeit, sich um einzelne SchülerInnen intensiver zu kümmern, als das üblicherweise der Fall ist. Das betrifft den sozialen wie den fachlichen Bereich gleichermaßen.

2.2 Die gemeinsame Planung

Um den SchülerInnen mehr Verantwortung für ihre Arbeit zu übergeben – denn das müssen wir tun, wenn wir mehr Verantwortung von ihnen verlangen –, beteiligen wir sie auch an der Planung. Das kann im Zusammenhang mit dem Erstellen von Arbeitsplänen geschehen. Wichtig ist die gemeinsame Auseinandersetzung über das, was in der nächsten Zeit zu tun ist (zur Kritik der Wochenpläne vgl. Hagstedt 1987).

Wir befinden uns wieder in unserer 7. Klasse. Der Stuhlkreis ist vorbei. Die SchülerInnen sitzen an ihren Tischen und haben jede(r) einen Wochenplan vor sich liegen, in den sie ihre Arbeiten eintragen. An der Tafel ist ein Wochenraster angeschrieben, in dem die Wochentage und die Fächer Deutsch, Geschichte, Erdkunde, Biologie und freie Arbeit eingetragen sind. Im 6. Schuljahr waren dort noch Mathematik und Englisch vertreten, sie entfielen seit Beginn des Schuljahres, weil die Klasse in zwei verschiedene Leistungskurse geteilt wurde und die Lehrerin nur noch einen Teil der Klasse zusammen mit SchülerInnen aus Parallelklassen unterrichtet. Zuerst geht die Gruppe das Fach Deutsch durch. Der Lehrer schreibt für Dienstag die Lektüre ein, für Mittwoch ebenfalls und für die zweite Stunde eine Rechtschreibübung. Dann wendet er sich an die Klasse und fragt, wann das nächste Diktat geschrieben werden soll. Eine kurze Diskussion entsteht, ob wie geplant in dieser oder in der nächsten Woche, damit noch Zeit zum Üben ist. Die Ansichten sind geteilt, ein Meinungsbild zeigt, daß die Mehrheit schon an diesem Freitag schreiben will, weil in der nächsten Woche mehrere andere Arbeiten anstehen.

In Geschichte ist gerade mit einem neuen Thema begonnen worden. Die SchülerInnen haben Gruppen gebildet und sich aus einer Reihe von Vorschlägen ein Thema ausgesucht. Der Lehrer fragt, ob alle Gruppen mit ihrem Thema klarkommen und die Arbeiten untereinander verteilt haben. Einzelne berichten von Schwierigkeiten, die aber nicht sofort geklärt werden, sondern erst in der nächsten Geschichtsstunde. Im Plan an der Tafel erscheint nur das Oberthema »Mittelalter«, die SchülerInnen notieren sich in ihre Pläne ihre Unterthemen z.B. »Die mittelalterliche Stadt«, »Kleidung«, »Kochen im Mittelalter« oder »Hexenverfolgung«. Dazu schreiben sie, was sie noch für diese Stunde organisieren müssen, z.B. Bücher besorgen, irgendwelche Materialien mitbringen, Text sauber abschreiben, Bild malen usw.

Folgender Leitfaden wird als Planungshilfe benutzt:

Planung der Arbeit

1. Thema:

2. Mitglieder der Gruppe:

3. Wie wollt ihr euer Thema bearbeiten?
(Besprecht erst kurz, was ihr euch vornehmt.
Dann teilt die Arbeit auf.
Bedenkt, daß ihr sechs Unterrichtsstunden Zeit habt.
Danach muß die gesamte Arbeit fertig sein.)

4. Wer übernimmt welche Arbeit?

5. Was braucht ihr für eure Arbeit?

(Wenn der Platz auf dieser Seite nicht reicht, benutzt die Rückseite.)

Die Erdkundereihe bleibt frei, weil Geschichte und Erdkunde entsprechend ihrem Stundenanteil epochal unterrichtet werden. Auf diese Weise lassen sich die Stunden besser zusammenfassen und die Themen gerade in der Gruppenarbeit intensiver bearbeiten. Ebenso bleibt die Reihe Biologie leer, weil das die Kollegin in ihrer Biologiestunde mit den SchülerInnen verhandelt.

Für die freie Arbeit trägt der Lehrer in dieser Woche nur die Stichpunkte »Vorstellen«, »Übungen« ein, denn die SchülerInnen haben ihre eigenen Arbeiten, die sie in ihrem individuellen Plan vermerken.

Der Klassenrat heftet den Wochenplan, der an der Tafel entsteht, an den dafür vorgesehenen Platz an der Wand, damit dieser »Klassenplan« allen SchülerInnen präsent ist.

In diesem Falle hat der Lehrer den Plan in Deutsch vorgegeben. Die Planung der laufenden Unterrichtseinheiten ist schon früher geschehen. In dieser Woche wird der Deutschunterricht weitgehend frontal erteilt. In Geschichte ist das Oberthema (wie im Lehrplan vorgesehen) festgelegt, die SchülerInnen haben aber innerhalb dieses Themas weitgehende Gestaltungsfreiheit. Sie können auch den Klassenraum verlassen, wenn sie sich eine Erkundung (z.B. das alte Schlößchen im Ortskern) vorgenommen haben oder in einer außerschulischen Institution Material zu ihrem

Thema besorgen wollen. Einen Teil dieser Aufgaben erledigen die SchülerInnen allerdings in der Halbtagsschule am Nachmittag anstelle der Hausaufgaben.

Statt oder neben der Wochen- sind Tagesplanungen, aber auch Monats-, Halbjahres- oder Jahresplanungen sinnvoll. Im Fachunterricht können die LehrerInnen die Themen benennen, die im Lehrplan für die nächste Zeit vorgeschrieben sind. Gemeinsam mit den SchülerInnen können inhaltliche Schwerpunkte und das Vorgehen festgelegt werden. Ähnlich können Projekte, Gruppenarbeiten oder die Arbeit in Epochen gemeinsam mit den SchülerInnen vorbereitet und zwischendurch aufbereitet werden.

2.3 Zur Arbeit mit Arbeitsplänen und zu dem Schwierigkeiten damit

In diesem Beispiel unterrichtet der Klassenlehrer die Fächer Deutsch, Geschichte, Erdkunde und die Klassenlehrerin die Fächer Biologie, Englisch und Mathematik. Die Planung der Unterrichtsinhalte erfolgt nicht mehr in einer gemeinsamen Planungsstunde, denn die ist in der Stundentafel nicht vorgesehen, sondern im jeweiligen Fachunterricht. Das bedeutet, daß die KollegInnen, die mit ihren SchülerInnen gemeinsam planen wollen, die Zeit dafür in ihrem Fachunterricht einräumen müssen. Hier beginnt der »Stoff« zu drücken. Kann ein Teil der kostbaren Unterrichtszeit für eine gemeinsame Planung zur Verfügung gestellt werden? Lohnt sich der Aufwand?

Ein weiteres Problem gerade an Gesamtschulen ist, daß die KlassenlehrerInnen z. B. in den Fächern mit äußerer Fachleistungsdifferenzierung oft nur einen Teil der Klasse unterrichten. Es müssen also für gemeinsame Planungen, die nicht in der »Tutorenstunde« zu erledigen sind, Absprachen mit dem zweiten Klassenlehrer und anderen FachlehrerInnen erfolgen. Diese Absprachen sind in der traditionellen Schulorganisation nicht vorgegeben und bedeuten daher zusätzlichen Arbeitsaufwand für die beteiligten KollegInnen. (Es gibt nur wenige Schulen in der Bundesrepublik, die nach einem Teammodell arbeiten, in dem eine solche Kooperation institutionalisiert ist. Die Schwierigkeiten, aber auch den Gewinn einer solchen Kooperation beschreibt der Beitrag von Ulrike Waterkamp in diesem Band.)

Für die SchülerInnen besteht die erste Schwierigkeit darin, daß sie sich an eine gewisse Verantwortung für den Unterricht gewöhnen müssen, denn bisher haben die LehrerInnen gesagt, was, wie und in welchem Zeitraum zu tun ist.

Am Anfang lehnen es daher eine Reihe von SchülerInnen ab, in der beschriebenen Weise für ihre Arbeiten zu planen bzw. sie sehen die gemeinsame Planung als nicht verbindlich an. Das gilt sowohl für sehr angepaßte SchülerInnen, die ihre Erfolgserlebnisse im Unterricht haben, weil sie schon im voraus erahnen, was die LehrerInnen wollen, als auch für die SchülerInnen, die bisher überwiegend Mißerfolge hatten und sich weitgehend vom Unterrichtsgeschehen zurückgezogen haben. Die einen sind verunsichert, weil sie nicht mehr nach den vorgegebenen, bisher so erfolgreichen Mustern arbeiten können, die anderen sehen in den neuen Vorgaben keine Verbesserung ihrer Lernsituation. Zu der zweiten Gruppe gehören auch die SchülerInnen, die sehr lange brauchen, bis sie mit ihrer Arbeit anfangen. Für sie sind oft die 45 Minuten zu kurz, um zu beginnen. Wenn sie dann allerdings angefangen haben, werden sie durch das Stundenende unterbrochen, und dasselbe Dilemma beginnt in der nächsten Fachstunde. Gerade für diese SchülerInnen wirkt sich ein anderer Zeitrhythmus, z.B. Blockstunden, positiv aus. Ähnliches gilt für die SchülerInnen, die sehr langsam arbeiten und von den unter Stoff- und Zeitdruck stehenden LehrerInnen immer wieder unterbrochen werden und so kaum eine Chance haben, ihre Arbeit erfolgreich zu beenden.

Die SchülerInnen mit in die Unterrichtsplanung und dann auch in die Unterrichtsgestaltung einzubeziehen, erfordert von den LehrerInnen genaue Planung und am Anfang einige Geduld, bis die neuen Arbeitsformen von allen SchülerInnen angenommen worden sind.

Um die Auseinandersetzung der SchülerInnen mit ihrer Arbeit zu verstärken, können die Arbeitspläne Raum für die Selbsteinschätzung lassen. Ebenso sollte Platz vorhanden sein, wohin die LehrerInnen und die SchülerInnen, evtl. auch die Eltern, eine Notiz schreiben können.

Die Pläne sollten regelmäßig eingesammelt und von der Lehrperson durchgesehen werden. So ist eher gewährleistet, daß sie die Schwierigkeiten einzelner SchülerInnen schnell bemerkt und sofort helfen kann. Wenn die Pläne am Ende der Woche oder zu einem anderen verabredeten Zeitpunkt eingesammelt werden, helfen diese Notizen, Mißverständnisse zu vermeiden. Auch können LehrerInnen und SchülerInnen (und Eltern) auf diese Weise Stellung zu den Arbeiten nehmen.

Die Planung der Arbeit sowie überhaupt selbständigere Arbeitsformen der SchülerInnen können m.E. in jedem Fach, auch in einem Ein-Stunden-Fach, durchgeführt werden. Ob man sich als FachlehrerIn der Arbeitspläne bedient, hängt vom Fach und von der Art des Unterrichts ab. Vorteilhaft ist es, wenn sich der Unterricht einer Lehrkraft überwiegend auf eine Klasse konzentriert und wenn durch Epochalisierung oder fachübergreifende Projekte die Zersplitterung in viele Einzelfächer vermindert oder aufgehoben wird. In einem projektorientierten Unterricht oder in einem Unterricht, der den SchülerInnen viel Raum für selbständige Arbeit gibt, sind die Pläne – unabhängig vom Fach – hilfreich, in einem lehrerzentrierten, der den SchülerInnen wenig Entscheidungsraum läßt, unnötig.

2.4 Den SchülerInnen mehr Verantwortung überlassen

Die Fülle der Lehrpläne und die Unverbindlichkeit ihrer Themen sind Ausdruck für die Wegwerfmentalität unserer Gesellschaft – nicht umsonst spricht Hartmut von Hentig von den Lehrplänen als »pädagogischer Trivialliteratur ohne praktischen Wert mit zugleich unabsehbarer Macht« (v. Hentig, 1970, S. 176). In Verbindung mit den Zensuren wird diese Haltung, gewollt oder nicht gewollt, auf die SchülerInnen übertragen. Was zählt, ist die Note und nicht in erster Linie die Arbeit oder das Interesse. Deshalb sind die Papierkörbe unserer Schulen so voll mit den Arbeiten unserer SchülerInnen. Ex und hopp.

Gerade im Gegensatz dazu sollte die Schule zulassen, daß sich die SchülerInnen mehr Zeit für ihre Arbeiten lassen und daß diese Arbeiten zu persönlichen Leistungen werden. Selbst ein gut ausgefüllter Arbeitsbogen ist eher eine bürokratisch korrekte Vollzugshandlung als eine persönliche Auseinandersetzung mit einem Thema oder einer Sache.

Der gemeinsamen Planung folgt die eigentliche Arbeitsphase. Ihr zeitlicher Umfang und die Bedingungen der Arbeit werden in der Planungsphase festgelegt. Den meisten SchülerInnen bereitet das Einhalten der abgesprochenen Zeiten anfänglich einige Schwierigkeiten. Teilweise sind auch die Themen recht unterschiedlich, so daß ihre Bearbeitung nicht gemeinsam abgeschlossen werden kann. Daher sollten zuerst Arbeiten angeboten werden, die für alle SchülerInnen in Umfang und Zeiterfordernis überschaubar sind.

Bis eine Lerngruppe selbständig arbeiten gelernt hat, sollten die Arbeiten sehr genau vorbereitet sein. Dazu gehört auch das Auswählen des Materials, das von der Lehrperson benannt oder zur Verfügung gestellt wird. Viele SchülerInnen sind anfänglich überfordert, wenn sie sich ihr Thema wählen sollen und auch das Material selbständig besorgen müssen. Je freier SchülerInnen zu arbeiten gewöhnt sind, desto mehr löst sich dieses Problem. Am Anfang sollte jedoch sehr viel Hilfe angeboten und geleistet werden, wenn sie von den SchülerInnen verlangt wird.

Biologie, 5. Schuljahr. Ein neues Thema beginnt: Die Haustiere. Als Einführung läßt der Lehrer die SchülerInnen ein Erlebnis mit einem oder ihrem Haustier schreiben. Diese Aufgabe macht ihnen Spaß. In der nächsten Stunde werden die Texte im Sitzkreis vorgelesen.

»Mein Lieblingshaustier

Ich habe einen Hund, der ist zwei Jahre alt und sehr verspielt. Wenn ich mit ihm spazierengehe, freut er sich sehr. Im Wald lasse ich ihn von der Leine. Dann springt er in die Wiesen. Wenn er einen Hasen sieht, läuft er weg und kommt lange Zeit nicht wieder. Wenn er wiederkommt, nehme ich ihn wieder an die Leine und gehe weiter. Wenn er einen Hund sieht, will er mit ihm spielen. Die meisten Hunde mögen das nicht und knurren ihn an.

Barbara«

Die Texte provozieren immer mehr Geschichten, die die SchülerInnen erzählen wollen. Der Lehrer macht die Klasse mit dem neuen Thema bekannt und schlägt vor, daß sie sich einzeln oder in Gruppen ein Haustier aussuchen und darüber eine kleine Ausarbeitung (Dossier) anfertigen. Einige Kinder wissen sofort, was sie tun wollen. Ihr Thema und ihre Namen werden auf einem Plakat notiert, das an die Wand geheftet wird. Als Entscheidungshilfe für die, die kein Thema finden, hat der Lehrer Mappen vorbereitet, in denen er Material und Anregungen zu verschiedenen Haustieren gesammelt hat. Diese Mappen können sich alle in Ruhe ansehen und später benutzen. Sie werden, neben anderem Material, das teilweise die SchülerInnen mitbringen, in einer »Materialkiste« im Klassenraum aufbewahrt. Die Entscheidungsphase dauert bei den einzelnen SchülerInnen unterschiedlich lang. Während die ersten schon arbeiten, verhandeln andere noch über ihre Zusammenarbeit oder über das Thema. Um alle Interessen zu befriedigen, werden auch Haustiere zugelassen, die der Lehrplan nicht vorgesehen hat. Schwierig wird es, als ein Schüler über Frösche arbeiten will. Da dieser Schüler sehr große Schwierigkeiten hat, sich in die Klasse einzuordnen und zu irgendeinem Thema kontinuierlich zu arbeiten, willigt der Lehrer ein. Er hält es für wichtiger, daß sich der Schüler mit einem »falschen« Thema auseinandersetzt, als in diesem Fall auf dem gemeinsamen Thema zu bestehen.

Noch während der Arbeitsphase ist ein Zoobesuch eingeplant, bei dem einige SchülerInnen weitere Anregungen zu ihren Arbeiten bekommen, die anderen Gelegenheit haben, sich mit den »Lehrplanhaustieren« zu befassen.

Zur vereinbarten Zeit müssen die Arbeiten der Klasse vorgestellt und abgegeben werden. Sie werden vom Lehrer bewertet. Aus den Zusammenfassungen, die mit zur geplanten Arbeit gehören, wird eine Zeitung zusammengestellt und vervielfältigt, sie wird neben den Zoomaterialien und der persönlichen Ausarbeitung Bestandteil des Biologiehefters.

Nicht alle SchülerInnen beenden in der verabredeten Zeit ihre Arbeit, manchmal bleibt sie unvollendet. In diesen Fällen muß sich die Lehrperson eingehend mit den SchülerInnen beschäftigen, um die Gründe der Schwierigkeiten zu erfahren und Abhilfe schaffen zu können. Evtl. müssen mit einzelnen SchülerInnen Sondervereinbarungen getroffen werden, um ihnen noch zu einem erfolgreichen Abschluß ihrer Arbeit zu verhelfen. Das erfordert manchmal viel Geduld! Es kann auch passieren, daß sich ein gemeinsam gut geplantes Vorhaben unvorhergesehen weiterentwickelt und verselbständigt.

Gesellschaftslehreunterricht, 6. Klasse. Thema: Feudalismus. Die SchülerInnen arbeiten an verschiedenen Unterthemen. Eine Gruppe hat sich vorgenommen, ein Hörspiel zu den Bauernaufständen zu schreiben. Aus dem Hörspiel, an dem ca. sechs SchülerInnen arbeiten, wird ein Theaterstück, für das DarstellerInnen benötigt werden. Die Gruppe wirbt immer mehr MitschülerInnen, so daß nach einer gewissen Zeit die ganze Klasse mitspielt oder mitspielen will. Die Planung des Themas muß über den Haufen geworfen werden, die Kunststunden werden mit herangezogen, um Kulissen zu malen, mit der Sozialarbeiterin übt eine Gruppe ein Lied aus den Bauernkriegen, um die Darstellung musikalisch zu umrahmen. Wie oben B. Fait und K. Wilken berichteten, wurde das fertige Stück zuerst auf einem Elternabend, später während einer Schulprojektwoche »Mittelalter« mit selbstgeschneiderten Kostümen aufgeführt.

Diese Ausweitung des Fachunterrichts zu einem kleinen Projekt war nur möglich, weil der Lehrer für Gesellschaftskunde auch seinen Deutschunterricht und die Klassenlehrerin ihren Kunstunterricht »zur Verfügung« stellten.

2.5 Die Vorstellrunde (Präsentation)

Um die Ergebnisse der individuellen oder Gruppenarbeit wieder in die Lerngruppe zu bringen, werden sie zu festgelegten Zeiten vorgestellt, z.B. jeden Freitag im »Abschlußkreis«, im Fachunterricht am Ende einer Arbeitsphase oder am Ende eines Projektes. Bei der Vorstellung verantworten die SchülerInnen ihre Arbeiten vor der Gruppe, und die Gruppe profitiert von ihnen.

Im »Abschlußkreis« am Wochenende werden neben dem allgemeinen Wochenresümee überwiegend die Arbeitsergebnisse vorgestellt, die bei gemeinsamen Aktionen der Klasse entstanden sind oder in der freien Arbeit. Ist ein »instutitionalisierter« Abschlußkreis nicht möglich, kann die Vorstellung auch zu einem Zeitpunkt erfolgen, der in der Planung festgelegt wurde, in der Regel am Ende einer Arbeitsphase.

Geschichte. Vorstellrunde zum Thema »Mittelalter«. Die ersten Gruppen wollen über ihre Arbeit berichten. Die Klasse bildet einen Halbkreis um die Vortragenden. Der Lehrer sitzt mit in der Zuhörergruppe, denn die Vorstellenden übernehmen mit ihrem Vortrag das Wort und den Unterricht. Als erstes stellen zwei Mädchen mittelalterliches Kochen vor. Sie geben eine Einführung über die damaligen Eß- und Kochgewohnheiten und unterstützen ihren Vortrag mit Bildern, die sie auf eine Folie gezeichnet haben. Dann teilen sie ein Gewürzbrot aus, das sie am Vortage nach einem mittelalterlichen Rezept gebacken haben. Sie berichten von den Schwierigkeiten beim Besorgen der Gewürze, die sie schließlich in einer Apotheke bekamen, und von den Tücken des Backens. Trotz der Anstrengungen sind sie und ihre MitschülerInnen mit den Ergebnissen sehr zufrieden.

Die nächste Gruppe, drei Mädchen, hat sich mit den Frauen im Mittelalter beschäftigt. Sie berichten einiges vom bürgerlichen Frauenleben und dem Leben in der Burg und zeigen ebenfalls Bilder auf dem Tageslichtprojektor. Ihr Vortrag ist weniger kreativ, doch auch sie haben sich ernsthaft und intensiv mit ihrem Thema auseinandergesetzt. Es bleiben ihnen einige Fragen zurück, z.B. wieso es zu der rechtlichen und faktischen Ungleichheit zwischen Frauen und Männern kommen konnte. Da sie auf diese Fragen keine Antwort wissen, stellen sie sie den ZuhörerInnen, die sie aber nur teilweise beantworten können, der Rest bleibt erst einmal unbeantwortet. Die dritte Gruppe will über Hexenverfolgung und Strafen berichten. Die drei Jungen haben ihren Vortrag schlecht vorbereitet. Sie beginnen, drucksen herum und brechen schließlich ab. Fragen aus der Klasse können nicht beantwortet werden.

Wie geht die Klasse damit um? Vorschlag: Sie bekommen zwei Wochen Zeit, um ihr Thema noch einmal zu bearbeiten und sich besser vorzubereiten. (Die zweite Runde wird dann besser. Sie präsentieren eine kleine Zeitung (Dossier) über die Hexenverfolgung mit Text und Bildern, die sie zusammengestellt haben. Dieses Mal reden alle drei und teilen sich den Vortrag untereinander auf. Sie können auch fast alle Fragen zufriedenstellend beantworten.) Nach den drei Vorstellungen ist die Unterrichtszeit vorbei, die ZuhörerInnen beginnen auch zu ermüden. In der nächsten Stunde werden die nächsten vortragen.

Der SchülerInnenarbeitsphase war eine frontale Einführung in das Thema Mittelalter durch den Fachlehrer vorausgegangen. Sie grenzte den zeitlichen Abschnitt ein und gab den SchülerInnen die Möglichkeit der Orientierung. Eine weitere frontale Phase schließt das Thema ab. In ihr wird zusammengefaßt, und u.U. werden Inhalte vertieft, die von den SchülerInnen nicht behandelt wurden und die dem Lehrer wichtig erscheinen. Auf diese Weise kann der Lehrplan erfüllt werden, ohne daß die SchülerInnen in ihrer selbständigen Arbeit eingeschränkt werden müssen.

Eine ähnliche Organisation läßt sich auch in allen anderen Fächern praktizieren.

»Der Vortrag

Gestern mußten Michi und ich unseren Geschichtsvortrag halten. Bevor wir anfingen, war ich etwas nervös, weil wir die letzten waren. Als wir dann vortrugen, lief alles gut. Zum Schluß stellte die Klasse noch einige Fragen, und wir beantworteten sie. Danach sagte Herr G. unsere Note, und wir bekamen eine eins.

Janine«

(Freier Text, 7. Schuljahr)

Der Wert der *Präsentation* kann nicht hoch genug eingeschätzt werden. Es ist für das Selbstbewußtsein der SchülerInnen von großer Bedeutung, Rückmeldung von der Gruppe für ihre Arbeiten zu erhalten. Ebenso wichtig ist es, daß auf diese Weise auch die stillen, scheuen SchülerInnen lernen können, sich vor einer Gruppe zu behaupten und zu erfahren, wie ihre Arbeiten in der Gruppe anerkannt werden, wobei auch die Gruppe beginnt, einzelne SchülerInnen mit anderen Augen zu sehen. (Die SchülerInnen lernen während ihrer Arbeit wie selbstverständlich Verantwortlichkeit, Kooperation und Respekt vor den anderen.)

3. Formen der Arbeit (Methoden/Techniken)

Bisher war überwiegend von der Arbeit in der Klasse die Rede. Nicht jeder hat die Möglichkeit, als KlassenlehrerIn unter Bedingungen zu arbeiten, wie sie in der Sekundarstufe I mit einer Organisation der SchülerInnen in festen Klassen gegeben ist. Bedingt lassen sich die vorgeschlagenen Organisationsformen auch auf Kurse wie in der Sekundarstufe II übertragen, jeweils der Kursorganisation, den schulischen Inhalten und dem Alter der SchülerInnen angepaßt. FachlehrerInnen, die z. B. nur ein Fach in einer Lerngruppe unterrichten, müssen ihre Arbeitsweise auf die ihnen vorgegebenen Bedingungen einstellen. Sie werden nur mit Mühe freiere Arbeitsformen und eine Beteiligung der SchülerInnen erreichen, wenn die Gruppe einen straff geführten, lehrerzentrierten Unterricht gewohnt ist. Je geringer der Stundenanteil des Faches ist und je älter die SchülerInnen (in der Sekundarstufe I) sind, desto schwieriger wird die Einführung neuer Sozial- und Lernformen. Im folgenden sollen einige Methoden und Techniken vorgestellt werden, mit denen im Kurs- oder Fachunterricht, in einem Projekt oder in Arbeitsgemeinschaften gearbeitet werden kann.

Wir gehen davon aus, daß die Intention, SchülerInnen zu selbständigen Persönlichkeiten zu erziehen und ihnen selbständiges Arbeiten zu ermöglichen, den Methoden und Techniken des Unterrichts nicht widersprechen darf. Ein ausschließlicher Frontalunterricht ermöglicht nicht das Lernen von Kooperation und selbständigen Arbeitsformen, jedenfalls nicht für den Großteil der SchülerInnen. Bieten sich für die Kooperation die Gruppenarbeit, die Arbeitsplanung und die Präsentation an, so wird das Lernen, bei dem den Kindern oder Jugendlichen »das Wort gegeben« wird, durch Techniken wie die *Korrespondenz* oder die *Klassenzeitung*, und Methoden wie der *freie Ausdruck*, unterstützt.

3.1 Die Korrespondenz

Die Korrespondenz (vgl. dazu Baillet und Glänzel 1986) öffnet den Klassenraum und schafft Verbindung mit BriefpartnerInnen außerhalb der engen Schulmauern. Die SchülerInnen führen die Korrespondenz mit ihren BriefpartnerInnen weitgehend selbständig.

Das Austauschen von Arbeiten und Erfahrungen, aber auch die persönlichen Kontakte zwischen zwei Gruppen stellen die traditionelle Form der Klassenkorrespondenz dar. Darüber hinaus fördert das Briefeschreiben generell das selbständige Arbeiten. Die SchülerInnen holen sich für die laufenden Arbeiten, Veranstaltungen und Vorhaben Informationen, besorgen ReferentInnen, bereiten Ausflüge vor usw. Am Ort ist allerdings der Gebrauch des Telefons oftmals einfacher und schneller (vgl. dazu Hagstedt 1981).

Es leuchtet sicher ein, daß die Korrespondenz im Sprachunterricht ihren Sinn hat. Aber auch in den anderen Fächern bedeutet das Briefeschreiben die Loslösung der SchülerInnen vom Informationsmonopol der LehrerInnen. Warum sollen bestimmte Informationen nur aus dem Buch abgelesen werden oder aus der LehrerInnen Mund ertönen? Sie können ebensogut und viel aktueller direkt von den SchülerInnen bei den entsprechenden Institutionen angefordert werden. (Das kann natürlich auch durch Erkundungsgänge passieren.) Selbst in den Fächern, in denen die schriftlichen Arbeiten keine große Rolle spielen, leistet die Korrespondenz gute Dienste.

9. Jahrgang. Ein Technikkurs im Wahlpflichtbereich einer Gesamtschule. Die Gruppe hat sich den Bau eines Grillplatzes auf dem Schulgelände vorgenommen. Die SchülerInnen teilen sich die anfallenden Arbeiten gruppenweise auf. Ein Schüler will den »Schriftkram« erledigen. Es sind Auskünfte bei der Verwaltung einzuholen, Verhandlungen mit der Schulleitung zu führen und Informationen über verschiedene Gestaltungsmöglichkeiten zu besorgen. Außerdem soll eine Erkundung durchgeführt werden, um zwei Grillplätze mit dem Fahrrad aufzusuchen und zu »testen«. Alle Arbeiten, für die Schriftstücke aufgesetzt werden müssen, erledigt dieser Schüler weitgehend selbständig.

In einer Klassenkonferenz beklagen sich einzelne FachlehrerInnen, daß dieser Schüler seine Hefter nicht führt und seine schriftlichen Arbeiten nur sehr unvollständig ausführt. Wie kommt es zu dieser so widersprüchlichen Verhaltensweise des Schülers? Wieso engagiert er sich im Technikunterricht in vorbildlicher Art und Weise, erfüllt aber seine »Pflichtaufgaben« in anderen Fächern so unzulänglich?

Ein anderes Beispiel. Ebenfalls eine Gesamtschule, 9. Jahrgang, Förderkurs. Die SchülerInnen haben sich Themen ausgewählt, die sie selbständig bearbeiten wollen. Ein Schüler, der wegen seiner schwachen Deutschleistungen im Kurs ist, kann sich nicht entscheiden. Er findet kein Thema und ist völlig unentschlossen. Ein anderer Schüler wählt als Thema Vietnam, weil er, wie er auf Befragen erklärt, einen Rambofilm gesehen hat und mehr über Vietnam wissen will. Er erwartet vom Lehrer, daß er ihm alles Material dazu serviert. Dieser verweist ihn erst einmal auf die Schulbücherei und schlägt vor, beim Bundesaußenminister aktuelle Informationen einzuholen. Der Schüler ist nicht motiviert, einen Brief zu schreiben. Nun mischt sich der erste Schüler in die Unterhaltung ein und bietet sich an, diesen Brief zu schreiben. Der zweite ist damit einverstanden. Das Schreiben dieses Briefes nimmt etwa zwei Wochen (4 mal zwei Stunden) in Anspruch, denn in den ersten Entwürfen ist die Form noch nicht so, daß ihn der Lehrer abschicken lassen will. Doch schließlich ist der Brief so weit, daß er abgeschickt werden kann. Es dauert einige Wochen, bis ein Antwortpäckchen in der Schule eintrifft. Der Schüler hatte schon nicht mehr daran geglaubt, daß sein Brief eine Antwort erhalten würde. Die Freude über das Päckchen war verblüffend, ihn interessierte nicht der Inhalt, den gab er sofort an den anderen Schüler weiter. Aber die Tatsache, daß er auf seinen Brief eine Antwort erhalten hatte, freute ihn derart und motivierte ihn, in der Folgezeit ohne große Schwierigkeiten im Kurs, aber auch im regulären Deutschunterricht mitzuarbeiten.

Cusco el 9 Abril 1986

Queridos amigos de una tierra! Liebe Freunde einer Erde, el teremoto duro quinze secundos y el grado era seis. Das Erdbeben dauerte fünfzehn Sekunden mit sechs Grad. Gracias a nosotros fuimos en casas solidas estuvimOs sin peligro. Glücklicherweise leben wir in Sicheren Häusern ohne Gefahr No preocuparse mucho de nosotros que estamos bien todos. Macht Euch keine Sorgen um uns es geht uns gut. Escriben nos prOnto. Schreibt uns bald! Se despiden cOn un abrazO. wir umarmen Euch. LOs Huchuy Runas impresOres: DOnatO NemeciO, ArmandO Texto: Raul & Uwe

Alejo
Ignacio H.V.
Donato
Uwe
Mandanos un cello de un oso
Jesús G.G.
Richard

uwe
Raúl Q.
Alejo M.
Richard
Maxi
Gregorio
Donato
Uwe
Jesús G.G.

Ein Brief aus einer Klassenkorrespondenz (10. Klasse)

Die Schwierigkeiten, die SchülerInnen bei ihren Arbeiten haben, lassen sich oftmals nicht eindeutig analysieren. Es können Blockaden sein, die in ihrer außerschulischen Sozialisation entstanden sind, aber sie können auch durch die Schule selbst hervorgerufen worden sein. Oft gelänge es den SchülerInnen, selbst einen Ausweg aus dem Labyrinth ihrer Schul- und Lernschwierigkeiten zu finden, wenn man sie ließe. In diesen beiden Fällen scheinen die beiden Schüler selbst einen Ausweg gefunden zu haben. Ohne großes Zutun der Lehrperson, nur durch eine einfache, fast triviale unterrichtliche Betätigung. Ich denke, daß weniger die Technik des Briefeschreibens das veränderte Verhalten bewirkte als vielmehr die Erfahrung, ohne großen Druck von seiten der Lehrperson eine kleine Aufgabe erfolgreich durchgeführt und damit die eigenen Fähigkeiten bewiesen zu haben.

Was sich bei den einzelnen SchülerInnen positiv auswirkt, kann auch ganze Lerngruppen beflügeln. Allerdings ist es im Fachunterricht nicht immer einfach, die Kontinuität zu erreichen, die ein erfolgreicher Briefwechsel benötigt.

9. Jahrgang. Deutschunterricht in einer Ganztagsgesamtschule. 9. Stunde am Nachmittag. Die SchülerInnen des B-Kurses, ohnehin nicht sehr motiviert, da sie in das niedrigere Niveau selektiert worden sind, sitzen abgeschlafft an ihren Tischen. Der Lehrer versucht sie zu bewegen, den längst fälligen Brief an die niederländische Partnerklasse zu schreiben. Da sich niemand aus der Gruppe bereit erklärt, einen Entwurf auszuarbeiten, richtet der Lehrer an die Gruppe die Aufforderung, durch Zuruf den Brief gemeinsam zu formulieren. Er wird die zugerufenen Sätze an der Tafel protokollieren. Nach den ersten, einsamen Zurufen wachen die SchülerInnen aus ihrer Lethargie auf und formulieren gemeinsam einen Brief, der ein ganzes Programm für das nächste halbe Jahr im Deutschunterricht beinhaltet. Sie wollen mehr über die PartnerschülerInnen wissen und nehmen sich vor, diesen ihre Lerngruppe, die Schule und den Ort vorzustellen. Sie teilen sich auch gleich für entsprechende Aufgaben ein: Texte, Informationsbeschaffung, Fotos, ein Videofilm. Als es zum Stundenende klingelt, ist die Gruppe nicht wiederzuerkennen. Sie sprudelt über vor Ideen und Aktivität.

Leider ist aus diesem Projekt nichts geworden. Als die Partnergruppe nicht antwortete, ließ die Motivation nach und die angefangenen Arbeiten blieben liegen. Anders als die vorjährige Partnergruppe, mit der ein sehr lebhafter Briefwechsel stattfand – die holländische Kollegin, mit deren Deutschgruppen korrespondiert wurde, mußte jedes Jahr ihren Kurs wechseln –, waren die SchülerInnen der jetzigen Partnergruppe an einem Briefwechsel nicht weiter interessiert. Der häufige Wechsel der FachlehrerInnen, der SchülerInnen, die Instabilität der Lerngruppen und auch der Zeitdruck setzen in der Sekundarstufe einer längerfristigen, komplexeren Arbeit, in diesem Falle der Korrespondenz, ihre Grenzen.

3.2 Die Klassenzeitung

Ein Mittel, um die Arbeitsergebnisse darzustellen und zu würdigen, ist die *Klassenzeitung*. Während die Zensuren ein abstraktes Bezugssystem bilden, das oft genug die Arbeit ohne Berücksichtigung der Persönlichkeit bewertet, ist die Zeitung ein Ausdruck der Arbeit, ein persönlicher Aus»druck«. Wenn auch in der Sekundarstufe die Freinet-Druckereien kaum eine Rolle spielen (in Frankreich tritt selbst in der Grundschule mehr und mehr der Computer an ihre Stelle – vgl. dazu den Beitrag von Burkhard Fries in diesem Band), haben die Zeitungen ihre Bedeutung nicht verloren. Sie werden auf verschiedene Weisen vervielfältigt oder auch als Einzelexemplare hergestellt.

In der Sekundarstufe können im Fachunterricht Zeitungen erstellt werden, die die Arbeitsergebnisse zu einem Thema, zu einer Unterrichtseinheit zusammenfassen oder darstellen. Je vielfältiger die Arbeitstechniken sind und je mehr die SchülerInnen in der Herstellung einer Zeitung Übung haben, desto anspruchsvoller kann sie gestaltet werden. (Für FachlehrerInnen, die nicht Kunst unterrichten, ist hier die Möglichkeit für eine Kooperation mit den KunstkollegInnen gegeben.)

Geschichte, 7. Jahrgang, das Thema Mittelalter ist abgeschlossen, die SchülerInnen haben ihre Arbeiten beendet und der Klasse vorgestellt. Zu den Aufgaben gehörte auch eine kurze Zusammenfassung der Arbeit, möglichst nicht länger als eine DIN-A4-Seite, aufgelockert durch Bilder oder Zeichnungen. Um die Zusammenfassungen schnell und relativ einfach zu vervielfältigen, wurden sie hektografiert. Eine Redaktionsgruppe sammelte die fertigen Matritzen ein, gestaltete das Titelblatt und sorgte dafür, daß die Zeitung abgezogen, zusammengelegt und geheftet wurde. Die letzten beiden, etwas aufwendigeren Arbeiten wurden in einer Geschichtsstunde von der ganzen Klasse geleistet. Mit Hilfe dieser Zeitung wird das Thema noch einmal wiederholt, zusammengefaßt und ist damit abgeschlossen.

Förderkurs, 9. Jahrgang. Nach der Katastrophe in Tschernobyl wollten sich die SchülerInnen mit dem Unglück beschäftigen. Sie besorgten sich Material zum Unfall und Informationen zur Atomenergie. Damit sich die Arbeit auch manifestierte, schlug der Lehrer vor, eine Zeitung zu diesem Thema zusammenzustellen. Eine Redaktionsgruppe sorgte für das Layout. Diese Zeitung wurde im Kopieverfahren hergestellt. Sie enthielt Zeitungsartikel, Informationen zur Atomenergie, Kommentare, Interviews, freie Texte und Zeichnungen. In ihr steckte viel Arbeit, und das Ergebnis konnte sich sehen lassen. Es ist klar, daß die SchülerInnen stolz auf ihr Produkt waren.

Zeitungen lassen sich zu den unterschiedlichsten Themen in jedem Fach herstellen, in den Naturwissenschaften genausogut wie in Musik oder in den Fremdsprachen. Zeitungen entstehen nach Erkundungen, Klassenfahrten oder als Projektzeitungen.

Die eigentlichen »Klassenzeitungen« können einen anderen Charakter haben, wenn sie von der Klasse gemeinsam herausgegeben werden und Sparten wie Rätsel, Witze, Aktuelles usw. aufweisen. Für die Produktion dieser Art von Zeitungen fehlt aber in den Schulen mit einer einseitig fachausgerichteten Stundentafel meist die Zeit und die Gelegenheit.

3.3 Der freie Ausdruck

Durch die Fachorientierung in der Sekundarschule wird das Lernen, Wissen und Erfahren spezialisiert. Das bedeutet einseitige geistige (auch emotionale und teilweise körperliche) Normierung. Im Mathematik-Unterricht wird kaum gesungen oder manuell gearbeitet, im Geschichts-Unterricht wenig gedichtet. Im Sport-Unterricht dürfen (oder müssen) sich die SchülerInnen bewegen. Die Emotionen sind dem Musik- und Zeichen-Unterricht vorbehalten, die gegenüber den »Leistungsfächern« (welch eine Einseitigkeit und Borniertheit schon in dieser Wortwahl!) vielfach von KollegInnen und damit auch von den SchülerInnen nicht ernst genommen werden. Ein Teil der SchülerInnen kann sich in dieser Unterrichtszeit nicht entfalten, weil ihr »Lerntyp« gerade nicht verlangt oder berücksichtigt wird. Der »freie Ausdruck« soll dieser Einseitigkeit entgegenwirken und den SchülerInnen mehr Raum für sich und ihre individuellen Lerninteressen geben. Von den verschiedenen Möglichkeiten des freien Ausdrucks wie Spiel, Musik, Bewegung, Darstellen, Malen usw. soll hier nur auf das Schreiben, *die freien Texte*, eingegangen werden.

Die Mittelalter-Zeitung

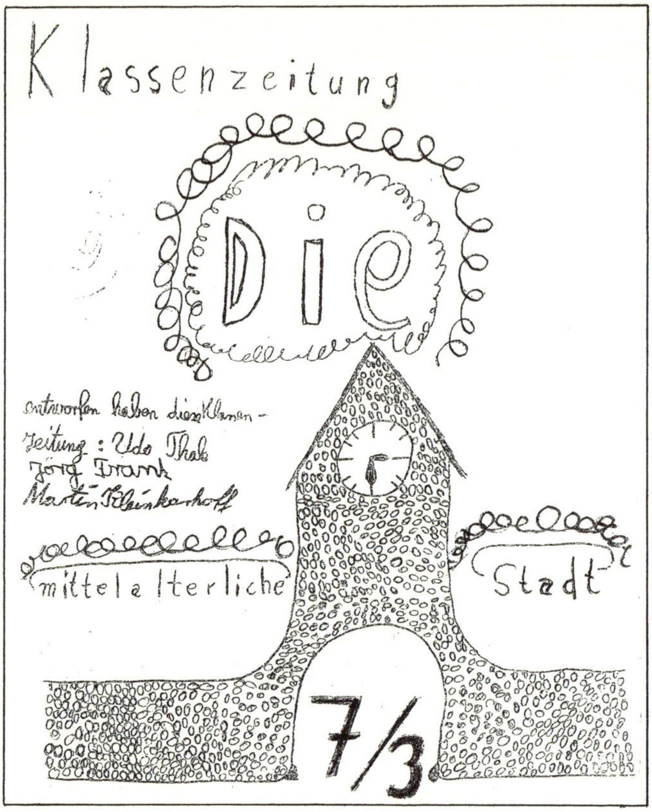

Die Tschernobyl-Zeitung

Unsere
Haustiere
Eine Zeitung der Klasse
5a
Redaktion: Michaela Conen, Bianca
Kräuter und Tanja Brüssow

3.3.1 Der freie Text: Den Kindern und Jugendlichen das Wort zurückgeben

Das wichtigste Kommunikationsmittel an unseren Schulen ist die Sprache. Nicht umsonst fordern die Schüler von Barbiana, daß die Schule sie sprechen und sich ausdrücken lehren soll: »Denn es ist nur die Sprache, die gleich macht, gleich ist, wer sich ausdrücken kann und die Ausdrücke anderer versteht.« (Die Schülerschule von Barbiana, 1984, S. 100).

Wir betrachten die Sprache als individuelles Ausdrucksmittel, auf das jede und jeder einzelne ein Recht hat, und als Kommunikationsmittel, das die Verbindung zwischen den Individuen schafft. Wird den SchülerInnen die Sprache als ihr Ausdrucksmittel gewährt, ist die Motivation gegeben, sich der Sprache zu bedienen und eigene Texte zu schreiben (vgl. dazu Froese 1980; Koitka 1989, S. 15–29 sowie S. 30–40).

Célestin Freinet schreibt zur Entstehung der freien Texte:

»Verliert das Kind jemals die Lust, sein ganzes inneres Wesen durch die Sprache mitzuteilen? Wird es je müde, sich durch Zeichnungen auszudrücken, solange es frei malen kann? Ebenso ist es mit dem geschriebenen Ausdruck. Aber Ausdruck kann es nicht geben ohne mehr oder weniger imaginäre Gesprächspartner. Und weil in der alten Schule das Verfassen von Texten nur für die Korrektur oder Zensur durch den Lehrer bestimmt war, weil es eine schulische Pflicht blieb, deshalb konnte es kein Ausdrucksmittel werden.

Bei uns schreibt das Kind, um vom Erzieher und von seinen KameradInnen gelesen und um schließlich gedruckt zu werden, damit sein Text, so verewigt, von den nahen und weiten Korrespondenten wahrgenommen wird.

Und wirklich erleben wir beim Schreiben in unseren Schulen dieselbe Spontaneität, dieselbe überschäumende Lebensfreude, die sich auch sonst in freien Aktivitäten des Kindes zeigt…« (Freinet, in: Boehncke/Hennig [Hrsg.] 1980, S. 32.)

Der freie Text ist eine Form des freien Ausdrucks. Er läßt verschiedene Gestaltungs- und Ausdrucksmöglichkeiten zu, je nachdem, wann er entsteht, von wem er, in welcher Situation oder für welchen Zweck er geschrieben wird. Er ist sehr stark von den einzelnen SchreiberInnen abhängig, und entsprechend vielfältig fallen die freien Texte aus. Indem die SchülerInnen aufgefordert werden, ihre eigenen Texte zu schreiben, erhalten sie das Recht auf ihre eigene Sprache. Ihr Text wird ein Ausdrucksmittel ihrer Persönlichkeit.

»Ich wünsche mir,
daß man am Meer ist
ohne Eltern,
ohne daß man ausgemotzt wird,
wenn man sich dann mal schmutzig
macht.
Anja«

»*Arbeitslos*
Arbeitslose gibt es heute ziemlich viele.
Die Regierung verspricht, den Arbeitslosen zu helfen.
Wird sie's tun?
Martin«

(Freie Texte, 5. Schuljahr)

»*Unsere Klassengemeinschaft*
Ich finde es nicht gut, daß unsere Klasse so in Schichten aufgeteilt ist. So eine Art Ober- und Unterschicht. Die Unterschicht wird immer fertiggemacht, da ist überhaupt kein Zusammengehörigkeitsgefühl.
Besonders mir fällt es manchmal schwer, mich anzupassen, da ich auch ganz anders erzogen worden bin. Die Jungen benehmen sich wie im 7.–8. Schuljahr. Das nervt. Im Moment verstehe ich mich ja super mit der Klasse, im Gegensatz zum vorigen Jahr. Unsere Klassengemeinschaft war da doch schon blöder, sie hat sich gebessert, als wir nach Verden gefahren sind. So eine Klassenfahrt gibt einem schon die Möglichkeit, sich besser kennenzulernen und sich zu akzeptieren.
Kirstin«

(Freier Text, 10. Schuljahr)

»Aber wenn etwas Mut macht, einen Mut, der anhält und der kämpfen kann, dann sind es gelungene Geschichten und nicht gutgemeinte, will sagen: Geschichten mit selbständiger Wahrnehmung, nicht solche, die alles schon von woanders her ›wissen‹. Wer Menschen den Rücken stärken will, sie selbst zu sein und ihr Glück zu suchen, der erzähle keine Programmgeschichten zum guten Zweck, sondern der spinne ein Garn, das den Beobachtungen, Gedanken und Phantasien, so wie sie in seinem Kopf wohnen, wahrhaftig und rücksichtslos folgt.« (Nadolny 1990, S. 59).

Bei den regelmäßigen Vorstellungen werden die Texte der Klasse vorgelesen und gegebenenfalls verbessert. Allerdings haben die AutorInnen das Recht auf die Authentizität ihres Ausdrucks. Für die Klassenzeitung wählen die SchülerInnen die Texte aus, die sie veröffentlichen möchten.

Bei den ersten Aufforderungen, regelmäßig Texte zu schreiben, haben einige SchülerInnen Schwierigkeiten. Sie sind nicht gewohnt, ihre Gedanken ohne Anleitung aufs Papier zu bringen. Deshalb ist es gerade am Anfang wichtig, auf jede(n) einzelne(n) einzugehen und herauszufinden, worin die Schwierigkeiten liegen. Denn die Ursachen können sehr unterschiedlich sein. Da der freie Text wirklich frei sein soll – er wird auch nicht zensiert –, wird erst einmal alles, was geschrieben wird, als Text anerkannt. Der Text kann aus einem Satz bestehen. Mit der Zeit fassen auch die SchülerInnen Vertrauen, die große Schwierigkeiten haben, sich schriftlich zu äußern, und sie schreiben längere Texte.

Der Freie Text

Ich sitze in der Schule und überlege,
was ich für einen Freien Text schreiben könnte.
Ich über überlege und mir fällt nichts ein.
Ich fang einfach an zu schreiben, aber ich
zerreiße es sofort wieder. Eine Stunde ist
vorbei, und ich habe noch nichts geschrieben.
Es ist doof, ich gehe in die Pause.

Stefan Brandt

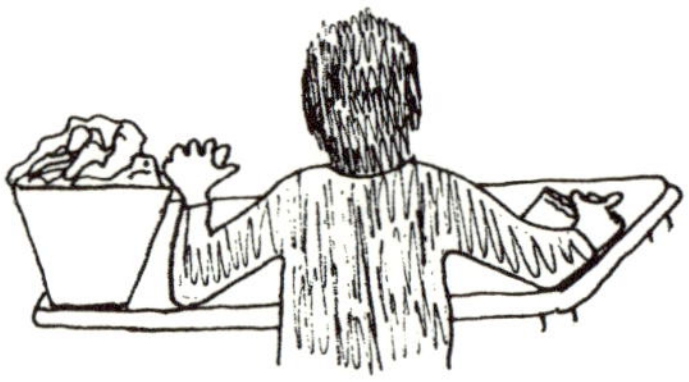

Viele SchülerInnen ziehen es vor, ihre Texte in einer Form abzuliefern, die nicht den üblichen schulischen Normen entspricht. Da es in den Texten besonders auf den Inhalt ankommt, kann die erste Form vernachlässigt werden, es ist ein »Manuskript«. Falls der Text korrigiert werden muß, sollten die Fehler nur mit Bleistift verbessert, nicht angestrichen werden. Der Text kann dann noch einmal fehlerfrei abgeschrieben werden. Die Zeit für diese Arbeit muß einkalkuliert und den SchülerInnen gegeben werden. Wird der Text in der Klassenzeitung gedruckt, ist die »Reinschrift« den SchülerInnen einleuchtend, viele SchülerInnen legen aber auch von sich aus ein Heft an, in das sie alle ihre freien Texte eintragen.

Ich mache immer wieder die Erfahrung, daß das Schreiben freier Texte nur selten bei SchülerInnen auf eine dauerhafte Ablehnung stößt. Die anfänglichen Schwierigkeiten lassen sich mit Anregungen zum Schreiben (»Schreibanlässen«) wie Fotos, Bilder u.a. recht gut beheben (vgl. J. Kaspar o.J., W. Hövel o.J. oder Geuß/Hövel/Vierkötter o.J.). Allmählich schreiben die SchülerInnen dann freier und ohne äußere Anregungen.

Die freien Texte können zu jeder Gelegenheit geschrieben werden, zu Hause, in der freien Arbeit oder in Phasen, in denen die SchülerInnen eine Arbeit abgeschlossen haben und ihnen noch etwas Zeit bleibt. Im 5. und 6. Schuljahr bleibt erfahrungsgemäß so viel Zeit, daß im Durchschnitt ein Text pro Woche geschrieben wird. Ab der 7. Klasse wird der Zeitdruck und der Arbeitsdruck in den anderen Fächern größer, so daß viele SchülerInnen nicht mehr so viel frei schreiben wollen. Man muß dann mit ihnen absprechen, in welchem Zeitraum oder auf welche Art und Weise sie ihre Texte produzieren können (z.B. statt Hausarbeiten oder in Phasen freier Arbeit – s.u.).

Mein Lieblingshaustier

Mein Lieblingshaustier ist eine
Katze. Ich finde, das Schöne an einer
Katze ist, daß sie so putzig aussieht.
Als sie zum ersten Mal im Garten
war, beschnupperte sie Gras und
Bäume. Sie lief auf alles zu,
was sich bewegte.

Melanie
Brocker

Auch in den Fächern wie z. B. in den Naturwissenschaften, in denen üblicherweise keine Aufsätze geschrieben werden, sind Texte interessant, in denen die SchülerInnen Gelegenheit haben, ihre Gedanken zu einem Thema oder einem Sachverhalt zum Ausdruck zu bringen – selbst wenn es sich nicht um »freie« Texte im eigentlichen Sinne handelt. Die LehrerInnen erhalten auf diese Weise die Gelegenheit, die Vorstellungen und Theorien ihrer SchülerInnen kennenzulernen. Die SchülerInnen nähern sich einem Thema oft völlig anders als ihre LehrerInnen. Wenn die LehrerInnen auf ihrer Sicht- und Herangehensweise beharren und die SchülerInnen zwingen, ihre Sichtweise zu übernehmen – durchaus im Bewußtsein, daß sie die richtige öffentliche Lehrmeinung vertreten –, so kann das im Verlauf des Unterrichts zu Mißverständnissen führen, und die anfänglich bei den SchülerInnen beobachtete Motivation läßt rapide nach. Wenn sich einige SchülerInnen unter Haustieren ihre Kuscheltiere vorstellen und weniger die Rinder und Schweine, deren Fleisch sie zu Mittag essen, müßte das im Biologieunterricht berücksichtigt werden. Oder wenn die SchülerInnen ihre eigenen Hypopthesen über die Luft und den Sauerstoff entwickeln, werden einige Schwierigkeiten ausgeräumt werden können, wenn sich der Chemielehrer darauf einlassen kann. Die SchülerInnen fühlen sich ernstgenommen und sehen sich nicht nur als Objekte eines über sie hinwegrauschenden, lehrerzentrierten Unterrichts.

4. Die freie Arbeit

Die freie Arbeit, technokratisch verkürzt auch als Freiarbeit bekannt, erlebt in den letzten Jahren einen Boom in den verschiedensten Beiträgen pädagogischer Fachzeitschriften und Verlage. Sie gilt als ein Allheilmittel gegen die offensichtlichen Schwächen unseres Schulsystems, und das häufig in Verbindung mit der Wochenplanarbeit. Der Begriff selbst kommt aus der Montessori- und Petersen-Pädagogik und findet sich ursprünglich nicht in dieser Form bei Freinet. Dort wird den Kindern Raum für »freie« Aktivitäten innerhalb des freien Ausdrucks oder der freien Forschung gegeben (vgl. Hagstedt 1991). Es ist aber durchaus sinnvoll, diesen Begriff auch in der Freinet-Pädagogik zu verwenden.

Da die freie Arbeit noch keinen Eingang in die Stundentafel der Sekundarstufe gefunden hat, muß die Zeit dafür aus dem Fachunterricht kommen. Am besten und reibungslosesten läßt sich die freie Arbeit organisieren, wenn sich die KollegInnen einigen können, die in einer Klasse oder in einem Jahrgang unterrichten. Dann geben die beteiligten Fächer einen Teil ihrer Zeit ab, und die freie Arbeit wird fest in den Stundenplan eingebaut. Ist das nicht möglich, so können auch im Fachunterricht Phasen freier Arbeit eingerichtet werden, z.B. alle zwei Wochen eine Stunde oder alle vier Wochen zwei oder mehr Stunden. Eine auf einzelne Fächer eingeschränkte freie Arbeit hat ihren Sinn, aber sie verliert zum Teil ihre ursprüngliche Bedeutung. Der eigentliche Sinn der freien Arbeit ist, den SchülerInnen Raum zu geben, in denen sie die Arbeiten ausführen können, die sie zu diesem Zeitpunkt interessieren. Das heißt, daß sie in gemeinsam vereinbarten Grenzen die Themen, die Zeitdauer und die Durchführung ihrer Arbeiten eigenverantwortlich bestimmen. Das ist in der Hauptschule oder Sonderschule eher möglich als in den Sekundarschulzweigen, in denen das FachlehrerInnenprinzip überwiegt. Durch Wahlfächer mit einem bestimmten inhaltlichen Schwerpunkt wird dem Dilemma, daß der größte Teil unserer SchülerInnen eine für sie großenteils abstrakte, nicht unmittelbar einsichtige Arbeit leisten muß, nicht befriedigend gelöst. Denn auch die Fachinhalte der Wahlbereiche gehen nicht unmittelbar von den Interessen der SchülerInnen aus, sondern werden von anonymen Gremien geplant und vorgeschrieben.

6. Schuljahr. Auf einer Erkundung fielen einigen SchülerInnen Galläpfel auf. Sie unterhielten sich darüber, was das wohl sein könnte. Der Lehrer forderte sie auf, vorsichtig einen Gallapfel zu öffnen, um zu sehen, was sich darin verberge. In dem Gallapfel war eine kleine Made. Die SchülerInnen wollten nicht so recht glauben, daß sich aus dieser Made eine Wespe entwickeln würde. Daher schlug der Lehrer vor, daß sie einige Galläpfel mitnehmen sollten und in einem kleinen, von ihnen zu bauenden Insektarium beobachten sollten. M. erklärte sich dazu bereit und zimmerte während der freien Arbeit ein »Puki«-Haus, das mit Plexiglasscheiben versehen wurde, um den Inhalt besser beobachten zu können. Nach einiger Zeit schlüpfte die Gallwespe unter Anteilnahme der ganzen Klasse. Inzwischen hatten sich auch einige SchülerInnen in Biologiebüchern informiert, so daß ihre Wißbegier gestillt war.

Eine Zeitlang wurde das Häuschen noch als Terrarium genutzt. Später, als sich niemand mehr dafür verantwortlich erklärte, verfiel es und geriet in Vergessenheit. Als die Klasse im 8. Jahrgang in einen anderen Klassenraum umzog, wurde es als überflüssiges Möbel aussortiert. Inzwischen legte sich der Biologieunterricht auf feste Themen fest und ließ kaum noch Platz für spontane Interessen.

Die freie Arbeit versucht, die individuellen Lerninteressen und -möglichkeiten zuzulassen. Das kann nicht in den engen Fächergrenzen geschehen, denn einige SchülerInnen möchten sich (ernsthaft) mit Dingen beschäftigen, die außerhalb des traditionellen Fächerkanons liegen oder sich nicht einem einzigen Fach zuordnen lassen. Wo lassen sich manuelle Arbeiten unterbringen, die nicht in den Lehrplänen des Werkunterrichts oder der Arbeitslehre zu finden sind? Wo Tanz oder Spiel, wenn sie nicht im Musik- oder Deutschlehrplan dieses Jahrgangs vorgeschrieben sind?

Gesellschaftslehre (thematischer Schwerpunkt Geschichte), 9. Jahrgang. Ein Teil der SchülerInnen hat in der 5. und 6. Klasse die Möglichkeit kennengelernt, während einer genau definierten Zeit in der Woche frei zu arbeiten. Seit der Zersplitterung der Klasse und der Stundentafel durch die Zunahme der Fächer und der äußeren Fachleistungsdifferenzierung (Aufteilung der SchülerInnen in Kurse mit verschiedenen Niveaus) wird ihnen nur noch ermöglicht, sich im Rahmen eines Oberthemas einen für sie interessanten thematischen Schwerpunkt auszusuchen. Wie sie ihn bearbeiten, können sie selbst entscheiden. A. hat sein »Pflichtpensum« sehr schnell und relativ lustlos erledigt. Der Lehrer fordert ihn auf, seinen Beitrag zu erweitern, da er noch genügend Zeit hat. Er lehnt ab, sich weiter mit diesem Thema zu beschäftigen, und schlägt statt dessen vor, etwas über die Freiwillige Feuerwehr auszuarbeiten, in der er Mitglied ist. Der Lehrer ist ratlos, denn dieses Thema gehört nun überhaupt nicht in den Unterricht des 9. Jahrgangs. Nun hat A. in früheren Jahrgängen, als die freie Arbeit noch »erlaubt« war, schon einige größere Arbeiten vorgelegt, die ebenfalls seinem augenblicklichen Interesse und nicht so sehr den Lehrplanvorgaben entsprachen, im 6. Schuljahr über Ameisen und im 7. über Spinnen. Der Lehrer weiß, daß A. nicht zu zwingen ist, an seinem Geschichtsthema weiterzuarbeiten, es würde auf einen permanenten Streit zwischen ihm und A. hinauslaufen. Zum Glück für beide fällt ihm ein, daß im Deutschlehrplan das Thema Referat ansteht. So macht er mit A. aus, daß er das von ihm gewünschte Thema als Referat im Deutschunterricht ausarbeiten kann. A nutzt nun jede Minute des Gesellschaftslehre- und Deutschunterrichts, teilweise muß er gezwungen werden, seine individuelle Arbeit zu unterbrechen, um an den für alle verbindlichen Übungen teilzunehmen. Nach einigen Wochen hält er dann einen spannenden, sehr lebendigen Vortrag und liefert dazu eine kleine, interessante »Zeitung« (Dossier) zu seinem Thema.

In diesem Fall konnte der Lehrer eine individuelle Lösung finden. Sie betraf aber nur das momentane Problem eines Schülers. Für die ganze Lerngruppe wurde keine Lösung angeboten. Die Arbeit, die keinem Fach eindeutig zuzuordnen war, wurde als Deutscharbeit angerechnet und für diesen Bereich zensiert. Dieses Beispiel zeigt die Grenzen, die einer »freien« SchülerInnenarbeit gesetzt sind, einmal durch ein starres Fachsystem, dem sich auch die LehrerInnen unterwerfen, und dann durch ein Bewertungsraster, das einem starren Lernsystem angepaßt ist und nur einen Teil der Arbeit, auch der »Lernarbeit«, erfaßt. Ein großer Teil der Fähigkeiten, die die SchülerInnen aufweisen, wird nicht zugelassen und damit auch nicht bewertet (vgl. auch die Diskussion über »natürliches Lernen«.)

Die Anpassung durch die Notengebung, wie sie seit der Grundschule im lehrerzentrierten Unterricht erfolgt, ist ein wesentliches Hemmnis für eine freie Arbeit. Es fällt den SchülerInnen sehr schwer, sich aus diesem System zu lösen. Je weniger Zeitanteil ein Fach hat, desto weniger werden sich die SchülerInnen bereit erklären, auf das gewohnte Lernkorsett zu verzichten.

Deshalb ist bei der Einführung der freien Arbeit auf eindeutige Regelungen und Bedingungen zu achten. Es empfiehlt sich, genau abzusprechen, welche Arbeiten erlaubt sind, welche Zeit zur Verfügung steht und wie die Arbeiten präsentiert werden müssen. Auch ist zu klären, ob und in welcher Art sie berwertet werden.

Oft wird die freie Arbeit mit einer Sammlung von Arbeitsblättern eingeleitet, aus denen sich die SchülerInnen nach einem bestimmten Schema einige aussuchen dürfen und die sie bearbeiten müssen. In den ersten Stunden läßt sich dieses Verfahren auch gut an, bald jedoch bemerken die SchülerInnen, daß die freie Arbeit gar nicht so frei ist, sondern über die Arbeitsblätter vom Lehrer gesteuert wird. Mit dieser Erkentnis erlahmt das Interesse, und nur noch wenige sind zu einer konzentrierten Weiterarbeit zu bewegen.

Auf der anderen Seite kann ein zu offener Anfang, der alles erlaubt, die SchülerInnen verunsichern, wenn sie nicht gewohnt sind, sich selbst ihre Arbeit zu suchen und zu gestalten.

Es ist schwierig, Ratschläge für eine »richtige« freie Arbeit zu geben. Wie die SchülerInnen müssen sich auch die LehrerInnen an die neue Arbeitsform gewöhnen. Und die einzelnen LehrerInnen oder die kooperierende LehrerInnengruppe werden ihre richtigen Lösungen selbst finden und erproben müssen. Doch je offener die freie Arbeit angeboten wird, desto freier können sich auch die SchülerInnen entwickeln.

5. Hilfen auf dem Weg der Veränderung

B. Faits und K. Wilkens Befürchtungen sind nicht unbegründet, daß sie vor den Widerständen auf dem Weg der Veränderung kapitulieren könnten. Das Klima an den Schulen hat sich seit den 70er Jahren immer weiter verschlechtert, die Sonntagssprüche der PolitikerInnen reichen nicht aus, um die rauhe Wirklichkeit zu erwärmen. Dennoch lohnt es sich, den Versuch zu wagen, seinen Unterricht aus den tradierten Zwängen zu lösen. Denn ein veränderter Unterricht verändert auch die SchülerInnen. Allerdings ist es hilfreich, den eingeschlagenen Weg nicht alleine zu gehen.

Kooperation. Die Zusammenarbeit mit anderen KollegInnen, sei es von der eigenen Schule oder anderen Schulen, erleichtert die Arbeit. Was anfänglich vielleicht wie Mehrarbeit aussieht, erweist sich bald als Erleichterung. Gerade die Anfangsschwierigkeiten, Unsicherheiten und Fehler lassen sich besser in der Gruppe erkennen, aufarbeiten und beheben als in einer selbstgewählten oder vorgefundenen Einsamkeit. Als große Hilfe erweisen sich auch immer wieder gegenseitige Hospitationen und eine gemeinsame Unterrichtsplanung.

Elternmitarbeit. Die Unterstützung durch die Eltern ist ebenfalls eine große Hilfe. Es empfiehlt sich, den Eltern auf Elternversammlungen oder Elternsprechtagen vorzustellen, was mit einem veränderten Unterricht bezweckt wird und wie er abläuft. Am Anfang wird ein Teil der Eltern den Neuerungen skeptisch gegenüberstehen. Aber wenn sie sehen, daß es ihrem Kind gut, teilweise besser als früher geht, schwindet auch ihre Besorgnis, daß ihr Kind in diesem Unterricht nichts lernen würde.

Außerdem sind Eltern auf vielfältige Weise kompetent. Sie können mit ihrem Wissen und ihren Möglichkeiten den Unterricht direkt unterstützen. Deshalb beleben Elternbesuche den Unterricht, sie schaffen eine engere Verbindung zwischen Schule und Elternhaus und entlasten die LehrerInnen.

Die Schule als Institution zu verändern, wird dem einzelnen nicht gelingen. Aber er kann durchaus für sich und die ihm anvertrauten SchülerInnen Verbesserungen schaffen, die eine Perspektive für Veränderungen eröffnen.

Literatur

Fragen und Versuche. In dieser Zeitschrift sind zahlreiche Beiträge von Freinet-LehrerInnen zu finden, in denen über die Arbeit in der Sekundarstufe berichtet wird.

Baillet, Dietlinde: Freinet – praktisch. Beispiele und Berichte aus Grundschule und Sekundarstufe, Weinheim und Basel 1983 (a).

Baillet, Dietlinde: Grundlegende Prinzipien der Freinet-Pädagogik. In: päd. extra, H. 2/1983, S. 26–27 (b).

Baillet, Dietlinde und Glänzel, Hartmut: Wir haben Brieffreunde im Ausland. In: päd extra, H. 2/1986, S. 36–40.

Boehncke, Heiner/Hennig, Christoph (Hrsg.): Célestin Freinet: Pädagogische Texte. Mit Beispielen aus der praktischen Arbeit nach Freinet, Reinbek bei Hamburg 1980.

Froese, Silvia: Schreiben ist Befreiung – Schreiben ist Macht (Gesamtschule, 5.–9. Klasse). In: Boehncke, H./Hennig, C., S. 187–206.

Geuß, Ute/Hövel, Walter/Vierkötter, Otto: Literaturkartei. Mühlheim o.J. (Verlag an der Ruhr).

Hagstedt, Herbert: TIK – Telefon im Klassenzimmer. In: Fragen und Versuche, H. 14/1981, S. 38.

Hagstedt, Herbert: Wochenplanerei: Schüler können machen, was ihre Lehrer wollen. Zur späten Karriere eines betagten Themas. In: Fragen und Versuche, H. 41/1987, S. 5–10.

Hagstedt, Herbert: Freie Arbeit nach Freinet. In: Fragen und Versuche, H. 58/1991, S. 4–12.

Hentig, Hartmut von: Systemzwang und Selbstbestimmung. Stuttgart 1970 (3. Aufl).

Hövel, Walter: Freie Texte selber schreiben, Mühlheim o.J. (Kartei) (Verlag an der Ruhr).

Kasper, Josef: Schreib los. Kartei, O.O. o.J. (Kaleidoskop-Verlag).

Koitka, Christine (Hrsg.): Freinet-Pädagogik. Unterrichtserfahrungen zu: Freier Text, Druckkerei, Schulkorrespondenz, Musik, Lesen, Klassenzeitung, Rechnen, Selbstverwaltung, Berlin 1989 (2. überarbeitete Aufl.).

Nadolny, Sten: Das Erzählen und die guten Absichten. Münchner Poetik-Vorlesungen, München 1990.

Die Schülerschule von Barbiana. Brief über die Lust am Lernen. Berlin 1984 (1. Aufl. 1970).

Ingrid Dietrich/Walter Hövel

Freinet-Pädagogik und Fremdsprachenunterricht

Erfahrungen aus Frankreich

Die *Freinet*-Pädagogik war ursprünglich eine Konzeption für die ein- bis zweiklassige, ungegliederte Volksschule, welche sowohl in Frankreich als auch in Deutschland inzwischen kaum mehr existiert. Freinet selbst hat sich dementsprechend nicht zum Fremdsprachenunterricht geäußert, doch lassen sich die Unterrichtsprinzipien und -techniken, die er entwickelte, auch für das Fremdsprachenlernen in der Sekundarstufe fruchtbar einsetzen (vgl. dazu die Arbeiten von Baillet 1983, Bertrand 1975 und Schlemminger 1990). Die erzieherische Grundhaltung, welche zur Entwicklung der *Freinet*-Techniken führte, gilt für *alle* Lernbereiche: Kinder und Heranwachsende als lernfähige, wißbegierige, auf Wachstum und persönliche, individuelle Entwicklung durch sinnvolle Arbeit angelegte Wesen zu betrachten (zum Arbeitsbegriff Freinets vgl. Dietrich/Gäßler 1995). Der Begriff der »Unterrichtstechniken« spielt in der *Freinet*-Pädagogik eine große Rolle. Er bezeichnet alle pädagogischen Hilfsmittel und methodischen Maßnahmen, die diese Pädagogik kennzeichnen – wie die Druckerei, die Klassenzeitung, die Korrespondenz, den freien Text und den freien künstlerischen Ausdruck, ja selbst die sozialen Institutionen in der Lerngruppe wie Klassenrat, Wandzeitung usw. Der Begriff »techniques« wurde von Freinet bewußt gewählt, um sich von hochtrabenden pädagogischen Ambitionen abzusetzen und den dienenden Charakter all dieser Maßnahmen gegenüber der kindlichen Eigenaktivität zu betonen, aber auch, um die *handwerkliche* Seite der Arbeit des Lehrens herauszustellen, das *know how* oder *savoir faire*, das nötig ist, um diese pädagogischen Grundsätze in die Tat umzusetzen.

Freinet selbst und seine heutigen AnhängerInnen bezeichnen sich daher auch als *travailleurs de l'Ecole Moderne*. Sie verstehen sich als ArbeiterInnen im Klassenzimmer. Das Lernen, das sie bei den SchülerInnen in Gang setzen wollen, ist für sie ebenfalls eine ernstzunehmende Arbeit, über die sie Arbeitsverträge abschließen. Deren Einhaltung wird in regelmäßigen Abständen kontrolliert, und die SchülerInnen sind dafür verantwortlich, daß sie ihre selbstgewählten Aufgaben auch erfüllen. In der Klasse gibt es *ateliers* (Werkstätten) mit reichhaltiger Ausstattung an Arbeitsmitteln. Hier kann jeder Schüler/jede Schülerin allein oder mit anderen an den selbstgestellten Aufgaben arbeiten, die durchaus handwerklichen Charakter haben können (z.B. die Herstellung einer Ton-Bild-Reportage im Fremdsprachenunterricht). Die Überwindung des nur »verkopften« Lernens sowie die Aufhebung der Trennung von Hand- und Kopfarbeit ist ein wichtiges Ziel der *Freinet*-Bewegung.

Mit Unterricht im *laissez-faire*-Stil hat die *Freinet*-Bewegung trotz der von ihr angestrebten Aufhebung überflüssiger Zwänge und Behinderungen des Schulalltags wenig zu tun – viel aber mit Selbstverantwortung, Selbstbewertung des Lernens (mit Hilfe programmierter Arbeitsmittel, sogenannter *Fiches auto-correctives*) und einer konsequenten Selbstregulierung der Lerngruppe. Das angestrebte Erziehungsziel ist die *autogestion* – ein Begriff, der im politischen Leben Frankreichs seit Mai 1968 eine wichtige Rolle spielt. Er umschreibt alles, was auch Freinet erreichen wollte, als er wie viele seiner NachfolgerInnen heute die Klasse als *coopérative* organisierte, welche ihre Lernprozesse genossenschaftlich plant, das schmale Budget gemeinsam verwaltet, ihre eigene Zeitung druckt und herausgibt und ihre Konflikte selbst im Klassenrat regelt.

Weitere wichtige Prinzipien sind die Durchbrechung der Trennung von Schule und Leben durch so viel Realitätskontakt wie möglich, die Schaffung natürlicher Lerngelegenheiten und die Ablehnung einer didaktischen Aufbereitung des Lernstoffes, welche das *tâtonnement expérimental* (das experimentierende Sich-Vorantasten der Lernenden) nur behindert (vgl. dazu Freinet 1968, 2. Aufl.).

Konsequenzen für den Fremdsprachenunterricht

Für die Unterrichtspraxis der *Freinet*-PädagogInnen im Fremdsprachenunterricht bedeutet dies: soviel Konfrontation mit authentischer Fremdsprache wie möglich, vermittelt durch die Begegnung mit *native speakers*, durch die Klassenkorrespondenz mit einer Partnerklasse des Ziellandes, die in dieser Konzeption eine zentrale Rolle spielt, durch Rundfunk, Fernsehen, Film und Tonträger, durch Zeitungen, Zeitschriften und anderes Informationsmaterial.

Die *Freinet*-LehrerInnen weigern sich, einem bestimmten Lehrwerk zu folgen, sie lehnen eine vorgefertigte Progression ab und lassen sich nicht auf eine bestimmte Methodenkonzeption verpflichten. Verordnete, von DidaktikerInnen und LehrwerkautorInnen durchgefeilte Konzeptionen werden abgelehnt als Instrumente der Verschulung. Statt dessen soll die Kommunikation im Unterricht zu einer lebendigen Sache gemacht werden, ausgehandelt im freien Spiel der Kräfte, Interessen und Motivationen zwischen Lehrperson und Lerngruppe.

Die Arbeit wird verbindlich geregelt in Tages-, Arbeits- und Wochenplänen. Die Lehrperson liefert dafür so viele Materialien, Lerngelegenheiten, Anregungen, Kontakte, Hilfen und apparative Medien wie möglich, und die SchülerInnen machen davon Gebrauch nach ihren Bedürfnissen, die respektiert werden.

Für das herkömmliche didaktische Denken, besonders im Hinblick auf den Fremdsprachenunterricht, ist eine solche Unterrichtsführung schwer vorstellbar. Darum soll das Funktionieren eines solchen Unterrichtskonzepts weiter unten anhand konkreter Beschreibungen und Praxisberichte näher erläutert werden. Was den grundsätzlichen fremdsprachendidaktischen Begründungszusammenhang angeht, soll hier auf eine Grundsatzveröffentlichung der französischen *Freinet*-Bewegung von 1975 zurückgegriffen werden, die von Michel Bertrand redigiert wurde (Bertrand 1975).[1]

Schon ein erster Blick zeigt, daß zur Realisierung dieser Konzeption viele materielle und soziale Voraussetzungen gehören, die die Lehrperson in langwieriger Zusammenarbeit mit den SchülerInnen selbst schaffen muß. Eine der wichtigsten dieser Voraussetzungen ist der Zusammenschluß der SchülerInnen zu einer Klassen-Kooperative mit flexiblen »Institutionen der Selbstverwaltung und mit einem Klima, das der Entfaltung eines jeden förderlich ist« (12).

Nun werden zwar manche FremdsprachendidaktikerInnen diese Erziehungsvorstellungen ebenfalls unterschreiben, ihre Verwirklichung im Fremdsprachenunterricht aber angesichts der spezifischen Sach- und Methodenzwänge dieses Fachs in Frage stellen. Auch die *Freinet*-PädagogInnen leugnen die Existenz dieser Zwänge nicht. Sie gehen sie jedoch von vornherein anders an und lehnen es ab, sich ihnen zu unterwerfen. Das zeigt ihre Einstellung zum Problem der Methode, zu den Lehrwerken und zur Progression.

Das Problem der Progression

Im herkömmlichen Fremdsprachenunterricht gilt es als unerläßlich, einer sorgfältig gestaffelten Progression zu folgen und die Lernenden erst langsam und vorsichtig an die Originalsprache heranzuführen.

> »Der traditionelle Unterricht beruht auf der Idee, daß die (fremd-)sprachliche Realität komplex ist und daß das Kind sie nicht auf Anhieb erfassen kann. Um dieser Schwierigkeit zu begegnen, versucht man, diejenigen Strukturen zu bestimmen, die unumgänglich nötig erscheinen für den zukünftigen Aufbau der sprachlichen Mechanismen; man bringt diese Strukturen in eine logische Ordnung, zerlegt sie in möglichst einfache Elemente, und schließlich bemüht man sich, sie den Lernenden in einer logischen Reihenfolge mit ansteigendem Schwierigkeitsgrad darzubieten.« (10)

Dieses klassische Vorgehen wird von den *Freinet*-PädagogInnen aus mehreren Gründen abgelehnt. Sie wenden sich zum einen gegen die vorgängige didaktische Aufbereitung der zu lernenden Sprache durch den Erwachsenen. Dieser durchschaut zwar das gesamte logische Gebäude der Progression, den Lernenden bleibt jedoch nur der blinde Nachvollzug vereinzelter Elemente, die keine unmittelbar einsichtige Bedeutung für ihn haben (11). Zum anderen bestreiten sie, daß es eine für alle SchülerInnen gleich günstige Progression geben kann. Und schließlich zweifeln sie, ob es möglich sei, eine logisch konstruierte Progression einzuhalten, wenn das Dialog- und Situationsprinzip wirklich ernstgenommen wird.

1 Die folgenden Seitenzahlen in Klammern beziehen sich auf dieses »Dossier pédagogique de l'Educateur« Nr. 102/103/104 (Übersetzung der Zitate: I. D.).

»Die echte Situation, die das Kind (nach)erleben will, setzt sich über eine linguistische Progression hinweg (se monque de !) [...], denn wenn einmal der situative Kontext für eine Konversation gewählt und festgelegt ist, muß der Lehrbuchautor seine Personen das sagen lassen, was ›natürlich und normal‹ in dieser Situation ist, auch wenn es seiner systematischen Darbietung der Sprachstrukturen zuwiderläuft.« (11)

Durch das Vorgehen nach einer festen Progression sei das Kind außerdem gezwungen, eine große Aufmerksamkeits- und Gedächtnisleistung zu erbringen. Diese ist um so mühevoller, als das Kind ihre Notwendigkeit nicht einsieht, denn das zu lernende Sprachmaterial erscheint ihm mehr oder weniger losgelöst von der Realität, die es interessiert. (11) Dagegen führen die *Freinet*-PädagogInnen die moderne Sprach- und Lernpsychologie an, die ihre Ablehnung einer Progression rechtfertige:

»Die Arbeiten der zeitgenössischen Psychologie erlauben uns den Gedanken, daß die Komplexität einer realen Gegebenheit kein Hindernis für die gedankliche Durchdringung und Abstraktion darstellt, wenn diese Realität dem Kind vertraut ist und sein Interesse weckt.« (11)

Sie weisen darauf hin, daß auch die Behaltensleistung wesentlich größer ist bei Dingen, die die Lernenden angehen und persönlich berühren. (11)

Um die unmittelbare Begegnung mit der Zielsprache zu rechtfertigen, beziehen sie sich außerdem auf Ergebnisse der Kreativitätsforschung:

»Kreative Subjekte sind durchweg ›Kategorisierer mit großer Spannweite‹ (›catégorisants larges‹), d.h., sie sind fähig dazu, große Mengen an Informationen einzuordnen und dort Beziehungen herzustellen, wo sie für die Nicht-Kreativen verborgen bleiben. Diese wiederum sind ›enge Kategorisierer‹ (›catégorisants étroits‹).« (15)

Für eine »Pädagogik der Kreativität« (15) bedeutet das: »In einem ersten Schritt darf man nicht eine ›atomisierende‹, zerlegende Arbeitsweise dem Text gegenüber anwenden. Die Botschaft muß in größeren Einheiten assimiliert werden, um besonders den nicht-kreativen SchülerInnen zu helfen, ihre Art der Perzeption umzustellen.« (15)

»Die verschiedene Auffassungsgeschwindigkeit der SchülerInnen stellt dabei kein Hindernis dar, denn sie wird kein Anlaß zu Konkurrenz, sondern zu gegenseitiger Hilfe. Grundsätzlich gilt: Jede(r) Lernende baut sein/ihr Sprachwissen selbst auf nach eigener Vorgehensweise und eigenem Rhythmus.« (4)

Dies geschieht nicht nur durch reine Nachahmung und Wiederholung (*imitation et répétition*), sondern durch einen aktiven Prozeß des *tâtonnement expérimental* (des experimentierenden Sich-Vorantastens), der sowohl induktive als auch deduktive Denkoperationen einschließt. (5/6)

Die Ablehnung starrer Methoden

Wenn schon dieser Prozeß des *tâtonnement expérimental* seinen eigenen Gesetzen folgt und bei allen SchülerInnen anders verläuft, so kann das Vorgehen nach einem einheitlichen methodischen Schema für alle eher eine Vergewaltigung als eine Hilfe bedeuten. Darum lehnen es die *Freinet*-Pädagogen auch ab, sich festen Methoden zu beugen:

»Alle Techniken, alle Methoden dürfen niemals mehr sein als *Mittel*, die untergeordnet, in den Dienst gestellt werden müssen, und zwar nicht in den Dienst des Lehrplans, sondern des *Kindes*, seiner Entwicklungsstufe.« (3)

Jede(r) Lernende soll die Gelegenheit erhalten, in einer anregungsreichen und hilfreichen Lernatmosphäre seine/ihre eigenen tastenden Versuche zu unternehmen.

Die Ablehnung der Lehrwerke

Aus dem gleichen Grund wird auch das starre Festhalten an Lehrwerken im Fremdsprachenunterricht abgelehnt, die im herkömmlichen Unterricht auf Jahre hinaus den Spracherlernungsprozeß normieren und ihm auf die Dauer jeden Anreiz nehmen. Schon Freinet selbst wandte sich gegen die Tyrannei der Schulbücher und wagte es, in den ersten Schuljahren ohne Fibel auszukommen. Bei den FremdsprachenlehrerInnen, die in Freinets Sinne arbeiten, stehen zwar einige Musterexemplare von Lehrbüchern in der Klassenbibliothek; sie werden aber nicht im Unterricht *durchgenommen*, sondern können wie jeder andere Lesestoff zur individuellen Lektüre ausgeliehen werden. Die *Freinet*-PädagogInnen plädieren dafür, anstelle der Lehrwerke mobile Bausteine und abgegrenzte Lerneinheiten zu verwenden, die man je nach den Umständen anordnet.

»Das verurteilt offensichtlich das *Lehrbuch* zum Verschwinden, denn dieses bringt notwendigerweise eine feste Organisation und eine Struktur mit sich, die einen Zwang darstellt. Wir ersetzen es durch den Ordner, ein brauchbares pädagogisches Hilfsmittel, welches den SchülerInnen erlaubt, sich selbst ein eigenes Lehrbuch zusammenzustellen.« (11).

Auch die Apparate (Tonband, Kassettenrecorder, Sprachlabor) dienen nicht mehr dazu, einen sorgfältig vorpräparierten Lernstoff den SchülerInnen aufzuerlegen. Sie stehen im Dienst des Individuums und werden zu Hilfsmitteln für persönliche Entdeckungen umfunktioniert. Sie ermöglichen einerseits das programmierte Lernen und die Eigenkorrektur, aber sie dienen vor allem noch einem wichtigeren Zweck: Sie erlauben trotz der räumlichen Distanz den häufig wiederholten Kontakt mit Stücken echter Fremdsprache (aus der Korrespondenzklasse, von verschiedenen ausländischen Gesprächspartnern ...), und sie ermöglichen die Selbstbewertung und die Selbsteinschätzung der Lernenden im Hinblick auf ihre tatsächlichen Fähigkeiten, an dieser Kommunikation teilzuhaben. (11)

Ein solcherart organisierter Fremdsprachenunterricht spiegelt in seiner Struktur die Struktur von Sprache selbst wider. Diese bezeichnet der *Freinet*-Lehrer Jean Poitevin in Anlehnung an Noam Chomsky als »rule-governed creativity« – ein Terminus, der auch die allgemeine pädagogische Zielvorstellung der *Freinet*-Konzeption sehr gut zusammenfaßt.

Mit dieser Unterrichtskonzeption stehen die *Freinet*-PädagogInnen heute übrigens nicht mehr allein. Man kann feststellen, daß sich die Vorstellungen über »guten Unterricht« generell im allgemeindidaktischen Bereich wandeln hin zu Handlungsorientierung, Schülerzentrierung, offenen Unterrichtsformen. Auch die fremdsprachendidaktische Theorie hat diese Wandlung in der »kommunikativen Wende« schon ansatzweise mitvollzogen. Sie wird darin bestärkt durch neuere Ansätze der Sprachlehrforschung, die die Lernenden und ihre schrittweise, aktive, in weiten Teilen nicht steuerbare Annäherung an zielsprachliche Normen in den Mittelpunkt der Betrachtung rücken (vgl. dazu Bausch/Königs 1983).

Der neue Ansatz der Sprachlehrforschung z.B. realisiert in geradezu idealtypischer Weise das allgemeindidaktische Prinzip der Schülerzentriertheit. Im Kontext von Sozio- und Psycholinguistik, kontrastiver Linguistik und Lernpsychologie wird der Frage nachgegangen, wie die einzelnen Lerner die Strukturen einer Fremd- oder Zweitsprache »aus sich heraus« übernehmen bzw. neu konstruieren. Im Ansatz der Erforschung von Lerner- oder Interimssprachen erscheint der Erwerb einer Zweit- oder Fremdsprache als ein sehr persönlicher, individueller, kreativer Prozeß, der nur begrenzt »von außen« steuerbar und synchronisierbar ist. Die Lernenden befinden sich jeweils auf anderen Stufen ihrer eigenen »Interimssprache«, die sich schrittweise der »offiziellen« Norm annähert.

Eine solche Auffassung des fremdsprachlichen Lernprozesses hat unmittelbare Konsequenzen für die Gestaltung des Fremdsprachenunterrichts. Die Vorherrschaft »frontaler«, zentral von den Lehrenden gesteuerter Unterrichtsabläufe ist dadurch nachhaltig in Frage gestellt. Somit wird durch die Sprachlehrforschung selbst eine andere Ausrichtung des didaktischen Denkens nahegelegt: weg von »pauschalen« Unterrichtsmodellen, bei denen der und die einzelne Lernende aus dem Blickfeld verschwindet und mit vielen anderen zu einem abstrakten »Planungsfaktor« zusammengefaßt wird. Statt dessen ein »didaktisches Denken von unten«, das die unterrichtlichen Verallgemeinerungen aufbricht und die Realisierung einer konsequenten Individualisierung oder zumindest Binnendifferenzierung anstrebt. Dies deckt sich voll mit den Prinzipien der Freinet-Pädagogik.

Wie nun dieses Ziel angesteuert wird und aus welchen Elementen sich die komplizierte und verzweigte Struktur der Gesamtkonzeption des Fremdsprachenunterrichts »nach Freinet« zusammensetzt, soll im folgenden in enger Anlehnung an den Text von Michel Bertrand näher betrachtet werden. Dieser Text ist insofern repräsentativ, als er als Diskussionsergebnis der Kommission *Langues vivantes* gelten kann. Er wird von mir teils in wörtlicher Übersetzung, teils (aus Gründen der Raumersparnis) in freier Zusammenfassung wiedergegeben.

Die Gesamtkonzeption des Fremsprachenunterrichts

Die *Freinet*-LehrerInnen unterscheiden zwei Ebenen der Kommunikation in der Klasse:

Ebene I: Phasen gemeinsamer Arbeit

Hierfür legen die LehrerInnen in einem Minimalprogramm fest, was als Basis aller späteren Arbeit nötig ist. Darüber hinaus regen sie die SchülerInnen nach ihren Fähigkeiten an, diesen Erwerb von Grundfertigkeiten in lebendigem Austausch mit den anderen Mitgliedern der Gruppe zu vollziehen und ihren persönlichen Beitrag einzubringen. (Arbeitsformen: spontane oder organisierte Diskussionen oder freie Arbeiten in kleinen Gruppen im Rahmen von Untersuchungsaufträgen). Bei dem anschließenden Vortrag der Ergebnisse spornen sich die SchülerInnen gegenseitig zu weiterem Lernen an. Ziel ist nicht so sehr das Einprägen konkreter Kenntnisse, sondern die Entwicklung einer guten begrifflichen Aufnahmefähigkeit. (12)

Ebene II: Phasen personalisierter Arbeit

Durch die gemeinsame Arbeit verfügen die SchülerInnen über genügend Material, um gemäß ihrer Fähigkeiten das, was sie entdeckt haben, weiter zu verfolgen und zu vertiefen … Das grundsätzliche Ziel besteht darin, die Lernenden an ihrem Lernprozeß zu beteiligen, darüber zu wachen, daß sie nach eigenem Rhythmus voranschreiten, daß sie ihre Arbeit selbst wählen und organisieren, daß sie alle Arten von Informationsträgern benutzen, daß sie Erfahrungen machen, ohne ständig von den Lehrenden kontrolliert zu werden. Deren Aufgabe besteht darin, allen die Mittel zur Verfügung zu stellen, die es ihnen erlauben, Fortschritte zu machen, ihre Irrtümer und Mängel selbst zu erkennen und die Arbeitsmethoden zu entdekken, welche ihnen am meisten angemessen sind. (12)

Während der Unterrichtsstunden folgen die Aktivitäten keinem vorher festgelegten Stundenentwurf. Sie werden diktiert von den Erfordernissen und Bedürfnissen, die sich aus der momentanen Klassenatmosphäre ergeben. Der Unterricht ist im Konkreten verankert; er fügt sich in die Realsituation der Klasse ein und gibt dem Leben selbst Raum in einer Umgebung, welche die Freiheit und Kreativität fördert. (12)

Dennoch kennt auch diese offene Unterrichtskonzeption ein organisatorisches Gerüst. Hier folgt der Unterricht einer Art natürlichem Dreischritt in dem Ablauf folgender Phasen: a) Phase persönlicher Arbeit, b) Phase kollektiver Arbeit, c) Phase der Sozialisierung der Ergebnisse.

Grundlegend ist der *freie mündliche und schriftliche Ausdruck*, der angeregt und gefördert wird durch den Austausch von besprochenen Tonbändern mit der Partnerklasse (*correspondance collective sonore*) oder durch Briefe mit individuellen

Überblick über die *Freinet*-Techniken im Fremdsprachenunterricht:

1. Klassenkorrespondenz

2. Einzelkorrespondenz der Schüler

3. Austausch mit der Korrespondenzklasse/Klassenreise ins Ausland

4. Klassenzeitung

5. freier Ausdruck: – mündlich
   – schriftlich
   – künstlerisch

5.1 freie Texte
5.2 Herstellung von Dia-Montagen
5.3 fremdsprachliche Theateraufführungen
5.4 Sketche und Kommunikationsspiele
5.5 Rezitation literarischer Texte
5.6 Konversation
5.7 Diskussion/Debatte
5.8 Interview
5.9 Exposé

6. freie Lektüre:
6.1 Ganzschriften – mit Hilfe von *reading sheets*
6.2 alle Arten von Informationen, gesammelt in der:

7. Klassenbibliothek sowie der

8. Dokumentensammlung für:
8.1 schriftliche
8.2 akustische Informationsträger
8.3 (audio-)visuelle Informationsträger
(Für die Betreuung dieser Sammlungen, die laufend ergänzt und und erweitert werden, sind jeweils einzelne SchülerInnen verantwortlich.)

9. Arbeitsmittel und Hilfen für die SchülerInnen:
9.1 reading sheets (s. o.)
9.2 Arbeitsblätter für Grammatik (*fiches auto-correctives*, samt dazugehörigen Übungen auf Tonband)
9.3 Test/Sprachlaborprogramme/andere programmierte Arbeitsmittel
9.4 Ordner (*classeur*) – anstelle des Lehrbuchs
9.5 Vokabelkartei (*fichier de vocabulaire*)

10. Evaluation – aufgrund von:
10.1 Arbeitsplänen der Klasse
10.2 Wochenplänen der einzelnen SchülerInnen
10.3 individueller Bewertung der SchülerInnen am Ende bestimmter Lerneinheiten
10.4 geglückter Kommunikation mit »native speakers«

BriefpartnerInnen. Weitere Informationsquellen sind die Klassen-Bibliothek (anstatt des Lehrbuches gibt es Bücher, Broschüren, Zeitungen); die Diskothek; die Sammlung von Tonbandaufzeichnungen (*sonothèque*); die Sammlung von Filmen; das Schul- oder das normale Fernsehen (Kassetten oder life); Interviews; Erkundungen; Diskussionen mit native speakers. Die Auswertung dieser Lernelemente motiviert die persönliche Arbeit oder die Gruppenarbeit der SchülerInnen.

Ebene III: Phase der Vorstellung der Arbeitsergebnisse

Die Phase der Sozialisierung erlaubt dann die mündliche Vorstellung der Ergebnisse vor der Klassengruppe, seien es nun schriftliche Arbeiten oder audiovisuelle Ton-/Bildelemente, die allein oder in Gruppen neu arrangiert wurden. Jede vorgestellte Arbeit wird zunächst der Kritik der MitschülerInnen unterworfen, dann trägt die Lehrperson ihren Teil bei, ergänzt, hilft bei der Zusammenfassung, erweitert den Stoff in einer nachträglichen Lektion. Dann kann die Arbeit in den weiteren Kommunikationskreislauf der Klasse eingefügt werden (Ordner/Anschlag) an den Wänden/Klassenzeitung/individuelle oder Klassen-Korrespondenz). (12/13) Der Ausgangspunkt dieses Kreislaufs kann – je nach den Umständen – sowohl die Phase kollektiver Arbeit als auch die Phase der Sozialisierung der Ergebnisse sein. (14)

Im Fremdsprachenunterricht der *Freinet*-LehrerInnen findet man also die gleichen Techniken und Arbeitsmittel wieder, die auch für den *Freinet*-Unterricht generell charakteristisch sind und die z.T. noch von Freinet selbst entwickelt und erprobt wurden. Sie werden gemäß den Erfordernissen des Fachs erweitert und abgewandelt. Ihre Handhabung folgt drei Grundsätzen: Sie soll

a) so lebensnah wie möglich sein,
b) variabel und flexibel sein, d.h. nicht zum Schematismus erstarren,
c) den SchülerInnen zur freien Disposition gestellt werden.

Zur Leistungsbewertung:

Eine besondere Schwierigkeit stellt in den Augen vieler FremdsprachenlehrerInnen die Leistungsbewertung in einem solcherart offen angelegten Fremdsprachenunterricht dar. Im *herkömmlichen* Fremdsprachenunterricht basiert sie auf folgendem Schema: In einer genau begrenzten Zeit und unter minutiös festgelegten und kontrollierten Bedingungen haben alle SchülerInnen zur gleichen Zeit dasselbe Stück fremdsprachlicher Sprachproduktion abzuliefern (Diktat, Nacherzählung, Grammatik-Test). Aufgrund der mehr oder weniger gelungenen Produkte wird sodann zu Selektionszwecken eine Einstufung in eine klasseninterne Rangskala vorgenommen, deren Maßstäbe von vornherein nicht »geeicht« sind (zur Problematik dieser Art von vermeintlich objektiver Leistungsmessung vgl. Ingenkamp 1977).

Im Fremdsprachenunterricht »nach Freinet« verbietet sich diese Art der Leistungsmessung von selbst, da die SchülerInnen ihre jeweils eigenen Lernwege gehen.

Die individuelle Leistungsbewertung jedes einzelnen Schülers und jeder einzelnen Schülerin wird von den *Freinet*-PädagogInnen dagegen sehr ernstgenommen und viel genauer gehandhabt als im herkömmlichen Unterricht, wo mit einer Ziffer – die zudem nur einen fiktiven Rangplatz in einer fiktiven Normalverteilung angibt – die Leistung der SchülerInnen abgestempelt und abgetan wird. Bei den *Freinet*-PädagogInnen in Frankreich wird am Ende jeden Trimesters (also einmal öfter als bei uns im Laufe des Schuljahres) eine ausführliche *individuelle* Würdigung der einzelnen SchülerInnen vorgenommen, die diese nicht in ein Konkurrenz-Schema mit den anderen MitschülerInnen preßt, sondern ihrem Einsatz in den verschiedensten Bereichen differenziert gerecht wird. Dies geschieht nicht zum Zweck der Selektion, sondern zum Zweck der Hilfeleistung. Außerdem sollen die SchülerInnen bei dieser Gelegenheit sich selbst und den anderen (den LehrerInnen, den MitschülerInnen, den Eltern) Rechenschaft ablegen über den Gebrauch *ihrer* Lernzeit; sie sollen lernen, »daß Freiheit Verantwortung einschließt« (46).

Fazit

Diese didaktische und methodische *Offenheit*, die die *Freinet*-PädagogInnen auch in dem angeblich so sehr von Sachzwängen beherrschten Fremdsprachenunterricht praktizieren, wird bei vielen ihrer KollegInnen wahrscheinlich Ungläubigkeit, Ablehnung und vielleicht sogar Aggressionen hervorrufen.

LehrerInnen, die bereit sowie fachlich *und* emotional dazu in der Lage sind, einen solchen offenen, schülerzentrierten Fremdsprachenunterricht zu praktizieren, finden sich zumeist im Haupt- und Gesamtschulbereich (vgl. dazu Edelhoff/Liebau 1988). Dennoch beginnt sich diese Konzeption auch theoretisch durchzusetzen (vgl. dazu Dietrich 1979 und 1989, Müller 1989) – was freilich noch nicht viel über ihre praktische Verbreitung gegenüber dem landauf, landab vorherrschenden lehrer- und lehrbuchzentrierten Frontalunterricht aussagt.

Hier soll deshalb der Bericht eines deutschen *Freinet*-Lehrers über seinen Versuch stehen, im ersten Lehrjahr Englisch zusammen mit seiner Gesamtschulklasse »nach Freinet« zu arbeiten und auf das Lehrbuch weitgehend zu verzichten. Dieser Bericht von Walter Hövel ist nicht als Illustration der vorher dargelegten theoretischen Überlegungen gemeint. Er zeigt im Gegenteil auf, wie sich ein Lehrer frei von *Freinet*-Grundsätzen (»méthode naturelle«) inspirieren lassen kann, ohne unbedingt nach Vollständigkeit beim Einsatz der Unterrichtstechniken zu streben (z.B. wird *keine* Klassenkorrespondenz mit einer englischen Klasse praktiziert). Der Bericht illustriert ferner die Haltung des »Tastens« und »Experimentierens«, die auf seiten der Lehrperson Voraussetzung ist für einen solchen Schritt in offenes, noch weithin unerprobtes Terrain. Er zeigt, wie wichtig es im offenen, schülerzentrierten Fremdsprachenunterricht ist, die SchülerInnen ernstzunehmen und an der

Entscheidung über Lernwege und -methoden zu beteiligen – z.B. in mehr oder weniger formalisierter Form im Klassenrat. Ein Vergleich mit anderen Berichten über Fremdsprachenunterricht mit *Freinet*-Techniken (Bertrand 1975, Schlemminger 1990) zeigt übrigens, wie je nach Lehrerpersönlichkeit ein mehr oder weniger hoher Grad an Strukturierung des Unterrichts angestrebt wird. Das Entscheidende dabei ist, daß die freie Lernaktivität der SchülerInnen ihren *Arbeits*charakter behält und nicht unter die Beliebigkeit eines laissez-faire-Stils eingeordnet wird (vgl. dazu Schlemminger 1990, S. 14ff.).

Der Grad der Kontrolle und Strukturierung offener Lernprozesse ist im übrigen der Punkt, den jede Lehrerpersönlichkeit durch langes *»tâtonnement expérimental«* erst selbst herausfinden muß.

Ingrid Dietrich

Freie Texte französischer SchülerInnen im 2. und 3. Lernjahr Englisch:

I miss my little cat
I had a small cat whose name was Minouche and I liked her very much. She was a female, she was white and grey. Every morning when she heard me walking down the stairs to go to school she went to meet me. She licked my hands. When I had my breakfast she came on my knees and purred. When I went to school she looked at me through the window-pane.
But one day in the morning she was not here. I asked mummy "Where ist Minouche?" She answered: "I don't know". Some time after a neighbour came to visit my mother. I heard them talk about my cat. I went down to the yard and I saw my little cat lying on the ground, she had been poisoned. I stayed near my lovely cat which looked at me as if she was saying "Save me, Mireille, save me, my little mistress". And I wept a long time. All the day at school I thought of my cat which was dead, I couldn't forget ist.
Mireille Pieters, 4c

I had a friend
A very good friend
A gentle friend
And I loved very much my friend
But one day my friend
Died. Poor friend!
And then I mourned my friend
And then I cried for my friend
But he has not come again, my friend
O my dearest friend *Anna Pelloile, 5e A*

To write a long poem
To write a long poem
With a feather
To write a long poem
For someone you love
And sing it all the time
Should be very thrilling
To write a long poem
To draw it with a feather
Which sings on the paper
Which is the colour of dream
Of love

Die Texte sind entnommen dem Dossier von Bertrand, S. 39–41.

»Méthode naturelle« in Englisch. Ein Bericht über das erste Jahr Englisch-Unterricht in der 5a

Im folgenden werde ich ein halbes Jahr Englisch-Unterricht in einer 5. Klasse einer nordrhein-westfälischen Gesamtschule beschreiben. In dieser Klasse versuchte ich, den herkömmlichen Englischunterricht nicht nur durch Freinet-Methoden und -Prinzipien zu verbessern und zu erweitern, sondern einen neuen Weg des Lernens zu gehen, wobei ich mich am Begriff der »méthode naturelle« der Freinet-Pädagogik orientierte.

Das Unterrichten in dieser Klasse war alles andere als einfach. Die Klasse galt als »schwierig«. Die Mehrzahl der in der Klasse unterrichtenden KollegInnen klagte über diesen »Verein«, der alles tat, um das »geordnete« Unterrichten unmöglich zu machen. Mir ging es nicht viel besser. Oft brauchte ich von meinen kümmerlichen 45 Minuten gut 20 Minuten, um überhaupt ans Arbeiten zu kommen. Ganze Stunden, insgesamt mindestens drei Wochen, verbrachten wir nicht mit Englisch, sondern mit Kreisgesprächen, gruppenpädagogischen Übungen, Mediations- und Entspannungsübungen, Vertrauensspielen und Techniken des Boal-Theaters (Boal 1979). In der Beschreibung des Unterrichts werde ich diesen Teil der Geschichte weglassen.

In der ersten Englischstunde des 5. Schuljahrs einer Gesamtschulklasse fange ich mit der Aufforderung an: »Bitte schreibt alle einen englischen Satz auf.« Ich gehe von Schülerin zu Schüler und korrigiere Rechtschreibung, Semantik und Grammatik. Aber da ist nicht viel zu verbessern. Wer seinen Satz fertig hat, schreibt ihn an die Tafel, bis alle Sätze dort stehen:

Do you speak English? (mehrfach)
No, I don't
Have you got a car?
My name is Anja Kunz.
Good night Lucky Luke.
Good night mum.
Have you opened the Window and shut the door?
Good morning, my name is Alf. (mehrfach)
Are you ready?
What comes first?
What's your name? (mehrfach)
School, no!
It is English!
»Good morning«, says Roger Rabbit.
I love you.

Nun werden die Sätze, teils von mir, teils von den SchülerInnen, vorgelesen und übersetzt. Dann bitte ich sie, sich alle Sätze genau anzugucken und zu sagen, was sie anhand der Sätze über die englische Sprache herausfinden.

Als erstes finden sie heraus, daß alle Wörter klein geschrieben werden, außer Satzanfängen, Eigennamen und dem »I«. Sie fahren fort: »Sie reden anders als sie schreiben«, »Viele englische Wörter klingen ähnlich wie deutsche Wörter«, »Der, die, das, des, dem usw. heißt immer nur the«, »Das th gibt's bei uns nicht«. Meine Rolle in diesem Analyseprozeß ist eine sehr aktive. Ich bestätige, korrigiere und erkläre, z.B. den Verwandtschaftsgrad der beiden Sprachen. Aber ich versuche, nicht »zu tricksen«, indem ich ihre Aufmerksamkeit dazu benutze, sie auf Sachverhalte zu orientieren, die *ich* für wichtig halte. Aber ich beantworte und helfe immer dort, wo sie selber Fragen haben: »Manchmal verdrehen sie die Sätze so, z.B. mit diesem do, warum?« oder »Wieso ist an ›opened‹ dieses ›ed‹ an dem Wort?« Ich gehe hier so weit, daß wir »to open« und »to love« ins Simple Present, Simple Past und Present Perfect bringen. Ich erkläre ihnen, daß es regelmäßige und unregelmäßige Verben gibt, und daß wir erst mal die Finger von den unregelmäßigen lassen.

In der zweiten und dritten Stunde schreiben wir die Sätze ab, üben die Aussprache. Gemeinsam holen wir alle einzelnen Wörter aus den Sätzen (name, morning, rabbit, door, school etc.). Diese werden von allen in ein Vokabelheft eingetragen. Ich bevorzuge diese konventionelle Form der Vokabelsammlung, weil sie mir die effektivste zu sein scheint.

Schon in dieser Phase begann ich, mit den Kindern wo immer es möglich war, die Schritte unseres Lernens und die Methoden abzusprechen und abzustimmen. Die Kinder entschieden also, daß sie mit Vokabelkarteien oder gar ohne Vokabelregister arbeiten wollten. Sie entschieden, wie lange sie die Sätze analysieren wollten, was sie in späteren Arbeitsphasen übrigens nur noch einmal tun wollten. Dieses Abstimmen des Lernweges hielten wir das ganze Schuljahr durch. Hierbei bot zunächst ich situationsbedingt immer mehrere Alternativen an, im Laufe der Zeit kamen immer mehr Vorschläge von den Kindern selbst.

In der zweiten Stunde mache ich mit den Schülern eine Wette: »Wetten, daß ihr zusammen ganz viele Farben auf Englisch kennt!« Skepsis, aber auch Interesse an der Herausforderung. Sie beginnen: green, brown, blue, orange, yellow, red, white, black, pink, lilac (hier muß ich das »c« anhängen), silver, gold. Nur das »grey« fehlt in der ersten Farbpalette. Sie sind beeindruckt davon, daß sie schon so viel Englisch können.

In der vierten Stunde werde ich übermütig: »Wetten, daß ihr alle Zahlen auf Englisch könnt!« Und sie schaffen es! Bis »100« können sie alle Zahlen, irgendwer weiß immer weiter, auch wenn es bei »20« oder »30« zu stocken scheint. Nun schreibe ich Zahlen an die Tafel: 199, dann 999, dann 372, 758 etc. Wenn ein Versuch falsch ist, wird er aus der Klasse korrigiert, sie bekommen aber alle hin! Mein Job hierbei ist, zu ermuntern, Mut zu machen und Richtiges zu bestätigen. Mein Job ist nicht, und er sollte es auch während des ganzen Jahres nicht werden, daß ich durch Fehlerkorrigieren den Kindern zu beweisen versuche, daß sie Englisch erst mal lernen müßten. Es war umgekehrt: Sie konnten bereits Englisch, und wir konnten gemeinsam noch mehr lernen!

In der fünften Stunde beginne ich mit der Wiederholung der Zahlen, dann folgt die Aufforderung, zu zweit eine kurze Unterhaltung auf Englisch zu schreiben und diese vorzuführen. Diese Vorführungen nenne ich »English theatre, scene one, two« etc. Hier einige Beispiele:

»Are you ready?« – »No, I'm looking for my jacket.«
»Are you lucky?« – »No, I'm not.«
»Is the window open?« – »Yes, it is.«
»Are you my daddy?« – »No, I'm not.«
»Is it a black night?« – »It's not.«
»Have you got a horse?« – »No, I have not.«
»What is on?« – »Nothing is on!«
»Is the window open?« – »No, it's closed.«
»I have your car ready.« – »Well, okay, I'll come.«
»Is your hair red or black?« – »My hair is red. And yours?« – »My hair is black.«
»The car is ready!« – »Oh, very nice, very fine, oh, super!«

Fünf dieser Kurzdialoge führen Kinder vor der ganzen Klasse vor, die anderen scheuen sich. So werden am Schluß der Stunde alle Dialoge in den Tischgruppen gleichzeitig vorgetragen. In der nachfolgenden Stunde schreiben sie alle Dialoge an die Tafel und übertragen alle in ihre Hefte.

Meine Aufgabe war es wieder, alle Texte zu korrigieren, indem ich einfach verbesserte, als die Kinder fertig waren und den Text zu mir brachten. Wenn sie mich nach einem ihnen unbekannten Wort fragten, so schrieb ich es auf einen Zettel und sprach es deutlich aus. Auch führte ich hier den Gebrauch eines zweisprachigen Wörterbuchs ein.

Die siebte Stunde beginnt mit dem nochmaligen Lesen der Dialoge. Nun müssen wir über den weiteren Verlauf unserer Arbeit entscheiden. Die Analyse der Dialoge (wie in der ersten Stunde) wird abgelehnt. Statt dessen entscheiden die SchülerInnen, daß ich nun an der Reihe sei, ihnen einmal richtig schweres Englisch beizubringen. Ich stelle ihnen kurz die bilinguale Dialogtechnik vor (Butzkamm 1980), und sie entscheiden sich mit knapper Mehrheit gegen das Schreiben einer eigenen Geschichte auf Englisch. Also einigen wir uns darauf, erst das eine, dann das andere zu tun.

Die Abfolge der nächsten vier Stunden sieht wie folgt aus:

Ich löse die Sitzordnung in Tischgruppen auf, da nun Frontalunterricht (»direct teaching«) angesagt ist. In Hufeisenform sitzend, auf den Tischen nichts anderes als ein Arbeitsblatt, können die SchülerInnen mich nun angucken. Ich lese einen kurzen Text vor, dann wird er sofort übersetzt, mit Hilfe der SchülerInnen, wörtlich und frei, so daß der Sinn des Textes allen präsent ist. Nun werden die Sätze einzeln von mir vorgetragen und von allen wiederholt. Hierbei wird jeder Satz einmal leise, einmal laut gesprochen, mal geflüstert, mal geschrieen, sogar gesungen oder rhythmisiert. Jeder Satz wird mit einer bestimmten Gestik und Mimik verbunden (vgl. dazu Baur 1990, S. 31ff.). Bei »We're all in the same boat« wird gerudert, das Gesicht vor Anstrengung verzogen, bei »You'll regret that« mit dem Finger gedroht, bei »You're telling a pack of lies« stehen alle SchülerInnen. Dann lasse ich die Sätze von einzelnen SchülerInnen wiederholen. Nun gebe ich nur Satzanfänge, Satzteile, einzelne Wörter, deutsche Übersetzungen vor, damit die Sätze komplett wiederholt werden. Nun folgt das »lip-reading«. Ich forme die Lippen zu den Sätzen, ohne sie zu sprechen, und die SchülerInnen erraten den Satz. So gehe ich auch mit der Mimik und Gestik um. Es folgt die Substitutions-Phase: Aus »Wir sind alle im gleichen Boot« wird »Wir sind alle im gleichen Auto, im gleichen Fenster, in der gleichen Schule«. Ich greife also auf Wörter zurück, die sie bereits kennen. Nun substituieren die SchülerInnen frei. »We're all in the same disco, pullover, submarine, pig, etc.«. Sie substituieren Unsinniges, Pfiffiges, Neues, lassen sich alle möglichen Wörter einfallen. Ihre Englischkenntnisse sind dabei nahezu unbegrenzt. So wird jeder Satz verändert oder sogar erweitert. In der letzten Phase wird der Text von den SchülerInnen umgeschrieben. Einige verändern nur einzelne Worte, andere den ganzen Inhalt. Die neuen Texte werden vorgelesen. Einige spielen die neuen Texte sogar vor.

Die nächste Stunde ist die Stunde vor der Klassenfahrt, so daß ich noch nicht mit dem beschlossenen Programm fortfahre. Wir wiederholen einzelne Vokabeln und spielen wieder »Wetten, daß«. Diesmal sind »animals« an der Reihe. »Rabbit, horse, cat, tiger, duck, swan, fish, cow, crocodile, butterfly, pig, fly, hen, dog, bird, mouse, elephant, dragon, snake, hippo, monkey« ist das bereits aktiv vorhandene Vokabular.

In dieser Stunde führe ich auch eine Technik aus der Gestaltpädagogik ein. Auf die Frage »How do you feel today?« antworten die SchülerInnen mit einer Farbe, z.B.: »I feel red«. Diese Antwort wurde mit der Zeit immer mehr erweitert: »I feel like a blue mouse«, »I feel like seven black nights«, »I feel like twenty-seven pink teachers between bananas« oder »I feel like millions of happy yellow flies flying round a candle«.

In den nächsten Stunden schreiben die SchülerInnen ihre ersten eigenen Geschichten. Als Hilfestellung biete ich ihnen einige kopierte Seiten aus »Oxford Children's Picture Dictionary«.

Einige schreiben alleine, andere zu zweit. Wieder gebe ich hier und da ein Wort an, korrigiere Texte, ansonsten habe ich wenig zu tun. Sie hocken zusammen, reden miteinander, schlagen im Wörterbuch nach, einige laufen immer wieder durch die Klasse, beschäftigen sich (scheinbar) auch mit anderen Dingen, aber nach spätestens zwei Unterrichtsstunden sind alle Texte fertig.

Mit den Texten arbeiten wir auf verschiedene Weise: sie werden vorgelesen, die Aussprache wird geübt, einige werden an die Tafel geschrieben, wir korrigieren sie gemeinsam, ich erkläre nicht die Fehler, sondern den richtigen Gebrauch der Sprache, wir schreiben wichtige Vokabeln in die Vokabelhefte, sichern das Verständnis der Texte ab, freuen uns gemeinsam über die geschriebenen Texte.

Zum zweiten und letzten Mal gelingt es, mit den SchülerInnen einen der Texte an der Tafel zu analysieren. Sie interessiert doch, wie die englische Aussprache funktioniert. Die SchülerInnen sammeln folgende Regeln: Ein »e« am Schluß eines Wortes wird nicht ausgesprochen, ebenso das »e« vor einem »s« am Ende des Wortes. Sie machen sich gegenseitig vor, wie das »th« ausgesprochen wird, alle Wörter werden irgendwie zusammengezogen, »ph« ist wie »f«, »o« wie »u«, »i« wie »i« oder »ei« etc. etc. Hierbei war nicht wichtig (!), ob diese Regeln stimmten. Natürlich hätte ich ihnen zeigen können, daß z.B. bei »cages« das »e« wohl ausgesprochen wird oder ein »u« sehr wohl als »u« gesprochen werden kann.

Entscheidend war nur, daß sie *ihre* Wege zur Analyse der Sprache gingen, daß sie ihre Lernwege erprobten und daß ich ihnen Bestätigung und Würdigung gab. Der Erfolg war verblüffend. Wenn bisher einige SchülerInnen noch zögerlich, ängstlich und sehr fehlerhaft in der Aussprache waren, so begann nun ein großer Teil fließender und mit weniger Fehlern zu lesen und zu sprechen. Es war eben nicht das »sinnlose« oder »entfremdete« Nachmachen englischer Intonation, wie es die Schulbücher anbieten, sondern sinnvolles und eigenes Produzieren von Textinhalten, Aussprache, Grammatik und Semantik. So hört der Text von Jens, der im »üblichen« Englischunterricht zum Fünferkandidaten gemacht worden wäre, mit den Worten auf: »English is good, English is super«, und er wird sich bis zum Ende des Schuljahres auf ein »befriedigend« steigern.

In der folgenden Woche werde ich zu einer Fortbildung fahren, so daß ich die letzte Stunde noch »füllen« muß. Ich bitte die SchülerInnen, erste kleine Schritte zu einer eigenen Lyrik zu gehen und zeige ihnen einige einfache Formen freier Texte.

Beispiele für erste Lyrik

Truth
You will regret that
I love truth
I love
Truth

Lucky
I love
I love good luck
I love my mum and daddy
I am lucky

I will regret that
I love you
I love truth
I love black tigers
I love the blue door

In den folgenden Tagen, während des LehrerInnentreffens, hatte ich Gelegenheit, mit einigen Freinet-Freunden über das bisher Erreichte nachzudenken.

Die SchülerInnen hatten mir gezeigt, daß sie bereits Englisch konnten, daß ihre Umgebung, von Eltern, Geschwistern, über Lieder, Werbung, Mode oder Freizeitbereich bis hin zu Alltagssprache bereits so stark mit englischer Sprache angefüllt ist, daß die Englisch-Fachdidaktik mit ihren Einstiegsrezepten ganz schön daneben liegt. SchülerInnen sind keine unwissenden Wesen, denen die neue Sprache geschickt eingelöffelt werden muß, sondern sie sind bereits kompetent, und dies macht sie fähig, bei Anerkennung ihrer Kompetenz, noch mehr und besser zu lernen. Auch hat sich gezeigt, daß verschiedene Freinet-Methoden, wie freier Ausdruck, tastendes und forschendes Lernen, entdeckendes, selbstbestimmtes Lernen, sowie auch erste Schritte zu einem selbstorganisierten, demokratischen Lernen den SchülerInnen Selbstvertrauen geben, ihre Lernbereitschaft erhalten und, ganz einfach, den Spaß am Lernen nicht verderben.

Aber die Freinet-Pädagogik arbeitet noch mit einem anderen Begriff, der »méthode naturelle«. Als einzige »natürliche Methode« des Sprachlernens fiel uns das Leben in der muttersprachlichen Umgebung ein. Dies kann Schule allerdings nicht organisieren (höchstens in der Ausnahmesituation der Klassenfahrt), und dies kann auch nicht mit dem freinetischen Begriff der »méthode naturelle« gemeint sein. Viel eher ist damit als erstes gemeint, daß nicht Lehrer oder Didaktiken bestimmen sollen, wie der Mensch gefälligst am besten zu lernen hat, sondern daß jeder Mensch das Recht auf seinen Lernweg hat. Hier war ich mit der bisherigen Arbeit in der Klasse zwar einen Schritt nach vorne gekommen, aber die Lernsituationen waren häufig noch von mir bestimmt, zumindest aber noch oft auf mich bezogen. Ich knüpfte eigentlich nur an die bisherige Kompetenz der LernerInnen an, lenkte sie aber immer wieder geschickt oder ungeschickt auf fachdidaktische Lernwege. Ich mußte damit also bei vielen noch größere Möglichkeiten des Lernens versperren. Sie hatten ihre bisherigen Kenntnisse im Alltagsleben erworben, also in »echten« Lernsituationen. Englisch-Unterricht, auch unser bisheriger, läuft immer wieder Gefahr, in simulierte oder aufgesetzt spielerische Situationen abzugleiten. Die »méthode naturelle« hingegen erfordert echte Lernsituationen, die ein echtes Lernen bei allen Lernenden zulassen, denn nur so können die Lernenden ihre natürlichen Lebenswege finden und erweitern. Alle Lernenden müssen also ihre echte Lernsituation finden, das heißt aber wiederum auch, daß sie von der Situation persönlich betroffen sein müssen, daß sie sich selbst herausfordern können. Dies bezieht sich nicht nur auf die thematisch-inhaltliche Wahl, sondern auch auf das Arbeitstempo, die Methode, den Lernort sowie die Er- und Verarbeitung, also jene Elemente, die die Freinet-Pädagogik als ihre Technik bezeichnet (freier Ausdruck, tastendes und entdeckendes Lernen, Dokumentation der Ergebnisse, Kooperation mit anderen etc.). Auch hier fanden viele in den bisherigen Stunden einen größeren Zugang zu einer eigenen Lernpraxis, aber noch zu oft wurden diese Wege durch Mehrheitsvoten eingeschränkt.

Ein weiterer wichtiger Aspekt der »méthode naturelle« ist der, daß Menschen sich in schlechter Schule einerseits nur mit Gewalt (Noten, Tests, Verweisen etc.) in einen gemeinsamen Lernprozeß zwingen lassen, wenn ihnen gemeinsame Lernwege aufgezwungen werden, andererseits aber das Lernen in der Gemeinschaft, also auch gemeinsame Lernstrategien brauchen. Wenn gemeinsames Lernen auf »natürliche Weise« gelingen soll, sind alle bekannten gruppendynamischen Phänomene unausweichlich, also auch natürlich. Bisher war ich als Fachlehrer mit meinen maximal vier Stunden wöchentlich so damit umgegangen, daß ich versuchte, »Störungen« selbst zu meistern. Als Klassenlehrer hatte ich schon seit Jahren erfahren, daß dies nicht meine Aufgabe alleine war, sondern in der Kooperation der Klasse, vor allem im Klassenrat zu bearbeiten war. Ich hatte gelernt, daß die inhaltliche, soziale und psychologische Organisation der individuellen als auch gemeinschaftlichen Lernprozesse das Kernstück einer »méthode naturelle« in der Klasse war. Hierbei gibt es keine Zeit zu verlieren, also schnell, schnell zu machen, damit der Lernstoff auch bewältigt wird, sondern umgekehrt wußte ich eigentlich, daß dies natürliche Vorgänge des Lernens sind, daß sich das Sich-Zeit-Nehmen immer auszahlt. In den kommenden vier Wochen würde ich fast die Hälfte der Zeit auf die Bearbeitung dieses Teils des Lernprozesses auch als Nicht-Klassenlehrer verwenden. Ich lernte auch, den SchülerInnen mehr Raum und Zeit während der Arbeit zu lassen. Nur die Auswahl der eigenen Inhalte, der ArbeitspartnerInnen und der eigenen Lernwege macht noch keinen natürlichen Lernweg. Lernende brauchen auch, gerade in der Atmosphäre des Nicht-Gegensatzes von individuellem und gemeinschaftlichem Lernen, die Akzeptanz ihrer affektiven Elemente, die oft wie »mangelnder Arbeitseifer«, »Zeitvergeudung« und »Störungen« aussehen mögen. Doch die Kernfrage blieb, mit welchen Informationsquellen, mit welchen Materialien die SchülerInnen arbeiten konnten, da ja der scheinbare Idealfall des Lernens etwa in einer englischen Familie nicht zu erreichen war.

Die eine Alternative wäre gewesen, die SchülerInnen dort weiterlernen zu lassen, wo sie bisher ihr Englisch gelernt hatten, nämlich außerhalb der Schule, in ihrer natürlichen Umgebung. Dies ließen die speziellen Bedingungen mit viermal 45 Minuten und auch die generellen Bedingungen der Schule ohne epochalisierten Klassenlehrerunterricht nicht zu. Nur in Einzelfällen gelang es uns, die Schule zum Englischlernen zu verlassen. Die andere Alternative ergab sich aus folgender Überlegung: Wenn die SchülerInnen bereits so viel Englisch ohne die Schule gelernt hatten, verfügten sie ja auch über eigene, nicht-didaktisierte Lernstrategiekompetenzen zum Sprach- und zum Fremdsprachenerwerb. Also bräuchte ich ihnen nur eine Lernlandschaft anzubieten, die einerseits vielfältig genug zum Finden eigener Interessen, andererseits offen und originär ist.

Seit Jahren hatte ich Materialien aus englischen, amerikanischen und australischen Grundschulen gesammelt, die sich an den Prinzipien des »discovery learning« oder des »creative writing« orientierten. Ich verfügte über Schmuckstücke aus den englischen Early-Learning-Centers, über gute Materialien unserer klassischen Englisch-Verlage und auch über einige reformpädagogische Karteien. Ich meine damit nicht jene Karteien, die das Grammatikpauken per spielerischem Arbeitsblatt schmackhaft machen sollen, sondern eben solche mit einem bunten Angebot aus den besten Ideen, die in der Schule erfolgreich erprobt worden waren.

Wenn ich ihnen also schon kein Lernen in der natürlichen Sprachumgebung anbieten konnte, so konnte ich ihnen zumindest einige jener Dinge anbieten, die LehrerInnen der englischsprachigen Länder entwickelten und benutzten, die Lernen ähnlich sehen wie unseren Ansatz des selbstbestimmten und natürlichen Lernens.

Wenn ich in dieser Situation dieses Material, diesen Weg aussuchte, bedeutete dies nicht (!), daß dies die einzige Möglichkeit des Lernens war, oder daß, wenn jemand dieses Material nicht hat, ein ähnliches Unterrichten nicht möglich wäre.

Andere Wege können das konsequente Weiterarbeiten mit freien Texten, mit Literatur, Medienmaterialien, wie Kassetten, Filmen, Radio, Video oder anderen Dingen sein, die einen Zugang zu originären Informationen eröffnen. Gern wäre ich auch den Weg der klassischen Freinet-Korrespondenz mit einer englischsprechenden Klasse oder den Weg über »electronic mail«, Faxen und Telefonieren gegangen (vgl. dazu den Beitrag von Burkhard Fries in diesem Band).

In der folgenden Stunde stelle ich den SchülerInnen mein Projekt vor: »Ich bringe Dinge aus englischsprachigen Ländern mit. Ihr könnt euch alles angucken und wählt etwas aus, mit dem ihr arbeiten wollt.« Viele Fragen kommen, ob sie nur lesen und schreiben müßten, ob sie nur in der Klasse arbeiten dürften, ob sie auch zusammen etwas bearbeiten dürften, ob ich ihnen auch helfen würde etc., etc. Wir stellen einige Regeln auf: Wir nehmen uns 14 Tage Zeit, wir arbeiten einzeln oder zu zweit, gearbeitet wird in der ganzen Schule, wer Hilfe braucht, bekommt sie, aber ich kann immer nur einer Gruppe oder einem Menschen helfen. Wir versuchen, während der ganzen Zeit Englisch miteinander zu reden. Andere dürfen bei der Arbeit nicht gestört werden. Alle Formen des Arbeitens sind erlaubt, ob Malen, Experimentieren, Theater oder Sprechen auf Kassette. Am Schluß stellen alle ihre Ergebnisse den anderen vor. Die SchülerInnen stimmen meinem Vorschlag also zu. Einstimmig verpflichten sie sich, an selbst zu wählenden Aufgaben zu arbeiten.

Am nächsten Tag packe ich meine drei Kisten aus, verteile sie auf den Tischen. Die SchülerInnen beginnen in den Dingen zu schnüffeln, beratschlagen sich, kommen zu mir, um sich Materialien erläutern zu lassen, zeigen sich gegenseitig Gefundenes, einige sitzen in Ecken, um Dinge genauer zu studieren, andere stehen aufgrund der Fülle der Materialien unschlüssig herum, andere feixen und machen Unsinn. Die ersten kommen zu mir und zeigen mir, womit sie arbeiten wollen. Wir beratschlagen gemeinsam, wie sie damit arbeiten können. Einige beginnen gleich mit der Arbeit. In der nächsten Stunde sind wir so weit, daß alle etwas gefunden haben. Einige SchülerInnen muß ich länger bei der Auswahl ihrer Materialien und Arbeitsstrategien beraten.

Zunächst glaubte ich, einen Überblick über das behalten zu haben, was die SchülerInnen taten. Die Wirklichkeit der folgenden Stunden sieht anders aus: Ich habe im Grunde genommen überhaupt keinen Überblick mehr. Einige sitzen und lesen oder schreiben, andere sind auf dem Gang an den Tischen, andere wuseln und wimmeln durch die Klasse, reden miteinander, werden auch laut, arbeiten sie oder arbeiten sie nicht? Lernen sie nicht auch falsche Dinge? Wenn jetzt einer reinkommt und dich fragt, ob das Unterricht ist?

Aus anderen Fächern kannte ich freies Arbeiten und projektorientiertes Arbeiten. Aber in Englisch? Und ein solches Durcheinander! Ich versuche wieder zu beobachten. Da sehe ich welche arbeiten, also, sie sehen für mein Lehrerauge so aus, als ob sie arbeiten. Aber da, der macht doch alles andere als Englisch, der macht Quatsch, die träumt doch …

Ich unterhalte mich im Kreis mit den SchülerInnen. Natürlich lernen sie, antworten alle, das klappt, macht Spaß …. ja, aber ihnen wäre es auch zu laut. Wir organisieren gemeinsam, wer wo arbeitet, wie gearbeitet wird, wir stellen weitere Regeln auf, aber »bitte nicht mit dieser Form der Arbeit aufhören«. Ich halte also durch, auch wenn es meiner klassischen Lehrerhälfte, geformt durch die Fachdidaktik, schwerfällt.

Es kommt der Tag der Vorstellung der Arbeitsergebnisse. So, denke ich, nun wird sich zeigen, ob dieses Arbeiten funktioniert hat.

In den letzten Jahren meines freinetischen Unterrichts waren die Vorträge in Deutsch, Geschichte, Erdkunde, Biologie, Wirtschaftslehre, Musik oder Kunst immer die Highlights, die meine anfängliche Unsicherheit abbauten. Hier zeigte sich immer, was noch zu tun war, aber vor allem, was die SchülerInnen alles gelernt hatten.

Die erste Gruppe stellt ihre »dinosaurs« vor, mein Herz schlägt höher, ein toller Vortrag. Nur, die SchülerInnen gucken etwas gelangweilt, weil sie den größten Teil des vorgetragenen Textes, gespickt mit vielen Fachtermini, gar nicht verstehen. Sie scheinen aber das gute Niveau des Vortrags zu erspüren und applaudieren. Dann folgt die Gruppe, die die Bilder nach englischen Anleitungen gemalt hat. Sie hatte ich im Verdacht, nicht besonders intensiv gearbeitet zu haben. Aber das Gegenteil ist der Fall. Sie haben eine Unmenge von Bildern produziert, die sie vorzeigen. Jetzt folgt die Gruppe mit den Wasserexperimenten. Sie hatte wirklich gut gearbeitet, mit mir ihren Vortragstext abgesprochen. Aber sie führen nur einen Versuch vor und bringen kein gescheites englisches Wort heraus.

Ich verzweifle! Und die Stunde ist zu Ende. In der nächsten Stunde machen die SchülerInnen mir klar, daß sie überhaupt keine Vorträge halten wollen. »Wir wissen, was die anderen gemacht haben ... Wir haben auch voneinander gelernt ... Wir haben alle sehr viel gelernt, und das reicht!« Wir einigen uns darauf, daß jede Gruppe die wichtigsten Wörter und Redewendungen ihrer Arbeit für die Vokabelhefte vorträgt und dann die Arbeit beendet.

Viel später wurde mir erst klar, wie wichtig und gut diese Arbeitsphase war. Die SchülerInnen hatten wirklich ungeheuer viel gelernt. Der Wortschatz, die Grammatik und die Semantik hatten sich nicht nur bei den einzelnen verschieden erweitert, auf was wir bei der weiteren Arbeit immer wieder zurückgreifen konnten, sie hatten sich auch gegenseitig Englisch beigebracht. In den nächsten Wochen und Monaten hatten SchülerInnen Redewendungen und Wörter parat, die ich weder frontal noch genau diesen SchülerInnen vermittelt hatte. Sie mußten sie selber weitergegeben und abgeholt haben. Sie alle waren auch sicherer geworden im Gebrauch der englischen Sprache. Und hier scheint mir der entscheidende Vorgang zu stecken:

Ich hatte sie nicht gezwungen, auf meine oder der Didaktik Art Englisch zu lernen. Ich hatte sie nicht gezwungen, alles richtig machen zu müssen, ihnen also ständig nachzuweisen, wie viele Fehler sie machten. Sie hatten ganz einfach ihren »Ansatz« gefunden. Sie lernten, was sie lernen wollten und konnten (!). Sie hatten Zeit, sich zu bestätigen, daß sie Englisch lernen konnten und wollten. Hier trat nicht der berühmte Knick auf, über den sich alle EnglischlehrerInnen immer wundern: »Zu Anfang haben alle so eine große Lust, Englisch zu lernen. Das Fach ist noch unbelastet von den bisherigen Schulerfahrungen. Aber leider verliert sich das nach einiger Zeit, obwohl ich wirklich mein Bestes versucht habe.« Ich denke, hier war wirklich der Ansatz einer »méthode naturelle« verwirklicht, eines Lernens, das nicht zur Lehr-Beherrschung wird.

In den folgenden Stunden versuchte ich mit den SchülerInnen noch den anderen Weg eines natürlichen Lernens zu gehen, des Lernens an der direkten Umgebung.

Mit Klebeband und Filzschreibern beschriften wir das gesamte Wortfeld »Klasse«, wir untersuchen unsere gesamte Kleidung auf englische Wörter. Allein die Aufschriften und Labels in der Kleidung liefern uns über 50 verschiedene Wörter. In einer anderen Stunde gehen sie in den Ort, um englische Begriffe in Schaufenstern, auf Plakaten, Schildern etc. zu sammeln. Eine Gruppe von fünf SchülerInnen bringt es allein auf über 100 Begriffe. Der Eifer der SchülerInnen wächst mit diesen »Entdeckungen«. Sie setzen nun auch außerhalb der Schule bewußt fort, was sie vorher schon unbewußt begonnen haben, sie lernen in ihrer natürlichen Umgebung Englisch. Immer häufiger stellen sie Fragen zu Dingen, die sie irgendwo entdecken. Später löste sich auch ihr Interesse wieder von der direkten Umgebung. Sie waren bereit, auch mehr zu lernen, als diese ihnen bot.

Sie wählen sich Wortfelder, die sie in Gruppen mit Wörterbüchern und aus dem eigenen Wissen zusammenstellen. Sie organisieren kleine Quizspiele für andere Gruppen. Ich arbeite mit Wortfeldmappen. Bilder werden Wörtern zugeordnet. Dann werden die durch die Bilder verdeckten Wörter von den SchülerInnen gesprochen. Zur Kontrolle wird das Bild einfach hochgehoben. Spätestens seit dem »We're all in the same boat«-Dialog hatte ich mir abgewöhnt, etwas zu schwierig für die SchülerInnen zu halten. Als aber zwei Schüler nach der Mappe »The end of the 2nd world war« griffen, die ich für eine 9. Klasse vorbereitet hatte, riet ich ihnen ab: »Das ist zu schwer.« Dies war aber wohl nur der Auslöser für unser altes Wettspiel. Nach wenigen Minuten lagen alle Bilder auf den richtigen Texten.

Sie wollen nun etwas ganz anderes machen. Wir überlegen lange, bis der Vorschlag kommt, englische Lieder zu lernen. In der nächsten Stunde singe ich gut 50 verschiedene Lieder an, die SchülerInnen signalisieren per Handzeichen, welche sie singen wollen. In den nächsten Tagen und Wochen lernen wir viele, bis zum Ende des Schuljahres gut 30 Lieder, von Old McDonald über 500 miles, Dirty old town, Tom Dooley bis hin zu Love me tender und I am sailing. Mal schreibe ich die Texte an die Tafel, die SchülerInnen sie ab, mal verteile ich kopierte Texte. Gemeinsam sichern wir den Sinn der Texte, üben kurz die Aussprache und singen. Ich versuche nie, die Liedtexte als Motivation für ein »höheres« Lernziel zu mißbrauchen. Trotzdem behalten sie die Texte gut und werden im zukünftigen Unterricht Wörter und Redewendungen brauchen.

Mit den Liedern kam ein Einschnitt in unsere Arbeit. Ich wußte, daß ich mit größter Wahrscheinlichkeit die Klasse nach diesem Jahr abgeben würde. Das Problem war jetzt, daß Englischlernen an der Schule leider nicht nur den Sinn hat, die englische Sprache zu lernen, sondern (vor allem?) Klassenarbeiten so zu schreiben, daß mensch einem Erweiterungs- oder Grundkurs zugeteilt werden kann. Oder, um es für Gesamtschulbedingungen noch genauer zu beschreiben: Die »Leistungen« werden bei der Zuordnung mit dem Stand der anderen Klassen verglichen. Und diese Leistungen beziehen sich auf die Vorgabe des Englischbuchs. Dieses hatten wir bisher nicht angerührt.

Ich hatte die Frage, ob oder wann wir auch mit dem Buch arbeiten sollten, offengelassen, da ich zwei Jahre bis zur großen Differenzierungslogik herkömmlichen Englisch-Unterrichts Zeit gehabt hätte. Bisher hatten sich die SchülerInnen bei den Abstimmungen klar gegen das Buch entschieden. Als ich ihnen aber den Sachverhalt wie oben erklärte, stimmten sie dem Buchunterricht zu.

Drei Wochen vor Ende des Schuljahres hatten wir die parallelen Klassen überholt. Einerseits lernten die SchülerInnen ihre Lektionen locker, vieles kannten sie, anderes empfanden sie nicht als schwer. Wir machten noch viele Dinge zwischendurch, ein englisches Gedicht bis zu einem eigenen Text substituieren, freie Texte schreiben, mit der Mentor-Lernhilfe Englisch arbeiten, Grammatik lernen, die noch gar nicht dran war (prepositions, Past-Formen), Wortfelder lernen und natürlich viel singen.

Aber da tauchten auch die mir so bekannten Probleme des Englisch-Unterrichts auf: Bei »and here's your new class« wurde das berühmte »nef« gelesen. Ich sage »nju«, aber eine Minute später hieß es wieder »nef«, einige schalteten immer ab und – die Mehrzahl lernte keine Vokabeln. Und ich langweilte mich mit diesen uninteressanten, bezugslosen und sinnlosen Texten genauso wie die SchülerInnen. Aber die SchülerInnen hielten durch. Sie konnten bereits Englisch, und das Buch war nicht mehr in der Lage, ihnen klarzumachen, wie wenig sie konnten. Sie lösten sich freudig und bereitwillig bei jeder Möglichkeit vom Buch, um auf anderen Wegen selbst zu lernen.

Am Ende des Schuljahres stand niemand von ihnen »mangelhaft«.

Walter Hövel

Literatur

Baillet, Dietlinde: Freinet – praktisch. Beispiele und Berichte aus Grundschule und Sekundarstufe, Weinheim und Basel 1983.

Baur, Rupprecht S.: Superlearning und Suggestopädie. Grundlagen – Anwendung – Kritik – Perspektiven, Berlin, München 1990.

Bausch, Karl-Richard/Königs, Frank G.: ›Lernt‹ oder ›erwirbt‹ man Fremdsprachen im Unterricht? In: Die Neueren Sprachen, Jg. 82, H. 4, S. 308–336.

Bertrand, Michel: »Live English« (L'Anglais en direct) – pistes pour l'apprentissage de l'anglais au 1er cycle du 2nd degré. Dossier pédagogique de l'Educateur N° 102/103/104, Bibliothèque de l'Ecole Moderne, Cannes 1975.

Boal, Augusto: Theater der Unterdrückten, Frankfurt a.M. 1979.

Butzkamm, Wolfgang: Praxis und Theorie der bilingualen Methode, Heidelberg 1980.

Dietrich, Ingrid: »Alternative Methoden« und »Übungen und Arbeitsformen im Projektunterricht«, Artikel Nr. 28 und 46 in: Bausch/Christ/Hüllen/Krumm (Hrsg.): Handbuch Fremdsprachenunterricht, Tübingen 1989 (3., erw. Aufl. 1995).

Dietrich, Ingrid/Gäßler, Roland: Arbeit und Spiel – ein Gegensatz? Die ganzheitliche Konzeption des *travail-jeu/jeu-travail* bei Freinet. In: Timm, Johannes-Peter (Hrsg.): Ganzheitlicher Fremdsprachenunterricht, Weinheim 1995, S. 16–30.

Edelhoff, Christoph/Liebau, Eckart (Hrsg.): Über die Grenze. Praktisches Lernen im fremdsprachlichen Unterricht, Weinheim und Basel 1983.

Freinet, Célestin: Essai de psychologie sensible I, Neuchâtel/Schweiz (Delachaux et Niestlé) 1968 (2. Aufl.).

Ingenkamp, Karlheinz (Hrsg.): Die Fragwürdigkeit der Zensurengebung, Weinheim und Basel 1977 (7. Aufl.).
Müller, Bernd-Dietrich (Hrsg.): Anders lernen im Fremdsprachenunterricht. Experimente aus der Praxis, Berlin und München 1989.
Schlemminger, Gerald: Freinet-Techniken und institutionelle Pädagogik im Fremdsprachenunterricht. In: Päd. extra & Demokratische Erziehung. H. 3/1990, S. 28–33.

Dieser Beitrag stellt die gekürzte Zusammenfassung zweier getrennt erschienener Aufsätze dar:

Dietrich Ingrid: Freinet-Pädagogik und Fremsprachenunterricht. In: Englisch Amerikanische Studien, H. 4/1979, S. 542–563, und

Hövel, Walter: Méthode Naturelle in Englisch. In: Fragen und Versuche. Zeitung der Pädagogik-Kooperativen, H. 54/1990, S. 6–13, H. 56/1991, S. 9.

Lutz Wendeler

Die Freinet-Pädagogik, die Naturwissenschaften und die Sekundarstufe II oder von der Kunst, einen Cocktail zu mixen

1. Freinet-Pädagogik und Naturwissenschaft

oder: Plädoyer für offene Fragen

Naturwissenschaft und Freinet-Pädagogik. Dies scheint auf den ersten Blick nicht recht zusammenzupassen. Hier objektive Kenntnisse, Fakten, eindeutige Ergebnisse und exakte Prognosen. Dort Subjektivität, der Fluß des Prozesses und die soziale Selbstorganisation. Beide Ansätze sind in der Tat in hohem Maße unterschiedlich. Es ist daher sicherlich lohnenswert, den Wissenschaftsbegriff näher zu beleuchten. Wäre Wissenschaft nichts anderes als die objektive Erkenntnis und die ehernen Naturgesetze, dann sähe sich alles Lernen in diesem Bereich in der Tat einer paradoxen Situation ausgesetzt. Dann würde auf der sozialen Seite um Interpretationen der Wirklichkeit gerungen, an den Gründen für unterschiedliche Sichtweisen der verschiedenen individuellen Wirklichkeiten gearbeitet und der Umgang damit geübt. Auf der inhaltlichen Seite wären gänzlich andere Vorstellungen am Werke, nämlich solche, die ein Objektivitätsmodell der menschlichen Erkenntnis und der Existenz überhaupt zugrundelegen. Auf dieser Ebene könnte es dann bestenfalls subjektive Wege zur objektiven Erkenntnis geben.

Sicher wäre der Umgang mit einer solchen Gespaltenheit vorstellbar. Nur Klarheit müßte über sie herrschen, damit es zu keinem Wirrwarr darüber kommen kann, welche Vorstellung von der Welt nun Gültigkeit haben soll. Danach gäbe es bei verschiedenen Aspekten des Lernvorganges eben verschiedene Wertsysteme. Die sozialen Werte wären andere als die naturwissenschaftlichen. Damit ist eine grundsätzliche Bühne, auf der die Freinet-Pädagogik spielt, bereits betreten. Es geht um Werte, um Menschenbilder und wohl auch weitergehend um Weltbilder. Die aufgeworfene Fragestellung, inwieweit sie sich kongruent zueinander verhalten, ist eine zentrale Fragestellung meines naturwissenschaftlichen Unterrichts gewesen. Leitend war für mich die Frage nach den Ähnlichkeiten in prinzipiellen Mustern oder Erklärungsansätzen. Die zuerst gestellte Frage, ob die Welten der Naturwissenschaften und der sozialen Prozesse unterschiedlich sind oder nicht, ob Strukturidentität vorliegt oder nicht.

Natürlich ist es schöner, wenn die beiden Welten nicht prinzipiell different wären. Dies erspart eine Menge Ärger und viele Erklärungen. Einen Versuch in dieser Richtung hat Wolfgang Mützelfeld (Mützelfeld 1993) in seiner Ökologie des Lernens unternommen. Er sucht die Strukturidentitäten in ökologischen Systemen und Lernprozessen und spricht beiden einen Systemcharakter zu. Damit müßten sich Charaktermerkmale finden lassen, die in den beiden unterschiedlichen Bereichen identisch sind. Zieht man zu diesem Zweck die Kriterien heran, die für die meisten ökologischen Systeme gelten, die keine Extremlebensräume sind und über ein genügendes erdgeschichtliches Alter verfügen, um aus der gröbsten Sukzession heraus zu sein, dann finden sich die folgenden:

Selbstorganisation	Begrenzung
Vernetzung	Flexibilität
Eigendynamik	Kooperation
Wechselwirkung	Durchlässigkeit
Rückkopplung	Vielfalt

Alle diese grundsätzlichen Merkmale sind am Werke, wenn Unterricht nach den Prinzipien der Freinet-Pädagogik stattfindet. Inhaltlich erhalten sie eine andere Bedeutung. So kann Rückkopplung auf ökologischer Ebene das sich selbst regulierende Verhältnis zwischen Räuber- und Beute-Tieren meinen und auf der sozialen Ebene die Institution des Klassenrates. So mag Vielfalt in der ökologischen Welt Artenvarianz sein und im sozialen Gefüge inhaltliche Vielfalt an Menschen und Menschentypen, Vielfalt der Lernvorgänge oder dergleichen bedeuten.

Inhaltlich sind also die zu vergleichenden Bereiche sicher sehr verschieden, nicht aber strukturell. Damit bezeichnet die Struktur eine tiefere Ebene. Das Muster hat eine grundlegende formende Bedeutung, der Kontext vermittelt diese Bedeutung zwischen verschiedenen Mustern. Weil Strukturähnlichkeiten zwischen verschiedenen Systemen, wie beispielsweise der Ökologie und dem Lernen, vorhanden sind, haben sie auf tiefen, oft unbewußten Ebenen verschiedene Wirkung und stellen die wahre Quelle der Ganzheitserfahrung dar.

Auch im Bereich der Naturwissenschaften mehren sich die Hinweise, daß die postulierte Objektivität vielleicht nur in eng begrenzten Spezialfällen der äußerlichen Wirklichkeit vorhanden ist. Beispielsweise wird ein Gegenstand mit vier Beinen und einer waagerechten, annähernd quadratischen Ebene nebst einer an den Seiten des Quadrates befindlichen senkrechten Ebene aus dem Material Holz von der überwiegenden Anzahl der Menschen, die mit diesem Gegenstand vertraut sind, als Stuhl identifiziert. Objektivität scheint also dort möglich, wo entweder die betrachteten Gegenstände, Zustände oder Prozesse so wenig komplex sind, daß eine zweifelsfreie Klassifizierung oder Ursache-Wirkung-Beziehung gelingt. Oder aber, wenn in Fällen hoher Komplexität eine Zerlegung in mehrere Untersysteme geringer Komplexität erfolgt. Beide Fälle sind offensichtlich in der lebendigen Welt eher die Ausnahme als die Regel. Dennoch ist diese Betrachtung der Reduktion auf bescheidene Komplexitäten und die Regeln ihrer Beziehungen und Bewegungen ausreichend, um die meisten der alltäglich wahrgenommenen Phänomene zu erklären. Dies besagt aber noch lange nicht, daß dies auch bei einer tieferen, entweder komplizierteren oder kleineren Welt auch der Fall ist. Die Chaostheorie und die Quantenphysik beispielsweise zeigen uns, daß diese Welten scheinbar vollends anderen Gesetzen gehorchen, die wir vermutlich noch recht wenig verstanden haben.

Sie zeigen uns, daß die wissenschaftlichen Deutungen nur Interpretationen der Wirklichkeit sind. Dies gilt in der Analogie auch für alle sozialen Phänomene, wo es für niemanden möglich ist, ein wahres Bild über eine Situation zu gewinnen, höchstens ein anderes oder differenzierteres.

Die Quantenphysik zeigt uns, daß es kein objektives Experiment mit einem außenstehenden Experimentator geben kann (Heisenberg 1948 und 1973). Genausowenig kann eine Lehrerin eine außenstehende Beobachterin des sozialen Geschehens sein. Sie ist prinzipiell zutiefst, manchmal zu tief darin verwickelt.

Ebenfalls in der Quantentheorie wird allen Ernstes ein Denkmodell diskutiert, welches als die Viele-Welten-Theorie bekannt ist (vgl. Zukav 1981). Sie zieht in Erwägung, daß zur selben Zeit, nur auf unterschiedlichen Ebenen der Wirklichkeit, sich einander ausschließende Vorgänge geschehen. In jeder Schulklasse ist dieses Phänomen eine völlige Selbstverständlichkeit. Es lassen sich auch in der modernen Biologie und Chemie ähnliche Attentate auf das klassische Bild der Naturwissenschaften finden, die alle das Weltbild ewiger, objektiver Weltgesetze in Zweifel ziehen.

Wenn es aber so ist, daß alle Erkenntnis im Kern oder in der Substanz notwendig historisch wie subjektiv, Interpretation oder Projektion, vielschichtig und verworren ist, dann erscheint es reichlich absurd, die lineare Abarbeitung eines Kenntniskanons von Spezialfällen der Erkenntnis für allein gültige Inhalte des Physik-Unterrichts zu halten. Gegenstand des Lernens können doch nur der Kontext, die Auseinandersetzung, die Interpretationsbedeutung, ihre Gewinnung und die darin verborgenen Vorstellungen und Werte sein.

Diese sind im übrigen aus der Wissenschaft allein ebenfalls nicht zu gewinnen. Wenn ich mit meinem Kurs die Absicht hege, durch den Bau einer Pflanzenkläranlage die Abwassersituation in der ländlichen Umgebung zu verbessern, so geschieht das aus der Vorstellung, daß sauberes, klares Wasser für den Menschen bedeutend mehr Lebensqualität zu bieten hat als eine stinkende Kloake. Wissenschaftlich ist das nicht zu begründen, weil die Ökologie lediglich Lebensräume beschreibt, aber kein Urteil darüber fällt, ob sie erhaltenswert sind oder nicht. Diese Gedanken hat Jürgen Dahl in bemerkenswerter Klarheit herausgearbeitet (vgl. Dahl 1984). Es gibt nämlich eine höchst stattliche Anzahl von Lebewesen, welche die stinkende Kloake für einen paradiesischen Lebensraum halten und die die Herstellung von sauberem Wasser als einen verabscheuungswürdigen Eingriff in ihren intakten Lebensraum ansähen.

Jede Wissenschaft bezieht also nicht aus sich heraus die Werte, die sie verfolgt, sondern die Debatten um die Werte, wie in unserem Beispiel um lebensfreundliche Mitwelten, geschehen in Prozessen sozialer Kommunikation und am Ende auch Konvention. Daher ist jeder naturwissenschaftliche Unterricht unabweislich mit sozialen Prozessen liiert, ob man nun will oder nicht. In unseren Augen ist er aber wegen der Bedeutung der Wertbildung nicht *auch* ein sozialer Prozeß, sondern er ist es in allererster Linie. Umgekehrt wäre jeder soziale Prozeß auf der strukturellen Ebene eine Erkenntnis über Wissenschaft. Somit ist es unsinnig, im naturwissenschaftlichen Unterricht die soziale Seite und die inhaltliche Seite als Neben- oder gar Nacheinander zu begreifen, sondern das eine geschieht im anderen und umgekehrt.

Freinet-PädagogInnen beschäftigen sich also nicht vorrangig mit der Reproduktion wissenschaftlicher Kenntnisse, deren zugrundeliegender Wissenschaftsbegriff nicht diskutiert und deren Bedeutung nicht betrachtet und beachtet wird, sondern der menschliche Prozeß in der Freinet-Klasse besteht in dem Bemühen nachzuvollziehen, wie Menschen eigentlich zur Erkenntnis über sich und ihre Mitwelt gelangen. Wir sind also bestrebt, nicht an Situationen »als ob«, sondern an Situationen »an sich« zu arbeiten.

Wenn es denn wahr ist, daß es keine objektiven Wahrheiten über die Beschaffenheit der Welt gibt, so bedeutet dies für den Lernbegriff, daß zwei Kategorien von zentraler Bedeutung sind: der *Zweifel* und die *Unsicherheit*. Dies gilt für die naturwissenschaftliche Erkenntnis in gleichem Maße wie für den Lernbegriff.

Alle Qualifikationen nämlich, die den Freinet-PädagogInnen wichtig sind, beziehen sich nicht so sehr auf Ergebnisse als auf Wege. Kreativität, soziale Kompetenzen im Umgang mit den Menschen, Handlungskompetenz, in der sich ein Lernprozeß beweist und sich beständig mit neuen Situationen konfrontiert, alle diese Fähigkeiten beziehen sich auf ungewisse Situationen. Mitunter ist weder restlos, manchmal sogar nicht einmal in Ansätzen bekannt, wie eine bestimmte Situation in einer Klasse entstanden ist. Es läßt sich auch nicht zweifelsfrei ermitteln, wie die augenblickliche Situation beschaffen oder sogar zu beurteilen ist.

Auch die Folgen dessen, was in einem bestimmten Augenblick geschieht, sind nicht recht absehbar. Jede Situation, die mit Wegen zu tun hat, gleicht einem komplizierten, vielschichtigen Labyrinth, in dem wir als mehr oder weniger zufällig tastende, blinde Wandelgänger unterwegs sind und versuchen, aus der Art der Berührung des Labyrinths Auskünfte über seine Beschaffenheit zu erhalten. Diese prinzipielle Ungesichertheit eines jeden Prozesses, die Ungewißheit seines Ausgangs, mobilisiert die tendenziell eher negativ besetzten Attribute wie Angst, Unsicherheit, Ungewißheit, Uneinigkeit, Unselbständigkeit und nicht zuletzt sicher auch Unfähigkeit. Jeder Prozeß konfrontiert uns unausweichlich mit unseren Schattenseiten.

Ein weiteres Heiligtum des naturwissenschaftlichen Unterrichts besteht in der Linearisierung des Lernweges nach dem schönen Motto: *Vom Einfachen zum Komplizierten.*

Dies hört sich so logisch an, ist aber bedauerlicherweise gnadenlos langweilig. Und niemand lernt so, außer in der Schule. Das hätte der Ökologiebewegung mal jemand sagen sollen, sie habe erst einmal einen kollektiven Physik-Leistungskurs zu absolvieren, bevor sie sich politisch einmischen dürfe! Hier wird der entpolitisierende und damit entmündigende Charakter dieser Formel sehr deutlich.

Das, was die Ökologiebewegung in Bewegung gesetzt hat, war doch die Globalität des Problems der Atomkraft. Der Lernanlaß war eine noch nicht gelöste Frage, die so komplex ist, daß ich ihre Lösung nicht einmal übersehe. Interesse entsteht, wenn ich nicht weiß, was mich nach der nächsten Biegung des Weges erwartet. Jede gerade Strecke, auf der ich alles wahrnehmen kann, tötet die Spannung, die mich in Bewegung halten könnte. Hugo Kükelhaus (1982) hat darauf hingewiesen, daß die menschlichen Sinnesorgane zwei Bedingungen brauchen, um sich entwickeln zu können: den Widerstand und die Zustandsunterschiede. Nicht anders verhält es sich auch mit dem Lernen.

Am Anfang der Erkenntnis steht also eine Frage. Sie ist bei jedem Menschen in den verschiedenen Etappen seiner Existenz so verschieden wie einmalig. Wie kann jemand auf die Idee kommen, daß Lernen darin bestehen könnte, daß alle Menschen einer Klasse zur gleichen Zeit in gleichen Intervallen im gleichen Takt dasselbe zu lernen hätten? Dies ist nichts anderes als die Abbildung der Industriegesellschaft auf das Lernen: in Gestalt des Taktes der Maschine.

Umgekehrt produziert auch jede Gesellschaft kollektive Fragen und Probleme. Fragen sind also individuell und kollektiv zugleich. Bedauerlicherweise geht der lernzielorientierte Unterricht aber von einer Verkehrung dieser Wahrheit aus. Nicht die SchülerInnen haben Fragen an die Wissenschaft, sondern gerade umgekehrt diktiert die Lernzielorientierung die Fragen an die SchülerInnen. Sie bekommen also permanent Antworten auf nie gestellte Fragen. Fragen sind aber komplexer Natur, wenn sie Bedeutung haben sollen. Das didaktische Modell: »Vom Einfachen zum Komplexen« stellt diesen Sachverhalt erneut auf den Kopf.

Das sattsam bekannte Ergebnis ist eine doppelte Langeweile. Niemand wird es lange aushalten, keine wirklichen Fragen stellen oder gar haben zu dürfen, ohne in Belanglosigkeit zu verfallen. Genauso belanglos wie diese Scheinfragen im problemorientierten Unterricht, die sich nie aus der Lebenssituation der Menschen, sondern aus einer glattgebügelten, linearisierten Fachdidaktik ergeben, die – wie gesehen – nicht mal ihren eigenen Wissenschaftsbegriff klären kann und wohl auch nicht will ... Dies erfüllt alle Merkmale einer strukturellen Unterforderung. In Wirklichkeit bezieht jedes Problem seinen aktivierenden, anregenden Charakter aus der prinzipiellen Überforderung. Bei jedem wirklichen Problem ist weder der Weg zu seiner Lösung bekannt, wie selbstverständlich die Lösung selbst vollends im dunkeln liegt. Des weiteren liegt es im Bereich des Möglichen, daß es entweder auf die Frage, auf das Problem, keine Antwort oder Lösung gibt oder sie von den Anwesenden nicht gefunden wird. Der Versuch, wirkliche Fragen zu beantworten, wirkliche Probleme zu lösen, beinhaltet die Möglichkeit des Scheiterns. Dies ist eine Konsequenz der prinzipiellen Ungesichertheit des Prozesses.

Gerade aber die Erfahrung des Scheiterns, des Fehlers ist die wohl menschlichste

Prüfung. Jeder Fehler produziert einen weiteren Prozeß, indem er einen weiteren Lernanlaß darstellt. Er hält den Topf des Lebens und des Lernens am Kochen. Die Antworten auf die nie gestellten Fragen machen satt, noch ehe das Gefühl des Hungers entstanden ist. Ohne diese Zustandsunterschiede stellt sich eben keine wirkliche Erfahrung ein.

2. Ein Tag im Leben einer Pflanzenkläranlage

2.1 Genese des Projekts

Wie alles so genau angefangen hat, weiß heute niemand mehr. Nur, daß mehreres zusammenkam.

Ich möchte der Reihe nach erzählen:

Es gibt bei uns in der Gruppe die Institution der Themensucherin. Sie hat Ähnlichkeit mit Pippi Langstrumpfs Vorstellung von der Sachensucherin (Lindgren 1950) und hat die Aufgabe, interessante Themen und Beschäftigungen ausfindig zu machen, mit denen wir uns unbedingt beschäftigen müssen. Diese Institution hat nun ermittelt, daß die Abwassersituation in der ländlichen Umgebung von Nord-Bremen wahrhaft katastrophal beschaffen ist.

Die zweite Quelle für dieses Projekt speist sich aus einem langen Prozeß, zu dem ich ein paar Worte verlieren muß.

Zu Beginn der Umstellung meines Unterrichts nach Gedanken der Freinet-Pädagogik war meine Vorstellung von naturwissenschaftlichem Unterricht davon geprägt, zwischen der Selbstorganisation des Lernens einerseits und dem Kenntnislernen andererseits keine Brücke zu sehen. Daraus sind verschiedene Varianten des Nebeneinanders oder des »sowohl als auch« von selbstorganisiertem und Kenntnislernen entstanden.

Zwei Drittel der zur Verfügung stehenden Zeit war dem freien Lernen in langen, halbjährigen Projekten gewidmet. In der restlichen Zeit wurden die notwendigen Kenntnisse und Fertigkeiten entweder als Frontalunterricht oder als Karteiarbeit oder als themengeleitete Gruppenarbeit verabreicht. Nach einiger Zeit fragten wir uns, welchen Sinn diese Trennung macht. Wir fragten uns, ob bei dem freien Lernen etwa keine Kenntnisse erworben würden? Oder zu wenige?

Dies war nachweisbar nicht der Fall. Nur wurden sie vielleicht nicht in der Reihenfolge erworben, die der lehrgangsmäßige Unterricht vorsieht. Aber ist eine andere Reihenfolge ein hinreichender Grund, eine solche Trennung zu rechtfertigen? Und welche Signalwirkung besitzt sie? Entweder ist das Kenntnislernen doch das richtige oder höherwertige Lernen, weil so viel Sorgfalt darauf verwandt wird, daß es auch ja stattfinden möge. Oder es ist überflüssiger Wissensballast, der nur verabreicht wird, weil die Schule ihn nun mal verlangt.

Daraus ergab sich eine lange Debatte über den Unterschied von Kenntnislernen und freiem Lernen.

Wolfgang Mützelfeld hat dafür die griffige Formulierung »Erkenntnis statt

Kenntnis« geprägt (Mützelfeld, 1993). Daraus entstanden eine Reihe von Unterscheidungen, die ich in geraffter Form wiedergebe und in Anlehnung an Fühmanns Unterscheidung von Märchen und Mythen formuliere (Fühmann, 1986):

Die Erkenntnis ist die erste Hand, die Kenntnis die zweite.

Die Kenntnis lehrt Wissen, die Erkenntnis lehrt leben.

Die Kenntnis gibt Abstraktion, die Erkenntnis Erfahrung.

Kenntnisse sind statisch, Erkenntnisse sind dynamisch.

Kenntnisse sind eindeutig, Erkenntnisse mehrdeutig.

Die Kenntnis lehrt die Sicherheit, die Erkenntnis lehrt den Umgang mit der Unsicherheit.

Kenntnisse weisen auf Abgründe hin, Erkenntnisse sind abgründig.

Kenntnisse sind wie Linien auf einer Fläche, Erkenntnisse wie Bewegungen in einem Raum.

In der Kenntnis ist die Abstraktion manifestiert, in der Erkenntnis entsteht sie.

Die Erkenntnisprozesse sind Symbole der Menschheitserfahrung, die Kenntnisse ihre Aufbereitung.

Die zweite Quelle für das Projekt war also ein praktischer Versuch des Nachdenkens über Erkenntnisse und Kenntnisse. Dazu war es notwendig, die bisher vorgenommene Trennung zwischen den zwei Arten des Lernens aufzuheben, um nachzuschauen, ob der Erkenntnisweg keine oder andere Kenntnisse anliefert.

Natürlich war uns vom diskutierten Lernbegriff her klar, daß kein sozialer und inhaltlicher Prozeß ohne Kenntnisse denkbar ist, daß aber die Erkenntnis der Kenntnis vorangeht. Erfahrung ist etwas anderes als das theoretische Konstrukt.

Die dritte Quelle unseres Projekts hatte mit Zeiträumen zu tun. Bisher war es eine Hilfe für uns, daß es halbjahresweise andere Themenschwerpunkte gibt, wie etwa Evolution und Genetik. Dies reduziert im freien Lernen die vorhandene Vielfalt und Komplexität der Beschäftigungsmöglichkeiten auf ein solches Maß, in dem sinnvolle Entscheidungen gefällt werden können. Begründete Entscheidungen für ein Thema für die Dauer eines halben Jahres sind nur aus einer begrenzten Vielfalt heraus möglich, ansonsten geraten sie zur Willkür oder zum Zerfall. Je mehr aber der Selbstorganisationsprozeß zur Erfahrung wurde, desto mehr gewann die Tatsache an Reiz, daß sich aus einem verfolgten Thema sogleich das nächste ergibt. Dies ist der inhaltliche Wachstumsprozeß. Auf dieser Stufe der Erfahrung kann eine Einteilung der Zeit in Halbjahre zur Fessel werden, weil der Themenwechsel zum falschen Zeitpunkt erfolgt. Daher wollten wir den Zeitraum unserer Arbeit auf ein

Jahr verdoppeln, um den beschriebenen Wachstumsprozeß einmal genauer unter die Lupe zu nehmen.

Eine vierte Quelle kommt aus der Beobachtung, wie schwierig es für uns oft war, die unterschiedlichen Themen der verschiedenen Gruppen während oder nach der Arbeit miteinander in Beziehung zu setzen. So war es ohne weiteres möglich, daß ein Thema im Halbjahr Evolution darin bestand zu untersuchen, ob beispielsweise die östlichen Philosophien auch einen Evolutionsgedanken aufweisen oder ob hier eher ein statisches Weltbild vorliegt (vgl. dazu Watts 1976). Gleichzeitig mochte das Thema einer anderen Gruppe die Kritik besonderer Aspekte in der Darwinschen Deszendenztheorie sein. Taoismus und Kritik der Abstammungslehre sind nur mittelbar miteinander in Beziehung zu setzen. Aus diesem Mangel an thematischer Verbindung entstand der Wunsch, mit der gesamten Gruppe an einem Thema zu arbeiten, so daß es während der Arbeit möglich ist, den Gesamtlernprozeß der Gruppe zu überschauen und zu kennen. Wir haben dies die inhaltliche Integration genannt. Dieses Thema sollte fünftens die Entwicklung von etwas Neuem, also Innovation und Forschung, beinhalten. Dahinter verbarg sich eine fundamentale Kritik der Schule als bloßer inhaltlicher Reproduktionsanstalt in Gestalt einer Art Schutzhaft vor dem Leben.

Außerdem wird die Institution der öffentlichen Schule im allgemeinen nicht gerade als die Institution betrachtet, deren ausdrückliche Aufgabe darin besteht, sich gesellschaftspolitisch einzumischen. Wenn, wie in unserem Falle, die Abwassersituation im ländlichen Raume einer Lösung bedarf, dann sind die Lehranstalten vermutlich die letzten, von denen man einen Beitrag hierzu erwartet. Auf der einen Seite wird in den Überschriften der gesetzlich fixierten Bildungsaufträge davon geredet, daß eine Erziehung zum kritischen demokratischen Staatsbürger die Aufgabe des öffentlichen Beschulungswesens sei, während im Unterricht selbst die Erziehung zur praktischen Demokratiefähigkeit bestenfalls theoretisch erfolgt. Diese Trennung der SchülerInnen von der wirklichen Beteiligung an der Lösung gesellschaftlicher Probleme und Mißstände erfüllt auf der strukturellen Ebene alle Kennzeichen der Entmündigung bei gleichzeitig vorhandenem gegenteiligem Bildungsauftrag. Diese strukturelle Entmündigung ist prinzipiell von gleicher Qualität wie die, welche aus der Struktur des lehrer- und lernzielorientierten Unterrichts folgt.

Mir ist klar, daß die Begründung für unser Projekt wohl etwas langatmig geraten ist.

Mir ist es aber wichtig, deutlich zu machen, daß eine Qualität des Projektes darin besteht, daß es bewußte und diskutierte Gründe gibt, warum es so und nicht anders ausgefallen ist. Ich möchte deutlich machen, daß alles Lernen auch zugleich ein Erkenntnisprozeß über das Lernen selbst ist. Alles Lernen hat eben auch experimentellen Charakter. Freinet-Pädagogik ist für mich damit der Versuch, Strukturähnlichkeiten auf verschiedenen Ebenen ausfindig zu machen.

Der experimentelle Charakter des Lebens, seine Verlaufsform in Versuchen, wiederholt sich auf der Ebene des Nachdenkens über den Lernprozeß. Indem wir lernen, erfahren wir etwas über Lernen, welches wir versuchen, möglichst bewußt zu verarbeiten. Lernen wie Leben geschieht eben nicht irgendwie, auch dann nicht, wenn es zuweilen so aussieht. Auf der inhaltlichen Ebene wiederholt sich das Thema des Experimentes in unserer Arbeitsmethodik, weil das Experiment eben eine zentrale Arbeitsweise der Naturwissenschaft ist.

2.2 Verlauf des Projekts

Nachdem die Wurzeln und Begründungen für das Projekt aufgedeckt sind, möchte ich mit vermutlich eher dürren Worten ein wenig von dem Verlauf des Prozesses durchscheinen lassen.

Zunächst muß ich erwähnen, daß unser Thema der Abwasserreinigung nicht aus dem luftleeren Raum zu uns kam. Die Menschen in diesem Kurs wußten, daß ich als ehrenamtlicher Mitarbeiter des »Zentrums für ökologische Fragen und ganzheitliches Lernen« in Prinzhöfte[1] seit Jahren mehr oder weniger intensiv mit der Entwicklung von Pflanzenkläranlagen als einer dezentralen und naturnahen Form der Abwasserreinigung zu tun hatte (vgl. Bahlo/Wach 1992).

Der Anfang der Arbeit war charakteristisch. Von dem Kurs bekam ich einen ziemlich klar formulierten Auftrag ungefähr folgenden Inhalts: »Bringe uns die Prinzipien von Pflanzenkläranlagen in vier Stunden bei. Verdeutliche, was an ihnen so Besonderes ist und langweile uns nicht mit Detailfragen.« Mit den fundamentalen Grundgedanken ausgestattet, machten sich nun fünf verschiedene, nach dem Zufallsprinzip zusammengesetzte Gruppen an die Arbeit, die Prinzipien in eine technische Lösung zu übersetzen. Dabei geschah, was oft geschieht, wenn sich sogenannte Laien an die Arbeit machen. In der Substanz wurden fast alle Lösungen verwirklicht, die zu der damaligen Zeit bekannt waren. Nebst einigen schönen Ideen und Details zwischen den Extremen skurril bis technisch interessant … Wie so oft hatte die gleiche Aufgabenstellung eines komplexen Themas zu völlig unterschiedlichen Lösungswegen geführt. Dies verdeutlicht die Bedeutung der Vielfalt für nahezu jeden Lernprozeß, weil sich erst aus den Unterschieden neue Qualitäten ergeben können.

Vielfalt und Unterschied sind zwei zentrale Kriterien für selbstorganisierten Unterricht.

Aus den unterschiedlichen Lösungen nämlich sollte eine gemeinsame Vorstellung davon entwickelt werden, wie unsere Pflanzenkläranlage aussehen sollte. Dieser Prozeß ist alles andere als einfach. Auf seinem Wege liegen eine Reihe von Hürden. Zunächst muß aus der technischen Lösung wieder im Rückwärtsschritt der zentrale Gedanke ermittelt werden. Hier darf es keine Ebenenvermischung zwischen Prinzip und Detail geben. Sodann muß die Substanz des zentralen Gedankens gewichtet werden. Dafür werden Kriterien benötigt, über die sich die Gruppe klar werden muß. Nach der Gewichtung geschieht der Prozeß der möglichen sinnvollen Ergänzungen oder Kombinationen zwischen mehreren Ideentypen. Ich muß also klassifizieren, gewichten, integrieren.

1 **Prinzhöfte** – Verein für ganzheitliches Lernen e. V., Simmerhauser Str. 1, 27243 Harpstedt.

Dies ist keineswegs nur ein intellektueller Vorgang. Jede Zusammenführung mehrerer Gedanken zu etwas qualitativ Neuem setzt die Bereitschaft und die Fähigkeit voraus, sich von der eigenen Lieblingsidee jedenfalls teilweise zu trennen zugunsten einer gemeinsamen, aber weiterentwickelten Lösung.

Ist dann der Prototyp entwickelt, so muß er zeichnerisch umgesetzt werden. Bautypenbeschreibungen und -begründungen müssen angefertigt werden.

Parallel dazu wird das Forschungsprogramm entwickelt: Forschungsinteresse, Fragestellungen, Arbeits- und Untersuchungsmethoden, zeitliche Verteilung der Arbeit, personelle Besetzung der einzelnen Forschungsteams, Rückkopplung der Forschungsnotwendigkeiten auf die konstruktive Seite, Berücksichtigung der Schulnotwendigkeiten wie Klausuren, Ferien usw.

Man sieht: Hier ist eine hochqualifizierte und hochkomplexe Arbeit zu leisten, welche die Gruppe aus sich heraus organisieren muß.

Wenn man so will, bestanden die ersten drei Wochen aus einer Art permanentem Klassenrat mit dazwischengeschobenen Entwicklungs- und Vorbereitungsblöcken. An dieser Stelle entscheidet es sich, welche Zeichen in Richtung auf die Selbstorganisation des Lernens gesetzt werden. In den Augen der Freinet-Pädagogik ist das Finden des eigenen Weges einer Lerngruppe der entscheidende Schritt auf dem Wege zur Selbstbestimmung des Lernens. Natürlich geht es schneller und reibungsloser – jedenfalls zunächst – wenn der Lehrer/die Lehrerin die Arbeitsabläufe strukturiert und einen Großteil der benannten, sehr komplexen Aufgaben übernimmt. Die Chance, die damit vergeben wird, liegt in dem damit verbauten Lernfeld der Handlungs- und Wegekompetenz. Nur wenn sich die beteiligten Menschen über ihren Lernweg selbst klar werden und ihn auch gestalten können, setzt positive Identifikation mit dem Sinn von Lernen ein. Sonst nie!

Nachdem die inhaltlichen, konstruktiven, organisatorischen und zeitlichen Abläufe in einem noch recht groben Halbjahresplan miteinander abgestimmt worden waren, ging es daran, eine weitere Hürde zu nehmen: Wie finden wir Menschen, die erstens eine neue Kläranlage benötigen, sich zweitens ausgerechnet eine Pflanzenkläranlage wünschen, drittens bereit sind, diese von einem Schulkurs anstatt von einer Fachfirma bauen zu lassen und viertens die Materialkosten und die Bewirtung eines 23köpfigen Leistungskurses Chemie übernehmen.

Es war wahrlich nicht leicht, aber wir haben diese Menschen gefunden, die an einem so absonderlichen Vorhaben teilhaben wollten.

Dann kam der Bau mit seinen Komplikationen und Tücken ganz eigener Art. SchülerInnen sind es vielleicht noch gewohnt, theoretische Probleme zu lösen, aber praktische Kompetenzen erlernen sie in der Regel nicht. Damit wird die uralte Kopf- und Hand-Trennung zu einer der zentralen Eigenschaften der heutigen Schule. Genauso werden sie denn auch gesehen: SchülerInnen sind Kopfmonster ohne Körper und ohne Hände. Bedauerliche Wesen. Wirklich wahr. Die Probleme beim Handwerk sind andere als bei der Theorie. Die Verbannung des Handwerks aus den allgemeinbildenden Schulen vergibt eine wesentliche Lernchance.

Diese Tücken und Schwierigkeiten mündeten bei unserem Bau in aufgeregte Fragen wie etwa die:

Hat das Rohr auch das richtige Gefälle?

Ist der Böschungswinkel richtig berechnet? Das sieht hier so komisch aus!

Oh Schreck, wir haben das Probennahmerohr 3 vergessen!

Ob der Lehmanteil im Sand nicht doch ein bißchen hoch ist?

Ich weiß nicht, ob das Seil (im selbstgebauten kleinen Kran) den schweren Betonschachtring auch wirklich trägt. Vorsicht! Und Finger weg!

Wer kommt schon mal mit, um Wasserpflanzen auszugraben?

Wie kann man eigentlich Schilf von Rohrglanzgras unterscheiden?

Hast du die Schalungsbretter endlich fertig? Die passen ja gar nicht!

Die nächsten Wochen sind angefüllt mit Neuem: Kennenlernen der Analytik, ihrer Chancen und Tücken; Produktion der ersten Ergebnisse, Rätselraten über ihre Interpretation: Was wollen uns die Bakterien der Pflanzenkläranlage mit diesen Analysewerten sagen?

Die Überschrift über unsere Untersuchungen lautet: *Ein Tag im Leben einer Pflanzenkläranlage*. Wir wollten erstens wissen, wie arbeitet die gebaute Anlage? Stimmen Theorie und Praxis auch auf dieser Ebene überein? Weiterhin wollten wir etwas darüber in Erfahrung bringen, nicht nur *ob* die Anlage arbeitet, sondern auch *wie* sie arbeitet. Dazu wollten wir wissen, auf welche Weise die Abbauvorgänge in der Kläranlage vor sich gehen, an welchen Orten sie stattfinden usw. Dabei stellte sich heraus, daß unsere Versuchsergebnisse in manchen Fällen erheblich von den theoretischen Vorstellungen abwichen, soweit sie bis dahin bekannt waren. Hier wurde also tatsächlich Neuland beschritten. Da gibt es dann kein Lehrbuch mehr, in dem die Antwort stehen könnte. Niemand ist mehr da, der für mich denkt. Ich selbst muß nach Erklärungen suchen und Hypothesen aufstellen!

Niemand ist da, der Bescheid weiß, auch der Lehrer oder die Lehrerin nicht.

Die Hypothesen entstehen genauso schnell, wie sie wieder verworfen werden. Und noch etwas anderes Überraschendes gab es: Routinearbeit, unendlich viel Routinearbeit!

Messen und nochmals messen, Wertetabellen, graphische Darstellungen bis zum Abwinken. Originalton: »Hättest du gedacht, daß Forschung so langweilig sein könnte?« »Jetzt wissen wir immer noch nicht, was die Werte bedeuten, die wir produzieren!«

Hier genau geht es kaputt: das Bild von der Wissenschaft als freudiges Ergebnisse-Liefern und als Sammelspiel von lauter eindeutigen Interpretationen. So einfach, wie die üblichen glattgebügelten Fachdidaktiken es nahelegen, ist die Wirklichkeit eben nicht.

Jede mir bisher bekannte Fachdidaktik macht die Wissenschaft zur Kunstform: schön anzusehen – aber die Wirklichkeit ist anders. Hier finden Täuschungen und am Ende eben Enttäuschungen statt. In Wirklichkeit sind die Ergebnisse widersprüchlich. Die Lösungswege sind langwierig. Jede gelöste Frage hat 10000 neue im Gepäck.

Und dann kommen die Fragen:

Sind die Prozesse in lebendigen Systemen wie in einer Pflanzenkläranlage nicht derart komplex, daß wir prinzipiell keine Kenntnisse gewinnen können? Womöglich können wir nur Erkenntnisse, prinzipiell aber niemals wirkliche Kenntnisse erwerben? Ist Wissenschaft am Ende vergleichbar mit einem Tuch, das über eine amorphe Landschaft gedeckt ist? Wir lüften das Tuch an einer Ecke, gucken in das Amorphe hinein, sehen etwas, das uns entfernt an einen Tiger erinnert und sagen: Jetzt haben wir das Wesen des Tigers verstanden und erkannt? Ist die Erklärbarkeit der Welt nur eine Fiktion, eine Ausgeburt des Hirns? Was ist dann Wirklichkeit und Wahrheit? Ist es so wie Gregory Bateson es sieht: Die Wissenschaft beweist nie irgend etwas, sie sortiert? (Bateson 1987) Ist es so, wie Einstein sagt (sinngemäß): Wir sehen nur das, was wir sehen wollen? Was ist dann mit der Objektivität der Erkenntnis? In der Psychologie ist der Reich'sche Begriff des Realitätstunnels schon seit geraumer Zeit bekannt. Gibt es einen prinzipiellen Realitätstunnel in der Erkenntnis?

Alle diese Fragen, die ich zu Beginn gestellt habe, kommen von ganz alleine. Sie werden nicht von außen auferlegt, sie drängen sich unausweichlich in die Herzen und Köpfe von Menschen, die sich in einem solchen Prozeß befinden. Die Beschäftigung mit diesen fragwürdigen Inhalten wird hier nicht gelehrt, sondern erfahren. Hier können wir wiederum ein Beispiel für Strukturähnlichkeiten finden: Der prinzipiellen Qualität der Eigendynamik eines jeden selbstorganisierten Prozesses entspricht die Eigendynamik auch auf der inhaltlichen Ebene. Das Finden und das Sich-Bewußt-Werden von prinzipiellen Strukturähnlichkeiten auf den verschiedenen Ebenen des Menschseins ist für mich die Quelle der Ganzheitserfahrung. Ganzheitserfahrung ist nicht horizontal durch das Nebeneinanderstellen verschiedener Techniken oder Disziplinen zu gewinnen, sondern sie ist vertikal, weil sie Gleichheit und Unterschiede auf grundsätzlicher Ebene auf den verschiedenen Niveaus der menschlichen Existenz erfahrbar macht.

Natürlich benötigen alle diese Verarbeitungen von Erkenntnissen und Gedanken, von Ideen und Vorgängen, von Veränderungen und Neubesinnungen, von Konflikten und Lösungen Plätze und Orte, an denen sie ausdrücklich stattfinden können. Das Zustandekommen vieler wertvoller Prozesse ist an eine Art von Ausdrücklichkeit oder Ritualisierung gebunden. Dieser Ort ist der Klassenrat. Er ist das Herzstück der Freinet-Pädagogik. Der Klassenrat ist die Raum-/Zeit der Selbstorganisation. Genausowenig wie die Erkenntnisse oder Erklärungen in unserem wissenschaftlichen Prozeß, sind die Meinungen über den weiteren Weg an der Gabelung eines sozialen Prozesses eindeutig. In beiden Fällen muß um Begründungen und Bedeutungen gerungen werden.

2.3 Knotenpunkte und Verzweigungen

Solange die produzierten Ergebnisse sich noch einigermaßen mit dem decken, was zu erwarten ist, sie also hypothesenkonform sind, fährt die Arbeit in ruhigem Fahrwasser. So lange ist es möglich, sich mit dem Bekannten in Übereinstimmung zu befinden. So lange ist das Neue Bestätigung des Alten oder seine Extrapolation. So lange befindet sich der Forschungsprozeß sozusagen in seinem sicheren embryonalen Zustand.

Wenn aber die ersten Differenzen auftreten, beginnt eine neue Qualität der Arbeit, weil sie an einen Verzweigungspunkt gekommen ist, von dem aus sich mehrere Wege zugleich ergeben:

a) Bei der Gewinnung der bisherigen Ergebnisse liegt ein Fehler im Meßsystem vor.
b) Die Fragestellungen sind nicht komplex genug, so daß wesentliche Einflüsse bei der Analyse unberücksichtigt bleiben.
c) Es liegt eine mangelnde Komplexität bei den bisherigen Forschungsansätzen vor, so daß ein neuer Zusammenhang oder ein neues Wirkgefüge nicht erkannt werden kann.

Diese Punkte der Verzweigung, die bei jedem selbstortganisierten Lernprozeß in reicher Fülle auftreten, sind aus mehreren Gründen von besonderem Interesse. Gerade an ihnen zeigt sich die Vielschichtigkeit der vorhandenen Strukturen. Um sie zu verdeutlichen, bediene ich mich erklärend der Systemkriterien aus der Ökologie des Lernens:

- Am Verzweigungspunkt geht elementar die Sicherheit verloren, die, so trügerisch sie auch sein mag, bei nur einer vorhandenen Möglichkeit noch existent ist. An diesem Punkt ist in hohem Maße Flexibilität erforderlich.
- Möglicherweise ist es der Gruppe nicht vergönnt, die Lösung für das auftauchende Problem zu finden oder ihr auch nur näherzukommen. Es besteht die Gefahr des Scheiterns (Begrenzung).
- Es müssen mehrere Wege zur gleichen Zeit gegangen werden. Der Umfang des Problems erzwingt die Differenzierung! Daher führt die Überforderung durch die komplexe Fragestellung notwendig in die Differenzierung, während die Logik vom Einfachen zum Komplexen notwendig in die Linearität führt statt in Eigendynamik und Vielfalt.
- Die Ergebnisse des weiteren diversifizierten Weges müssen eng miteinander verbunden werden (Vernetzung). Dazu werden in regelmäßigen, recht kurzen Abständen Zwischenplena erforderlich, in denen die einzelnen neu gebildeten Forschungsteams ihre Ergebnisse vorstellen. (Rückkopplung, Durchlässigkeit der Prozesse und Resultate und Gruppenzusammensetzungen). Des weiteren werden im Plenum von dem gesamten Kurs die Ergebnisse diskutiert, gewichtet, neue Arbeitshypothesen und -aufträge entwickelt (Selbstorganisation).

An vielen Gabelungspunkten, welche die neue Qualität der mehreren Möglichkeiten neu in den Prozeß einführen, muß also auf der strukturellen und nicht nur auf der inhaltlichen Ebene geantwortet werden. Jede neue Qualität braucht also eine neue Struktur, wie umgekehrt jede neue Struktur oftmals eine neue Qualität hervorbringt. In unserem Falle sind die neuen Strukturen beispielsweise die Einführung der Zwischenplena und die Aufteilung der Gruppe in Forschungsteams mit stark unterschiedlicher Wegrichtung.

Insofern mag dies ein gutes Beispiel für die Dynamik von selbstorganisierten Prozessen überhaupt sein, in denen es Strukturen und Regeln als statische Elemente nicht geben kann und geben darf. Leider müssen diese Strukturen und Regeln an den Verzweigungspunkten immer wieder im Einzelfall neu entschieden und unter Umständen auch neu entwickelt werden. Aus diesem Grunde ist jede Dynamik aus sich heraus innovativ. Freinet-Pädagogik ist daher völlig ungeeignet für jeden Wunsch nach Rezeptbuchpädagogik. Die oft gestellte Frage: »Was ist Freinet-Pädagogik?« ist deshalb so schwer zu beantworten, weil die Frage der logischen Figur nach eher statisch und vergangenheitsbezogen ist. Das ist mit grundsätzlicher Dynamik nur mühevoll in Übereinstimmung zu bringen. Möglicherweise ist hier der Grund dafür zu suchen, warum es so schwer ist, über Freinet-Pädagogik zu reden oder zu schreiben...

Die Geschichte geht weiter:

Die Analytik war in Ordnung, mangelnde Komplexität der Fragestellung war denkbar und nur mit Mitteln herauszufinden, die uns apparativ nicht nur zur Verfügung standen. Diese Variante war aber mit beträchtlichen Zweifeln behaftet. Die Möglichkeit, daß neue Erklärungen gefunden werden mußten, war also noch vorhanden.

Auf dieser Strecke ergibt sich also der nächste Verzweigungspunkt:

Für die Deutung des Unbekannten sind nicht nur eine, sondern mehrere Hypothesen möglich. Hier findet sich das Problem der überschießenden Möglichkeit. Wenn die Phantasie der Menschen in diesem Kurs einmal entfesselt ist, dann ist sie auch entfesselt. Millionen von Theorien, eine bizarrer als die andere, keine aber prinzipiell unmöglich, machen aus der einfachen und strukturell noch handhabbaren Verzweigung in Windeseile ein überkomplexes System. Dies schafft die Notwendigkeit einer bewußten und selbstgewählten Begrenzung. An dieser Stelle hilft also keine neue Struktur, sondern nur eine neue Idee. Man sieht: Nicht jede Verzweigung schafft eine neue Qualität, der strukturell begegnet werden muß, vielmehr ist hier die Metaebene der Qualität, sozusagen die Qualität der Qualität entscheidend. Die neue Idee führt über die Frage, ob es Kriterien dafür gibt, in überkomplexen Situationen zu begrenzen. Die Antwort ist als das sogenannte »Ockhamsche Prinzip« bekannt, demzufolge *der* Variante der vorläufige Vorzug gegeben wird, welche den zu erklärenden Sachverhalt am einfachsten deutet.

Die Anwendung dieses Prinzips hat zu einer möglichen Erklärung der Phänomene geführt. Allerdings ergab sich das Problem, daß nicht alle gefundenen Phänomene damit erfaßt werden konnten. Die Hypothese war also nicht universell genug. Entweder ist sie dann falsch und erklärt quasi nur zufällig in scheinbar richtiger Weise, oder aber sie enthält Teilwahrheiten, ist aber nicht weit oder nicht differenziert genug formuliert.

Um hier einen Schritt weiterzukommen, war die eigene Fähigkeit am Ende. Vermutlich ist dies so lange kein Problem, wie die Bereitschaft besteht, nach Menschen zu suchen, die schlauer sind als wir und die uns auf neue Fährten setzen können.

Wir unternahmen also den Versuch, beim chemischen Institut der Universität Oldenburg vorstellig zu werden. Ich wußte, daß es dort eine Reihe von Menschen gab, die in ähnlichen Bereichen wie wir forschten.

Aber wenn man ein Problem hat, dann muß man vortragen, womit man ein Problem hat, sonst ist keine Hilfe möglich.

Der Schreck, den diese Vorstellung bei den beteiligten SchülerInnen auslöste, war förmlich spürbar: »Oh, je!! Dann müssen wir ja einen Vortrag an der Universität halten. Wie hält man denn einen Vortrag? Wie haben wir denn bisher unsere Ergebnisse uns gegenseitig vorgestellt? Geht das auch an einer Hochschule?«

Es ist sicher leicht zu begreifen, welche Kompetenzbildung hier bei den beteiligten Menschen stattgefunden hat, die nur über den Weg der Überwindung von Angst und eigenen Zweifeln ging: »Haben wir eigentlich irgend etwas zu sagen?« Hier ist also Handlungskompetenz in hohem Maße gefragt.

Ich glaube nicht, daß es schon sehr oft vorgekommen ist, daß eine SchülerInnengruppe an einer Hochschule einen Vortrag hält. Gelangweilt hat sich sicher dort niemand auf seiten der ZuhörerInnen. Da bin ich mir sehr sicher. Dazu war die Debatte, die sich im Anschluß an unseren Vortrag entspann, zu spannend. Und besser noch: Die SchülerInnen waren in der Lage, ihr zu folgen.

Jede öffentliche Auseinandersetzung hat unter anderem den Wert der genauen Standortbestimmung. In dichten Momenten wird viel deutlich. Wieviel und wie vielschichtig war gelernt worden! Nachdem wir die Anregungen unseres Hochschulbesuches einigermaßen umgesetzt hatten, war die Arbeit an einen vorläufigen Abschluß gekommen. Aber konnte das alles gewesen sein?

Aus dem Grübeln über diese Frage entstand die Idee, sich an dem Wettbewerb »Jugend forscht« zu beteiligen.

Die ersten Probleme stellten sich ein, als wir auf telefonischem Wege Genaueres über die Teilnahmebedingungen erfahren wollten. Unsere Telefonbeauftragte bekam dazu etwa folgendes zu hören: »Eine ganze Klasse will teilnehmen? Nein! Das geht auf keinen Fall! Höchstens drei Personen können eine Gruppe bilden. Mehr Personen sind nicht erlaubt!« Auf die Frage, ob es dafür auch eine Begründung gäbe, erschöpfte sich die Auskunft in dem schlichten Hinweis, dies sei bei »Jugend forscht« eben so.

»Nein«, soll unsere Beauftragte nach zuverlässigen Zeugenberichten gesagt haben, wenn sie denn eines auf dieser Schule gelernt hätte, dann, daß der Satz: »Es war schon immer so« keine akzeptable Begründung sei. Sie erfuhr dennoch am anderen Ende des Telefons, daß für uns nach den Regeln von »Jugend forscht« eine Teilnahme nicht möglich sei.

Nun kann man lange darüber spekulieren, welches Bild von Wissenschaft hinter dieser Wahl Drei steckt, aber eine Klarheit hatten wir gewonnen: Unser Projekt ist an diesem Punkt beendet. Bis L. am nächsten Tage die Einberufung des Kursrates verlangte. Er habe ein neues Argument vorzutragen und die Absicht, den gestrigen Beschluß von Ende des Projekts rückgängig zu machen. L. sagte, seiner Meinung nach werde eine wesentliche Lernchance vergeben, wenn wir uns nicht am Wettbewerb beteiligen würden, und schlug vor, drei Menschen aus unserer Mitte zu wählen, die uns offiziell vertreten sollten. Ansonsten aber solle der ganze Kurs wie bisher an allem teilnehmen, was jetzt noch auf uns zukäme. Nach einer langen, prinzipiell geführten Debatte fiel die Entscheidung, den Vorschlag von L. anzunehmen, weil das Argument der vergebenen Lernchance schwerer wiege als alles andere. In der Wahl stellte sich allerdings heraus, daß drei Männer bestimmt worden waren und es eigenartigerweise niemanden gab, der oder die das merkwürdig fand. Ich habe aus diesem Grunde ein paar Fragen gestellt, wie etwa diese: Aus dem Wahlergebnis könne geschlossen werden, daß Frauen an unserer Arbeit entweder gar nicht oder nur am Rande beteiligt gewesen seien. Ich wollte gerne wissen, wie dies von den verehrten Anwesenden beurteilt werde.

In einem einzigen Vormittag, genauer in einer Doppelstunde, waren also zwei Grundsatzfragen auf dem Tisch des Hauses: der Umgang mit den inneren und äußeren Regeln von Institutionen und die Geschlechterfrage, also zwei Probleme, die hier nach klassischem Verständnis von Schule zur weiteren Bearbeitung an den Politikunterricht überwiesen werden müßten, was natürlich völlig lächerlich ist. Stellvertretend für so viele Vorgänge im Lernprozeß zeigt dies die Absurdität der Fächertrennung. Sie vereinzelt die Prozesse und deren innewohnende Qualitäten und Chancen bis zur Unkenntlichkeit, entkoppelt sie vom Fluß des Lebens und des Lernens, in dem bald dieser und bald jener Schwerpunkt sich scheinbar ungeregelt und zufällig in den Vordergrund schiebt und bearbeitet werden will. Dieses chaotische Verhalten von Schwerpunktbildungen in Prozessen ist nur dann ungeregelt zu nennen, wenn die Ereignisse, aus denen diese Schwerpunkte sich entwickeln, nicht betrachtet werden können oder wollen.

Alle die Themen, die das Licht der Bewußtwerdung erblicken, sind über den gesamten Prozeß miteinander verbunden. Er stellt die Folie, den Sinn, die Begründung und womöglich auch das Muster dar. Die Erkenntnis dieses Musters ist die Erkenntnis wesensmäßiger oder elementarer Zusammengehörigkeit, die ich für eine der wesentlichsten menschlichen Erfahrungen halte, die es überhaupt zu machen gibt. Die Zerteilung des Lernens in Fächer, in Zeittakte, in Kurse vermittelt aber den Menschen auf ebenso tiefer Ebene genau die gegenteilige Erfahrung. Inhalt, Lebenszeit und das Soziale werden voneinander und noch einmal ineinander getrennt. Heraus kommt das Gegenteil von Ganzheitserfahrung. Nicht Individuation, sondern Individualismus ist die Folge.

Schlimm genug, daß die Schule die Kinder auf diese Weise vor dem Leben »schützt«. Aber wer schützt die Kinder vor der Schule?

Ich erzähle unsere Geschichte zu Ende.

Das Ergebnis des Nachdenkens darüber, warum im ersten Wahlgang für die Vertretung unseres Kurses bei »Jugend forscht« nur Männer ausgesucht worden sind, hat uns allen Ernstes zu einer Quotenregelung geführt. Mit NachrückerInnen-Liste. Uns ist nichts Besseres eingefallen. Immerhin bleibt es apart, wie schön sich die großen Probleme im kleinen spiegeln, abbilden und sich wiederfinden.

Nun ging es an die Arbeit: Unsere zahlreichen Forschungsergebnisse, die verfolgten Wege, Erklärungen und vor allem die vielen neuen Fragen mußten in einer kurzen, übersichtlichen und möglichst verständlichen Arbeit gebündelt werden. Hier mußten alle schreiben, an Gedanken und ihrer Präzision, an Formulierungen und Bezügen feilen, die individuellen Beiträge zu einer in sich geschlossenen Einheit zusammenfügen, nochmals verändern und überarbeiten, nochmals zusammenfügen, bis wir zufrieden waren. Wäre diese Arbeit der gemeinsamen Komposition nicht von Anfang an im Klassenrat geübt worden, es wäre uns als Erstlingswerk nicht gelungen!

Und immer und immer wieder geht es um das Zusammenfügen. Auf all den Ebenen, die wir bisher beleuchtet haben und vermutlich noch auf einigen mehr. Die Gründlichkeit, in der gemeinsamen schriftlichen Bearbeitung den ganzen Prozeß mit seinen Fragen und Versuchen, seinen Wegen und Erkenntnissen noch einmal an sich vorüberziehen zu lassen, halte ich inzwischen für ganz wesentlich. Oft gehen die Prozesse zu Ende, bevor sie zu Ende sind, und das nächste Thema kommt zu schnell und zu machtvoll aus der Kraft der Aktualität. Die Montessori-PädagogInnen haben schon recht, wenn sie sagen: Es kommt nicht darauf an, das Lernen zu beschleunigen, es kommt darauf an, es zu verlangsamen.

Nachdem die Arbeit fertiggestellt war, mußten wir einen Ausstellungsstand gestalten, weil die Abschlußveranstaltung von »Jugend forscht« öffentlichen Charakter hat und in Form einer kleinen Messe stattfindet. Hier zählt also nicht nur die Arbeit, sondern auch die Präsentation. Sie ist eine Übung in Ästhetik: Ästhetik nicht nur als gestalterische Qualität verstanden, sondern eher in Verbindung mit dem Thema des Musters. Gregory Bateson definiert die Ästhetik als die Aufmerksamkeit für das Muster, das verbindet (Bateson 1987, S. 12). Nichts anderes war der gesamte Prozeß des Rückblicks und der Be- und Verarbeitung im gesamten »Jugend forscht«-Vorhaben.

Aber nicht nur die Messe ist Ort und Gegenstand der Präsentation, sondern es gibt auch eine Reihe von Juroren, die am Messestand während der öffentlichen Besuchszeit Fragen an die teilnehmenden Menschen stellen. Es gibt also so etwas wie eine halböffentliche Verteidigung der eigenen Arbeit.

Es gibt so etwas Ähnliches wie eine öffentliche Kritik. Wie beurteilen andere kompetente Menschen den Prozeß und die Arbeit? Wo sehen sie die Stärken und Schwächen? Wo und wie müßte weitergearbeitet werden, wenn es dazu käme?

Die Notwendigkeit, seine eigene Arbeit einer in diesem Sinne positiven Kritik zu unterziehen, halte ich ebenfalls für eine ganz zentrale Lernerfahrung.

Und es gibt eine Beurteilung:

Wie die ausgefallen ist?

Da ist ein Freinet-Kurs Landessieger geworden.

Das ist doch schön, oder nicht?

Literatur

Bahlo, Kurt/Wach, Gerd: Naturnahe Abwasserreinigung, Freiburg 1992.
Bateson, Gregory: Geist und Natur, Frankfurt a.M. 1987.
Bateson, Gregory: Ökologie des Geistes, Frankfurt a.M. 1981.
de Bono, Edward: Der Klügere gibt nicht nach, Düsseldorf/Wien/New York 1991.
Carse, James P.: Endliche und unendliche Spiele, Stuttgart 1987.
Dahl, Jürgen: Der unbegreifliche Garten und seine Verwüstung, Stuttgart 1984.
Davies, Paul C.W./Brown, Julian R. (Hrsg.): Der Geist im Atom, Frankfurt a.M./Leipzig 1993.
Einstein, Albert/Infeld, Leopold: Die Evolution der Physik, Wien/Hamburg 1958.
Fühmann Franz: 22 Tage oder die Hälfte des Lebens, Leipzig 1986.
Gribbin, John: Auf der Suche nach Schrödingers Katze, München 1987.
Heisenberg Werner: Wandlungen in den Grundlagen der Naturwissenschaft, Stuttgart 1948.
Heisenberg, Werner: Physik und Philosophie, Berlin 1973.
Keil, Annelie: Gezeiten, Kassel 1993.
Kükelhaus, Hugo/zur Lippe, Rudolf: Entfaltung der Sinne, Frankfurt a.M. 1982.
Lindgren, Astrid: Pippi Langstrumpf, Hamburg 1950.
Maturana, Humberto/Varela, Francesco: Der Baum der Erkenntnis, Bern/München 1987.
Mützelfeld, Wolfgang: Ökologie des Lernens, in: Fragen und Versuche. Zeitschrift der Pädagogik-Kooperative, H. 65/1993, S. 21–27.
Vester, Frederic: Unsere Welt – ein vernetztes System, München 1983.
Watts, Alan: Der Lauf des Wassers, Bern/München/Wien 1976.
Wilber, Ken: Die drei Augen der Erkenntnis, München 1985.
Zukav, Gary: Die tanzenden Wu-Li-Meister, Reinbek bei Hamburg 1981.

Marie-Claude Flügge-Dutilly

Freie Arbeit in der ErzieherInnenausbildung

Der Mensch darf nicht gespalten werden,
wo er ganz bleiben kann.
(Martin Wagenschein)

Adler steigen keine Treppen

Drei junge angehende Erzieherinnen, die bei mir Pädagogik-Unterricht hatten, traf ich in der Schulbücherei. Sie suchten Bücher über Schizophrenie. Ihr Interesse sei, so sagten sie mir, dadurch entstanden, daß sie im Psychologie-Unterricht einen Spielfilm zu diesem Thema gesehen hätten, und sie wollten daran im Pädagogik-Unterricht selbständig weiterarbeiten. Wir hatten gerade mit einer Phase »freier Arbeit« angefangen, und die Studierenden suchten sich innerhalb eines von mir vorgegebenen Rahmens ihre Themen. Ich freute mich sehr, daß diese drei Frauen aus der Türkei ein für sie interessantes Thema gefunden hatten und daß sie selbständig Bücher suchten. Gleichzeitig dachte ich, daß ich mich damit gar nicht auskannte und vor allem keine geeignete, für sie verständlich formulierte Literatur nennen konnte. Das Thema schien mir außerdem angesichts ihrer deutschen Sprachkenntnisse zu schwer für sie. Dann wollten sie sich auch noch ausgerechnet in der Psychiatrie sachkundig machen, was ich für zu anspruchsvoll bzw. zu belastend fand. Ich äußerte vorsichtig meine Bedenken. Sie waren aber hartnäckig. Und sie haben es geschafft. Nach mehreren telefonischen Anfragen besuchten sie in einem psychiatrischen Krankenhaus eine Fortbildungsveranstaltung zum Thema Schizophrenie, die für StudentInnen gedacht war. Natürlich fand diese Veranstaltung nicht zu einem Zeitpunkt statt, zu dem sie Pädagogik-Unterricht bei mir gehabt hätten, sondern ich mußte Absprachen mit KollegInnen treffen, damit sie die Studierenden von ihrem Unterricht beurlaubten. Sie schrieben anschließend zu ihrem Thema ein trockenes, schwer verständliches Referat. Ich merkte aber, als sie es vor der Klasse vortrugen und Rückfragen beantworteten, daß sie sich viel Wissen angeeignet hatten.

Dies alles steht ganz konträr zu unseren, zu meinen üblichen Bemühungen, für SchülerInnen gut verdauliche Wissenshäppchen vorzubereiten.

Ich war damals überrascht, sowohl erfreut als auch beunruhigt, denn es war mein erster Versuch, im Pädagogik-Unterricht einer Fachschulklasse für Sozialpädagogik den Studierenden einen Rahmen anzubieten, der selbstbestimmtes Lernen ermöglicht. Sie hatten viel mehr Freiheit als sonst bei der Wahl der Themen und der Informationsquellen, in der Vorgehensweise und in der Zeitplanung. Die drei Studierenden nützten den neuen Freiraum nicht nur voll aus, sie überschritten den von mir vorgegebenen Rahmen, indem sie sich für ein Thema entschieden, das ich überhaupt nicht in Betracht gezogen hatte und das im Rahmenplan des Faches

Pädagogik nicht vorkam, indem sie eigenwillige Wege zur Bearbeitung des Themas wählten und deswegen auch noch die Schule zu einem Zeitpunkt verlassen mußten, in dem sie anderweitig Unterricht gehabt hätten.

Aber wie sagt Freinet? »Adler steigen keine Treppen« (s. Vorspann).

Auch wenn ich nicht auf die Studierenden fluche, wenn sie eigenwillige Lernwege gehen, erkenne ich mich in dem Treppen bauenden Pädagogen wieder; es ist eine Seite von mir, die sich immer wieder zu Wort meldet. Nur durch die vielfältigen anderen Lernerfahrungen, die ich selber im Laufe von Jahren im Rahmen der Freinet-Bewegung und auch in Workshops zum Entdeckenden Lernen[1] gemacht habe, konnte ich den Eifer dieses überprüfenden, kleinschrittig vorgehenden Pädagogen in mir bremsen und mich immer mehr als Begleiterin von Lernprozessen verstehen, die nicht von mir, sondern von den Studierenden gesteuert werden.

»Adler steigen keine Treppen«, bezogen auf meinen Unterricht im Fach Pädagogik, bedeutet folgendes:

- Der Lernende wählt sein Thema und bestimmt über seinen eigenen Weg, er bestimmt auch darüber, ob er allein oder mit anderen zusammenarbeitet.
- Lernen wird von eigenen Interessen und Fragen getragen, die manchmal offensichtlich sind, sich aber oft meiner Kenntnis (als Lehrerin) entziehen.
- Es werden Zugänge zum Wissen genutzt, die eigentlich selbstverständlich sein sollten, aber durch die institutionellen Bedingungen, unter denen Unterricht stattfindet, oft versperrt sind. So wird die Schule verlassen, und es finden Hospitationen, ExpertInnenbefragungen, Interviews mit Betroffenen statt. Informations- und Fortbildungsveranstaltungen außerhalb der Schule werden, wie in meinem Beispiel, besucht.
- Übliche Trennlinien zwischen verschiedenen Fächern und die Grenzen, die der Rahmenplan vorgibt, werden des öfteren überschritten.

Es könnte durch mein oben angeführtes Beispiel der Eindruck entstanden sein, daß ich in einer Ausbildungsstätte arbeite, die mit Regelschule wenig gemeinsam hat, daß ich einen Freiraum habe, von dem meine KollegInnen in der Sekundarstufe nur träumen können. So ist es aber nicht, denn die Fachschule für Sozialpädagogik, an der ich arbeite, ist eine Schule, deren Alltag durch Fachunterricht im doppelstündigen Rhythmus, kontrollierte Anwesenheit der Studierenden, vorgeschriebene Anzahl von Klausuren, Examensvorbereitung geprägt ist. Und von den Anforderungen des Rahmenplans kann ich mich nicht frei machen; ich halte es deswegen nicht für möglich, durchgehend »freie Arbeit« zu praktizieren, sondern gestalte im Laufe eines Schuljahres den Unterricht so, daß sich Phasen eines von mir geplanten und geleiteten Unterrichts mit Phasen abwechseln, in denen die Studierenden eine relativ große Entscheidungsfreiheit über die Wahl der Themen und die Methoden der Bearbeitung haben.

1 Viele Anregungen für meine Arbeit verdanke ich den Workshops zum Entdeckenden Lernen, die Karin Ernst und ihre MitarbeiterInnen in der Lernwerkstatt der Technischen Universität in Berlin gestalten.

Freiheit heißt nicht Beliebigkeit; ich bemühe mich darum, Strukturen zu schaffen, die den Studierenden genug Halt geben, damit diese unvertraute Art zu lernen zum Erfolg führen kann.

Bei meinem ersten Versuch sahen die Strukturen folgendermaßen aus:

- Ich verlangte schriftliche Berichte über die Arbeit.
- Ich setzte einen Abgabetermin fest, den ich in einzelnen Fällen allerdings verschob.
- Ich führte einen Kreis ein, der sich zu Beginn jeder Unterrichts-Doppelstunde traf und der gegenseitigen Information, Anregung und Beratung diente.
- Ich erfand die »Sprechstunde«: Jeder Studierende war verpflichtet, mindestens ein Gespräch mit mir über sein Thema zu führen. Je nachdem, ob sie Einzel- oder Gruppenarbeit machten, kamen sie allein oder mit der kleinen Gruppe zu mir. Auf einem »Terminkalender« trugen sie sich selber ein.
- Durch Aushänge im Klassenraum versuche ich diese Strukturen sichtbar und deutlich zu machen.

Kommen wir auf die drei Frauen aus der Türkei zurück. Mich beeindruckte die Ausdauer, mit der sie ihr selbstgewähltes Thema bearbeiteten und die Selbständigkeit, mit der sie sich Informationen verschafften. Hier gingen sie weiter als die meisten Studierenden ihrer Klasse, die weniger ausgefallene Themen und eigenwillige Wege wählten. Woher sie diese Hartnäckigkeit hatten, was sie dazu bewegte und sie befähigte, dieses anspruchsvolle Thema zu behandeln, das habe ich nie erfahren. Eine zufällige, oberflächliche, durch den im Psychologieunterricht gesehenen Spielfilm geweckte Neugier wird sicherlich nicht die tragende Kraft bei diesem Lernprozeß gewesen sein. Was war die tragende Kraft? Das weiß ich nicht.

Über den herkömmlichen Fachunterricht schreibt Wagenschein:

»Wir nehmen uns nicht die Zeit für das Wichtigste. Und nach 45 Minuten hören wir schon wieder auf, eigentlich ohne angefangen zu haben. *Ohne* Fühlung mit der Sache hält es nämlich niemand länger als 45 Minuten aus. Man muß dann wechseln. Die Abwechslung tritt als Reizmittel hinzu, keine gute. *Mit* Fühlung kann eine – nicht zu große – Klasse drei Stunden intensiv und mit Freude an *einer* Sache arbeiten; freilich in einer anderen Methode, als die flüchtig-energetische ist, die wir uns angewöhnen mußten, um in 45 Minuten etwas hinter uns zu bringen, in das wir uns doch versenken sollten. Am schwersten haben es diejenigen Schüler und Lehrer, die trotz der Eile immer wieder Fühlung zu gewinnen suchen. Sie müssen stets von neuem ihre Wurzeln wieder ausziehen.« (Wagenschein 1970, S. 338)

Durch freie Arbeit im Sinne der Freinet-Pädagogik wird einer solchen »Entwurzelung« entgegengewirkt, weil einerseits der Bezug zur Sache in einem ausgedehnten Zeitraum entwickelt werden kann und andererseits persönliche Motive zum Tragen kommen.

Was sind aber die persönlichen Motive der Studierenden, wenn sie sich nicht nur oberflächlich mit einem Thema befassen, sondern sich hineinvertiefen oder – wie Wagenschein sagt – sich in das Thema versenken?

Eine umfassende Antwort auf diese Frage kann ich nicht geben. Manche Studierenden gaben mir aber selber Hinweise, ob in direkter oder verschlüsselter Form, auf biographisch bedeutsame Erlebnisse, aus denen ihr Interesse an »ihrem« Thema erwuchs.

Die freie Arbeit ermöglichte ihnen, die mit diesen schmerzhaften Erlebnissen verbundenen Affekte und ungelösten Spannungen nicht abzuspalten, sondern diese emotionalen Kräfte bei der Bearbeitung des gewählten Themas wirken zu lassen.

In Wagenscheins Bildern ausgedrückt bedeutet das: Sie mußten ihre eigenen Wurzeln nicht abschneiden, sondern sie konnten in ihrem Lernprozeß an die biographisch entstandene, innere Wirklichkeit anschließen und ihr Wissen verwurzeln. Zwei weitere Episoden aus meinem Unterricht sollen dies verdeutlichen.

Persönliche Motive

Eine Gruppe von vier Studierenden (etwa 19 Jahre alte Frauen) wollte sich mit dem Thema »sexueller Mißbrauch an Mädchen« befassen.

Ich ließ es zu, obwohl dieses Thema wieder nicht so recht in den Rahmen hineinpaßte, den ich für die freie Arbeit gesetzt hatte; ich war aber mittlerweile an diese Überschreitung des vorgegebenen Rahmens gewöhnt. Das Thema machte mir Angst, und ich äußerte eine gewisse Skepsis; aber nein, sie wollten darüber arbeiten, sie waren sich sicher. Ich ließ es zu und brachte ihnen etwas Material mit; sie hielten mich aber von ihren Gesprächen fern, sie zeigten mir, daß sie mich nicht brauchten, was für eine Lehrerin nicht so einfach zu akzeptieren ist. Ich mischte mich aber ein, als es um die Wahl einer Präsentationsform ging, denn die Präsentation der Arbeitsergebnisse ist eine wichtige Phase bei der freien Arbeit, und ich empfehle lebendige, anschauliche Präsentationsformen, um uns allen gehäufte, oft unerträglich langweilige Vorträge zu ersparen. Wir berieten uns zusammen, und sie entschieden sich dann für das Herstellen einer kleinen Broschüre und für ein »Rollenspiel«. So führten sie am Präsentationstag einige kurze Szenen vor; die letzte Szene führte uns zu einer Psychotherapeutin, die die Mutter und die sexuell mißbrauchte Tochter beriet. Nachdem das Spiel beendet war, klatschten wie üblich die anderen SchülerInnen; es entstand aber kaum ein Gespräch.

Folgendes ging mir dabei durch den Kopf: Was haben sie dabei eigentlich gelernt? Wußten sie es nicht schon vorher? Haben sie nicht schon im letzten Schuljahr bei einer Kollegin an diesem Thema gearbeitet? Allerdings ist Vorsicht meinerseits geboten; könnte das stille Mädchen, das die mißbrauchte Tochter spielt, tatsächlich betroffen sein? Aber diese Therapeutin ... so verhält sich doch keine Therapeutin, so bestimmend. Es ist eine unbeholfene Darstellung von Psychotherapie; wäre hier nicht die Gelegenheit, die Klasse über ein einfühlsames TherapeutInnenverhalten zu informieren?

Aber weder die Darstellerinnen noch die übrigen SchülerInnen schienen mir gerade für solche Vertiefungen, Berichtigungen, Differenzierungen empfänglich zu sein. Was würden meine FachkollegInnen von so einem Unterricht halten, in dem ich meine Aufgabe als Lehrerin so wenig erfüllte?

Trotz all dieser Bedenken fragte ich nicht nach. Ich hielt mich zurück.

Zum Glück, denn wir kamen etwa ein Jahr später im Unterricht auf dieses Thema zurück, und gerade das Mädchen, das die in meinen Augen wenig gelungene Darstellung der Psychotherapeutin übernommen hatte, berichtete der Klasse, daß sie als Kind sexuell mißbraucht wurde.

Zu dieser Offenbarung entschied sie sich nicht plötzlich, sondern nach gründlicher Überlegung. Sie hatte in der Zwischenzeit mich als Lehrerin besser kennengelernt und hatte wahrscheinlich ein gewisses Vertrauen zu mir entwickelt. (Um nicht mißverstanden zu werden, möchte ich betonen, daß der Mißbrauch viele Jahre zurücklag und daß das Mädchen damals Unterstützung seitens der Mutter und einer Psychotherapeutin bekommen hatte, daß es sich also weder um eine aktuelle Situation, in der sie sofortige Hilfe gebraucht hätte, handelte noch um ein vollkommen unbearbeitetes Trauma.)

Ein Jahr früher hatte mich mein schlechtes LehrerInnengewissen zu einem plumpen, uneinfühlsamen, vielleicht verletzenden Eingreifen verleiten wollen; ich hatte seiner Stimme aber widerstanden. Ich konnte, wenn auch mit zwiespältigen Gefühlen, von dem Druck Abstand nehmen, Wichtiges und Wissenswertes vermitteln zu wollen, wobei *ich* diejenige gewesen wäre, die über Wichtiges und Wissenswertes entschieden hätte, und dieses zu einem offensichtlich unpassenden Zeitpunkt.

Eine Lehrerin, die versagt? Vielleicht war ich es, nach den Maßstäben der herkömmlichen LehrerInnenrolle. Zugleich genügte ich auch nicht meinen eigenen Ansprüchen, denn anstatt jener unbehaglichen, ängstlichen Zurückhaltung wünsche ich mir vielmehr Gelassenheit, Vertrauen und die Fähigkeit, solche »Schülerarbeiten« ohne Vorbehalte einfach anzunehmen.

Was war geschehen?

Eine der vier Frauen hatte den Rahmen, den ich zur freien Arbeit anbot, genutzt, um an einem persönlichen Problem zu arbeiten und um es in einer verschlüsselten Form (niemand wußte, daß *sie* betroffen war) zum Ausdruck zu bringen.

Wenn der Rahmen der selbstbestimmten Arbeit weit genug gefaßt ist (ziemlich freie Themenwahl) und wenn die Präsentationsformen kreativ genug sein dürfen, entsteht der freie Ausdruck.

Ohne es selber so genau zu wissen, gab ich durch die freie Arbeit einen kleinen Raum zum freien Ausdruck.

Jeder Mensch hat das Bedürfnis, sich auszudrücken. Findet er einen einladenden Rahmen, ein Angebot an verschiedenen Ausdrucksformen, unter denen er wählen kann, und auch die Resonanz, die er persönlich braucht, wird er diese Gelegenheit nutzen; dadurch hat er die Möglichkeit, ohne es selber so genau zu wissen und ohne es so recht zu beabsichtigen, an Erlebnissen und Konflikten zu arbeiten, die ihn belasten, sich dadurch schrittweise von dieser Belastung zu befreien oder zumindest die Last der bis dahin unverarbeiteten Gefühle, die ihm oft den Zugang zur Außenwelt versperren, etwas von sich abzuschütteln.

Ich verweise hier auf die Arbeiten von Paul Le Bohec, der viele Beispiele dafür gibt, daß freier Ausdruck eine Wiederherstellung des psychischen Gleichgewichts ermöglicht (1992 und 1994).

Der Fachunterricht in der Sekundarstufe gibt leider dem freien Ausdruck äußerst wenig Raum. Er hat andere Prioritäten und Sorgen als die psychische Gesundheit der SchülerInnen. Ich wünschte, dieser letzte Satz wäre nur etwas ironisch dahingeschrieben; er ist leider bitterernst.

»Herausgerissen, der Wurzeln beraubt zu werden und dafür ein Gerede angeboten zu bekommen, das ist ein nichtswürdiger Tausch.« (Wagenschein 1968, S. 45).

Wagenschein bezieht diesen Satz auf die Abspaltung der ursprünglichen Naturerfahrung der Lernenden im naturwissenschaftlichen Unterricht, auf die Entwurzelung aus dem Allgesamt ihrer Umweltbeziehungen.

Herausgerissen werden in meinen Augen die Lernenden auch aus ihrer eigenen Erlebniswelt, sie werden gezwungen, ihre mit biographischen Ereignissen verbundenen Affekte und ungelösten Spannungen abzuspalten. Freier Ausdruck ermöglicht in einem selbstgesteuerten Prozeß, zu einer selbst bestimmten Zeit, in einer selbst gewählten, mehr oder weniger verschlüsselten Form, dieser Entwurzelung entgegenzuwirken. Mit den Worten von Wagenschein:

»Der Mensch darf nicht gespalten werden, wo er ganz bleiben kann.« (Wagenschein 1968, S. 86)

Verdeckte Wurzeln

»Wenn ich mit Euch reden könnte«, so heißt das Buch, das Dietmar Zöller (1989), ein autistischer junger Mann, geschrieben hat, der nicht (bzw. nur mit seiner Mutter) sprechen kann und durch das Schreiben einen Weg gefunden hat, sich trotzdem mitzuteilen.

R. (ein 35jähriger Studierender) sagte mir einmal, daß er sich für das Thema Autismus interessiere, und daraufhin brachte ich ihm dieses Buch. Mehrere Monate später, als wir wieder mit einer Phase freier Arbeit anfingen, erinnerte ich alle an die Möglichkeit, dieses Thema zu wählen, welches auch großen Anklang fand. R. schloß sich der »Autismus-Gruppe« an und engagierte sich sehr, organisierte einen Besuch bei dem Verein »Hilfe für das autistische Kind«, besorgte einen Dokumentarfilm und befaßte sich näher mit der Haltung von ErzieherInnen autistischen Kindern gegenüber.

An einem Nachmittag – die Unterrichtsstunde war eigentlich schon zu Ende – sah sich R. in einem Filmraum das Ende eines Dokumentarfilms zu seinem Thema an; die anderen Studierenden aus seiner Gruppe waren schon gegangen. Ich ging in den Raum und schaute mir eine Weile den Film, den ich nicht kannte, mit ihm an.

Wir begannen ein Gespräch über einen bestimmten im Film gezeigten Jungen und über die Gründe der eigenartigen Faszination, die wir für autistische Kinder empfinden. Und R. fing an, mir zu erzählen, welche Beziehung er zu diesem Thema hatte.

Er berichtete mir darüber, wie er Jahre zuvor in einer psychischen Verfassung war, die Ähnlichkeit mit derjenigen von Autisten hatte, wie er sich in einem inneren Gefängnis eingesperrt fühlte; er berichtete über die Tiefe der damaligen Krise, die ich hier nicht näher beschreiben möchte, und über den Weg, den er fand, um da herauszukommen. Seine Schilderung beeindruckte mich zutiefst.

Dietmar Zöller schreibt:

> »Sprechen wollte ich. Im Kopf waren die Gesprächsbeiträge fertig. Ich wußte sogar, wie mein Gegenüber reagieren würde, und dann ging nichts, absolut nichts. Oft habe ich ein Gespräch phantasiert, wie es hätte laufen können. Meine Mutter wußte bald nicht mehr, was stimmte. Mit ihr konnte ich reden, mit anderen ging es nicht. Da versagte meine Zunge. So ist es bis heute geblieben.« (1989, S. 12)

R. stellte selber die Verbindung her zwischen seinen eigenen damaligen Erlebnissen und Gefühlen und seinem Interesse für Autisten und für die Arbeit mit ihnen. Ich hörte ihm zu.

Als ich den Raum verließ, fragte mich ein Kollege, was los sei, denn es war schon 16.00 Uhr, der Unterricht war also seit 45 Minuten beendet. So hatte freie Arbeit wieder einmal den üblichen Unterrichtsrahmen gesprengt. Solche Gespräche mit einzelnen und mit kleinen Gruppen gehören eigentlich zur freien Arbeit, auch wenn sie diese Tiefe selten erreichen; sie finden meistens in der Unterrichtszeit statt, gelegentlich aber auch in der U-Bahn.

Was R. berührt hatte, war die Kontaktlosigkeit, die Einsamkeit von autistischen Menschen, denn er hatte eine ähnliche Beziehungslosigkeit erlebt. Der Weg des Verstehens geht über Identifikation und Projektion. War mir im Gespräch mit R. nicht Ähnliches passiert, hatte er nicht Erlebnisse und Gefühle angesprochen, die ich ebenfalls – wenn auch nicht in dieser Tiefe und Bedrohlichkeit – kannte, hatte ich ihn nicht deswegen verstehen können?

Besteht aber nicht die Gefahr, daß die Grenzen zwischen Selbst und Objekt allzusehr verwischt werden? Bezogen auf R. und sein Thema würde es bedeuten, daß er so viel von den eigenen Gefühlen auf autistische Menschen projiziert, daß er sie als von ihm unterscheidbare Personen nur noch wie durch einen getrübten Spiegel sieht. Diese Gefahr besteht durchaus, vor allem bei diesem Thema, sie kann aber u.a. durch das Gegenüber von kritischen Gesprächspartnern verringert werden. Diese Gesprächspartner waren in diesem Fall die anderen Mitglieder seiner Arbeitsgruppe, der besuchte Experte bei der »Hilfe für das autistische Kind« und nicht zuletzt eine (im allgemeinen) recht kritische Klasse und ich, vor denen er seine Arbeitsergebnisse vortrug.

Dieses Beispiel mag außergewöhnlich und dramatisch erscheinen; in der Tat erlebe ich solche in die Tiefe gehenden Gespräche, wie dasjenige mit R., sehr selten in der Schule, sie gehören nicht zu meinem normalen LehrerInnen-Alltag.

R. teilte mir mit, welches persönliche Motiv ihn dazu gebracht hatte, sich einem Thema intensiv zu widmen.

Beschäftigte er sich mit dem Thema »Autismus« oder war er eher dabei, sich mit eigenen Erlebnissen auseinanderzusetzen? Wahrscheinlich tat er beides. War der Weg zum Thema nicht auch ein Weg zu sich selbst?

Ich vermute, daß er sich in das Thema versenken konnte, weil er zugleich auf einer verborgenen Ebene sich eigenen schmerzhaften Erlebnissen zuwandte und durch die Bearbeitung des Themas auch sie bearbeitete. Aber wie gesagt, auf einer verborgenen Ebene, und mir stand nicht zu, in die Rolle der Psychotherapeutin zu schlüpfen; ich habe dafür keine Qualifikation, und der Unterricht wäre wahrhaftig kein geeigneter Rahmen dazu.

Solche persönlichen Motive haben aber mit Sicherheit bei vielen selbstbestimmten Lernprozessen eine große Bedeutung; sie sind eine tragende Kraft, die es ermöglicht, bei einem Thema auszuharren und auftretende Schwierigkeiten bei der Bearbeitung zu überwinden. Darüber weiß ich als Lehrerin in der Regel nichts; mir bleiben solche Motive in den allermeisten Fällen verborgen, sie entziehen sich auch oft der bewußten Kenntnis der Studierenden.

Wenn sich die Wurzeln eines Baumes unserer Beobachtung entziehen, dürfen wir trotzdem nicht behaupten, daß es sie nicht gibt und so tun, als ob der Baum ohne Wurzeln leben und wachsen kann; wir dürfen die Wurzeln nicht abschneiden und hoffen, daß der Baum gedeiht. Eine Selbstverständlichkeit. Tun wir aber nicht Ähnliches Tag für Tag in der Schule?

Ich habe an einigen Beispielen gezeigt, daß sich Studierende auch unter den einengenden Bedingungen des Fachunterrichts in »ihre« Themen versenken können. Damit solche Art von Lernen stattfindet, kann ich als Lehrerin einiges tun: Ich kann den Studierenden viel Freiheit bei der Wahl der Themen und der Bearbeitungsmethoden lassen, ich kann vielfältige, auch kreative Präsentationsformen anbieten, ich kann begleiten anstatt zu leiten, ich kann zuhören anstatt zu belehren, ich kann mir immer wieder in Erinnerung rufen, daß sich vieles am Lernprozeß der Studierenden, vielleicht das Wesentliche, meiner Kenntnis entzieht, und ich kann diese Unwissenheit annehmen.

Literatur

Boehncke, Heiner/Hennig, Christoph (Hrsg.): Célestin Freinet – Pädagogische Texte. Mit Beispielen aus der praktischen Arbeit nach Freinet, Reinbek bei Hamburg 1980.

Le Bohec, Paul: Therapeutische Aspekte der Freinet-Pädagogik, in: Hellmich, Achim/Teigeler, Peter (Hrsg.): Montessori-, Freinet-, Waldorfpädagogik. Konzeption und aktuelle Praxis, Weinheim und Basel 1992.

Le Bohec, Paul/Le Guillou, Michèle: Patricks Zeichnungen. Die therapeutische Bedeutung des freien Ausdrucks, Bremen (Pädagogik-Kooperative) 1993.

Wagenschein, Martin: Verstehen lehren, Weinheim und Basel 1968.

Wagenschein, Martin: Ursprüngliches Verstehen und exaktes Denken, Bd. I und II, Stuttgart 1970 (2. Aufl.).

Zöller, Dietmar: Wenn ich mit euch reden könnte, Bern-München-Wien 1989.

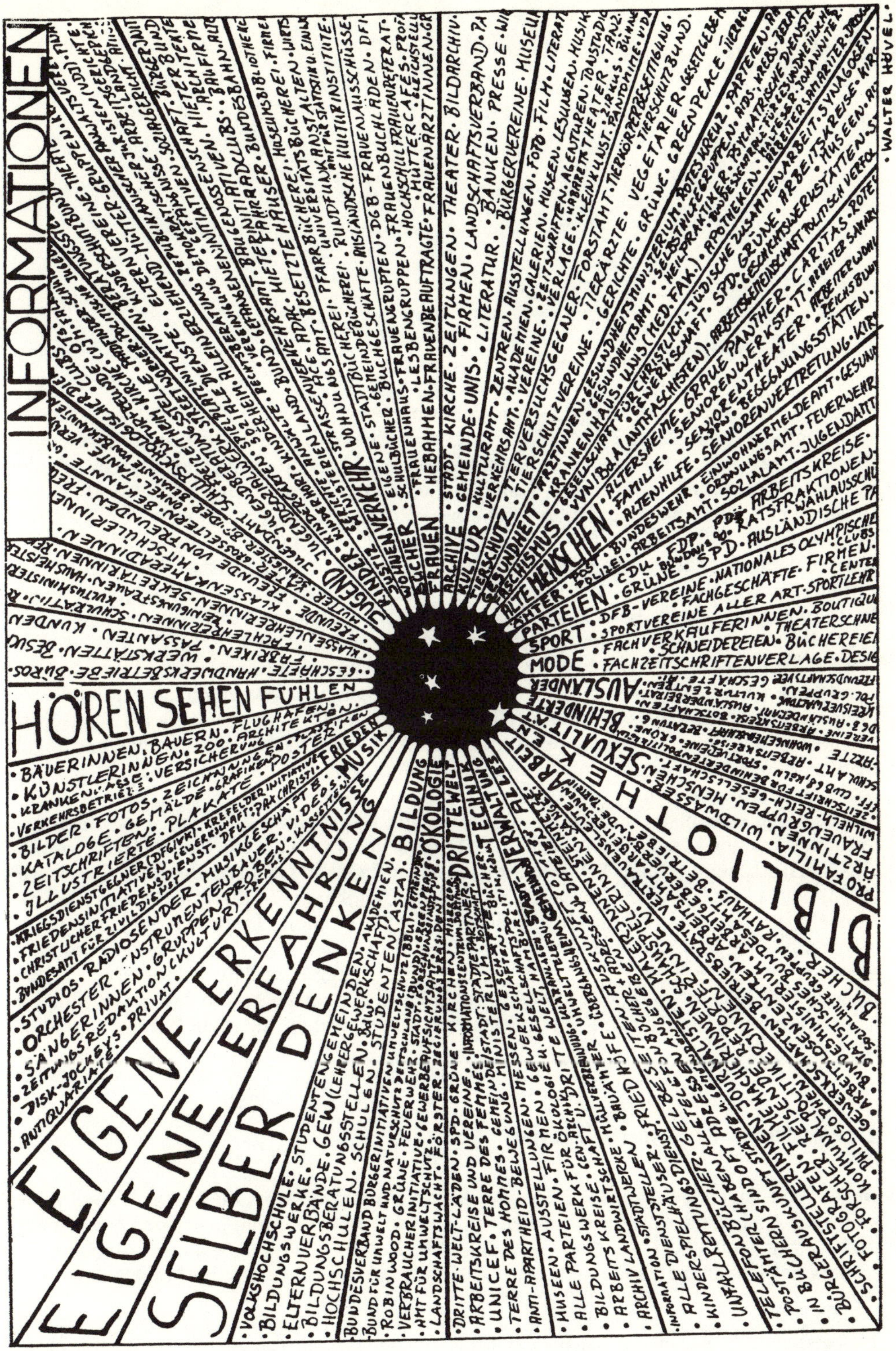

Walter Hövel

Anhang

1. Zur Quellenlage

Eine Gesamtausgabe der Schriften von Célestin Freinet steht noch aus. Seit seiner ersten Veröffentlichung im Jahre 1920: »Souvenirs d'un blessé de guerre« (»Erinnerungen eines Kriegsverletzten«[1], erschienen bei: Maison française d'art et d'édition) publizierte er zahlreiche Artikel in französischen und ausländischen Zeitschriften, die noch nicht systematisch zusammengestellt sind. Es existiert zwar eine »Bibliographie Internationale (1920 – 1978) de Célestin et Elise Freinet« von Halina Semenowicz aus dem Jahre 1986 (Edition INRP – Institut National de Recherche Pédagogique, 29, rue d'Ulm, 75230 Paris, Cedex 05). Claude Guihaumé, Mitglied der Kommission »Histoire & Patrimoine« der französischen Freinet-Bewegung, bezeichnet diese Bibliographie als unverzichtbares Arbeitsinstrument, warnt aber gleichzeitig vor ihren vielen Irrtümern und Ungenauigkeiten.

Im Rahmen der französischen Vereinigung »les Amis de Freinet« (»die Freunde Freinets«) hat Claude Guihaumé nach eigenen Aussagen ein Maximum an Publikationen Freinets und der französischen Freinet-Bewegung zusammengetragen (Bücher, Zeitschriften, lose Blätter...), aber da es allein mehr als 100 Zeitschriften, »Bulletins« und regelmäßige Veröffentlichungen von Kommissionen etc. gab, ist nach seinen Aussagen eine Systematisierung schwierig.

Auch eine scheinbar so einfache Arbeit wie die Feststellung des Erst-Erscheinungsdatums der Bücher von Célestin und Elise Freinet hat ihre Tücken. In den französischen Ausgaben erscheint oftmals keine Jahreszahl. Wenn Célestin Freinet selbst auf seine Schriften hinweist, sind – nach Aussagen von Claude Guihaumé – diese Jahresangaben mit Vorsicht zu genießen, da er oft aus dem Gedächtnis zitiert, Erst- und Zweitausgaben, Neubearbeitungen, Erweiterungen etc. miteinander vermengt und einige sogar eliminiert, wenn sie ihm nachträglich nicht mehr gefallen. Des weiteren wird diese biographische und bibliographische Arbeit dadurch erschwert, daß sich die umfangreiche Korrespondenz Célestin Freinets in den Händen seiner Tochter befindet, welche sie nicht freigibt (vgl. dazu Rubrik Nr. 7).

2. Schriften von Célestin Freinet

Bei meinen folgenden Angaben zu den wichtigsten Schriften von Célestin und Elise Freinet stütze ich mich auf die Datierungsarbeit von Claude Guihaumé. Zitiert werden nur **Bücher**, und zwar nur mit Erst-Erscheinungsdatum, ohne Berücksichtigung späterer Auflagen. Die zahlreichen Broschüren und praktischen Ratgeber, die Célestin und Elise Freinet zumeist im

1 Übersetzung dieses und der folgenden Buchtitel: Ingrid Dietrich. Von den mit * gekennzeichneten Schriften liegen (Teil-)Übersetzungen ins Deutsche bzw. Bearbeitungen vor (s. Rubrik Nr. 7).

Selbstverlag bei der **C.E.L.** oder als Sonderhefte von Zeitschriften-Reihen der Freinet-Bewegung veröffentlichten, werden hier nicht einzeln aufgeführt.

1926 L'imprimerie à l'ecole
(»Die Druckerei in der Schule«), Editions Ferrary, Paris

Noch vor der französischen Ausgabe erschien in der UdSSR ein Vor-Abdruck des Buches in einer Zeitschrift für das Lehrpersonal in Karkov/Ukraine. 1928 veröffentlichte die Zeitschrift der Lehrergewerkschaft Uruguays den vollständigen Text.

1927 Un mois avec les enfants russes
(»Ein Monat mit den russischen Kindern«)
Bericht über Freinets Studienreise mit einer Delegation seiner Lehrergewerkschaft in die UdSSR im Jahre 1925, mit Holzschnitten von E. Lagier-Bruno (der späteren Elise Freinet)
Edition de la Revue littéraire des Primaires LES HUMBLES, Heft 5/6, 12. Jg.

1928 Plus de manuels scolaires
Méthode vivante et rationnelle de travail scolaire par l'Imprimerie à l'Ecole
(»Weg mit den Schulbüchern!«
Lebendige und vernünftige Methode der schulischen Arbeit durch die Schuldruckerei)
Editions de l'Imprimerie à l'Ecole, Saint-Paul (Alpes-Maritimes)

1935 L'imprimerie à l'Ecole
Technique Nouvelle d'Education populaire
(»Die Druckerei in der Schule.
Neue Technik der Volkserziehung«)
Nach Freinet selbst handelt es sich um die Neuherausgabe, Überarbeitung und Zusammenfassung der beiden vorhergehenden, vergriffenen Bücher: »L'Imprimerie à l'Ecole, 1926 (s.o.) und »Plus des Manuels Scolaires«, 1928 (s.o.).
Editions de l'Imprimerie à l'Ecole, Vence (Alpes-Maritimes)

1944 L'Ecole Moderne Française
(»Die moderne französische Schule«)
Editions de l'Education populaire, Belgien

Erste französische Ausgabe:
***1945 L'Ecole Moderne Française**
Guide pratique pour l'organisation matérielle, technique et pédagogique de l'Ecole Populaire
(»Die moderne französische Schule. Praktischer Leitfaden für die materielle, technische und pädagogische Organisation der Schule des Volkes«)
Editions Ophrys, Gap

1945 Images du Maquis
(»Bilder aus dem Widerstand«)
Texte von Célestin Freinet, Zeichnungen von Elise Freinet (Lagier-Bruno)
Editions Ophrys, Gap

1946 Conseils aux parents
(»Ratschläge für die Eltern«)
Editions Ophrys, Gap

1947 L'Education du Travail
(»Die Arbeitserziehung«)
Editions Delachaux et Niestlé, Neuchâtel (Schweiz)

1950 Essai de Psychologie sensible appliquée à l'éducation
(»Versuch einer Angewandten Sinnespsychologie für die Erziehung«)
Editions de l'Ecole Moderne Française, Cannes

Eine spätere zweite Auflage erscheint 1968 in zwei Bänden bei Delachaux et Niestlé in Neuchâtel/Schweiz. Band I wurde 1965 noch von Freinet selbst überarbeitet.

1951 Méthode Naturelle de Dessin
(»Natürliche Methode des Zeichnens«)
Editions de l'Ecole Moderne Française, Cannes

1954 Enfants-poètes
Poèmes et dessins de l'Ecole Freinet.
(»Kinder als Dichter.
Gedichte und Zeichnungen aus der Freinet-Schule«)
Editions de la Table Ronde, Paris

1956 Les méthodes naturelles dans la pédagogie moderne
(»Die natürlichen Methoden in der modernen Pädagogik«)
Editions Bourrelier, Paris

1957 Le Journal scolaire
(»Die Schulzeitung«)
Editions Rossignol, Montmorillon (Vienne)

1959 Les dits de Mathieu
Une pédagogie moderne de bon sens
(»Die Sprüche von Mathieu. Eine moderne Pädagogik des gesunden Menschenverstandes«)
Zusammenfassung einer Artikelserie Célestin Freinets im »Educateur«
Editions Delachaux et Niestlé, Neuchâtel/Schweiz

***1964 Les techniques freinet de l'ecole moderne**
(»Die Freinet-Techniken (in) der modernen Schule«)
Collection Bourrelier/Librairie Armand Colin, Paris

Die **C.E.L.**, der kooperativ geführte Verlag und Materialvertrieb der Freinet-Bewegung, unterhielt eine eigene Druckerei für Arbeitsmittel, Schriften und Periodica. In diesem Rahmen erschienen in der Serie **B.E.M. (Bibliothèque de l'Ecole Moderne, Cannes**) in den Jahren 1960–1966 ca. 19 Broschüren mit Célestin Freinet als Autor oder Mit-Autor.
Hinzu kommen in der Reihe **»Brochures d'Education Nouvelle Populaire**« ca. 25 Veröffentlichungen mit Célestin Freinet als Autor bzw. Mit-Autor.

Posthum herausgegeben wurden folgende Bücher:

1968 La méthode naturelle:
*Bd. I: L'apprentissage de la langue
Bd. II: L'apprentissage du dessin
Bd. III: L'apprentissage de l'écriture

(**»Die natürliche Methode**:
*Bd. I: Das Erlernen der Sprache
Bd. II: Das Erlernens des Zeichnens und Malens
Bd. III: Das Erlernen der Schrift«)
Zunächst bei Delachaux et Niestlé, Neuchâtel, Schweiz;
1975 bei Editions marabout, Verviers/Belgien

1969 Pour l'ecole du peuple
(»Für die Schule des Volkes«)
Wiederabdruck von »L'école moderne française« und »Invariants pédagogiques«
Editions Maspéro, Paris (mehrere Auflagen von 1969–1976)

1994 Célestin Freinet – Oeuvres pédagogiques
(»Celestin Freinet – Pädagogische Werke«)
2 Bände, Editions le Seuil, Paris
Zusammenfassende Veröffentlichung aus seinen oben angeführten Werken sowie aus den fünf »Genesen« (=entwicklungspsychologische Betrachtungen anhand von Kinderzeichnungen zu folgenden Themen):
La genèse de l'homme (1953) – (Menschen)
La genèse des oiseaux (1955) – (Vögel)
La genèse des autos (1960) – (Autos)
La genèse des maisons (1961) – (Häuser)
La genèse des chevaux (1964) – (Pferde)

3. Schriften von Elise Freinet

1935 Principes d'Alimentation rationnelle
Menus Naturistes et 250 Recettes Naturistes
(»Prinzipien der vernünftigen Ernährung. Vegetarische Menüs und 250 vegetarische Rezepte« – mit einem schönen Holzschnitt von Elise Freinet als Titelblatt)
Editions de l' Imprimerie à l'Ecole, Vence

1949 Naissance d'une pédagogie populaire (méthodes freinet)
(»Geburt einer Volkspädagogik – Freinet-Methoden«)
Editions François Maspéro, Paris

1962 Vous avez un enfant
(»Sie haben ein Kind«)
Mitautorin der Neubearbeitung von Célestin Freinet: »Conseils aux Parents« (1943)
Editions de La Table Ronde, Paris

1974 L'Ecole Freinet, réserve d'enfants
(»Die Freinet-Schule, ein Kinderreservat«)
Editions François Maspéro, Paris

***1977 L'itinéraire de Célestin Freinet.**
La libre expression dans la pédagogie Freinet
(»Der Werdegang Celestin Freinets. Der freie Ausdruck in der Freinet-Pädagogik«)
Les Editions Payot, Paris
Außerdem war Elise Freinet Autorin und Mitautorin von mehreren Broschüren und Sondernummern von Freinet-Zeitschriften zu verschiedenen Themen.

4. Zeitschriften der französischen Freinet-Bewegung:

Das von Claude Guihaumé angelegte Verzeichnis führt 106 Perodica auf (soweit möglich, mit Angaben, von wann bis wann sie jeweils erschienen sind). Hinzu kommen ca. 40 regionale Informations-»Bulletins« und kleinere Serien. Diese Anzahl von Zeitschriften spricht an sich schon für die Lebendigkeit der Freinet-Bewegung in Frankreich und die Intensität der Kommunikation unter ihren AnhängerInnen. Natürlich kann hier nur eine kleine Auswahl der am weitesten verbreiteten Zeitschriften und Serien von Arbeitsmaterialien wiedergegeben werden:

L'Imprimerie à l'Ecole (1926–1932), abgelöst durch:
L'Educateur Proletarien (1932–1939), ab 1939 nur noch:
L'Educateur (1939–1988); von 1988 bis heute:
Le Nouvel Educateur

Dossiers Pédagogiques de L'Educateur (Sonderhefte des »Educateur« zur vertieften Behandlung pädagogischer Schwerpunkte). Späterer Titel:

Supplément Périodique de Travail et de Recherches (1963–1982, mit Unterbrechungen)
La Brèche au Second Degré (1974–1978)
La Gerbe (1927–1962)
Art enfantin (1959–1981), abgelöst durch
Créations (seit 1981 bis heute)
Techniques de Vie (1959–1986)

Serien von Arbeitsheften (Bibliothèque de Travail) zu verschiedenen Themen (Stand 1994):

BT	=	Bibliothèque de Travail (10–15 Jahre)
BTJ	=	Bibliothèque de Travail Junior (9–11 Jahre)
grand j	=	Zeitschrift mit Geschichten, Kindertexten und Reportagen (7–9 Jahre)
BT2	=	Bibliothèque de Travail (für Sekundarstufe, Erwachsenenbildung etc.)
BT Son	=	Bibliothèque de Travail Sonore (mit Tonkassette und Beiheft)
F.T.C.	=	Fichiers de Travail coopératif (Anleitungen zur selbständigen Bearbeitung verschiedener Themengebiete auf verschiedenen Niveaus; Arbeitskarteien)

Die **C.E.L** (das kooperative Verlagshaus der französischen Freinet-Bewegung) *existiert seit 1986 nicht mehr.* Eine »Société anonyme à responsabilité limitée« (G.m.b.H.) führt teilweise die Aufgaben der **C.E.L.** fort und publiziert auch die Zeitschriften der französischen Freinet-Bewegung und die Serien der »Bibliothèque de Travail« weiter, bedient aber daneben auch ein breiteres Publikum. Name und Adresse dieser Verlagsgesellschaft sind:

PEMF – Publications de l'Ecole Moderne Française
F-06376 MOUANS SARTOUX CEDEX.
Tel. 92.92.17.57
Fax 92.92.18.04

5. Publikationen der französischen Freinet-Bewegung (Auswahl)

Barré, Michel: Célestin Freinet et l'Ecole Moderne
(»Célestin Freinet und die Bewegung der Modernen Schule«)
Bibliothèque de Travail / BT 2, Nr. 193, PEMF (Publications de l'Ecole Moderne Française), Cannes-La Bocca 1987

Barré, Michel/Guérin, Pierre/Paris, Gilbert/Jaubert, Jean-Pierre: Célestin Freinet par lui-même (Album sonore)
(»Célestin Freinet über sich selbst« – Tonkassette mit Begleitbuch)
PEMF (s.o.), Cannes-La Bocca 1988

Chantier »équipes pédagogiques« de l'Institut coopératif de l'Ecole Moderne (Pédagogie Freinet): Les équipes pédagogiques: caprice, epouvantail ou panacée? Non: outil de rupture!
(»Die PädagogInnen-Gruppen: Laune, Schreckgespenst oder Allheilmittel? Nein: Mittel zum Bruch mit der bisherigen Praxis«)
François Maspéro, Paris 1980

Collectif I.C.E.M.-Pédagogie Freinet: Invitation au poème
(»Einladung zum Gedicht (-Schreiben)«)
LehrerInnen, die die Freinet-Pädagogik praktizieren, berichten, wie die Poesie in ihrer Klasse entsteht.
Editions Casterman, Paris 1982

***Collectif I.C.E.M.: Pédagogie Freinet: Perspectives d'education populaire**
(»Perspektiven der Volkserziehung«)
Petite Collection Maspéro, Paris 1979

La Pédagogie Freinet par ceux qui la pratiquent – malgré tout
(»Die Freinet-Pädagogik, dargestellt von denen, die sie – trotz allem – praktizieren«) – 20 Erfahrungsberichte von Freinet-LehrerInnen
Editions Maspéro, Paris 1975

***Le Bohec, Paul / Le Guillou, Michèle: Les dessins de Patrick**
(»Patricks Zeichnungen« – Erfahrungen mit der therapeutischen Wirkung des freien Ausdrucks)
Editions Casterman, Paris 1980

Pédagogie Freinet: Poèmes d'adolescents
(»Gedichte von Jugendlichen«)
Editions Casterman, Paris 1976

Pédagogie Freinet – I.C.E.M. en collaboration par des enseignants Freinet: Pour une méthode naturelle de lecture
(»Für eine natürliche Methode des Lesens«)
Editions Casterman, Paris 1980

6. Französische Publikationen über die Freinet-Pädagogik (Auswahl)

Cacérès, Benigno: Histoire de l'Education Populaire
(»Geschichte der Volkserziehung«)
Editions le Seuil, Paris 1974

Clanché, Pierre: Le texte libre, écriture des enfants
(»Der freie Text, Schrift(produkt) der Kinder«)
Editions Maspéro, Paris 1976

Clanché, Pierre: L'enfant écrivain. Génétique et symbolique du texte libre
(»Das Kind als Schriftsteller. Genese und Symbolik des freien Textes«)
Editions du Centurion (Collection »Paidos«), Paris 1988

Clanché, Pierre/Testanière, Jacques: Actualité de la Pédagogie Freinet
(»Aktualität der Freinet-Pädagogik«)
Tagungsbeiträge der ersten französischen Universitätstagung über die Freinet-Pädagogik an der Université de Bordeaux II, 26.–28.3.1987.
Presses Universitaires de Bordeaux, 1989

Fonvieille, Raymond: L'aventure du Mouvement Freinet
(»Das Abenteuer der Freinet-Bewegung«)
Dokumentation der Spaltung zwischen Freinet und der Pariser Gruppe des I.C.E.M. – später »Institutionelle Pädagogik« – aus der sehr persönlichen Sicht des Autors
Librairie des Méridiens Klincksieck, Paris 1989

Gonnet, Jacques: Le journal et l'école
(»Die Zeitung und die Schule«)
Editions Casterman, Paris 1978

Maury, Liliane: Freinet et la pédagogie
(»Freinet und die Pädagogik«)
Presses Universitaires Françaises (PUF), Paris 1988

Piaton, Georges: La pensée pédagogique de Célestin Freinet
(»Das pädagogische Denken Célestin Freinets«)
Mit ausführlicher Bibliographie der Schriften von Célestin und Elise Freinet
Edition Nouvelle Recherche – E. Privat, Toulouse 1974
(vergriffen)

***Vasquez, Aïda / Oury, Fernand: De la classe coopérative à la pédagogie institutionnelle**
(»Von der Klassen-Kooperative zur institutionellen Pädagogik«)
2 Bände, François Maspéro, Paris 1974

7. Deutsche Übersetzungen und Bearbeitungen der Schriften von Célestin und Elise Freinet und der französischen Freinet-Bewegung

Die Rezeption und Verbreitung der Freinet-Pädagogik in Deutschland wird durch die Sprachbarriere wesentlich erschwert. Es ist das Verdienst des heute emeritierten Saarbrükker Hochschullehrers Hans Jörg, diese Sprachbarriere überwunden und schon in den 60er Jahren über die Freinet-Pädagogik in Deutschland publiziert zu haben.

Zwei Bücher Célestin Freinets sowie ein Buch von Elise Freinet wurden von Hans Jörg ins Deutsche übersetzt und ausführlich kommentiert:

Célestin Freinet: Die moderne französische Schule (L'école moderne française), übersetzt und besorgt von Hans Jörg, Paderborn 1965, 2. verbesserte Aufl. 1979

Hans Jörg: Praxis der Freinet-Pädagogik. Übersetzung und Bearbeitung des Buches von Célestin Freinet »Les techniques Freinet de l'école moderne«, Paderborn 1981

Elise Freinet: Erziehung ohne Zwang. Der Weg Célestin Freinets (»L'itinéraire de Célestin Freinet«). Aus dem Französischen übersetzt und bearbeitet sowie mit einem Nachwort versehen von Hans Jörg, Stuttgart 1981, Taschenbuch-Ausgabe (DTV) München 1985 und 1986

Eine weitere Buchveröffentlichung von Hans Jörg hat mehr den Charakter einer Bild-Dokumentation:

Hans Jörg: SO macht Schule Freude. Freinet-Pädagogik in Texten, Dokumenten und Bildern, Wolfsburg (Immen Verlag Eva Honig) 1985, 2., ergänzte Auflage 1989 (unter Heranziehung verschiedener Quellen und von der Familie Freinet zur Verfügung gestellter Originalfotos).

Außerdem wurden von Hans Jörg zahlreiche Aufsätze zur Freinet-Pädagogik in deutschen pädagogischen Zeitschriften, im *»schuldrucker«*, dem internen Mitteilungsblatt des **»Arbeitskreises Schuldruckerei«**, sowie im Mitteilungsblatt der **»Amis de Freinet«** in Frankreich veröffentlicht.

Verdienstvoll ist dabei das Bemühen Hans Jörgs um historische Einbettung der Freinet-Pädagogik in den Gesamtzusammenhang der europäischen Reformpädagogik. So bemüht er sich in extenso, Verbindungen Freinets zur deutschen Reformpädagogik oder Affinitäten zu deutschen und ausländischen ReformpädagogInnen aufzuzeigen (vgl. die ausführliche Zeittafel im Anhang des Buches: »Die moderne französische Schule«).

Einer weiteren Verbreitung und Konsolidierung der Freinet-Pädagogik in Deutschland **nicht** förderlich sind jedoch drei Grundtendenzen, die die Kommentare und Veröffentlichungen Hans Jörgs zur Freinet-Pädagogik kennzeichnen:

1. Die Abwertung der politischen, gesellschaftskritischen Komponente der Freinet-Pädagogik, die Freinet später angeblich durch seinen Austritt aus der KP widerrief (Freinet war Mitglied der Kommunistischen Partei Frankreichs von 1926 – 1948). Damit meint Hans Jörg, Célestin Freinet gegen den Vorwurf ›einseitiger Demagogie‹ und ›politischen Weltverbessertums‹ in Schutz nehmen zu müssen, den niemand außer ihm erhebt (vgl. dazu ›Die moderne französische Schule«, 1. Aufl. 1965, S. 155 ff und S. 165 ff; sowie »SO macht Schule Freude«, S. 8 ff)
2. Die Beanspruchung eines Monopols auf Verbreitung und ›richtige‹ Interpretation der Freinet-Pädagogik in Deutschland unter Berufung auf seine persönliche Bekanntschaft mit dem Ehepaar Freinet.
3. Die Polemik gegen die Freinet-Rezeption in Deutschland durch die Gruppen der Pädagogik-Kooperative. Hierzu ein Beispiel:
   »Heute wird von vielen, die Freinet selbst nie gekannt und ihn noch weniger gelesen oder gar verstanden haben, manches wirre, sogenannte »emanzipierte Getue« als »Freinet-Pädagogik« deklariert, was mit Freinets Absichten nicht mehr das Geringste zu tun hat.« (In: »Praxis der Freinet-Pädagogik«, Paderborn 1981, S. 145).
   Hans Jörg verfolgt mit der von ihm vertretenen Freinet-Rezeption die (restaurative)

Absicht, das Gedankengut Freinets ›rein‹ zu erhalten, das er als einer der ersten in Deutschland verbreitete, und es gegen eine (angeblich verwerfliche) Aktualisierung im heutigen pädagogischen und politischen Kontext abzuschirmen. Die Freinet-Bewegung in Deutschland wie in Frankreich bemüht sich im Gegensatz dazu gerade um eine Weiterentwicklung der Freinet-Pädagogik. Sie benutzt Freinets Werk und die Freinet-Techniken als Quelle der Inspiration für eine Modernisierung des heutigen Schulwesens und und zur Lösung der heute anstehenden Probleme. Von daher erklärt sich die kritische Distanz Hans Jörgs und seines von ihm gegründeten »Arbeitskreises Schuldruckerei« zu den Pädagogik-Kooperativen, der ›neuen‹ Freinet-Bewegung in Deutschland. Aus dem gleichen Grund existieren in Frankreich Spannungen und Abgrenzungsbestrebungen zwischen der Freinet-Bewegung (I.C.E.M.) und dem Kreis um Elise Freinet (die 1983 verstorben ist) und ihre Tochter.
Obwohl zeitweise der Wille zur Annäherung von beiden ›Fraktionen‹ der Freinet-Bewegung in Deutschland propagiert wurde (vgl. dazu Roland Laun: »Freinet – 50 Jahre danach«, Heidelberg 1982, Anhang S. 465), sind auch in neueren Veröffentlichungen Hans Jörgs diese Abgrenzungstendenzen nicht überwunden (vgl. dazu Jörg, in: Hellmich/Teigeler: »Montessori-, Freinet-, Waldorfpädagogik«, S. 93–113)
Beide Organisationen sind bis heute (Stand: 1995) getrennt und unabhängig voneinander Mitglied der F.I.M.E.M.
(Fédération Internationale des Membres de l'École Moderne).

Weitere Übersetzungen der mit * gekennzeichneten Bücher in den vorhergehenden Abschnitten (chronologisch nach Erscheinungsjahr geordnet):

Vasquez, Aïda, Oury, Fernand, u.a.: Vorschläge für die Arbeit im Klassenzimmer. Die Freinet-Pädagogik. Alternativen zum gewöhnlichen Schulleben, Reinbek bei Hamburg 1976.
Das Buch enthält – neben Beiträgen deutscher Freinet-LehrerInnen – auf den Seiten 37–129 Auszüge aus dem Buch von Vasquez, Aïda/Oury, Fernand: De la classe coopérative à la pédagogie institutionelle, Bd. I, Paris 1974 (Dieses Buch ist im Buchhandel nicht mehr erhältlich). (S. Rubrik Nr. 6)

Koitka, Christine (Hrsg.): Freinet-Pädagogik, Berlin 1977 (Basis Verlag)
Hier finden sich zwei Broschüren von Célestin Freinet in gekürzter Übersetzung: »Le texte libre« – Der freie Text, S. 16–32. »L'imprimerie à l'école« – Die Druckerei in der Schule. Praktische Hinweise, S. 46–51 sowie ein Text von C. Freinet und H. Robic: »L'organisation de la classe« – Die Organisation der Klasse, S. 72–89.

Célestin Freinet: Pädagogische Texte. Mit Beispielen aus der praktischen Arbeit nach Freinet, hrsg. von Boehncke, Heiner/Hennig, Christoph, Reinbek bei Hamburg 1980
(Im 1. Teil des Buches: Textauszüge aus den pädagogischen, psychologischen und politischen Schriften Célestin Freinets: »Les dits de Mathieu«, »L'éducation du travail«, »Essai de psychologie sensible I und II«, sowie Texte Freinets aus: »Naissance d'une pédagogie populaire« von Elise Freinet
(Dieses Buch ist im Buchhandel nicht mehr erhältlich.)

Boehncke, Heiner/Humburg, Jürgen: Schreiben kann jeder. Handbuch zur Schreibpraxis für Vorschule, Schule, Universität, Beruf und Freizeit, Reinbek bei Hamburg 1980.
Darin ein übersetzter Textauszug von Célestin Freinet: La méthode naturelle. L'apprentissage de la langue, 1968, S. 32–64 (s. Rubrik Nr. 2)

Dietrich, Ingrid (Hrsg.): Politische Ziele der Freinet-Pädagogik. Weinheim und Basel 1982.
Leicht gekürzte Übersetzung und Bearbeitung der »Perspectives d'éducation populaire«, Paris 1979 (s. Rubrik Nr. 5) (vergriffen; als Reprint beim Beltz Verlag erhältlich)

Le Bohec, Paul/Le Guillou, Michèle: Patricks Zeichnungen. Die therapeutische Bedeutung des freien Ausdrucks, Bremen (Pädagogik-Kooperative) 1993
Übersetzung von: »Les dessins de Patrick« (s. Rubrik Nr. 5)

Le Bohec, Paul: Verstehen heißt Wiedererfinden.
Natürliche Methode und Mathematik, Bremen (Pädagogik-Kooperative) 1994
Dieses Buch stellt die Übersetzung und Bearbeitung eines unveröffentlichten Manuskripts von Paul Le Bohec dar: »Le texte libre mathématique«. Übersetzung: Peter Schütz; Bearbeitung: Angela Glänzel

Aufsätze (Auswahl):

Übersetzungen von Originaltexten Célestin Freinets:

Célestin Freinet: Die Disziplin unter den Schülern, in: Proletarische Pädagogik. Thesen, Berichte und Debatten der Leipziger pädagogischen Tagung, abgehalten von der Internationale der Bildungsarbeiter, Leipzig 1928, S. 217–230.
Célestin Freinet: Der Buchdruck in der Schule, in: Hermann Röhrs (Hrsg.): Die Reformpädagogik des Auslands. München/Düsseldorf 1965, S. 289–296.

Übersetzungen von Texten aus der französischen Freinet-Bewegung:

Ingrid Dietrich: Freinet-Pädagogik und Fremdsprachenunterricht, in: EAST (Englisch Amerikanische Studien) H. 4, 1979, S. 542–563;
Übersetzung und Bearbeitung des »Dossier pédagogique de l'Educateur« Nr. 102/103/104 mit dem Titel »Live English (L'Anglais en direct)«; Redaktion: Michel Bertrand.
Die »Jahrbücher für Lehrer« (Hrsg. Johannes Beck/Heiner Boehncke, Reinbek bei Hamburg, 1977–1982) sowie die Zeitschriften **»betrifft: erziehung«** und **»päd. extra«** dieses Zeitraums enthalten zahlreiche Artikel zur Freinet-Pädagogik, die z. T. auf Veröffentlichungen der französischen Freinet-Bewegung zurückgehen. (S. Rubrik Nr. 9)

8. Veröffentlichungen der deutschen Freinet-Bewegung

a) Pädagogik – Kooperative Bremen e. V.

Zeitschrift »Fragen und Versuche«
1. Jahrgang 1976
Erscheinungsweise: 3–4 Nummern jährlich; die Redaktion wird jeweils abwechselnd für ein Jahr von einer Regionalgruppe übernommen

Weitere Veröffentlichungen (chronologisch geordnet):

Zülch, Martin: Lehrer und Schüler verändern die Schule – Bilder und Texte zur Freinet-Pädagogik, Hamburg 1978

Hartmann, Heinz-Dieter: Wann machen wir freie Arbeit? Praxisanregungen aus der Sonderschule, Bremen 1985 (2. Aufl. 1988)
Freinet-Pädagogik. Ein Werk- und Atelierbuch. Eine Zusammenstellung von Beiträgen aus 10 Jahren »Fragen und Versuche« (s.o.), Bremen 1986
Canacakis, Jorgos/Haehnel, Gerd/Sauerland, Georg/Söll, Florian: Wir spielen mit unseren Schatten. Vorschläge für Familie, Freizeit, Schule und Therapie, Reinbek bei Hamburg 1986
Hövel, Walter/Brand, Birgitt: Die Rechte der Kinder – Freinet-Pädagogik, Bremen 1993
Le Bohec, Paul/Le Guillou, Michèle: Patricks Zeichnungen. Die therapeutische Bedeutung des freien Ausdrucks, Bremen 1993 (s. Rubrik Nr. 5 und 7)
Le Bohec, Paul: Verstehen heißt Wiedererfinden. Natürliche Methode und Mathematik, Bremen 1994 (s. Rubrik Nr. 7)

**Bezugsadresse: Pädagogik-Kooperative e.V., Goebenstr. 8,
28209 Bremen, Tel. 0421/344929, FAX: 0421/3478556**

b) Arbeitskreis Schuldruckerei (AKS)

Internes Mitteilungsblatt »der schuldrucker«
1. Jahrgang 1964, 100. Ausgabe Oktober 1994

»Deutsche Garbe« – Sammlung von Druckarbeiten von SchülerInnen

Bezugsadresse und Informationen:
**Peter Treitz, Im Graulheck 24a, 66578 Schiffweiler,
Tel. 06821/64633**

9. Bücher und Aufsätze zur Freinet-Pädagogik in deutscher Sprache (Auswahl)

a) Bücher:

Baillet, Dietlinde: Freinet – praktisch. Beispiele und Berichte aus Grundschule und Sekundarstufe, Weinheim und Basel 1983
Dietrich, Ingrid (Hrsg. und Übers.): Politische Ziele der Freinet-Pädagogik, Weinheim und Basel 1982 (s. Rubrik 5 und 7) – vergriffen; als Reprint erhältlich beim Beltz Verlag
Dutilly, Marie-Claude: Und sie bewegen sich doch. Lehrer nach dem Ende der pädagogischen Euphorie, Berlin (Basis Verlag) 1983
Eliade, Bernard: Offener Unterricht. Versuche zur kooperativen und kreativen Veränderung der Schulpraxis am Collège d'Enseignement Technique‹ Dijon. Ein Beitrag zur ›Education permanente et populaire‹, Weinheim und Basel 1975 – vergriffen
Freinet, Célestin: Die moderne französische Schule. »L'école moderne française«, übersetzt und besorgt von Hans Jörg, Paderborn 1965, 2. Aufl. 1979 (s. Rubrik Nr. 2 und 7)
Freinet, Célestin: Pädagogische Texte. Mit Beispielen aus der praktischen Arbeit nach Freinet (Hrsg. Heiner Boehncke/Christoph Hennig), Reinbek bei Hamburg 1980 (s. Rubrik Nr. 7) – vergriffen
Freinet, Elise: Erziehung ohne Zwang. Der Weg Célestin Freinets. Aus dem Französischen übersetzt und bearbeitet sowie mit einem Nachwort versehen von Hans Jörg, 1. Aufl. Stuttgart 1981, Taschenbuch-Ausgabe (dtv) München 1985 (s. Rubriken Nr. 3 und 7)
Hänsel, Dagmar: Handlungsspielräume. Portrait einer Freinet-Gruppe, Weinheim und Basel 1985 – vergriffen
Jörg, Hans: Praxis der Freinet-Pädagogik. Übersetzung und Bearbeitung des Buches von Célestin Freinet: »Les techniques Freinet de l'Ecole Moderne«, Paderborn 1981 (s. Rubriken Nr. 2 und 7)

Jörg, Hans: SO macht Schule Freude. Freinet-Pädagogik in Texten, Dokumenten und Bildern, Wolfsburg (Immen-Verlag Eva Honig) 1985, 2. ergänzte Aufl. 1989 (s. Rubrik Nr. 7)
Jörg, Hans: Schüler drucken ihre Fibel selbst. Einführung in die Schuldruckerei, Wolfsburg (Immen-Verlag) 1991
Koitka, Christine (Hrsg.): Freinet-Pädagogik. Unterrichtserfahrungen zu: Freier Text, Selbstverwaltung, Klassenzeitung, Korrespondenz u.a., Berlin (Basis Verlag) 1977 (s. Rubrik Nr. 7)
Laun, Roland: Freinet – 50 Jahre danach. Dokumente und Berichte aus drei französischen Grundschulklassen. Beispiele einer produktiven Pädagogik, Heidelberg 1982
Le Bohec, Paul/Le Guillou, Michèle: Patricks Zeichnungen. Die therapeutische Bedeutung des freien Ausdrucks, Bremen (Pädagogik-Kooperative) 1993 (s. Rubrik Nr. 5 und 7)
Le Bohec, Paul: Verstehen heißt Wiedererfinden. Natürliche Methode und Mathematik, übersetzt von Peter Schütz, überarbeitet von Angela Glänzel, Bremen (Pädagogik-Kooperative) 1994 (s. Rubrik Nr. 7)
Vasquez, Aïda/Oury, Fernand u.a.: Vorschläge für die Arbeit im Klassenzimmer. Die Freinet-Pädagogik: Unterricht und Lehrerkooperation, Reinbek bei Hamburg 1976 (s. Rubrik Nr. 6) – vergriffen
Wichmann, Jürgen: »Célestin Freinet. Ein Wegbereiter der modernen Erlebnispädagogik?« Lüneburg (edition erlebnispädagogik) 1992
Zehrfeld, Klaus: Freinet in der Praxis. Zum Stand gegenwärtiger Freinet-Pädagogik: Unterricht und Lehrerkooperation, Weinheim und Basel 1977 – vergriffen

b) Aufsätze in Büchern

Die Menge der deutschsprachigen Aufsätze, in denen die Freinet-Pädagogik dargestellt bzw. auf einzelne ihrer Aspekte Bezug genommen wird, ist kaum mehr zu überblicken. Hier sollen darum nur einige Aufsätze angeführt werden, die aus der (subjektiven) Sicht der Herausgeberin besonderen Informationswert besitzen oder die in der Rezeptionsgeschichte der Freinet-Pädagogik in Deutschland von Bedeutung waren.

Dabei beschränke ich mich auf die ›jüngere‹ Rezeptionsgeschichte – d.h. auf die ›Wiederentdeckung‹ der Freinet-Pädagogik durch die Gruppen der Pädagogik-Kooperative Mitte der 70er Jahre.

Die ›ältere‹ Rezeptionsgeschichte seit 1960 und sogar persönliche Verbindungen Freinets mit deutschen Reformpädagogen aufgearbeitet zu haben, bleibt das Verdienst **Hans Jörgs** (vgl. dazu besonders den Anhang von »Die moderne französische Schule«). In seinem Aufsatz »Freinet-Pädagogik in Deutschland« (in: der schuldrucker, H. 100, Jg. 30, Okt. 1994, S. 4–13) erwähnt er folgenden Tatbestand, der hier nicht nachgeprüft werden kann: »In zahlreichen Aufsätzen pädagogischer Fachzeitschriften hatten außer mir schon ab 1960 Hochschullehrer wie Hermann Röhrs, Ernst Meyer, W. Ch. Schneider, Josef Dolch, Adolphe Ferrière, Friedrich Schneider, Elisabeth Honig, Alfred Heiss u.a. von Freinet berichtet.« (S. 10) Genauere bibliographische Angaben liefert er dazu nicht.

Marianne Krüger-Potratz (»Freinet-Pädagogik – Freinet-Bewegung. Kommentiertes Verzeichnis deutschsprachiger Literatur«, in: VE – Rundbrief der Kommission für Vergleichende Erziehungswissenschaft der DGfE, Informationen Nr. 8, Juni 1981, S. 158–179) führt dagegen Textauszüge von Friedrich Schneider und Christian W. Schneider an (S. 158/159) und erwähnt auf S. 161 zwei ältere deutsche Veröffentlichungen von Texten Freinets, darunter eine sogar aus dem Jahre 1928 (Bericht über den Kongreß der Internationale der Bildungsarbeiter, Leipzig, Ostern 1928, an dem Freinet mit einem eigenen Vortrag teilnahm – s. Rubrik Nr. 7).

Die »neuere« Rezeptionsgeschichte der Freinet-Pädagogik in der Bundesrepublik Deutschland beginnt ca. sechs bis acht Jahre nach dem »Mai 1968« in Frankreich, der für die französische Freinet-Bewegung einen großen Aufschwung brachte. Eingeleitet wurde diese

»Neuentdeckung« durch die Bücher von Eliade, Koitka, Zehrfeld, Vasquez/Oury u.a. (s. Rubrik Nr. 9), sowie durch die Artikelserien von Johannes Beck, Heiner Boehncke, Christoph Hennig, Martin Zülch u.a. in den »Jahrbüchern für Lehrer« (s. Rubrik Nr. 7). Diese sehr interessanten Aufsätze zu verschiedensten Aspekten der Freinet-Pädagogik werden hier nicht einzeln aufgeführt. Ebenso können hier nur einige Aufsätze aus Büchern (in subjektiver Auswahl) aufgelistet werden, die nach 1975 erschienen. Die Fülle der Veröffentlichungen zu berücksichtigen, die sich in loser Form auf die Freinet-Pädagogik beziehen bzw. von ihr inspiriert worden sind, ist hier nicht möglich.

Brocke, Beate/Flügge-Dutilly, Marie-Claude/Glänzel-Zlabinger, Angela/Glänzel, Hartmut/Wasmuth, Eva: »Freinet-Pädagogik – Die PraktikerInnen haben das Wort«, in: Hellmich, Achim/Teigeler, Peter: »Montessori-, Freinet-, Waldorfpädagogik. Konzeption und aktuelle Praxis«, Weinheim und Basel 1992, S. 152–170

Christadler, Marieluise: »Célestin Freinet und Adolf Reichwein. Gesellschaftsveränderung durch Volkserziehung?«, in: Christadler, Marieluise (Hrsg.): »Die geteilte Utopie. Sozialisten in Frankreich und Deutschland«, Opladen 1985, S. 197–217

Dick, Lutz van: »Freinet-Pädagogik in Schule und Hochschule«, in: Dick, Lutz van: »Alternativschulen. Informationen – Probleme – Erfahrungen«, Reinbek bei Hamburg 1979, S. 66–77 sowie S. 290–298

Dietrich, Ingrid: »Erfahrungsbezogenes Lernen mit ausländischen Kindern in der deutschen Grundschule«, in: Wittenbruch, Wilhelm (Hrsg.): Das pädagogische Profil der Grundschule, Heinsberg 1984, S. 211–226 (3. Auflage 1995)

Dietrich, Ingrid: »Freinet-Techniken im Deutschunterricht als Zweitsprache mit türkischen Kindern«, in: Knapp-Potthoff, Anneliese und Donnerstag, Jürgen (Hrsg.): Kongreßdokumentation zur 10. Arbeitstagung der Fremdsprachendidaktiker Aachen, Tübingen 1985, S. 183–196

Dietrich, Ingrid: »Freie Texte türkischer Kinder. Was und wie türkische Kinder schreiben«, in: Valtin, Renate/Naegele, Ingrid (Hrsg.): »Schreiben ist wichtig! Grundlagen und Beispiele für kommunikatives Schreiben(lernen)«, Arbeitskreis Grundschule e.V., Frankfurt/M. 1986, S. 232–257

Dietrich, Ingrid: »Freinet-Pädagogik ›vor Ort‹. Handlungsorientiertes Lernen in Duisburger Klassen mit hohem Ausländeranteil (Kommentar zur Video-Dokumentation)«, in: Günther, Klaus-B. (Hrsg.): »Ontogenese, Entwicklungsprozeß und Störungen beim Schriftspracherwerb«, Heidelberg 1989, S. 58–67. (Aktualisierte Angaben zum Video-Film s. unter Rubrik Nr. 10)

Dietrich, Ingrid: »Les techniques FREINET appliquées à des enfants Turcs dans l'enseignement de l'Allemand comme deuxième langue«, in: Clanché, Pierre/Testanière, Jacques (Ed.): »Actualité de la Pédagogie Freinet«, Presses Universitaires de Bordeaux 1989, S. 237–249

Dietrich, Ingrid: »Célestin Freinet und die nach ihm benannten Schulen«, in: Winkel, Rainer (Hrsg.): »Reformpädagogik konkret«, Hamburg 1993, S. 53–69

Dietrich, Ingrid/Geschefsky, Gaby: »Freinet-Pädagogik: Klassenkorrespondenz«, in: Hänsel, Dagmar (Hrsg.): »Das Projektbuch Grundschule«, Weinheim und Basel 1986, S. 51–72 (2. Aufl. 1995)

Dietrich, Ingrid/Gäßler, Roland: »Arbeit und Spiel – ein Gegensatz? Die ganzheitliche Konzeption des ›travail-jeu/jeu-travail‹ bei Freinet«, in: Timm, Johannes-Peter (Hrsg.): »Ganzheitlicher Fremdsprachenunterricht«, Weinheim 1995, S. 16–30

Girardin, Jean-Claude: »Célestin Freinet – Ein revolutionärer Pädagoge«, in: Gorz, André (Hrsg.): »Schule und Fabrik«, Berlin (Merve) 1972, S. 135–155

Hagstedt, Herbert: »Freie Arbeit nach Freinet in der Grundschule unter besonderer Berücksichtigung lernschwacher Schüler«, in: Reiß, Günter/Eberle, Gerhard (Hrsg.): »Offener Unterricht – Freie Arbeit mit lernschwachen Schülerinnen und Schülern«, Weinheim 1992, S. 240–253

Hellmich, Achim/Teigeler, Peter (Hrsg.): »Montessori-, Freinet-, Waldorfpädagogik. Konzeption und aktuelle Praxis«, Weinheim und Basel 1992
Jörg, Hans: »Kreative Gruppenarbeit durch Freinet-Techniken«, in: Meyer, Ernst/Weber, Alexander (Hrsg.): »Aktivierung von Gruppenprozessen«, Bd. 1, Paderborn 1981, S. 157–169
Jörg, Hans: »Kooperation als Fundament der Freinet-Pädagogik«, in: Weber, Alexander (Hrsg.): »Kooperatives Lehren und Lernen in der Schule«, Heinsberg 1986
Jörg, Hans: »Meine Begegnung mit Freinet und der Freinet-Pädagogik«, in: Hellmich/Teigeler (Hrsg.), – s.o. – S. 93–113
Kasztantowicz, Ulrich: »Die Freinet-Pädagogik«, in: Ders. (Hrsg.): »Wege aus der Isolation. Konzepte und Analysen der Integration Behinderter in Dänemark, Norwegen, Italien und Frankreich«, Heidelberg 1982, S. 221–235
Le Bohec, Paul: »Therapeutische Aspekte der Freinet-Pädagogik« (aus dem Französischen übersetzt von Ursula Pfender und Peter Teigeler), in: Hellmich/Teigeler (Hrsg.) – s.o. –, S. 141–151
Maurice, Paul: »Eine Niederlage, die das Gelingen von morgen vorbereitet« (aus dem Französischen übersetzt von Ingrid Dietrich), in: Dietrich, Ingrid u.a.: »Schulverdrossenheit«, Königstein/Ts. (Scriptor) 1978, S. 213–222
Ramseger, Jörg: »Was heißt ›durch Unterricht erziehen?‹« Weinheim und Basel 1991, S. 112–149
Röbe, Edeltraut: »Förderung bewußten Lernens und Leistens in Freinet-Klassen«, in: Lichtenstein-Rother, Ilse (Hrsg.): »Jedem Kind seine Chance. Individuelle Förderung in der Schule«, Freiburg/Br. 1980, S. 76–98
Sigel, Richard: »Lernziel: Reformfähigkeit. Schule von unten verändern: Freinetpädagogik – Balintgruppe – Videosupervision, Bad Heilbrunn/Obb. 1990, S. 58–144
Teigeler, Peter: »Célestin Freinet«; »Freinet-Pädagogik, psychologische Lernmotivations-Theorie und Viktor Frankls ›Wille zum Sinn‹«, in Hellmich/Teigeler (Hrsg.) – s.o. –, S. 38–49 und S. 114–140
Zudeich, Peter: »Ein alter Reformpädagoge wird Mode: Célestin Freinet«, in: »Alternative Schulen«, Frankfurt/M. 1982, S. 131–139

c) Aufsätze in Zeitschriften

Die Zeitschriften »betrifft:erziehung«, »päd.extra« und »Grundschule« veröffentlichten in den 70er Jahren häufig Schwerpunkthefte zur Freinet-Pädagogik. Aber auch andere pädagogische Zeitschriften brachten Einzel-Artikel oder Artikelserien zur Freinet-Pädagogik. Seit 1976 gab es im übrigen auch die Zeitschrift der Pädagogik-Kooperativen »Fragen und Versuche« (einige allererste Vorläufer-Nummern hießen bezeichnenderweise »Lehrerglück«). Hier wurden – allerdings für einen internen AbonnentInnen- und InteressentInnenkreis Anregungen, Praxisberichte und theoretische Auseinandersetzungen zur Freinet-Pädagogik neben viel ›Persönlichem‹ und ›Gemischtem‹ publiziert. Die Sammel-Veröffentlichung: »Freinetpädagogik – Ein Werk- und Atelierbuch« (s. Rubrik Nr. 8) hat die interessantesten Beiträge zusammengestellt.

Bei der nun folgenden Auflistung von Zeitschriften-Beiträgen zur Freinet-Pädagogik wurde *chronologisch* vorgegangen.

Einzelbeiträge wurden mit Titel aufgeführt. Handelt es sich um Hefte mit Themenschwerpunkt oder mehreren Beiträgen zur Freinet-Pädagogik in einem Heft, wurden nur die Namen der VerfasserInnen aufgeführt. Vollständigkeit kann nicht garantiert werden.

1975 *betrifft:erziehung*, H. 2, S. 56–58:
Christoph Hennig/Martin Zülch: »Tastende Versuche«. Frankreich/Lehrerbewegung C.E.L.

1976 *päd. extra*, H. 8, S. 24–42:
Johannes Beck: »Lernen mit Leben und Arbeit verbinden«.
Schule/Freinet-Pädagogik (Vorabdruck aus dem »Jahrbuch für Lehrer« 1977)

1977 *Grundschule*, H. 8, S. 370–375:
Beiträge von Christoph Kodron/Marta Fendrich/Heiko Gauert, Martin Zülch

Grundschule, H. 9, S. 417–424:
Beiträge von Hans Jörg, Christine Koitka, Martin Zülch, Jenny Wienecke

Frankfurter Rundschau, 5. 11. 1977, Seite 11:
Konrad Wünsche: »Freinet oder Die Reform von unten. Informationen über eine von Frankreich ausgehende pädagogische Bewegung« (sehr gut recherchierter Artikel mit großer Breitenwirkung)

DIE ZEIT, 2. 12. 1977, Nr. 50, S. 44:
Konrad Wünsche: »Hilferufe aus der Schule – Heißt die Antwort Freinet? Eine neue Unterrichtsmethode aus Frankreich. Die ersten Bücher über die Freinet-Pädagogik«

1978 *Grundschule*, H. 1, S. 13–15:
Manfred Bönsch: »Didaktik des freien Arbeitens«

Hauptschulmagazin (Ehrenwirth), H. 2, S. 9–12:
Manfred Bönsch: »Freies Arbeiten. Zu einer neuen (alten) Lernmöglichkeit in der Schule«

Neue Sammlung, H. 2, S. 108–121:
Konrad Wünsche: »Über Praxis, Technik, Theorie in der Freinet-Pädagogik«

päd.extra, H. 3, S. 18–33:
Beiträge von Konrad Wünsche/Angelika Rohrwasser, Michel Bertrand u. a., Jacky Chassanne u. a.; außerdem: Beispiele für »Techniken« der Freinet-Pädagogik, Angaben der Pädagogik-Kooperativen Berlin und Bremen zur Situation in der BRD, Manifest von Aix (Übersetzung: Ingrid Dietrich)

Westermanns Pädagogische Beiträge, H. 3, S. 118–122:
Herbert Gudjons: »Alternativer Unterricht« ohne Alternative Schule. Wie die Reformideen praktisch werden können – das Beispiel Freinet-Pädagogik«

Kunst und Unterricht, (Friedrich Verlag), H. 48, S. 32–37
Martin Zülch: »Die Schüler haben das Wort. Über die Rolle der Druckerei und Vervielfältigung in der Freinet-Pädagogik«

päd.extra, H. 4, S. 20–30:
Themenheft »Freinet und die Folgen«, Beiträge von Colectivo Enseñanza Libertaria, Rolf Lübke, Johannes Beck

Grundschule, H. 8, S. 338–340:
Gabriele Skischus: »Was ist eigentlich ›Freie Arbeit?‹ Ein Bericht aus der Praxis«

Spielen und Lernen, H. 10, S. 6–12:
Inge Nordhoff: »Freinet-Pädagogik. Mehr als eine Schwärmerei. Bericht von einem Freinet-Seminar in Bremen«

1979 *Grundschule*, H. 4, S. 176–177:
Dorothee Markert: »Unsere freien Texte und die Druckerei. Aus einer Sonderschulklasse«

Westermanns Pädagogische Beiträge, H. 7, S. 271–273:
Wilfried Schröder: »›Freies Lernen‹ in der Hauptschule«

Grundschulmagazin (Ehrenwirth), H. 7, S. 5–8:
Peter Treitz: »Célestin Freinet und die ›Ecole Moderne‹«

päd.extra, H. 10, S. 41–45:
Marie-Claire Lepape: »Die Revolution auf einem anderen Feld vorantreiben. Freinet und die KP«

Englisch Amerikanische Studien, H. 4, S. 542–563:
Ingrid Dietrich: »Freinet-Pädagogik und Fremdsprachenunterricht«

betrifft:erziehung, H. 12, S. 38–41:
Peter Treitz: »Drucken macht Spaß. Schuldruckereien. Künstler im Verborgenen«

1980 Fehlanzeige

1981 *neue deutsche schule* (Zeitschrift der GEW-NRW), H. 1, S. 24–25:
Horst Speichert: »›Liebes erstes Schuljahr in Köln.‹ Freinet-Pädagogik, Schulreform im Verborgenen«

betrifft:erziehung, H. 2, S. 54–57:
Elise Freinet: »Schule ohne Zwang. Célestin Freinet und seine Pädagogik«

Grundschule, H. 4, S. 174–176:
Winfried Hagen/Trudl Schlosser: »Je t'embrasse très fort. Partnerklassen in Frankreich«

Grundschule, H. 5, S. 206–212:
Beiträge zum freien Text von Ingrid Dietrich und Ute Moschnitschka

Ausländerkinder. Forum für Schule und Sozialarbeit, H. 5:
S. 3–21: Guido Schmitt: »Allgemeine Prinzipien für den Unterricht mit ausländischen Kindern«
S. 66–74: Bernard Mislin/Wolfgang Jung: »Freinet-Pädagogik und Ausländerkinder«

Westermanns Pädagogische Beiträge, H. 9, S. 371–375:
Arbeitsgruppe Ganztagsschulprojekt: »Freinetpädagogik: Verbesserung des Schulalltags oder Reinheit der Lehre?«

betrifft:erziehung, H. 9, S. 54–57:
Irene Dalichow: »Auf den Spuren von Freinet. Die ›Ecole Freinet‹ in Vence«

Schulpraxis, H. 11, S. 27–29:
Peter Treitz: »Célestin Freinet und die Schuldruckerei«

Grundschule, H. 11, S. 476–478:
Klaus Hoff: »So stand es nicht im Lehrplan, aber wir haben viel gelernt.«

1982 *Bildung und Erziehung*, H. 3, S. 273–286:
Peter Schütz: »Alternativen zur gegenwärtigen Lehrerweiterbildung. Das Beispiel der Freinet-Pädagogik in Frankreich«

päd.extra, H. 7/8, S. 20–24; S. 25–27:
Ulf Preuss-Lausitz: »Célestin Freinet das Wort geben«

Hartmut Glänzel/Martin Zülch: »Heißluftballons statt Atomraketen. Friedensaktivitäten deutscher Freinet-Lehrer«

päd.extra, H. 10, S. 37–41:
Ingrid Dietrich/Roland Gäßler u.a.: »Unsere Reise nach Ste-Maure de Touraine: Wo liegt Utopia? Eine Gruppe Lehrerstudenten und Dozenten besucht eine Freinet-Schule in Frankreich«

1983 *Neue Sammlung*, H. 1, S. 81–88:
Konrad Wünsche: »Freibeuter des Sozialismus. 50 Jahre danach – Reichwein und Freinet«

päd.extra, H. 2, S. 21–28:
Schwerpunktheft: »Wir möchten keine Alleinunterhalter mehr sein. Bundesdeutsche Freinetiker ziehen Bilanz.« Mit Beiträgen von Dietlinde Baillet, Manfred Dahl, Hartmut Glänzel, Josef Kasper, Herbert Peifer, Martin Schöffel, Dieter Wieland, Dieter Winkelmann, Ernst-August Witte-Löffler

Grundschule, H. 2, S. 10–66:
Schwerpunktheft: »Freinet-Pädagogen in der Praxis.« Mit Beiträgen von Klaus Hoff, Eva M. Schulz, Peter Moschnitschka, Ute Moschnitschka, Didi Jünemann, Friedegund Pautzke

Westermanns Pädagogische Beiträge, H. 8, S. 370–397:
Schwerpunktthema: »Freinet-Pädagogik in der Sekundarstufe.« Mit Beiträgen von Helmut Schreier, Rainer Meier, Konrad Wünsche, Herbert Gudjons, Andreas Hallmann, Volker Hartz, Christoph Boysen, Hartmut Glänzel, Martin Zülch

1984 *neue deutsche schule* (zeitschrift der GEW-NRW), H. 1, S. 8–11:
Rolf Wagner: »Freinet-Pädagogik. Eine Möglichkeit, gewerkschaftliche Erziehungsziele in die Schule zu bringen.« Mit Sammelrezesion: Literatur zur Freinet-Pädagogik (ebenfalls abgedruckt in: Berliner Lehrerzeitung, H. 9)

Erziehen heute, H. 2, S. 2–4:
Dietlind Fischer: »Tagungszeitung. Ein praktischer Vorschlag zur Ergebnissicherung in der Lehrerfortbildung«

betrifft:erziehung, H. 2, S. 37–44:
Wolfgang Schulz: »Alternativen in der Regelschule«

Scientia Paedagogica Experimentalis, H. 2, S. 200–210:
Wanda Frankiewics: »Etude de l'influence de la technique du texte libre sur le développement de la pensée créative des enfants« (Polen)

Zielsprache Deutsch, H. 3, S. 36–40:
Mummert, Ingrid: »Kommunikativer Literaturunterricht in der Fremdsprache«

päd.extra, H. 5, S. 43–45:
Walter Schäfer: »Freinet vom Kopf wieder auf die Füße gestellt. Ein Hochschulexperiment«

Grundschule, H. 10, S. 15–17:
Helmut Schreier: »Die Druckerei als Instrument der Pädagogik«

Demokratische Erziehung, H. 10, S. 20–22; S. 23–26:
Irene Jung: »Reformunterricht in der Hauptschule. Selbstorganisierter Unterricht«
Ingrid Dietrich: »Fragen an Freinet-Pädagogen«

päd.extra, H. 11, S. 37–41:
Marianne Krüger-Potratz: »Freinet in Polen. Eindrücke – Gespräche – Informationen«

1985 *päd.extra*, H. 2, S. 19–21:
Florian Söll: »... weil es elektrisch ist. Wie meine Schüler freie Texte auf dem Computer schreiben«

päd.extra, H. 9, S. 19–22:
Lilli Fehr-Rutter, Jochen Hering, Martin Langos: »Hatten die Urmenschen auch Tapeten? Geschichtsunterricht aus dem Blickwinkel der Freinet-Pädagogik«

NM-Neusprachliche Mitteilungen, H. 3, S. 173–176:
Astrid Schüler: »Briefaustausch im Französisch-Unterricht«

1986 *Demokratische Erziehung*, H. 3, S. 20–25:
Ingrid Dietrich: »Reformpädagogik als politische Alphabetisierung«

Populäre Musik im Unterricht, H. 17, S. 23–25:
Gerd Haehnel: »Freie Texte und Popmusik. Auf der Suche nach einem freinetischen Musikunterricht«

Erziehungswissenschaft – Erziehungspraxis, H. 3, S. 1–7:
Hans Jörg: »Das pädagogische Denken und Wirken des Célestin Freinet und seine Verbindung zur deutschen Pädagogik«

1987 *Grundschulzeitschrift*, H. 1, S. 19–20
Werner Haser: »Arbeit und Produktion im Klassenzimmer: Drucken«

Erziehungswissenschaft – Erziehungspraxis, H. 3, S. 22–23:
Juhani, Hytoenen: »Impulse aus der Freinet-Pädagogik. Probleme der finnischen Lehrerausbildung und Ansätze zur Neugestaltung der Praktischen Studien in Helsinki«

Pädagogik heute, H. 9, S. 44–48:
Susanne Essinger: »Förderunterricht. Erfahrungen mit dem Drucken in der Grundschule«

päd.extra, H. 10, S. 12–16:
Rosi Frizen-Johnson/Klaus Hoff: »Eine Schule ohne Klingel und Stundenplanraster. Eine Kölner Grundschule à la Freinet«

Grundschulzeitschrift, H. 10, S. 24–27: Barbara Daiber: »Vom Zählen zum Zahlensystem« (Themenheft: »Mathematik am Kind orientiert«)

neue deutsche Schule (s.o.), H. 23–24, S. 37–39:
Ulrich Hecker: »Schreibwerkstatt statt Aufsatzunterricht«

Praxis Deutsch, H. 82, S. 5–7:
Eva-Maria Bauer: »Die Kinder verstehen. Erfahrungsbezogenes Unterrichten nach C. Freinet«

1988 *Schule heute* (Österreich), H. 2, S. 12–15:
Roswitha Greinstetter: »Lehren – lernen – leben in der Grundschule. Umsetzung des neuen Lehrplanes für Volksschulen am Beispiel der Freinet-Pädagogik«

Lehrer-Journal Hauptschulmagazin, H. 4, S. 49–52:
Wolfgang Schmude: »Möglichkeiten freier Arbeitsformen im Unterricht der Hauptschule«

Die Grundschulzeitschrift, H. 18, S. 39–40:
Hans Brügelmann: »Drucken und Vervielfältigen im 1. Schuljahr«

neue deutsche Schule, H. 22, S. 23–25:
Ulrich Hecker: »Freinet an die Schulen« (Teil 2)

1989 *Forum Pädagogik*, H. 1, S. 3–10:
Hans Jörg: »Von Georg Kerschensteiner zu Célestin Freinet. Kindzentrierte Pädagogik als Beispiel deutsch-französischer Kooperation«

Französisch heute, H. 4, S. 399–412:
Renate Fery: »Lernen in Freiheit im Französischunterricht«

Die Deutsche Schule, H. 4, S. 505–515:
Peter Teigeler: »Gestalt-Pädagogik und Freinet-Pädagogik. Ergänzung oder Gegensatz?«

Berliner LehrerInnenzeitung, H. 7–8, S. 17–18:
Peter Teigeler: »Da scheiden sich die Geister. Gestalt- contra Freinet-Pädagogik.«

päd.extra und Demokratische Erziehung, H. 6, S. 23–28:
Bea Wild: »Erinnerung an Tschernobyl. Schreiben im Unterricht«

1990 *Gesamtschul-Informationen*, H. 1–2, S. 286–313:
Michèle Héloury/Christian Minuth: »Französisch lernen? Ja, aber Freinetiisch!«

Die Grundschulzeitschrift, H. 35, S. 27–28:
Sabine Gerbaulet: »Weiterlernen durch Handeln. Selbsthilfe und Fortbildung in Lernwerkstätten«

päd.extra und Demokratische Erziehung, H. 3, S. 29–33:
Gerald Schlemminger: »Freinet-Techniken und institutionelle Pädagogik im Fremdsprachenunterricht«.

1991 *Die Unterstufe* (Berlin Ost), H. 1, S. 25–29
Ingrid Dietrich: »Célestin Freinet und die nach ihm benannte Pädagogik«

Der fremdsprachliche Unterricht – Französisch, H. 1, S. 16–21:
Gisela Bücking: »Schülerkorrespondenz im Anfangsunterricht«

Der fremdsprachliche Unterricht, H. 3., S. 18–23:
Christian Minuth: »Freie Texte im Anfangsunterricht Französisch«

Fremdsprache Deutsch, H. 4, S. 41–44:
Gerald Schlemminger: »Unterrichtsprojekte à la Freinet. Bericht aus einem französischen Klassenzimmer«

päd.extra und Demokratische Erziehung, H. 4, S. 43–48:
Peter Teigeler: »Den Studierenden das Wort geben. Psychologie-Seminare für LehramtsstudentInnen nach der Freinet-Pädagogik. Reduzierung einer Wissenschaft«

Fremdsprache Deutsch, H. 4, S. 4–8:
Hans-Jürgen Krumm: »Unterrichtsprojekte – praktisches Lernen im Deutschunterricht«

1992 *Sportpädagogik*, H. 2, S. 46–50:
Heike Leber: »Mit dem Körper lernen«

Pädagogik, H. 3, S. 46–51:
Ingrid Dietrich: »Célestin Freinet und die nach ihm benannte Pädagogik« (Serie: »Reformpädagogik konkret«)

päd.extra, H. 6, S. 33–37:
Angela Glänzel-Zlabinger: »Sich der Mathematik annähern. Erfahrungsbericht einer Freinet-Pädagogin«

Pädagogik, H. 7/8, S. 66–70:
Will Lütgert: »Reformpädagogik und Schulalltag heute«
(Abschlußdiskussion der Serie »Reformpädagogik konkret«)

1993 *Pädagogik*, H. 2, S. 4–33
Themenschwerpunkt: »Freinet – praktisch. Über die Grundschule hinaus«. Mit Beiträgen von Ingrid Dietrich, Ruedi Rüegsegger, Renate Thiel/Dieter Schüller, Ernst-August Witte-Löffler, Peter Vöge, Walter Hövel, Antoine Koala (Burkina Faso)

1994 *Die Grundschulzeitschrift*, H. 72, S. 38–43:
Angela Glänzel: »Eigene Wege zur schriftlichen Multiplikation« und Interview von Sybille Schütte mit Angela Glänzel: »Sich mit dem Denken der Kinder verbünden«

Die Grundschulzeitschrift, H. 74, S. 6–32:
Themenschwerpunkt: »Zaubergarten Mathematik«. Mit Beiträgen von Herbert Hagstedt, Angela Glänzel, Paul Le Bohec, Peter Schütz, Silvia Herzog, Gudrun Maaser, Jürgen Reichen

Bei der Erstellung dieser Zeitschriften-Dokumentation wurden folgende Quellen benutzt:

1. Marianne Krüger-Potratz:
»Freinet-Pädagogik – Freinet-Bewegung. Kommentiertes Verzeichnis deutschsprachiger Literatur«, in: VE-Informationen (Rundbrief der Kommission für Vergleichende Erziehungswissenschaft der DGfE), Nr. 8, Juni 1981, S. 158–179
2. Roland Laun: »Freinet – 50 Jahre danach«, Heidelberg 1982
3. Eigene Sammlungen der Herausgeberin
4. Pädagogischer Jahresbericht. Ständige Auswertung erziehungswissenschaftlicher und fachdidaktischer Zeitschriften, Sammelwerke und Monographien des deutschen Sprachgebiets. Zusammengestellt und bearbeitet von Heiner Schmidt (1977–1980)
5. CD-ROM »Literaturdokumentation Bildung« (Alpha-Release der Recherche – Software ›CD-Answer‹)«, erhältlich bei:

FIS-Fachinformationssystem Bildung
Deutsches Institut für Internationale Pädagogische Forschung (DIPF)
Berliner Str. 31–35
65760 Eschborn
Tel. 06196/484145
FAX 06196/484161

Diese Dokumentation umfaßt Veröffentlichungen bis 1993 (wird fortgeführt)

10. Filme zur Freinet-Pädagogik

(Über die Pädagogik-Kooperative Bremen e.V. ausleihbar:)
Lernen nach Freinet
Eine Videodokumentation (VHS) der Landesbildstelle Bremen (1994) in unterschiedlichen Schulstufen.

Teil 1: »... Und dann drucken.«
Lernen nach Freinet in der Klasse 2, 36 min.
Der Klassenraum ist so gestaltet, daß in der Mitte eine Fläche für den Gesprächskreis frei ist. Auf dem Boden finden aber auch andere Aktivitäten statt. Die Lehrerin, Heidrun Deichsel, versucht, den sicheren und kreativen Umgang mit der Sprache zu fördern, indem sie die Geschichten mit jedem einzelnen Kind intensiv bespricht. Eine besondere Unterrichtsform stellen die sog. Angebote der Kinder dar. Einige schlagen Aktivitäten vor, denen sich die übrigen Kinder frei zuordnen. Im Mittelpunkt dieser Woche steht das Projekt Müll.

Teil 2: »Hoki, ich bin im Jahre 5.«
Lernen nach Freinet in Klasse 4, 32 min.
Diese Kinder sind vom 1. Schultag an »offen« unterrichtet worden, d.h. die meisten empfinden es als natürlich, ihr Lernen selbst in die Hand zu nehmen. Der Lehrer, Tido Hokema, unterstützt sie dabei durch entsprechende Organisationsformen. Der offizielle Unterricht beginnt mit einem Morgenkreis. Es folgt die Arbeit am Pflichtprogramm. Im Mittelpunkt stehen eigene Geschichten, die in sog. Schreibkonferenzen entstehen und dann für alle gedruckt werden. Jede Woche kann eine Gruppe ihr Sachunterrichtsthema im Kreis vortragen. Daraus ergeben sich interessante Gespräche und noch mehr Fragen. Spannend wird es, als einige Kinder aus der Inselgruppe versuchen, Feuer zu machen.

Teil 3: »Glorian ist ungerecht.«
Lernen nach Freinet in der Hauptschule, 8. Klasse, 32 min.
Seit Klasse 7 erleben die Schülerinnen einen Unterricht, der im wesentlichen durch einen wöchentlichen Arbeitsplan bestimmt wird. Arbeitsberichte zeigen dem Lehrer, Klaus Glorian, an, wie weit die Erledigung der Aufgaben vorangeschritten ist und wo er helfend eingreifen muß. Die Schülerinnen erhalten regelmäßig Gelegenheit, die Ergebnisse ihrer Arbeit im Plenum vorzustellen. Dieses Gespräch mit bzw. in der Klasse nutzt der Lehrer für soziales Lernen. Wir erhalten Einblicke in die vielseitige Organisation des Klassenraumes, für den sich die Schülerinnen auch verantwortlich fühlen und verfolgen u.a. die Herstellung eines Bumerangs. Über Ereignisse, die die Klasse betreffen, sowie seine Eindrücke vom Arbeitsverhalten der Schülerinnen verfaßt der Lehrer jede Woche einen Bericht, der auch in einem Ordner für die Klasse bereitliegt.

Teil 4: »Man glaubt gar nicht, daß man das kann.«
Lernen nach Freinet im Leistungskurs Deutsch, Jahrgang 11; 35 min.
Das Lehrplanthema »Analyse von Reden« wird in einem Leistungskurs Deutsch anders als üblich behandelt. Nachdem die Schülerinnen sich in Gruppen mit Reden beschäftigt haben, die sie sich aus den Vorschlägen des Lehrers, Manfred Schmidt, ausgewählt haben, präsentieren sie ihre Arbeitsergebnisse im Plenum. Wir erleben mit, wie die Klasse Skizzen zu einer Rede von Adolf Hitler anfertigt und dann darüber spricht. Ein Brief von Ghandi an Hitler wird als öffentliche Rede in einem Park irgendwo in Deutschland inszeniert, bevor die Analyse von Inhalt, Form, Sprache und Wirkung des Textes vorgenommen wird. Nach der Klausur äußern sich die Schülerinnen zu ihren Eindrücken.
Leihgebür: je Cassette 10,– DM; alle 4 VHS-Filme auf einer Cassette: 30,– DM
Wer die Filme kaufen möchte, wendet sich an:

Landesbildstelle Bremen
Horst Wessels, Uhlandstr. 53
28211 Bremen
Tel. 0421/361-3178

Wache Köpfe und geschickte Hände
Pädagogik nach Freinet
Stadtbildstelle Nürnberg, 1993,
VHS, Dauer 32 min.
Der erste Teil schildert in einem erzählenden Text, illustriert durch zeitgenössische oder ältere schwarz-weiß Aufnahmen, die Grundprinzipien des unterrichtlichen und erzieherischen Wirkens, wie sie Freinet in seiner praktischen Tätigkeit und im schriftstellerischen Schaffen aufgezeigt hat. Im zweiten Teil werden typische Elemente der Freinet-Pädagogik im Unterricht einer zweiten Klasse der VS Waischenfeld in Oberfranken (1992) gezeigt. Dabei ist allerdings zu bedenken, daß die wenigen Filmsequenzen dem Freinet'schen Ansatz nicht vollständig gerecht werden können. Dieser ist im wesentlichen ganzheitlich ausgerichtet und langfristig angelegt und sperrt sich so einer punktuellen Betrachtung.

Im dritten Teil erläutert der Lehrer dieser zweiten Klasse, Otmar Fischer, Ziele und pädagogische Leitvorstellungen, die ihm bei der Arbeit mit der Klasse wichtig sind. Die Aussagen werden durch die Standbilder aus Teil 2 und Arbeitsergebnisse illustriert.
Leihgebühr: 10,– DM

Zählen mit allen Sinnen
Unterrichtsbeispiel aus einer 2. Klasse, Kreisbildstelle Euskirchen,
VHS-Video, Dauer 10 min.
Der Fillm zeigt, wie Kinder einer 2. Klasse (Lehrerin Ulrike Meyer-Strombach) Mathematik mit allen Sinnen erfahren können. Thema im 2. Schuljahr ist u.a. die Erweiterung des Zahlenraumes bis 100. Der Film zeigt auf anschauliche Weise eine Alternative zur herkömmlichen Methode. Es werden ca. 15 verschiedene Stationen in der Klasse aufgebaut, die die Kinder durchlaufen – jede mit einer sinnlich-erfahrbaren Aufgabe, z.B. liegt eine Kordel mit Knoten auf der Erde. Ein Kind schließt die Augen und läßt sich über die Kordel führen. Dabei spürt und zählt es die Knoten.
Leihgebür: 10,– DM

Mut zur Reformpädagogik
Südwestfunk, 1989,
VHS-Video, 29 min.
Der Film ist als vierter Teil die Zusammenfassung der Reihe »Europäische Reformpädagogen«. Zunächst werden Beispiele der reformpädagogischen Verwirklichung aus der Unterrichtspraxis aller Schulstufen gezeigt. Interviews (LehrerInnen, Schulleitung, Schulverwaltung, WissenschaftlerInnen) ergänzen die kommentierten Unterrichtsbeispiele und informieren zur Geschichte der Reformpädagogik.

Neben Ausschnitten zu Freinet (Grundschule Klasse 4) gibt es eine Sequenz zu Petersen (Grundschule) und zu Montessori (Hauptschule).

Der Ausschnitt zur Freinet-Pädagogik zeigt eine Grundschulklasse (Lehrer Paul Jud) bei der Erstellung des Wochenplans, Freier Arbeit und beim Drucken.
Leihgebür: 10,– DM

»Die Pädagogik des Célestin Freinet«
Ein Film von W. Jung,
SFB 1976, VHS-Video, Länge: 44 min.
Der Film beginnt mit einem Überblick über Geschichte und Prinzipien der »Pédagogie

Populaire«. Anschließend schildert der Lehrer Maurice Mess seinen Zugang zur Freinet-Pädagogik und läßt uns die Veränderungen in einem 4. Schuljahr (nach den Prinzipien »Aus dem Leben lernen« und »Die Eltern einbeziehen«) nachvollziehen.

Szenen aus anderen französischen Klassen veranschaulichen Grundgedanken der Freinet-Pädagogik (»Praktische Arbeit«, »Freier Ausdruck«, »Natürliche Korrespondenz«, »Die eigene Sprache entwickeln«).

Der Film zeigt darüber hinaus die praktische Bedeutung der »Lehrerkooperation« und verweist am Schluß auf die Situation der Lehrergruppen, wie sie sich seit 1976 hierzulande entwickelt haben.

Neben »Den Kindern das Wort geben« ist dieser Film besonders geeignet, z.B. im Rahmen von Fortbildungsveranstaltungen, in »Freinet-Pädagogik« und die Bedeutung der »Lehrerkooperation« einzuführen.
Leihgebühr: 10,– DM

»Freinet-Pädagogik
Wir machen einen Wochenplan«
Video-Film der Klasse 4b aus Jülich von Rolf Wagner und Sepp Kasper, Pädagogik-Kooperative 1984,
Länge: 50 min. (Farbe, VCR/VHS)
Der Film zeigt Aspekte der Freinet-Pädagogik in einem vierten Grundschuljahr. Die Kinder hatten in der Woche vor dem einzigen Dreh-Vormittag überlegt, was sie in dem Film gerne zeigen wollten. Sie hatten Zwischentitel gemalt, Interview-Fragen vorbereitet und einige besonders schöne Arbeiten bis zum Film-Tag aufgeschoben.

Der Film gibt Einblick in die Arbeit mit dem Wochenplan, zeigt freie Arbeit in Experimenten, an Texten und in der Druckerei und erläutert die Funktion von Arbeitskartei, Klassenzeitung und Klassenkorrespondenz.

Die Zuschauer erleben einen beneidenswerten Vormittag mit, ahnen, daß Schule ganz anders sein könnte. Das mag für diejenigen, die ihre ersten eigenen behutsamen »Schritte« bei der Veränderung ihres Unterrichts gehen, vielleicht auch frustrierend sein (»So schaff' ich das doch nie!«). Sie sollten den Film nicht vorschnell zum Maßstab für den eigenen Unterricht machen, sondern sich für ihre weitere Arbeit inspirieren lassen: »Wege entstehen beim Gehen«.
Leihgebühr: 10,– DM

»Ein Unterrichtstag beim fliegenden Teppich«
Videofilm von Rolf Schäfer, Pädagogik-Kooperative 1984,
Farbe, VHS, Länge 50 min.
Der Film beschreibt die Anfänge freinet-orientierter Arbeit an einer Sonderschule für Körperbehinderte.

Wir beabsichtigten mit ihm ursprünglich, den Eltern der 10 Schüler (9 bis 14 Jahre) unsere »andere« Arbeit zu verdeutlichen.

Der Film setzt grundlegende Kenntnisse von Freinet-Pädagogik voraus und zeigt unsere ersten Versuche, diesen Ansatz auf die spezifische Situation unserer körperbehinderten Schüler zu übertragen.
Leihgebühr: 10,– DM

»... da kriegt man richtig Hunger«
Videofilm aus einer 6. Hauptschulklasse von Margret Oellrich 1985, 45 min., VHS
Ein Film über Projektarbeit in der Sekundarstufe, über Selbstorganisation und Eigenverantwortung, kreatives Lernen und Auseinandersetzung mit der Umwelt, Kooperation, soziale Konflikte, LehrerInnenrolle.
Leihgebühr: 10,– DM

In jeder Landesbildstelle auszuleihen:
Reformschulen in der BRD:
Unterricht nach Freinet
Institut f. Film und Bild, Grünwald 1987, Farbe, Ton-Dia-Schau auf Video (VHS), 16 min.
Diese auf Video gezogene Ton-Dia-Schau ist vom Institut für Film und Bild bei und mit hessischen Freinet-Lehrern erstellt worden.

Die Dias zeigen im wesentlichen Grundschulsituationen und verdichten Freinet-Pädagogik auf die drei Prinzipien »Freier Ausdruck« (insbes. freies Schreiben und Druckerei), »Tastendes Versuchen« (hier Stadtteilerkundung) und »Selbstorganisation« (Klassenrat etc.). Umrahmt wird das ganze durch einen Einblick in die selbstorganisierten Lehrertreffen, auf dem sich die (genannten) Strukturen in der Klasse dann widerspiegeln.

Verleih: Deutsche Film- und Fernsehakademie Berlin,
Pommernallee 1,
14052 Berlin 19, Tel. 030/30307229
»Den Kindern das Wort geben –
Zur Freinet-Pädagogik in Frankreich«
16mm Farbtonfilm, Länge: 165 min.
Der Schwerpunkt dieses vierteiligen Films liegt in der Dokumentation der Arbeit des Elsässer Grundschullehrers Maurice Mess mit einer vierten Klasse. Insgesamt dreimal haben W. Jung und B. Lindemann im Jahr 1976 diese Klasse besucht und so ein einmaliges Dokument geschaffen, das den allmählichen Weg einer bisher traditionell geführten Klasse hin zu einer Freinet-Klasse zeigt. Eine ausführliche Beschreibung der einzelnen Filmteile geben das »Jahrbuch für Lehrer 1978« (rororo-7103) und das Buch »Freinet – 50 Jahre danach« von Roland Laun.
Leihgebühr: 220,– DM (auch in Teilen auslieferbar)
Für Mitglieder sind – bei der Ausleihe über die Pädagogik-Kooperative – Sonderbedingungen möglich. Bitte in Bremen nachfragen.

Zu beziehen über:
AVA – Film Schrader, Postfach 1243, 31587 Stolzenau
»Auf dem Weg zur freien Arbeit«
Individualisiertes Lernen in Duisburger Klassen mit hohem AusländerInnenanteil
Videofilm von Ingrid Dietrich, Katrin Geulen, Elke Obermann, Ute Scheffler und Barbara Schwingenheuer, 1988 (Überarbeitung 1995), ca. 60 min., VHS
Vier Lehrerinnen, die in einem sozialen Brennpunkt in Grundschulklassen mit hohem Anteil ausländischer SchülerInnen arbeiten, zeigen anhand eines individualisierten Schreib-Leselehrgangs, eines Marktgangs mit anschließender sprachlicher Auswertung (verknüpft mit dem gemeinsamen Herstellen von Obstsalat und Gemüsesuppe), anhand von individualisierter Arbeit im Deutsch- und Sachunterricht sowie Wochenplan-Arbeit, daß Freinet-Techniken gerade diesen Kindern mit ihren unterschiedlichen Lernvoraussetzungen entgegenkommen.

Historische Reminiszenz:
»L'Ecole buissonnière« (»Wenn einer die Schule schwänzt«).
Spielfilm von J.P. Le Chanois (Drehbuch: Elise Freinet) 1949, in dem ohne namentliche Erwähnung Freinets seine Pädagogik illustriert wird.

11. Kontaktadressen (Stand: März 1995)

Deutsche Freinet-Bewegung:
Pädagogik-Kooperative e.V.
Goebenstr. 8
28209 Bremen
Tel.: 0421/344929
Fax.: 0421/3478556

Arbeitskreis Schuldruckerei (AKS)
c/o Peter Treitz
Im Graulheck 24a
66578 Schiffweiler
Tel.: 06821/64633

Französische Freinet-Bewegung:
I.C.E.M. –
Institut Coopératif de l'Ecole Moderne
18, rue Sarrazin
F-44000 Nantes
Tel.: 40894750
Fax.: 40471691

P.E.M.F. –
Publications de l'Ecole Moderne Française
F-06376 Mouans Sartoux CEDEX
Tel.: 92921757
Fax.: 92921804

Internationaler Verband der Freinet-Bewegung (F.I.M.E.M.)
Info über Pädagogik-Kooperative in Bremen

Redaktion Multilettre (Bulletin F.I.M.E.M.)
Info über Pädagogik-Kooperative in Bremen

Klassenkorrespondenz
vermittelt:
Dora Engl-Küssner
Steinbergerstr. 35
50733 Köln
0221/729952

FUV-Redaktion
jährlich wechselnd

Die Liste der nationalen und internationalen Kontaktadressen ist anzufordern bei der Pädagogik-Kooperative Bremen. Sie umfaßt derzeit 29 deutsche Freinet-Gruppen in 12 Bundesländern und 18 Kontaktadressen in 15 europäischen und außereuropäischen Ländern (weitere Anschriften über die F.I.M.E.M. erhältlich).

12. Liste der französischen Abkürzungen

C.E.L. Coopérative de l'Enseignement Laïc
(Kooperative für das unabhängige weltliche Schulwesen – der ursprüngliche Name der Freinet-Bewegung vor dem 2. Weltkrieg in Frankreich; danach weiterhin beibehalten für das Verlagshaus der Freinet-Bewegung, das bis 1986 existierte)

I.C.E.M. Institut Coopératif de l'Ecole Moderne
(Kooperatives Institut für die Moderne Schule – der offizielle Name der Freinet-Bewegung in Frankreich)

F.I.M.E.M. Féderation Internationale du Mouvement de l'Ecole Moderne
(Internationale Vereinigung der Freinet-Bewegungen)

R.I.D.E.F. Rencontre Internationale des Educateurs Freinet
(Internationale Freinet-Treffen)

B.T. Bibliothèque de Travail
(Arbeitsbibliothek; Serien von Arbeitsheften zu den verschiedensten Sachthemen, die von französischen Freinet-PädagogInnen und ihren Klassen erarbeitet und bei der C.E.L. (s.o.) verlegt wurden)

Gerbe Zeitschrift für Kinderzeichnungen, freie Texte und Gedichte, von Freinet initiiert

P.E.M.F. Publications de l'Ecole Moderne Française
(Publikationen der Modernen Französischen Schule (Verlagshaus, das seit 1986 die Veröffentlichung von Freinet-Literatur, -Zeitschriften und -Arbeitsmaterialien übernommen hat; z.T. Nachfolgeorganisation der C.E.L. – s.o.)

13. Grundsatzerklärungen der französischen Freinet-Bewegung in deutscher Übersetzung

a) Charta der Modernen Schule 1968

1. Erziehung ist Entfaltung und Bildung und nicht Ansammlung von Wissen, Dressur oder Manipulation.
In dieser Absicht suchen wir nach den Arbeitstechniken und Werkzeugen, den Organisations- und Lebensformen innerhalb des schulischen und gesellschaftlichen Rahmens, die eine solche Entfaltung und Bildung im höchsten Maße zulassen.

Unterstützt durch das Werk von Célestin Freinet und stark durch unsere Erfahrung haben wir die Gewißheit, das Verhalten der Kinder, die die Männer und Frauen von morgen sind, zu beeinflussen, aber auch das Verhalten der Erzieher, die eine neue Rolle in der Gesellschaft zu spielen haben.

2. Wir sind gegen jede Indoktrinierung.
Wir maßen uns nicht an, im voraus definieren zu können, was aus dem Kind wird, das wir erziehen; wir bereiten es nicht darauf vor, der Welt von heute zu dienen und sie fortzusetzen, sondern die Gesellschaft aufzubauen, die seine Entfaltung am besten sichert. Wir lehnen es ab, seinem Geist irgendeine unfehlbare und vorher festgelegte Lehre aufzuzwingen. Wir bemühen uns, aus unseren Schülern bewußte und verantwortliche Erwachsene zu machen, die eine Welt aufbauen werden, aus der Krieg, Rassismus und alle Formen der Diskriminierung und Ausbeutung des Menschen verbannt sind.

3. Wir lehnen die Illusion einer Erziehung ab, die sich selbst genügt und außerhalb der großen gesellschaftlichen und politischen Strömungen steht, die sie bedingen.
Die Erziehung ist nicht mehr als ein Element einer notwendigen gesellschaftlichen Revolution. Die sozialen und politischen Verhältnisse, die Arbeits- und Lebensbedingungen der Eltern wie der Kinder besitzen einen entscheidenden Einfluß auf die Ausbildung der jungen Generation.

Wir müssen den Erziehern, den Eltern und allen Freunden der Schule die Notwendigkeit zeigen, gesellschaftlich und politisch an der Seite der Arbeiter dafür zu kämpfen, daß die laizistische Erziehung ihre hohe Erziehungsfunktion erfüllen kann. In dieser Absicht wird jedes unserer Mitglieder entsprechend seiner ideologischen, philosophischen und politischen Prioritäten darauf hinwirken, daß die Forderungen der Erziehung sich in die umfassenden Bemühungen der Menschen auf der Suche nach Glück, Kultur und Frieden einfügen.

4. Die Schule von morgen wird die Schule der Arbeit sein.
Die schöpferische Arbeit, frei gewählt und übernommen von der Gruppe, ist das große Prinzip, die eigentliche Grundlage der Volkserziehung. Aus ihr werden sich alle weiteren Errungenschaften ergeben und durch sie werden alle Möglichkeiten des Kindes zur Geltung kommen. Durch Arbeit und Verantwortung wird sich die auf diese Weise erneuerte Schule vollkommen in die soziale und kulturelle Umwelt einfügen, von der sie heute willkürlich getrennt ist.

5. Im Mittelpunkt der Schule wird das Kind stehen. Das Kind baut mit unserer Hilfe seine Persönlichkeit selbst auf.
Es ist schwierig, das Kind, seine psychologischen Eigenarten, seine Neigungen und Wünsche kennenzulernen, um auf diese Kenntnis unser erzieherisches Verhalten zu begründen; die Pädagogik Freinets, die auf den freien Ausdruck durch natürliche Methoden ausgerichtet

ist und eine helfende Umwelt, Material und Techniken bietet, die eine natürliche, lebendige und kulturelle Erziehung ermöglichen, bewirkt jedoch eine echte psychologische und pädagogische Verbesserung.

6. Die experimentelle Forschung an der Basis ist die Voraussetzung unserer Bemühungen um die Modernisierung der Schule durch Kooperation.
Es gibt im I.C.E.M. weder Katechismus noch Dogma noch Systeme, die zu unterschreiben wir von irgend jemandem verlangten. Stattdessen führen wir auf allen aktiven Stufen unserer Bewegung die ständige Gegenüberstellung der Ideen, der Forschungsergebnisse und der Erfahrungen durch.

Wir beleben unsere Bewegung auf den Grundlagen und nach den Prinzipien, die sich erfahrungsgemäß als erfolgreich in unseren Klassen erwiesen haben: konstruktive Arbeit, die ein Feind jedes unnützen Geredes ist, freie Tätigkeit innerhalb der Gemeinschaft, Freiheit für das Individuum, seine Arbeit in der Gruppe zu wählen, Disziplin auf völlig freiwilliger Basis.

7. Die Erzieher des I.C.E.M. sind allein für die Ausrichtung und Auswertung ihrer gemeinsamen Bemühungen verantwortlich.
Allein die Erfordernisse der Arbeit und keine anderen Erwägungen bestimmen die Verteilung der verantwortlichen Posten unter unseren Genossen.

Wir bringen dem Leben unserer Genossenschaft großes Interesse entgegen, denn sie ist unser Zuhause, unsere Werkstatt, die wir mit unseren Mitteln, unseren Bemühungen und unseren Ideen erhalten müssen und die wir gegen jeden, der unseren gemeinsamen Interessen schadet, zu verteidigen bereit sind.

8. Unsere Bewegung der Modernen Schule ist bemüht, Beziehungen der Sympathie und der Zusammenarbeit zu allen in derselben Richtung tätigen Organisationen zu unterhalten.
In dem Wunsch, der öffentlichen Schule so weit wie möglich zu nutzen und die Modernisierung des Schulwesens, die unser Ziel bleibt, zu beschleunigen, schlagen wir auch weiterhin – unter Wahrung unserer Unabhängigkeit – eine loyale und effektive Zusammenarbeit mit allen laizistischen Organisationen vor, die in dem Kampf, der der unsere ist, engagiert sind.

9. Unser Verhältnis zur Verwaltung.
In den Laboratorien, in denen unsere Klassen bei der Arbeit sind, in den Ausbildungsstätten für Lehrer, auf den Tagungen auf Departements- oder Landesebene sind wir bereit, unsere Erfahrungen unseren Kollegen zum Zweck einer Modernisierung der Pädagogik mitzuteilen.

Entsprechend unserer natürlichen Lage von Arbeitern bei der Arbeit, die ihre Arbeit kennen, behalten wir uns jedoch die Freiheit vor, nach den Erfordernissen der genossenschaftlichen Aktion unserer Bewegung, zu helfen, zur Verfügung zu stehen oder zu kritisieren.

10. Die Pädagogik Freinets ist ihrem Wesen nach international.
Ausgehend von dem Prinzip der genossenschaftlichen Arbeitsgruppen versuchen wir, unsere Bemühungen auf die internationale Ebene auszudehnen. Unser Internationalismus ist für uns mehr als ein Glaubensbekenntnis, er ist eine Notwendigkeit unserer Arbeit. Ohne andere Propaganda als die unserer enthusiastischen Bemühungen haben wir eine Fédération Internationale des Mouvements d'Ecole Moderne – F.I.M.E.M. (Internationaler Verband der Bewegungen für die Moderne Schule) gegründet, die nicht die anderen internationalen Bewegungen ersetzt, sondern auf internationaler Ebene wie das I.C.E.M. in Frankreich

darauf hinarbeitet, daß unsere Arbeit und unser Schicksal brüderlich verbunden werden, um in der Lage zu sein, alle Friedenswerke erfolgreich zu unterstützen.
(in: Beek, Johannes/Boehneke, Heiner (Hrsg.): Jahrbuch für Lehrer 1977, Reinbek bei Hamburg 1976, S. 219–221)

b) Manifest von Aix 1973

Vor fast einem halben Jahrhundert erstellte Célestin Freinet eine harte Bilanz der schweren Mängel der Schule. Erzieher aller Herkunft gruppierten sich um ihn, um die Ziele, Strukturen und Methoden des Unterrichts in Frage zu stellen. Nach Versuchen mit neuen Techniken und nach dem Vergleich ihrer Arbeiten unternahmen sie gemeinsam die Verteilung von Arbeitshilfen, die für eine neue Pädagogik unverzichtbar sind.

Eine »Charta der Modernen Schule« wurde aufgestellt und angenommen auf dem Kongreß von Pau im April 1968. Sie stellte die Aktions-Plattform Tausender von Erziehern dar, die – jenseits von zweitrangigen Meinungsverschiedenheiten – für die Entfaltung des Menschen in einer Gesellschaft kämpfen, zu der er beiträgt, sie humaner zu machen.

In dem Augenblick, wo das Klima der Bedrohung, das sich auf die Gymnasien und Universitäten auszudehnen anschickt, die Zweideutigkeit der pädagogischen Reformen und der vorgegebenen Mitwirkung auflöst, erschien es den Verfechtern der »Ecole Moderne« (Modernen Schule) auf dem Kongreß in Aix im April 1973 nötig, sich an die ideologische Basis ihrer Aktion zu erinnern und diese zu präzisieren.

Die Freinet-Pädagogik will nicht ein einfaches Aufbessern der pädagogischen Techniken, sondern eine tiefgreifende Umgestaltung der Erziehung, verbunden mit einer Infragestellung des kapitalistischen Systems selbst.

Was ist die Schule?

Wie beispielsweise die Justiz, ist auch die Schule eine Institution, die das ökonomische, soziale, politische und kulturelle System benutzt, um sich an der Macht zu halten und – wenn möglich – sich zu stärken.

So ist es immer gewesen: Der Nationalsozialismus hatte seine Pädagogik, die Regierung Pétain auch.

Wie funktioniert diese Institution im Rahmen der kapitalistischen Gesellschaft?

Jedes pädagogische Detail hat eine politische Tragweite: es kann zur Anpassung und zur Entfremdung beitragen oder – im Gegenteil – helfen, sich davon zu befreien.

Gewisse offizielle Instruktionen haben vergebens eine offenere Pädagogik verordnet, die Erzieher – isoliert in ihrem Unterricht auf nur einer Stufe oder in nur einem Fach, untergebracht fast immer in kasernenmäßigen Lehranstalten, in überfüllten Klassen, ungeeigneten Räumlichkeiten und ohne Material, beunruhigt durch eine extrem zersplitterte und hierarchisierte Organisation

- müssen eine Erziehung praktizieren, die weder ihren eigenen Wünschen und noch viel weniger denen der ihnen anvertrauten jungen Menschen entspricht.
  Und so geht es weiter mit
- der Überlastung der Köpfe durch einen derartigen Informations- und Wissensüberfluß, daß sie das Wesentliche aus den Augen verlieren;
- der Abtötung der Kritikfähigkeit durch den Dogmatismus (mechanisches Lernen, blinder Respekt vor dem Geschriebenen, Nicht-Infragestellung des Lehrerwortes);
- der Isolierung der Menschen schon von der Schule an, indem der Individualismus ge-

fördert und die Konkurrenz eingeführt wird: Noten, Klassifizierung, Wettbewerb, sportlicher Wettkampf …
- der Umgestaltung der Arbeit in eine obligatorische Last, die man durch Anstrengung erfüllen muß, denn man muß sich daran gewöhnen, Langeweile zu akzeptieren und auf Vergnügen zu verzichten …
- der Reduzierung, häufig Blockierung der Äußerungen und der Kommunikation, was die Risiken einer Anfechtung mindert und beiträgt zur Bereitstellung von charakterlichen Strukturen der Unterwürfigkeit, Angst, Beklemmung, Aggressivität. Die Schüler haben Angst vor dem Lehrer, der Angst hat vor dem Inspektor, der seinerseits Angst hat vor dem Rektor …

Dieses System funktioniert derart, daß viele Lehrende und Eltern – bewußt oder unbewußt – Opfer und Wächter des Systems zugleich sind. Erzieher, die dieses System abgelehnt haben, sind bestraft worden. Die Mehrheit der Lehrenden, in die Ecke gedrängt durch vielfache Widersprüche der schulischen Institution, zögert, sich zu engagieren.

Aber eine wachsende Zahl Jugendlicher, Eltern und Lehrender lehnt es ab, Betrogene oder Komplizen zu sein, das Gebäude wird rissig. Um es zu festigen, stellte man »pädagogische Reformen« bereit.

Das Ziel des I.C.E.M. ist es, diese Zustände zu kritisieren und eine Pädagogik zu erarbeiten, die wirklich im Interesse des Volkes steht.

Für eine Volkspädagogik (pédagogie populaire)

Die Schule ist keine Oase, kein privilegierter Ort außerhalb aller sozialen Konflikte. Auch die Schule durchzieht der Gegensatz zwischen Unterdrückern und Unterdrückten. Schon zu Beginn hat sich Freinet auf die Seite der Unterdrückten gestellt, was der Aktion der »Ecole Moderne« (Moderne Schule) eine Grundorientierung auf allen Gebieten gegeben hat. Indem Freinet seine Pädagogik als eine Volkspädagogik bestimmte, wollte er seine Position auf der Seite des Volkes deutlich machen – gegen die Unterdrücker, deren direkte oder versteckte Angriffe er immer erleiden mußte. Heute wie gestern ist es unmöglich, mit dieser politischen Entscheidung vorsichtig hinter dem Berg zu halten.

Tatsächlich ist es eine politische Entscheidung, die wir fällen, wenn wir freien Ausdruck, Kommunikation, freie Forschung und Engagement der Schüler in der Klassenverwaltung fördern.

Wir sind uns bewußt, daß es nicht möglich ist, eine Volkspädagogik in der gegenwärtigen Gesellschaft vollständig zu praktizieren, aber ebenso wissen wir, daß jeder Versuch von dem Moment an, wo er in der Gruppe erprobt wird, die Lehrenden dazu führt, sich des Problems in seinem vollen Umfang bewußt zu werden.

Wir sind – zumindest im Augenblick – keine Anhänger einer Aufhebung der Schule, wohl aber eines Bruchs mit ihrer herkömmlichen Wirkungsweise. Für uns sollen die Schulen Gemeinschaften von Kindern, Jugendlichen und Erwachsenen sein, geleitet von Lehrenden als integrierender Bestandteil dieser Gemeinschaften. Sie tragen wirkliche Verantwortung, indem sie deren Ziele und die Bedingungen ihrer Realisierung übernehmen.

Die Probleme der jungen Menschen

Der größer werdende Abstand zwischen eigenen Wünschen und der Wirklichkeit geht nicht ab ohne schwere Krisen, besonders bei der Jugend, die das erste Opfer ist.

Es ist die Aufgabe aller verantwortungsbewußten Erwachsenen, der Jugend wieder die

Rechte zuzuerkennen, derer sie im Augenblick beraubt ist, den jungen Menschen zu helfen, diese Rechte und die sie einschließende Verantwortung auszuüben.

Es ist nicht unsere Aufgabe als Lehrende, die Jugendlichen an vorab festgesetzte Prinzipien anzupassen, und seien sie unserer Meinung nach die bestmöglichen, sondern ihnen zu helfen, eine Gesellschaft zu finden und aufzubauen, die ihnen am besten ihre jetzige und zukünftige Entfaltung garantiert.

Es geht uns nicht darum, ein für allemal definierte pädagogische Techniken anzuwenden oder anzubringen, sondern vor allem darum – mit den jungen Menschen, in jeder Umgebung, bei allen Ereignissen –, eine Beziehungsform zu leben, die Kooperation und nicht Paternalismus bedeutet.

Angesichts einer Gesellschaft, die das Kind nur als Konsument anerkennt, geht es darum, ihm mittels Schule zusätzliche Möglichkeiten anzubieten, sich selbst zu verwirklichen, eine Lebensweise zu fördern, die begründet ist auf einer Aufwertung des Ausdrucks, der kreativen Kraft, der Kommunikation, auf der Entfaltung jeder Persönlichkeit im Schoße der Gruppe.

In diesem Kampf steht das I.C.E.M. nicht allein

Das I.C.E.M. führt seine Arbeit weiter in Zusammenarbeit mit allen anderen Bewegungen der »Education Nouvelle« (Neue Erziehung), mit den Gewerkschaften, mit den Elternverbänden und – ganz allgemein – mit allen, die die Zukunft der Kinder und Heranwachsenden etwas angeht.

Es ist Aufgabe aller, Lösungen und Formen der Verteidigung und des Kampfes zu finden, die dem nationalen und lokalen Kontext angepaßt sind, um zu verhindern, daß die Lehrer und die Schüler vom System zermalmt werden.

Zusammenfassung

Der pädagogische Kampf unserer Bewegung für eine authentische Volkskultur (culture populaire) steht im Kontext des ökonomischen, sozialen und politischen Kampfes. In dieser auf Profit und Ausbeutung gegründeten Gesellschaft können wir die Freinet-Pädagogik nicht vollständig praktizieren.

Indessen wählen wir die Arbeit innerhalb eines solchen Systems, um uns den Gegebenheiten des Problems bewußt zu werden auf der Grundlage unserer Erfahrungen – handele es sich um unsere Erfolge oder Mißerfolge –, um eine Erziehung durchzuführen, die wahrhaft volksgemäß ist und die es schließlich in eine wirklich demokratische Gesellschaft einzubetten gilt.

Es ist unser aller Aufgabe, mitzukämpfen in den Parteien, in den Gewerkschaften und Organisationen, um zur Infragestellung und zum Sturz des gegenwärtigen Systems beizutragen.

Mit der Weigerung, unfruchtbare Parteien- und Gesinnungsstreitigkeiten in das I.C.E.M. hineinzutragen, bleibt uns allen die Aufgabe, die pädagogische Aktion gemeinsam zu führen, die eine der Formen unseres politischen Engagements darstellt, die einzige, die sich innerhalb unserer Bewegung entwickeln kann.
(in: Beck, Johannes/Boehneke, Heiner (Hrsg.): Jahrbuch für Lehrer 1979, Reinbek bei Hamburg 1978, S. 108–111)

14. Selbstdarstellung der Pädagogik-Kooperative e.V.

Gemeinsam den Unterricht verändern

Seit etwa 1975 existiert die Pädagogik-Kooperative nun schon. Anfangs ein kleiner Kreis von LehrerInnen und LehrerstudentInnen, die sich ausgehend von Freiburg und angeregt durch ansteckende Beispiele von Freinet-Lehrern im nahen Elsaß die Veränderung von Unterricht und Schule vorgenommen haben. Heute ist daraus eine der wesentlichen reformpädagogischen Gruppen der Bundesrepublik Deutschland geworden:

- Da gibt es in fast jeder Region und in vielen größeren Städten der Bundesrepublik Deutschland Lehrergruppen, die sich wöchentlich, monatlich oder in unregelmäßigen Abständen treffen, um sich auszutauschen, gemeinsam weiterzuentwickeln, gemeinsam Materialien für den Unterricht zu erstellen.
- Da gibt es jeweils in den Weihnachts- und Pfingstferien Bundestreffen, auf denen sich aus Nord, West, Ost und Süd LehrerInnen aus allen Schulbereichen nebst ihren Materialien, Ideen und auch Familien einfinden, um gemeinsam zu arbeiten, zu leben und zu feiern.
- Da gibt es regelmäßig schulstufenspezifische oder auch themenbezogene bundesweite Arbeitstreffen (Grundschule, Sek I und Sek II, Treffen zum »entdeckenden Lernen«, ...), auf denen sehr intensive Weiterbildung betrieben wird.
- Da gibt es im Rahmen der Gewerkschaft oder der staatlichen Lehrerfortbildung zunehmend mehr von Mitgliedern der Pädagogik-Kooperative veranstaltete Seminare, die insbesondere Neulingen den Einstieg in einen anderen Unterricht erleichtern sollen.
- Da gibt es »Fragen und Versuche«, eine bundesweite »Freinet-LehrerInnnen-Zeitung« mit ca. 1000 Abonnenten und fast ebensovielen Autoren, die dem Erfahrungsaustausch, der Reflexion und Diskussion und dem nationalen (und zunehmend auch dem internationalen) Informationsfluß dient.
- Da gibt es eine Geschäftsstelle und einen Materialvertrieb in Bremen. Von hier aus werden von den LehrerInnen der Pädagogik-Kooperative erarbeitete und in Klassen erprobte Unterrichtsmaterialien, Arbeitsgeräte wie die Freinet-Klappdruckpresse, Filme, Bücher, Fotoausstellungen etc. vertrieben, kurz alles, was im weitesten Sinne Hilfen, Anregungen und Impulse für einen an der Freinet-Pädagogik orientierten Unterricht geben kann. Von hier aus werden aber auch die Vereinsgeschäfte geführt, Verlagsarbeiten erledigt, pädagogische Dienstleistungen (wie die sog. »graue Materialkiste«) betreut.

Die InitiatorInnen der Pädagogik-Kooperative haben sich bei ihrer Gründung sehr bewußt dafür entschieden, das Wort Kooperative im Namen zu führen. Ihnen war an der Freinet-Pädagogik insbesondere der Aspekt der LehrerInnenkooperation wichtig, ein Aspekt, der übrigens in anderen reformpädagogischen Konzepten nicht so zu finden ist.

Zwar spielt der Bezug auf die Freinet-Pädagogik im Sinne seines Gründers, des französischen Volksschullehrers Freinet, von Anfang an eine zentrale Rolle, daneben finden aber immer wieder aktuelle pädagogische Strömungen ihren Eingang in die Diskussion und werden erprobt, kritisiert und je nach persönlicher Entscheidung in die Unterrichtsarbeit der einzelnen LehrerInnen integriert.

In dieser Beziehung und im politischen Selbstverständnis besteht wohl auch der größte Unterschied zur zweiten Freinet-Organisation in der BRD, dem von dem Saarbrücker Hochschullehrer Hans Jörg bereits in den 60er Jahren gegründeten »Arbeitskreis Schuldruckerei«. Die »Schuldrucker« beziehen sich sehr viel enger als die Gruppen der Pädagogik-Kooperative auf das rein pädagogische Konzept der Freinet-Pädagogik und insbesondere – ihrem Namen getreu – auf das Drucken mit der Letternpresse.

Demgegenüber stand für die im Umfeld der Pädagogik-Kooperative organisierten Gruppen immer auch der politische Anspruch Freinets (der über pädagogische Prozesse für gesellschaftliche Umwälzungen im großen Stil in Richtung Sozialismus eintrat) im Blickfeld sowie eine Sicht von Freinet-Pädagogik (die auch auf Freinet zurückgeht) als einer sich durch die konkreten Bedingungen und durch die konkret mitarbeitenden LehrerInnen fortentwickelnden (also lebenden) Pädagogik.

Insofern ist es auch nicht möglich, die typische Unterrichtssituation des Pädagogik-Kooperative-Lehrers zu entwerfen. Vielmehr versuchen die in der Pädagogik-Kooperative zusammenarbeitenden LehrerInnen je nach ihrer besonderen Schulsituation (Allround-Grundschullehrer, Oberschule-Fachlehrer etc.) und ihrer Lehrerpersönlichkeit ihren Unterricht zu verändern und orientieren sich dabei an Prinzipien wie »freie Entfaltung der Persönlichkeit«, »kritische Auseinandersetzung mit der Umwelt«, »Selbstverantwortlichkeit«, »Kooperation und gegenseitige Verantwortlichkeit«. Sie übernehmen dazu verschiedene Elemente der Freinet-Pädagogik und anderer reformpädagogischer Ansätze wie »Morgenkreis«, kooperative Organisation der Arbeit über den »Wochenplan«, »Freie Arbeit«, »freier Ausdruck«, Herausgabe von »Klassenzeitungen«, Briefe an »Korrespondenzklassen«, Organisation von »Unterrichtsprojekten«, Vorstellen der Arbeitsergebnisse vor der ganzen Klasse, »Klassenrat«.

Auf der Lehrerebene hat es allerings – trotz aller Vielfalt in der Unterrichtsgestaltung – eine Konstante gegeben, die sich noch heute durch alle Gruppierungen der Pädagogik-Kooperative wie ein roter Faden hindurchzieht. Man könnte sie mit Basisorientierung, Selbstorganisation oder mit tendenziellem Abbau von Experten- und Spezialistentum beschreiben.

- So ist es z.B. ein wichtiges Grundprinzip, daß Lehrertreffen – bis hin zu den Bundestreffen mit ihren 100/200 Teilnehmern – nicht von Experten, sondern jedesmal erneut von einer in diesem Bereich unerfahrenen Gruppe organisiert werden.
- So gibt es im Prinzip keine Trennung zwischen Fortbildenden und Fortzubildenden (wenn auch einige unserer Mitglieder inzwischen in diesem Bereich mehr Erfahrungen als andere gesammelt haben). Vielmehr ist jeder Teilnehmer auf den Treffen und Seminaren der Pädagogik-Kooperative auch gleichzeitig Fortbildender und entscheidet selbst, welche Angebote bzw. Wünsche er am großen Stundenplan anschlagen will, um mit anderen darüber zu arbeiten, seinen Spaß zu haben, darüber zu reflektieren.
- So gibt es für die Zeitung »Fragen und Versuche« keine feste Redaktionsgruppe, sondern einen routinemäßigen jährlichen Wechsel von Gruppe zu Gruppe. Darüber hinaus versteht sich diese Redaktion nicht als Gremium, dem die Autoren ihre Artikel erst zur Begutachtung vorlegen müßten, vielmehr ist alles, was Autoren schreiben, wichtig genug, um in »Fragen und Versuche« veröffentlicht zu werden.
- So ist mit einer Teilrotation auch für den Vorstand der Pädagogik-Kooperative eine gute Balance zwischen Basisorientierung und Kontinuität gefunden worden.
- So gibt es in der Pädagogik-Kooperative keine Vordenker, die den richtigen Weg weisen, sondern jeder, der Unterrichts- und Schulveränderung im Sinne von mehr Schülerorientierung, Selbstverantwortlichkeit etc. anstrebt, ist dazugehörig und wird, fernab jeder Frage von Mitgliedschaft (für die wir natürlich auch werben), ernstgenommen und gehört und kann mitarbeiten und mitgestalten.

Daß diese konsequente Selbstorganisation natürlich auf der anderen Seite eine gewisse Schwerfälligkeit in der Entwicklung, Wiederholungen, ja einen gewissen Dilettantismus bedeutet, nehmen wir von der Pädagogik-Kooperative dabei bewußt in Kauf. Schließlich geht es uns nicht um die Entwicklung einer kleinen Elite, der dann die anderen nur nacheifern brauchen, wenn sie den »richtigen« Unterricht machen wollen. Vielmehr geht es um ein gemeinsames Suchen, Sich-Weiterentwickeln und voneinander Lernen, und da ist oft der vermeintlich »unqualifizierte« Beitrag des Neulings genauso tragend wie die auf langjähriger Erfahrung fußenden Vorstellungen des »Altfreinetikers«. Wichtig in diesem Zusammenhang ist allerdings, daß der Aspekt Selbstorganisation, wie auch alle anderen

Erfahrungen, die wir in den Gruppen der Pädagogik-Kooperative machen, kein Selbstzweck sein soll, sondern die Verwirklichung dessen, was sich auch in der Klasse ereignen soll, auf der Ebene der LehrerInnen. Wobei wir insbesondere davon ausgehen, daß mensch nur das umsetzen kann, was er/sie an sich und mit sich erprobt und erfahren hat.

Vielleicht hast Du jetzt Lust bekommen, bei uns mitzuarbeiten, mitzumischen, einzugreifen. Dann wende Dich an die

Pädagogik-Kooperative e.V., Goebenstr. 8, 28209 Bremen (Tel. 0421/344929).

Hier kannst Du Kontaktadressen für Deine Region erhalten, Literaturlisten zur Freinet-Pädagogik bekommen, hier kannst Du »Fragen und Versuche« abonnieren, Arbeitsmaterialien (Karteien, Arbeitshefte, Ausrüstungen zum Letterndruck ...) bestellen oder, falls Du einmal nach Bremen kommst, Dir in unserem Ausstellungsraum einen ersten persönlichen Eindruck von der Pädagogik-Kooperative machen. *Hartmut Glänzel*

In: »Fragen und Versuche« (Zeitung der Pädagogik-Kooperativen), H. 50/Nov. 1989, S. 75–77.

Kurzgefaßt: Die Pädagogik-Kooperative

... versteht sich als Selbsthilfeorganisation von LehrerInnen für LehrerInnen. Ihre Ziele sind:

- die Unterstützung selbstorganisierter LehrerInnenfortbildungen im Sinne der Freinet-Pädagogik auf unterschiedlichen Ebenen;
- Erstellung und Vertrieb von Unterrichtsmaterial und anderen Medien, die inhaltlich und methodisch eine andere Erziehung zur Eigentätigkeit und selbstbestimmter Teilnahme am Lernen in der Schule fördern;
- Unterstützung politischer und gewerkschaftlicher Bestrebungen zur Demokratisierung von Schule und Gesellschaft.

Zu den Aufgaben des Vereins gehören infolgedessen:

- Organisation und Unterstützung von LehrerInnentreffen;
- Unterstützung des Materialvertriebs;
- Information der Mitglieder, insbesondere durch die Zeitschrift »Fragen und Versuche«;
- Kontakt zu und Unterstützung von gleichgesinnten Organisationen.

Mitglieder erhalten:

- jedes Mitglied erhält zum Einstieg: Christine Koitka: »Freinet-Pädagogik«, Berlin 1977
- die Zeitschrift »Fragen und Versuche«;
- Informationen über Veranstaltungen, Material etc.
- Ermäßigung auf Materialien: 20% auf eigene Materialien des Vertriebs, 10% auf Druckereimaterialien

... bietet Fortbildungen an!

Die Pädagogik-Kooperative vermittelt ReferentInnen für Fortbildungsseminare, mit denen Sie sich in Verbindung setzen. Das Honorar wird mit den jeweiligen ReferentInnen abgesprochen.
Die Fortbildungsseminare umfassen Grundschulpädagogik, Sekundarstufe I und II sowie Sonderschulpädagogik.

Glossar

Achtung vor dem Kind 52, 72, 117, 156, 158, 165, 233
Ästhetik 50, 53, 164, 174, 178, 257
Arbeitskreis Schuldruckerei 24, 36, Anhang
Analphabetismus 49, 114
Anfangsunterricht 35, 113ff., 229, 233
Angst 43, 55f., 72, 116, 119f., 162, 188, 190, 196, 244, 255, 262
Arbeit 17f., 20, 60, 64ff., 71f., 75f., 78, 126, 131f., 136f., 139, 147, 150, 153ff., 159, 169, 187, 189f., 194–201, 204, 214, 216, 218, 224, 226, 228, 236, 249f., 253, 255ff., 261, 265
Arbeiterkinder 14, 17, 19, 25, 74
Arbeitsplan 18, 24, 27f., 36, 46, 108, 165, 181, 185, 196f., 199, 203, 219, 225, 250
Arbeitsverträge 46, 60, 65, 218
Assimilation 19, 103, 106
Ateliers/Arbeitsecken 18, 22, 25, 28, 57, 60, 67, 69, 76, 82f., 98, 123, 129–132, 157, 195f., 218
Aussiedlerkinder 101, 106, 153

Basisorientierung 14f., 17f., 21, 104
Bedürfnisse der Kinder 8, 18, 20, 22, 63, 73f., 78, 97f., 103, 123, 156, 159, 168ff., 219, 224
Betroffenheit 40, 90, 157, 234, 265
Behinderte Kinder 49, 157, 170f., 189
Belastung, psychische 170f., 263–266
Bildung 47, 71, 104, 145
-sauftrag 106
-sprozeß 123
-spolitik 14f., 18, 21, 104
Brief 18, 38, 58, 80, 84, 86, 93, 95, 137, 204ff., 224f.
BriefpartnerIn 18, 80, 84, 86, 89f., 203

B.T. (Bibliothèque de Travail) 21, 28, 82, 129, 142, Anhang
BTX/Minitel/electronic mail 84, 88, 93, 136ff., 236

C.E.L. 17, 20, 35
Charta der modernen Schule 21, 51, 52, 123, Anhang
Computer 28, 37, 41, 58, 84ff., 88, 99f., 108, 132–139, 141, 147, 155, 206

Demokratische Struktur 18, 22ff., 31, 33f., 36, 38, 40, 46, 59f., 81, 95, 99, 234
Dias 27f., 80, 218, 225
Differenzierung 79, 106, 116, 126, 143, 179, 223, 227, 253
Diskriminierung 48, 65, 102f., 106, 117, 119
Disziplin(probleme) 8, 69, 151, 171, 196, 229, 236

Ecole Moderne 13, 96
Einstieg in die Freinet-Pädagogik 25, 29, 31, 39, 42, 142f., 153, 246
Einzelbetreuung 130, 143, 199, 236, 261
Eltern 11, 48, 59, 66, 70f., 78, 81, 88, 93f., 96f., 110, 119f., 145, 150, 153, 185, 199, 217, 233
Emotionen 29, 60, 79ff., 144, 163, 207, 210, 235, 250, 262–265
Empathie 29, 104, 106, 109, 116, 156f., 166, 263
Entdeckendes Lernen 19, 28, 78, 127, 130, 140, 144f., 147, 222, 224, 233ff., 238, 260
Entwicklung, individuelle 19, 29, 31, 39, 42, 75, 106, 156, 185f., 193, 218, 220, 222
Erfahrung der Kinder 27, 43, 54, 59,

81, 110, 125, 144, 148, 156f., 163, 170, 204, 224
Erfolg 27, 29, 37, 53, 75, 117, 144, 162f., 182, 198, 203, 205, 232, 237f.
Ergebnisse 78, 80, 131, 150, 153, 163, 177, 194, 206f., 234, 241, 244, 251, 253, 256f., 262, 265
Erkenntnis 49, 54, 141, 143, 145, 216, 241, 243–248, 252, 256
Erkundung 18, 21, 27f., 42, 60, 67, 73, 78, 106, 109, 125, 127f., 165, 168, 180, 190, 197, 204, 207, 214, 226, 238, 259
Erlebnis 27, 66, 85, 109, 147, 157f., 184, 187, 200, 262–266
Experiment(ieren) 27f., 33, 39, 53, 67, 73, 76, 80, 84, 119, 136, 236
Experimentieren mit Unterrichtsformen 23f., 89ff., 227, 229, 248
Expertenbefragung 24, 28, 105, 255, 260, 264f.

Fachdidaktik 42, 105, 116, 121ff., 125, 130, 138f., 141–145, 218ff., 222–227, 229ff., 233f., 237, 243, 245f., 259
Fax 28, 86, 93, 95, 137, 236
Fehler 64f., 115f., 126, 130, 133, 136, 143, 151, 181, 212, 216, 230, 232, 237, 24 5f.
Fernsehen 84, 219, 226
Film 28, 31, 37, 59, 124, 147, 149, 219, 226, 236, 259, 261, 264f.
F.I.M.E.M. 22, 99
Finanzierung 64, 66, 69, 74, 127, 135, 138, 159
Flexibilität 74, 95, 158, 219, 222, 226, 242, 253
Flüchtlingskinder 19, 101, 103f., 106
Foto (-roman, -dokumentation etc.) 37, 58, 80, 107, 157, 159
»Fragen und Versuche« 24, 38f., Anhang
Freie Arbeit 17, 28, 46, 77f., 80, 129, 148, 150, 152, 155, 156, 165f., 168ff., 176, 186, 188, 196f., 201, 203, 212, 214ff., 260–265
Freier Ausdruck 18, 27, 31, 33ff., 46, 60, 76f., 86f., 106, 115ff., 158, 163, 203, 207, 210, 218, 224f., 234, 263f.
Freie Mathematik 33, 84, 121ff., 145
Freie Meinungsäußerung 27, 86, 225f.
Freier Tanz 27, 58, 77, 169
Freier Text 17f., 21, 27, 33f., 38, 40f., 46, 57, 62f., 66, 69, 77, 83, 85f., 90, 106, 109, 124, 134, 145, 148, 150, 153ff., 188, 200ff., 207–213, 218, 225, 232f., 236, 239
Freies Malen/Zeichnen 27, 33f., 67, 77, 82, 94, 207, 210, 225, 236
Freies Musizieren 27, 58, 67, 77, 207
Freies Theaterspielen 27, 33, 40, 58, 63, 65, 70, 76f., 174, 184, 207, 225, 236
Freier Vortrag 80, 84, 180, 185f., 188, 202, 215, 225, 237, 259
Freiheit 29, 83, 178, 224, 261
inhaltliche 18, 41f., 128, 130, 142, 190, 197, 200, 211, 234, 236, 259f., 264, 266
methodische 41f., 130, 142, 195f., 234, 236, 260, 266
Freinet-Bewegung 9, 11ff., 17, 20–25, 35f., 38, 42, 47, 51, 76, 121ff., 132, 137, 139, 144, 157, 218f., 260, Anhang
Freinet-Prinzipien 9ff., 13, 15, 17–28, 31f., 104, 106, 121f., 131, 137, 145, 147, 185, 188ff., 218f., 223, 226, 229, 242, 246, 254
Freinet-Techniken 9, 13, 16, 18, 20, 23, 25–28, 32, 40, 60, 64, 106f., 121–124, 137, 142, 144f., 157f., 163, 165, 189, 203, 206, 218, 222, 225ff., 234
Freinet-Zeitschriften 20f., 24, 137, 220, Anhang
Frieden(-serziehung) 14, 40, 43, 104

Ganzheitlichkeit 46ff., 55, 75, 157f., 183, 250, 252
Gemeinschaftsgefühl 51, 75, 81, 117, 211, 234
»Gerbe« 21, 87, Anhang
Gesamtschule 173f., 182, 184, 189, 190, 193, 198, 204, 206, 227, 229, 238
Geschichtenbuch 70, 77, 83
Geschlechterfrage 49, 52
Gespräch 27f., 43, 65, 74, 78f., 109, 122, 143f., 149f., 153, 156ff., 169f., 181, 187, 191, 225, 229, 261f., 264f.
Gewalt 38, 43, 49, 99, 187, 193
Gewerkschaften 14, 17, 20, 25, 42, 96
Globalität 43, 47, 72, 89, 96, 98, 101, 104, 107, 242, 257, 264
Grammatik 18, 84, 153, 225f., 229, 233, 235, 237, 239

Gruppenarbeit/Arbeitsgruppen 18, 22, 25, 28, 37, 41f., 60, 63, 83, 95, 106, 108, 125ff., 131, 143, 148, 177, 184f., 187f., 188, 190–194, 197f., 200f., 203, 206, 224, 226, 231, 234, 238, 246, 248ff., 254, 265

Handlungsorientierung 19, 28, 46, 48ff., 111, 116f., 136, 144, 147, 223
Handwerk 9, 19, 79, 99, 109, 159, 163, 218f., 250
Hausaufgaben 31, 110, 166, 198, 212
Heterogenität 10, 103–108, 110f.
Hierarchie 11, 46, 89
Hilfe 61, 72, 81, 106, 108, 114, 116, 130, 132, 139, 142f., 148, 163, 200, 216, 219, 221f., 225, 227, 236, 255, 263

I.C.E.M. 17, 29, 42, 84, 87, 96–99
Individualismus 14, 27f., 106, 178, 256
Informationsfluß/-transfer 20, 22, 24, 37f., 60, 87–90, 95, 100, 137, 188, 204, 219, 224, 226
Innovation 11, 14, 18, 20, 23–26, 47, 70, 99, 104, 107, 136, 169, 174, 176, 188f., 190, 196, 248, 254
Integration 14, 106, 109, 189
Intelligenz 105, 109, 114, 116
Interesse der Kinder 11, 18ff., 32, 43, 48, 75, 80, 97ff., 124, 126f., 129, 132, 145, 147f., 154, 156, 158, 163, 176, 179, 184, 188, 194, 199f., 207, 214ff., 221, 246, 259f.
Interview 18, 59, 207, 225f., 260

Jahrgangsübergreifende Klassen 32, 83, 96

Kartei(karten) 24, 41, 46, 67, 76f., 83f., 116, 123, 127, 129f., 142, 147–150, 153, 166, 178, 195, 219, 235, 246
Kassetten(recorder) 76, 80, 82, 154, 157, 219, 222, 236
Klassenarbeit 31, 162, 238
Klassenbibliothek/-bücherei 67, 69, 76, 82, 94, 157, 184, 191f., 195, 204, 222, 225f., 259
Klassendienste/-ämter 28, 64, 68f., 79, 132, 184, 191f., 195f.
Klassenfeste/-feiern/-fahrten 28, 59, 66, 105, 127, 151, 158f., 174, 177f., 181, 184f., 190, 207, 211, 225, 232, 234
Klassenkasse 184, 219
Klassenkorrespondenz 18, 28, 36, 38, 41, 46, 58, 64, 70, 78, 80, 83f., 86ff., 93, 95, 122, 127, 134, 137, 203ff., 218f., 222, 224–227, 236
Klassenrat 17ff., 27f., 46, 60–67, 78, 80, 83, 89, 93, 95, 108, 122, 147ff., 177, 190–197, 218f., 228, 234, 242, 250, 252, 256f.
  Abstimmung 42, 61f., 95, 239, 256
  PräsidentIn 34, 61, 63, 95, 194
Klassenraum/-zimmer 18, 20, 28, 46, 60, 63, 69, 74, 76f., 79, 81ff., 107f., 129f., 138, 149, 151, 153, 157, 169, 174, 184, 193, 195, 203, 238, 261
Klassen(tage)buch 159, 191, 194
Klassenzeitung 18f., 28, 58, 70, 77f., 83–88, 90, 93, 148, 184, 188, 201ff., 206–209, 211f., 218f., 225f.
Kommunikation 26, 28, 36, 46, 53, 65, 76, 81, 87, 90, 100, 104, 137, 142, 168f., 190, 193, 210, 219, 222, 224f., 244
Kommunikatonstechnik/-technologie 20, 84, 97, 136f., 219, 225
Konflikt(-fähigkeit) 19, 27, 29, 63ff., 73, 77, 79, 99, 104, 109, 119, 168, 177, 183, 185, 187, 194ff., 215, 219, 234, 252, 263
Konkurrenz 18f., 27, 48, 74, 107, 221, 227
Kooperation 17, 19, 23, 26ff., 32, 46, 51, 63, 65, 68, 75, 78, 114ff., 122, 131, 138, 143 , 145, 156, 163, 169, 173f., 186, 189f., 193, 196, 198, 203, 206, 216, 219f., 223f., 242
Kreativität 9, 11, 27, 53f., 72, 76, 87, 115, 133, 149, 184, 211, 221, 224, 235, 244, 254, 266
Kritik üben 11, 18, 25, 53, 108f., 147, 163, 177, 226, 257, 265
Kritische Reflexion 11, 18, 23, 27f., 38, 97, 121f., 137f., 140, 143f., 176f., 189, 233
Kritik an herkömmlicher Schule 9ff., 13–16, 18, 21, 24f., 31, 47, 73f., 81,
  45-Minuten-Takt 74, 76f., 148, 156, 183, 199, 226, 229, 235, 245, 256, 260f., 265
  Auslese/Selektion 10, 19, 27, 29, 48, 74, 162, 226f.
  Fächereinteilung 18, 48, 74, 76, 174f.,

198, 202f., 205, 207, 214, 256, 260f., 264
Frontalunterricht 70, 73, 76, 81, 184, 187, 196, 203, 223, 226
Institution 15, 25, 73, 187, 189, 217, 248
Schulsystem 18f., 21, 26, 68, 74f., 175, 182f., 214, 216
Kultur(en) 103ff., 113
Kulturtechniken 18, 165, 168, 178

Laissez-faire 32, 219, 228
Landschule/Dorfschule 13f., 21, 82, 96, 218
Lebenswelt 18, 75, 89, 96f., 105f., 109, 116, 234f., 238
Lebensbezug 9, 15, 18, 23, 28, 55, 64, 103, 107, 111, 124, 126, 133, 137ff., 142, 149, 158, 172, 219–222, 226, 233f., 236, 245, 256
LehrerInnen-/SchülerInnen-Rolle 11, 13, 15, 19, 34, 51, 60, 123, 126, 142f., 145, 163, 165, 180, 186f., 195, 236, 262f., 265f.
LehrerInnentreffen 10f., 17, 20, 22–25, 36–39, 58, 60, 76, 87, 99, 137, 143ff., 165, 168, 233
Lehrgang/Progression 7f., 46, 115, 125, 141ff., 178, 163, 176, 219–222, 244, 246
Lehrplan/Curriculum/Richtlinien 11, 18, 25, 32, 42, 47, 74, 101, 105f., 125, 127, 138, 148, 150, 152, 154, 165, 175, 189f., 197–202, 215, 222, 259f.
heimlicher 11, 102
Leistung 29, 79, 157, 200, 238
Leistungsbewertung 27, 50, 64, 103, 105f., 115ff., 162, 222, 225ff.
Leistungsdruck 19, 70, 75, 112ff.
Leistungsgesellschaft 70, 74, 110
Leistungsstörung 49, 112, 114f., 163, 171, 205
Leistungsverweigerung 73, 120, 163, 178, 204, 235f.
Lernen, interkulturelles 29, 101, 103f., 106f., 113f., 119f., 174
Lernprozeß, individueller 8, 25, 27ff., 32, 67, 72, 74, 106–112, 115f., 126, 140, 143, 157, 162f., 177, 179, 190, 193, 201, 207, 211, 213, 215, 220–227, 233ff., 237, 262, 264, 266
Lerntempo 27, 78, 106, 110, 112, 116, 126, 143, 153, 183, 199f., 207, 220f., 224, 235, 237, 239, 257, 261
Lernumgebung 32, 84, 88, 95, 107, 129f., 163, 222, 235f., 238
»Lesen durch Schreiben« 35, 113, 115
Limograph 88

Macht 18, 51, 75, 106
Manipulation 18, 20, 27, 34, 74, 238
Material/Arbeitsmittel 14, 16, 20, 24, 27ff., 32, 35, 37, 41, 53, 64, 74, 76, 78f., 82, 84, 107, 113, 116, 122, 127, 129–132, 142f., 147, 157, 160, 163, 165f., 169, 178, 184ff., 188, 195, 197f., 200, 204, 207, 218ff., 224ff., 235f., 262
Materialerstellung 24, 27, 36f., 123, 222
Medien 84, 86, 94, 97, 100, 102, 219, 226, 233, 236
Mehrsprachigkeit 101–114, 119f.
Menschenrechte 104, 106
Migrantenkinder 19, 101, 103, 106, 110
Minderheiten 101f., 104ff., 119
Mitbestimmung 34, 42f., 49f., 58, 99, 106, 109, 178, 181, 188, 191, 227f., 230, 237f.
Mitteilungsbedürfnis/Erzählung der SchülerInnen 18, 27, 77, 87, 108f., 126ff., 139f., 145, 158, 167, 200, 213
Morgenkreis 28, 34, 56, 66, 78, 80f., 147, 149, 158f., 177
Motivation 14, 18, 29, 117, 126, 132, 178, 210, 213, 218f., 234, 261f., 266
Multikulturalität 27, 102–108, 116, 119f.
Muttersprache 27, 95, 101, 105, 107, 109–114, 234

Nachrichten/Neuigkeiten 88, 90, 93, 97, 100, 177
Natur 15, 19, 48, 148, 154
Natürliche Methode 15, 28, 33, 35, 46, 60, 87, 116, 127, 143ff., 147, 154, 227, 229, 234f., 237f.
Normen 73f., 101ff., 105f., 212, 222
Noten/Zensuren/Zeugnisse 18, 70, 199

Ökologie/Umwelt 48, 93ff., 189, 243, 245
Ordnung 20, 64, 79, 132, 165, 196, 228
Organisation(-sstrukturen) 19f., 24, 27, 33, 36, 38–41, 65, 67, 75, 80f., 89, 93, 95, 129, 132, 158, 169, 175, 182f.,

190, 193, 197, 202f., 216, 222f., 228, 236f., 242, 254, 261

Pädagogik-Kooperative e.V. 11, 24, 36f., 148, 152, Anhang
»Pflicht-/Kür-« Pensum 66, 83, 127, 129, 132, 177f., 190, 215
Persönlichkeit/Identität 29, 52, 71, 74f., 80, 105f., 109, 116f., 123, 132, 165, 187, 189f., 193, 195, 203, 206, 210
Politik 10, 14–22, 24f., 42, 47, 50, 52, 75, 96, 98f., 143, 187, 193, 245, 248, 256
Praktische Kompetenz 14f., 17, 19, 28, 107, 116, 159
Präsentation (Aufführung, Ausstellung, Ergebnisvorstellung) 28, 37, 58, 66, 70, 78, 80, 83, 107ff., 126f., 148, 158, 176, 178–181, 184, 194, 197, 201ff., 207, 211, 215f., 224ff., 231, 236f., 255, 257, 262f., 266
Privatschule 17, 20, 104, 110
Problemlösen 39, 79f., 95, 109, 125f., 133, 144f., 187, 249, 253
Protokoll 34, 67, 191, 195, 206
Prozeßorientierung 27, 121, 124, 127, 144, 249, 253–257

Rahmenbedingungen 42, 123, 126, 130, 141
Rassismus 49, 102, 104, 106f., 116
Rechte der Kinder 33, 46–50, 71, 76, 123
Rechtschreibung 35, 57, 66, 74, 76, 78f., 90, 100, 114, 116, 138, 150f., 153, 196f., 226, 229
Reformpädagogik 9, 13f., 16, 18, 23, 25, 32, 35, 70, 75, 131, 148, 156, 188, 257
Regeln 34, 49ff., 60f., 64f., 67, 78, 102, 112, 114, 129, 131f., 169, 223, 232, 236f., 243, 253–256
Reportagen 18, 28, 218
R.I.D.E.F. 21ff., 38, 144
Rituale 34, 102f., 252
Rollenspiel 27, 79, 168, 262

Schattentheater 27, 39, 58, 66, 76, 157, 178
Scheitern 27, 59, 144, 171, 245, 253
Schreibmaschine 37, 41, 57f., 76, 168, 191f., 195
Schulaufsicht 32, 59, 104
Schulbuch 18, 27, 31, 74, 76, 103, 105, 113, 115, 142f., 154, 186, 219f., 222, 226f., 233, 238f.
Schuldruckerei 13, 18ff., 24, 27, 29, 41, 46, 57f., 62, 69, 76, 84, 86, 88, 99f., 116, 122, 133, 148, 153, 157f., 164, 166, 169, 184, 192, 206, 218
Schulgarten 69, 150
»Schulkampf« 15, 17, 25, 41, 104
Schulleben 19, 88, 105, 166, 174
Schulversagen 102, 105, 114, 162f., 189
Selbständigkeit 67, 72, 76, 78f., 83, 95, 99, 130, 140, 143, 147, 156, 163, 169, 178, 185, 188ff., 193, 195, 199, 202ff., 227, 259, 261
Selbstbestimmtes Lernen 93, 106, 108, 115, 163, 165, 218, 222ff., 226, 228, 234f., 239, 250, 259f., 263f., 266
Selbstbewußtsein 50, 109, 117, 164, 172, 203, 230, 234
Selbsthilfe 76, 93, 109, 112, 163
Selbstkontrolle 27, 68f., 78, 106f., 129, 133, 143, 148, 153, 158, 218f., 222, 224, 227
Selbstorganisation/-verwaltung 14, 17ff., 23ff., 27f., 36, 41, 51, 60, 77f., 169, 204, 206, 214, 219f., 224, 228, 231, 234, 241f., 246f., 249f., 252ff., 260
Selbsttägigkeit 14, 27, 76, 108, 129, 141, 166, 187, 204, 218, 224, 228, 259
Sexueller Mißbrauch 48, 262f.
Sinn/sinnvolles Lernen 60, 64f., 70ff., 121, 124, 138, 163, 165, 204, 218, 220, 233, 239, 250, 256
Software 84, 133, 136ff.
Solidarität 17f., 29, 48, 58, 72, 104, 106f., 157
Sonderschule 25, 101, 114, 156, 163, 168, 170, 188
Sozialformen 76, 179, 203, 232, 236f.,
Gruppenarbeit 64, 78, 108, 139, 179, 184ff., 188, 261
Einzelarbeit 78, 108, 139, 179, 261
Partnerarbeit 78, 108,
Stuhl-/Sitzkreis 62, 68, 108, 126, 184f., 190f., 193f., 196, 200
Soziale Handlungskompetenz 169, 174, 185ff., 193ff., 220, 244, 250, 255
Soziale Verhältnisse 10, 15, 41, 53, 104, 114, 119, 156, 166, 169, 171, 205

Sozialschicht 10, 15, 19f., 107, 110, 114, 172, 211
Spiel(e) 67, 77, 103, 109, 113, 116, 152, 168ff., 177, 185, 207, 215, 235, 238
Streß 48, 70, 117, 172, 206
Stundenplan 50, 61, 76, 138, 174

Tagesplan 129, 132, 158, 198, 219
»Tastendes Versuchen« 27f., 33, 46, 60, 73, 87, 111f., 126, 173, 219, 221f., 227, 230, 234, 248
Telebrief 88, 93
Telefon 28, 84, 86, 137, 168, 204, 236
Theorie-Praxis-Verhältnis 10, 14ff., 18, 20, 25, 36, 103, 121ff., 171, 178, 186–189, 220, 227
Therapie 35, 65, 76, 116, 229, 266
Toleranz 104, 106

Übung/Wiederholung 18, 46, 78, 110, 112ff., 116, 127, 133, 143, 148, 150, 197, 215, 225, 230, 232
Unsicherheit/Ungewißheit 112ff., 116, 144, 152, 170ff., 244f., 247
Unterrichten/Schulpraxis 74, 103f., 158, 186f., 189, 219
  Lehrerzentriert 18, 26, 73, 76, 78f., 198f., 203, 213, 227, 234, 248
  Lernzielorientiert 48f., 245, 248
  Schülerorientiert 48f., 156, 183, 188, 193, 223
  Unterrichtsbesuche 36, 38, 99, 176
  Unterrichtsmethode 7f., 33, 35, 41, 48, 102, 105, 115, 122, 144, 166, 168, 186, 218ff., 222, 231
  Unterrichtsplanung 171, 175, 194, 198ff., 216, 224
  Unterrichtsvorbereitung 171, 174f., 220, 224
Unterrichtsformen 107, 121, 170, 174, 188f., 203
  fächerübergreifender Unterricht 76, 79, 175, 181, 198f., 206, 260
  Frontalunterricht 67, 107, 131, 158, 166f., 186f., 193, 196f., 203, 223, 226f., 231
  offener Unterricht 9, 26, 28, 46, 73, 75, 77f., 131, 145, 166, 169f., 184, 187, 189, 199, 216, 223f., 226f., 235
  Projektunterricht 18, 28, 48ff., 57, 64–67, 76, 78ff., 84, 94f., 107, 148, 158, 175ff., 180ff., 185, 190, 198f., 201, 203, 206, 236, 246–249, 256

Verantwortung/-lichkeit 19, 32, 47, 50, 53, 60, 62, 64, 68, 72, 75, 79, 90, 95, 99, 123, 130, 156, 163, 165, 184, 188f., 193, 195f., 198f., 203, 214, 218f.
Verhaltensstörung/-auffälligkeit 61, 73, 163, 170f.
Vernetzung 87, 90, 93, 95, 97f., 137, 193, 242, 253
Veröffentlichung 18, 28, 38f., 50, 70, 86, 93, 176, 181, 211, 255, 257
Vervielfältigung 76, 78, 84, 88, 93, 206f.
Video 27, 58, 77, 106, 116, 118, 206, 236
Vielfalt 27, 29, 40, 83, 99, 106f., 114, 121, 142

Wandzeitung 28, 63, 67, 148f., 218, 226
Weiterentwicklung der Freinet-Pädagogik 23f., 35f., 121ff., 129, 139, 218, 227, Anhang
Werkzeug 37, 51, 60, 79, 89, 133, 138, 145, 195
Wertschätzung 34, 80, 109, 116, 156, 158, 165
Wissen 53, 75, 109, 125, 144, 183, 193, 217, 224, 234, 238, 247, 260, 262f.
  Anhäufung 7, 18, 100, 125f., 193, 207, 237, 244, 246, 259
  Aneignung 18, 78, 100, 126, 143
Wissenschaft 7, 14f., 35, 49, 96, 103, 141, 223, 241–245, 249, 251f., 255
Wochenplan 41, 57, 64–68, 77, 83, 108, 129, 132, 147, 149–153, 155, 161, 170, 175–179, 194, 196ff., 214, 219, 225

Zahlensystem 134f., 140–143
Zweifel 145, 170ff., 217, 237, 244, 254f., 263
Zweitsprache 102, 105f., 109–116, 223

Liste der AutorInnen

Dietrich, Ingrid, Jg. 1944, Dr. paed. habil., Professorin für Allgemeine Pädagogik und Interkulturelle Erziehung an der Pädagogischen Hochschule Heidelberg.

Beschäftigung mit Freinet-Pädagogik seit ca. 1978. Teilnahme an regionalen, landesweiten und internationalen Treffen der deutschen und französischen Freinet-Bewegung; Zusammenarbeit mit einer Freinet-LehrerInnengruppe in Duisburg; Betreuung der Sammelstelle für Examensarbeiten zur Freinet-Pädagogik; Lehrveranstaltungen, Seminare und Veröffentlichungen, besonders zum Schwerpunkt Freinet-Pädagogik in Klassen mit hohem Anteil an ausländischen SchülerInnen.
Anschrift: Pädagogische Hochschule Heidelberg, FB I, Keplerstr. 87, 69120 Heidelberg

Fait, Beate, Jg. 1970 (s. Beitrag von Johannes Gehrmann), Lehramtsstudentin mit den Fächern Biologie und Englisch.
Anschrift: Lustringer Str. 1 a, 49084 Osnabrück

Flügge-Dutilly, Marie-Claude, Jg. 1948, Lehrerin an einer Fachschule für Sozialpädagogik (ErzieherInnenausbildung); in der Freinet-Bewegung aktiv seit 1981; Teilnahme an nationalen und internationalen Freinet-Treffen, LehrerInnenfortbildung, Mitarbeit in Regionalgruppen, Veröffentlichungen.
Anschrift: Wielandstr. 22, 12159 Berlin

Fries, Burkhard, Jg. 1969, Lehramtsstudent; Interesse an Freinet-Pädagogik seit 1992; Betreuung einer Freinet-Druckwerkstatt im Fach Deutsch der Pädagogischen Hochschule Heidelberg im Rahmen eines Tutoriums; Praktikant bei Bernard Collot in Moussac/Vienne, Frankreich.
Anschrift: Goldammerweg 7, 69123 Heidelberg

Gehrmann, Johannes, Jg. 1941, Lehrer an der Fritz-Karsen-Gesamtschule Berlin (Sekundarstufe I); in der Freinet-Bewegung aktiv seit 1981: Vorstandsarbeit in der Pädagogik-Kooperative e. V., Mitarbeit in Regionalgruppen, Teilnahme an nationalen und internationalen Freinet-Treffen, LehrerInnenfortbildung, Veröffentlichungen.
Anschrift: Fregestr. 72, 12159 Berlin

Glänzel, Hartmut, Jg. 1943, Dipl.-Mathematiker und Studienrat, langjährige Unterrichtstätigkeit an Berliner Gymnasien (Mathematik/Physik), seit 1987 am Jugendbildungsprojekt »Stadt-als-Schule Berlin« seit 1979 intensive Mitarbeit in der Pädagogik-Kooperative e. V.: Vorstandstätigkeit, Mitarbeit bei der Materialerstellung, Autorentätigkeit in der Freinet-Zeitschrift »Fragen und Versuche« sowie in anderen pädagogischen Zeitschriften und Sammelbänden, LehrerInnenfortbildung; regelmäßige Teilnahme an regionalen (Berlin), nationalen und internationalen Freinet-Treffen.
Anschrift: Falkstr. 25, 12053 Berlin (Neukölln)

Hartmann, Angelika, Jg. 1950, und Dieter, Jg. 1944, Lehrer/in an der Sonderschule für Lernbehinderte; in der Freinet-Bewegung aktiv seit 1982: Teilnahme an deutschen und internationalen Freinet-Treffen, LehrerInnenfortbildung, Veröffentlichungen in Sammelbänden und bei der Pädagogik-Kooperative Bremen e. V.
Anschrift: Hoppenbeul 20, 58640 Iserlohn

Himmelskötter, Claudia, Jg. 1966, Studentin der Sonderschulpädagogik (Fachrichtung Sprachbehindertenpädagogik) an der Universität Köln; Praktikantin an der Célestin-Freinet-Grundschule Köln.
Anschrift: Vogelsanger Platz 2, 50858 Köln

Hövel, Walter, Jg. 1949, Konrektor an einer Grundschule; in der Freinet-Bewegung aktiv seit 1982: Vorstandstätigkeit in der Pädagogik-Kooperative e. V., Redaktionsarbeit für die Freinet-Zeitschrift »Fragen und Versuche«, dort zahlreiche Veröffentlichungen; LehrerInnenfortbildung, Mitarbeit in Regionalgruppen, Teilnahme an nationalen und internationalen Freinet-Treffen.
Anschrift: Kircheiber Str. 32, 53783 Eitorf-Obereip

Schütz, Dr., Peter, Jg. 1947, Grundschullehrer, Seminarleiter, Fachberater für Grundschulen beim Staatl. Schulamt; in der Freinet-Bewegung aktiv seit 1980: Mitarbeit in Regionalgruppen, Teilnahme an nationalen und internationalen Freinet-Treffen, LehrerInnenfortbildung, Mitinitiator der FortbildnerInnentreffen; Veröffentlichungen, Übersetzungen aus dem Französischen.
Anschrift: Nettelbeckstr. 2, 31141 Hildesheim

Wagner, Rolf, Jg. 1947, Konrektor an einer Grundschule; Verbindung zur Freinet-Pädagogik seit 1977, in der Freinet-Bewegung aktiv seit 1980: Teilnahme an nationalen und internationalen Freinet-Treffen, Organisation der Lernwerkstatt Bochum und der Freinet-Cooperative Revier, Initiierung der Freinet-Grundschulwochen, Seminare an der Universität/Gesamthochschule Essen und Wuppertal, Vorträge bei verschiedenen Institutionen, Aufsätze in Zeitschriften und Büchern.
Anschrift: Worringstr. 46a, 45289 Essen

Waterkamp, Ulrike, Jg. 1953, Lehrerin an der Gesamtschule Waltrop (Sekundarstufe I und II); Verbindung zur Freinet-Pädagogik seit dem ersten bundesweiten Sek. I-Treffen 1983, in der Freinet-Bewegung aktiv seit 1989; Mitbegründung der Lernwerkstatt Bochum – Schwerpunkt: regionale Sek. I-Gruppe; Mitarbeit im Vorstand der Freinet-Cooperative Revier; LehrerInnenfortbildung – insbesondere im Bereich Darstellendes Spiel; Teilnahme an nationalen und internationalen Freinet-Treffen.
Anschrift: Kirchplatz 3, 45657 Recklinghausen

Wendeler, Lutz, Jg. 1954, Sek.-II-Lehrer von 1982–1992; in der Freinet-Bewegung aktiv seit 1984: Teilnahme an nationalen und internationalen Freinet-Treffen, Mitarbeit in Regionalgruppen, LehrerInnenfortbildung; Mitbegründer des Zentrums PrinzHöfte für ökologische Fragen und ganzheitliches Lernen; seit 1992 Arbeit als freier Schulberater.
Anschrift: Prinzhöfte, Simmerhauser Str. 1, 27243 Prinzhöfte

Wilken, Katja, Jg. 1971 (s. Beitrag von Johannes Gehrmann), Studentin der Sonderpädagogik.
Anschrift: Ostenbergstr. 99, 44227 Dortmund

Witte-Löffler, Ernst-August, Jg. 1948, Hauptschullehrer in Rottweil; in der Freinet-Bewegung aktiv seit 1980: Mitarbeit in der Freinet-Gruppe und der Lernwerkstatt in Rottweil, Teilnahme an bundesdeutschen Freinet-Treffen, ein Jahr lang Betreuung der Redaktion der Freinet-Zeitschrift »Fragen und Versuche«, Veröffentlichungen in dieser Zeitschrift.
Anschrift: Kirchstr. 18, 78655 Dunningen

Reihe »Werkstattbuch Grundschule«

Herausgegeben von Dieter Haarmann

Ulf Mühlhausen
Überraschungen im Unterricht
Situative Unterrichtsplanung.
257 S. Br. DM 48,–/öS 375,–/sFr 47,50
ISBN 3-407-62192-2
Ein Plädoyer für einen »überraschungsoffenen« Unterricht als Gegenentwurf zum herkömmlichen Planungsbegriff.

Christa Röber-Siekmeyer
Die Schriftsprache entdecken
Rechtschreiben im offenen Unterricht.
221 S. Br. DM 46,–/öS 349,–/sFr 45,50
ISBN 3-407-62167-1
Dieses Buch öffnet neue Wege zu einer aktiven und individualisierten Aneignung der deutschen Grammatik und Rechtschreibung ohne Drill, Leistungsdruck und Versagensangst.

Helmut Schafhausen (Hrsg.)
Handbuch Szenisches Lernen
Theater als Unterrichtsform.
108 S. Br. DM 26,–/öS 203,–/sFr 26,–
ISBN 3-407-62197-3
Mit konkreten Beispielen aus verschiedenen Fächern wird Szenisches Lernen als Integration von praktischen und theoretischen Elementen einer neuen Lernform entfaltet.

Heinz Schernikau/Barbara Zahn (Hrsg.)
Frieden ist der Weg
Bausteine für das soziale und politische Lernen.
204 S. Br. DM 42,–/öS 328,–/sFr 41,60
ISBN 3-407-62129-9
Texte, Bilder, Lieder, Spiele, Themenvorschläge und Unterrichtsprojekte für eine Friedenserziehung in der Grundschule.

Adelheid Staudte (Hrsg.)
Ästhetisches Lernen auf neuen Wegen
173 S. Br. DM 39,80/öS 311,–/sFr 39,80
ISBN 3-407-62172-8
Argumente und Beispiele für ästhetisches Lernen als fächerübergreifendes und fächerverbindendes Prinzip in allen Lernbereichen der Grundschule.

Dagmar Wehr
»Eigentlich ist es etwas Zärtliches«
Erfahrungsbericht über die Auseinandersetzung mit Sexualität in einer dritten Grundschulklasse.
84 S. Br. DM 26,–/öS 203,–/sFr 26,–
ISBN 3-407-62168-X
Sensibler Erfahrungsbericht zum Umgang mit dem Thema Sexualität in der Grundschule.

Hildegund Weigert/Edgar Weigert
Schuleingangsphase
Hilfen für eine kindgerechte Einschulung.
153 S. Br. DM 32,–/öS 250,–/sFr 32,–
ISBN 3-407-62127-2
Ein empfehlenswertes, in sich geschlossenes Einschulungskonzept. Umfangreiche Anregungen für die praktische Gestaltung und verschiedenste Spielvorschläge erleichtern den Lehrern ihre Vorbereitung.

Hildegund Weigert/Edgar Weigert
Schülerbeobachtung
Ein pädagogischer Auftrag.
126 S. Br. DM 36,–/öS 281,–/sFr 36,–
ISBN 3-407-62171-X
Konsequente Schülerbeobachtung ist Voraussetzung für gezielte Beratung, fundierte Beurteilung und Überprüfung der eigenen pädagogischen Tätigkeit. Auswertbare Ergebnisse helfen, den Unterricht/die Schule zu öffnen.

Ingeborg Wolf-Weber/Mechthild Dehn
Geschichten vom Schulanfang
»Die Regensonne« und andere Berichte.
127 S. Br. DM 29,80/öS 233,–/sFr 29,80
ISBN 3-407-62174-4
Wie sehen wir Schulanfänger und wie können wir sie erreichen – auch die, die uns massiven Widerstand zeigen? Das sind die Fragen, die die Erzählungen einer Lehrerin aus Klasse 1 und aus der Vorschulklasse bestimmen.

BELTZ

Beltz Verlag · Postfach 100154 · 69441 Weinheim

B 234B

Reihe »Werkstattbuch Grundschule«

Herausgegeben von Dieter Haarmann

Leonhard Blumenstock/Erich Renner (Hrsg.)
Freies und angeleitetes Schreiben
Beispiele aus dem Vor- und Grundschulalter.
142 S. Br. DM 34,–/öS 265,–/sFr 34,–
ISBN 3-407-62131-0
Eine Fülle praktischer und von jedem nachvollziehbarer Beispiele zeigt, wie »freies und angeleitetes Schreiben« in konstruktivem Verbund sich stufenweise entfaltet.

Helmut Breuer/Maria Weuffen
Lernschwierigkeiten am Schulanfang
Schuleingangsdiagnostik zur Früherkennung und Frühförderung.
198 S. Br. DM 38,–/öS 297,–/sFr 38,–
ISBN 3-407-62170-1
Je früher Ursachen für Lernschwierigkeiten im Anfangsunterricht erkannt werden, desto besser gelingt individuelle Förderung. Das Buch bietet dafür konkrete Hinweise und Ratschläge.

Kurt Czerwenka (Hrsg.)
Das hyperaktive Kind
Ursachenforschung – Pädagogische Ansätze – Didaktische Konzepte.
145 S. Br. DM 29,80/öS 233,–/sFr 29,80
ISBN 3-407-62188-4
Das Hyperaktivitäts- oder »Zappelphilipp«-Syndrom wird aus verschiedenen Fachaspekten beschrieben.

Mechthild Dehn
Schlüsselszenen zum Schrifterwerb
Arbeitsbuch zum Lese- und Schreibunterricht in der Grundschule.
200 S. Br. DM 34,–/öS 265,–/sFr 34,–
ISBN 3-407-62181-7
Über Analyse und Interpretation von Ausschnitten aus Unterrichtsprotokollen werden zentrale Aspekte des Schrifterwerbs zugänglich gemacht.

Maria Fölling-Albers
Schulkinder heute
Auswirkungen veränderter Kindheit auf Unterricht und Schulleben.
130 S. Br. DM 36,–/öS 281,–/sFr 36,–
ISBN 3-407-62160-4
Kinder wachsen heute unter anderen Bedingungen auf. Wie geht die Grundschule auf die veränderten Erfordernisse der ›Schulkinder heute‹ ein?

Irmintraut Hegele (Hrsg.)
Lernziel: Freie Arbeit
Unterrichtsbeispiele aus der Grundschule.
181 S. Br. DM 36,–/öS 281,–/sFr 36,–
ISBN 3-407-62105-1
Unterrichtseinheiten für die Grundschule, die den Unterricht für die Erfahrungen und Handlungsmöglichkeiten von Kindern öffnen lernen.

Irmintraut Hegele
Lernziel: Offener Unterricht
Unterrichtsbeispiele aus der Grundschule.
157 S. Br. DM 32,–/öS 250,–/sFr 32,–
ISBN 3-407-62184-1
Die Unterrichtsbeispiele geben Anregungen und Hilfen, wie das Lernen in der Grundschule offener gestaltet werden kann.

Klaus-Dieter Lenzen
Erzähl' mir k(l)eine Märchen!
Literarische Ausflüge mit Schulkindern.
125 S. Br. DM 34,–/öS 265,–/sFr 34,–
ISBN 3-407-62175-2
Neue und alte Märchen – so kann eine lebendige Erzählkultur im Sachunterricht der Grundschule gefördert werden.

Christine Mann
Selbstbestimmtes Rechtschreiblernen
Rechtschreibunterricht als Strategievermittlung.
VIII, 77 S. Br. DM 28,–/öS 219,–/sFr 28,–
ISBN 3-407-62134-5
Vorschläge für einen systematischen Aufbau des Rechtschreibunterrichts auf der Basis der lautgetreuen Schreibung

Brunhilde Marquardt-Mau/Rudolf Schmitt (Hrsg.)
Chima baut sich eine Uhr
Dritte-Welt-Erziehung im Sachunterricht: Thema Zeit.
151 S. Br. DM 36,–/öS 281,–/sFr 36,–
ISBN 3-407-62128-0
Die erprobten Unterrichtsbeispiele enthalten Vorschläge für offene Lernsituationen, in denen sich Kinder mit dem Thema Zeit beschäftigen können.